Medienkrise und Medienkrieg

EBOOK INSIDE

Die Zugangsinformationen zum eBook Inside finden Sie am Ende des Buchs.

Siegfried Weischenberg

Medienkrise und Medienkrieg

Brauchen wir überhaupt noch Journalismus?

 Springer

Siegfried Weischenberg
Hamburg, Deutschland

ISBN 978-3-658-17797-3   ISBN 978-3-658-17798-0 (eBook)
DOI 10.1007/978-3-658-17798-0

Die Deutsche Nationalbibliothek verzeichnet diese Publikation in der Deutschen Nationalbibliografie; detaillierte bibliografische Daten sind im Internet über http://dnb.d-nb.de abrufbar.

© Springer Fachmedien Wiesbaden 2018
Das Werk einschließlich aller seiner Teile ist urheberrechtlich geschützt. Jede Verwertung, die nicht ausdrücklich vom Urheberrechtsgesetz zugelassen ist, bedarf der vorherigen Zustimmung des Verlags. Das gilt insbesondere für Vervielfältigungen, Bearbeitungen, Übersetzungen, Mikroverfilmungen und die Einspeicherung und Verarbeitung in elektronischen Systemen.
Die Wiedergabe von Gebrauchsnamen, Handelsnamen, Warenbezeichnungen usw. in diesem Werk berechtigt auch ohne besondere Kennzeichnung nicht zu der Annahme, dass solche Namen im Sinne der Warenzeichen- und Markenschutz-Gesetzgebung als frei zu betrachten wären und daher von jedermann benutzt werden dürften.
Der Verlag, die Autoren und die Herausgeber gehen davon aus, dass die Angaben und Informationen in diesem Werk zum Zeitpunkt der Veröffentlichung vollständig und korrekt sind. Weder der Verlag noch die Autoren oder die Herausgeber übernehmen, ausdrücklich oder implizit, Gewähr für den Inhalt des Werkes, etwaige Fehler oder Äußerungen. Der Verlag bleibt im Hinblick auf geografische Zuordnungen und Gebietsbezeichnungen in veröffentlichten Karten und Institutionsadressen neutral.

Lektorat: Barbara Emig-Roller

Gedruckt auf säurefreiem und chlorfrei gebleichtem Papier

Springer ist Teil von Springer Nature
Die eingetragene Gesellschaft ist Springer Fachmedien Wiesbaden GmbH
Die Anschrift der Gesellschaft ist: Abraham-Lincoln-Str. 46, 65189 Wiesbaden, Germany

Inhalt

Vorwort VII

Das Geschäftsmodell der ‚Lügenpresse'
Beobachtungen zur Lage des Journalismus – eine Einführung 1
Quellen/Anmerkungen 23

I **Die Funktion des Journalismus** 29
   1   Wie Massenmedien heute arbeiten und was sie damit anrichten 29
   2   Wie die Pressefreiheit durch ‚Marktmechanismen' bedroht wird 46
   3   Wie der Versuch irritiert, ein ‚I' für ein ‚U' vorzumachen 59
       Quellen/Anmerkungen 70

II **Die Technologie und die Ökonomie** 77
   1   Wie Journalismus (und Journalismus-Forschung) auf
       die Technik kamen 77
   2   Wie eine Agentur zeigte, was ohne Massenmedien möglich ist 90
   3   Wie Technik die ‚Selbstbeobachtung der Gesellschaft' wandelt 100
       Quellen/Anmerkungen 111

III **Die politische Kommunikation** 119
   1   Wie in der ‚Mediengesellschaft' die Karten neu gemischt werden 119
   2   Wie ein Kanzlerkandidat den Wahlkampf ‚amerikanisierte' 139
   3   Wie ‚Elite-Journalisten' kungeln und aus der Rolle fallen 153
       Quellen/Anmerkungen 164

IV **Die Medienethik und die Medienkritik** 171
    1   Wie bei der Medienmoral Verantwortung auf Wirklichkeit trifft 171
    2   Wie es ist, wenn Journalisten ‚mittendrin statt nur dabei' sind 188
    3   Wie Medien- und Journalismusschelte missbraucht werden 202
        Quellen/Anmerkungen 216

V **Die Qualität der Berichterstattung** 225
    1   Wie ‚Medienkriege' den Journalismus vorführen 225
    2   Wie Journalisten ihren Beruf und seine Methoden (nicht) lernen ... 239
    3   Wie die Chancen für andere Arten von Berichterstattung stehen 248
        Quellen/Anmerkungen 261

Was soll nun aus dem Journalismus werden?
Medien im Zeitalter ‚toxischer Rhetorik' – eine Ausführung 267
Quellen/Anmerkungen 284

Vorwort

Wer die Medien und den Journalismus schon länger im Visier hat, dem kommen viele der dazu als brandaktuell präsentierten Themen durchaus bekannt vor. Das ist bei der ‚Medienkrise', von der seit einiger Zeit nicht nur in Fachzirkeln die Rede ist, kaum anders. Schon vor mehr als drei Jahrzehnten gab es Diskussionen über die angebliche Linkslastigkeit bestimmter Medien, Glaubwürdigkeitsprobleme der Journalisten, schwindendes Vertrauen in die Gültigkeit der Berichterstattung und die Qualität der politischen Kommunikation sowie über die ethischen Maßstäbe, an denen sich die damals aufkommende ‚Mediengesellschaft' orientieren sollte. Nicht einmal das Phänomen der ‚Filterblasen' oder ‚Echokammern' ist völlig neu, denn seit es Kabel- und Satelliten-TV mit Hunderten von speziellen Sendern gibt, kann sich jeder auf das Bekannte und Beliebte beschränken und gegen Programme und Inhalte abschotten, die ihm nicht gefallen.

Als das Internet seinen Siegeszug antrat, war dies von Beginn an begleitet von Warnungen vor dem drohenden radikalen Wandel der Kommunikationsverhältnisse. Nach dem Millennium wurde dann immer deutlicher, dass das alte Geschäftsmodell vieler Massenmedien nicht mehr trägt. Manche Warnungen aus jener Zeit waren nur zu berechtigt und viele Prognosen zutreffend. Anderes ist ganz anders gekommen, als man gedacht hatte. Vor allem die Journalisten wollten lange nicht wahrhaben, dass sich die Bedingungen ihres Berufs von Grund auf ändern werden. Bis heute ist nicht klar, wohin hier die Reise gehen wird – zumal nun neben den ökonomischen Verwerfungen auch Druck von Seiten entstanden ist, die man nicht auf dem Zettel hatte: Teile des Publikums, die geradezu zu ‚Wutbürgern' geworden sind, wenn es um das Thema ‚Medien' geht, und demokratisch gewählte Politiker, die sich neuerdings einen Umgang mit Medien und Journalisten leisten, der den Verhältnissen in Diktaturen nahe kommt. All dies soll in diesem Buch rekonstruiert und analysiert werden.

Mein großer Dank für ihre Unterstützung bei diesem Projekt gilt Barbara Emig-Roller, mit der ich in der Vergangenheit gut ein Dutzend Bücher zustande bringen durfte. Auch diesmal hat sie das Unternehmen von Beginn an engagiert begleitet, in die richtigen Bahnen geleitet und durch sachdienliche Hinweise bereichert. Da der Text sozusagen im ‚Enklave' entstanden ist, muss ich ansonsten niemandem einen speziellen Dank für fachliche Hilfe abstatten. Ich möchte aber die Gelegenheit nutzen, mich bei einigen Kollegen und Freunden für jahrelangen Austausch bedanken, von dem ich stets sehr profitiert habe. Seit meinen Zeiten an der Universität Dortmund sind hier Ulrich Pätzold und Horst Röper zu nennen, und seit meinen Zeiten an der Universität Münster Armin Scholl und Wiebke Loosen, mit denen ich über ein viertel Jahrhundert lang eng zusammenarbeiten durfte. Die Kompetenz und Autonomie (hier i. S. v. unabhängigem, kritischem Denken) dieser Vier haben sich gewiss auch in diesem Buch an diversen Stellen niedergeschlagen; aber natürlich geht alles, was da drin steht, ‚auf meine Kappe'.

Schließlich möchte ich meiner Frau Christine Polke danken, die diesmal viel Geduld gezeigt hat, als ich das Buchprojekt in Südafrika, unserer ‚zweiten Heimat', in Angriff nahm. Nicht zuletzt den ‚Medienereignissen' in den USA ist zu verdanken, dass sie, die Naturwissenschaftlerin, zunehmend mehr Interesse am Thema ‚Journalismus' zeigte – wobei die Dauerberieselung insbesondere durch die Nachrichtensender *CNN*, *BBC World News* und *Al Jazeera* mithalf. Durch Donald Trump und seine Entourage gibt es nun noch mehr Gründe zu analysieren, was hier passiert und wohin das Ganze führen kann. Die Frage ‚Brauchen wir überhaupt noch Journalismus?' hat insofern nicht nur rhetorischen Charakter; sie verlangt nach ernsthaften, begründeten Antworten. Darum bemüht sich dieses Buch.

Port Alfred/Hamburg, im Frühjahr 2017   S.W.

Das Geschäftsmodell der ‚Lügenpresse'
Beobachtungen zur Lage des Journalismus – eine Einführung

Bob Woodward, seit der ‚Watergate-Affäre' einer der berühmtesten Journalisten der Welt, glaubte vor einigen Jahren immer noch daran: „Journalismus ist ein großartiger Beruf." Wenn Marsmenschen zu uns kämen und nach dem besten Beruf auf Erden fragten, dann müsse man ihnen sagen „der des Journalisten", meinte er in einem Interview. Immerhin räumte Woodward ein, dass es seit einiger Zeit einen schmerzhaften Wandel gebe, der Leute den Job koste und viel Unsicherheit bringe. „Aber ich denke, der Journalismus wird als Institution ein Comeback haben, weil die Menschen gute Informationen brauchen, die nicht gefiltert sind und die nicht durch PR-Leute gesteuert werden."[1] Ähnlich äußerte sich ein bekannter deutscher Kollege dieses amerikanischen Star-Journalisten – er verdankt seine Popularität vor allem der jahrelangen Präsenz im Fernsehen als Moderator einer Talkshow: „Für die meisten von uns", bekannte er, „ist dieser Beruf der beste und spannendste, den wir uns vorstellen können."[2]

Als Frank Schirrmacher, Mit-Herausgeber der *Frankfurter Allgemeinen Zeitung*, 2014 starb, trauerte die ganze Nation – zumindest aber alle, die etwas mit Medien zu tun hatten. Seine eigene Zeitung druckte nicht nur einen Nekrolog über die gesamte Seite 3 („Ein genialer Überwältiger"), sondern räumte auch das ganze 7 ½-seitige Feuilleton für Elogen frei, die alle Nachruf-Sequenzen führender Politiker oder anderer berühmter Persönlichkeiten in den Schatten stellten;[3] nur Helmut Schmidt, dem die *Zeit* nach seinem Tod im November 2015 eine 28-seitige Extra-Ausgabe widmete, konnte das danach noch toppen.[4] Kollegen Schirrmachers aus anderen Medien überboten sich zudem in ihren Blättern mit Superlativen insbesondere bei der Beschreibung seiner Kreativität,[5] und sogar ein Vertreter des anderen politischen Lagers kniete vor ihm nieder – auch wenn er ihn dann als „Themen-Kapitalist" etikettierte.[6]

Einer, der früher mit Schirrmacher eng zusammengearbeitet hatte, lieferte zwar ein eher schillerndes Bild des ‚Feuilleton-Traditionsbrechers': „Er radikalisierte die Ansprache des Publikums, er skandalisierte, er hysterisierte, manche sagten damals, er frisiere die Themen der Kultur, der Künste ebenso wie die der wissenschaftlichen Debatte, mit den Mitteln des Boulevardjournalismus." Als „Fernwirkung seiner Methode auf andere Medien" habe sich aber „die Erregungsdroge, deren Prophet Schirrmacher bis zu seinem Tode war, über die Republik" verbreitet. Die Kollegen, die sich in ihren Nachrufen so tief vor ihm verbeugt hätten, „verbeugten sich vor der Verkörperung des eigenen Ideals." Doch dieses Ideal, mit publizistischen Mitteln vehemente Aufmerksamkeit und Wirkung in der Öffentlichkeit zu erzielen, war nach Ansicht des Autors dieses Nekrologs vielleicht schon eines von gestern. Manches spreche dafür, „dass die Öffentlichkeit, von den meisten Journalisten unbemerkt, der Skandalisierung schon überdrüssig geworden ist. Die Hysterie beherrscht auch das Internet; sie ist ubiquitär geworden."[7]

Ein Journalist als ‚Schlüsselfigur unserer Zeit'?

Der ‚Fall Schirrmacher' gehört zu den Widersprüchen, auf die stößt, wer die Lage des Journalismus bewerten will.[8] Quantität und Qualität der Nachrufe auf den *FAZ*-Redakteur vermittelten tatsächlich den Eindruck, dass er „die wahre Schlüsselfigur unserer Zeit gewesen sein muss."[9] Doch kann in diesen Zeiten wirklich ein Journalist zur ‚Schlüsselfigur' werden? Liegt hier nicht eine typisch journalistische Übertreibung vor? Und sind die beiden anderen, die den Beruf so toll finden, nicht Romantiker, wenn sie die Verhältnisse, denen sie selbst Ruhm und Besitz verdanken, pauschal schön reden? Denn es ist doch unübersehbar (und wird seit Jahren vielstimmig beschworen), dass der Journalismus – rund hundert Jahre nach seinem Aufstieg, der ihn zum Kernstück von ‚Massenkommunikation' werden ließ – die beste Zeit wohl hinter sich hat. ‚Medienkrise' – als Dauererscheinung – ist das Etikett für diese Entwicklung; bisweilen wird noch krasser behauptet, dass wir den Journalismus überhaupt nicht mehr bräuchten. Es gibt deshalb allen Anlass, die Lage des Journalismus zu untersuchen, um beurteilen zu können, wie seine Gegenwart und seine Zukunft aussehen.

Die ‚Lage des Journalismus' hat eine doppelte Konnotation: Zum einen geht es darum, *wie* es um den Journalismus heute bestellt ist – also, wie seine ‚Wirklichkeit' aussieht, unter welchen Bedingungen er zustande kommt und was man (noch) von ihm erwarten kann. Und zum anderen, *wo* der Journalismus heutzutage angesiedelt ist – angesichts konkurrierender ‚Plattformen', die für ganz neue Diskurse in der Gesellschaft sorgen und ihm das Leben immer schwerer machen. Traditionell informiert man sich über diese ‚Wirklichkeit des Journalismus' und seine Zukunft zunächst in den USA; deren Medien sind Vorbild und Feuermelder zugleich. Dortige Medientheoretiker und -kritiker beschrieben die Situation schon vor Jahren mit selbsterklärenden Titeln wie „Market-Driven Journalism", „The Changing Faces of Journalism", "The Troubling Evolution of Journalism", "Rich Media, Poor Democracy" oder auch (doppeldeutig) "Taking Journalism Seriously".[10]

In Deutschland hat die Lage des Journalismus besondere Aufmerksamkeit erfahren, seit mit dem Rundumschlag ‚Lügenpresse' operiert wird, um grundsätzlich alles in Frage zu stellen, was Berichterstattung generiert und thematisiert. In dieser Situation gibt es besonders gute Gründe, sich der Identität des Journalismus zu vergewissern. Dazu kann es hilfreich sein, seine jüngere Vergangenheit noch einmal Revue passieren zu lassen und rückblickend die Probleme zu analysieren, welche sich jeweils gezeigt haben. In der einschlägigen Literatur sind dazu insbesondere drei Problemfelder bzw. Trends thematisiert worden: die *Popularisierung* der Inhalte zur (Rück-) Gewinnung von Rezipienten, die nach Einschätzung von Kritikern wesentlich zur Simplifizierung der Inhalte und zur Entpolitisierung der Bevölkerung beigetragen hat; die *Technisierung*, welche zwar zur Vervielfachung von Medien aller Art, aber auch zur Uniformität der Inhalte, also letztlich zur Reduzierung von Vielfalt geführt hat; und die *Reduzierung* der Wahrhaftigkeits- und Glaubwürdigkeitsansprüche von professionellen Medien und Journalisten – in einer Kommunikationswelt, in der alle Beschreibungen und Aussagen zunächst gleichrangig erscheinen und Fakten offenbar keine zentrale Rolle mehr spielen.

Bei der Situationsanalyse kann man sich neuerdings sogar auf Aussagen der Akteure selbst stützen. Die legen nun in überreichem Maße vor – auch dies ein Indikator für veränderte Verhältnisse. Dazu gehört, dass sich die Journalisten (viel mehr als früher) akademischen Fragestellungen gegenüber öffnen und für empirische Studien zur Verfügung stehen, in Interviews Auskunft geben über die Verhältnisse in ihrem Medium oder auch in Beiträgen kritische Fragen zum eigenen Beruf aufwerfen. Sie wissen, dass ihnen wohl mit Recht vorgeworfen wird, bestimmte Bereiche der Gesellschaft und der dort beobachtbaren Probleme aus dem Blick verloren zu haben. Der Journalismus müsse auch deshalb um seine Legitimation als soziale Institution kämpfen, weil er keine schlüssigen Antworten auf die Herausforderungen in der Welt von heute wisse, lautet das Urteil von Kritikern. Dass es dabei um mehr geht als die eigenen Berufsinteressen, haben indessen viele Akteure durchaus begriffen. Wenn es „die Massenmedien im herkömmlichen Sinne" nicht mehr gebe, sagt z. B. ein amerikanischer Journalist, scheine dies zwar auf den ersten Blick nur ein Problem des Journalismus zu sein, aber in Wirklichkeit sei es ein Problem für die demokratische Gesellschaft: „Wenn es keine Massenmedien mehr gibt, die letztlich unsere gemeinsame Gesprächsbasis bilden und helfen, Politik und Weltläufte zu verstehen, hat man keine informierten Wähler und keine funktionierende Demokratie mehr."[11]

Internet – und eigenes Versagen

Bei der Ursachenfindung für die Krise der Massenmedien waren und sind sich alle einig: Das Internet lässt die Auflagen, Reichweiten und Werbeeinnahmen schrumpfen[12] – wobei Zeitungsinhalte durch ihre Online-Verbreitung ironischerweise eine so große Reichweite und Beachtung finden wie nie zuvor.[13] Das liegt nicht zuletzt daran, dass *Google* diese Fremdleistungen abgreifen kann, ohne dafür angemessen zu bezahlen. Der Raub von den Zeitungen zustehenden Erlösen, der u. a. den *Springer*-Chef Mathias Döpfner erzürnt, hat europäische Verlage aber nicht vor einem Joint Venture mit *Google* zurückschrecken lassen, bei dem gemeinsam neue Wege für ‚digitalen Journalismus' gefunden werden sollen. Zu den Gründungsmitgliedern des Projekts gehört der *Zeit*verlag – was, so lässt er in der eigenen Wochenzeitung verkünden, „seine Journalisten nicht im Mindesten daran hindert, unabhängig über Google zu berichten."[14]

Es gibt jedoch auch Stimmen, die bestreiten, dass das Internet die zentrale Ursache für die Krise der (Print-) Medien sei. Bezogen auf die Regionalpresse wird von ihnen postuliert, dass sich die Zeitungen insbesondere vom für junge Erwachsende relevanten Alltag ‚entfremdet' hätten, und zwar dadurch, dass sie ihre Beobachtungen und Beschreibungen zu sehr auf die Welt der Institutionen, Pressestellen und Amtsträger fokussierten; gleichzeitig sei die Lesefähigkeit dieser Zielgruppe zurückgegangen.[15] Ein Medienmanager, zuvor bekannter Journalist, hat der eigenen Branche besonders kritisch den Spiegel vorgehalten und voller Ironie angemerkt: „Das Internet ist die großartigste Erfindung, seit es Sündenböcke gibt." Er wehrt sich gegen ‚Persilscheine' und Versuche, die Schuld an der Medienkrise Konzernen wie *Google* in die Schuhe zu schieben. Tatsächlich habe gerade die Presse in der Vergangenheit allzu häufig versagt: Desinformation statt Information, keine kritische Distanz zur Politik und zu Politikern, fehlende Transparenz, inkompetente Wirtschaftsberichterstattung. Ein zentrales Problem sei das Verhältnis zu den Lesern: „Die Journalisten sind die alten geblieben. Unsere Leser nicht." Den Kardinalfehler aber hätten die Verlagsmanager begangen: „Im Internet haben diese Zahlenmenschen ihr Waterloo erlebt. Mit dem Verschenken unserer Analysen, Reportagen und Kommentare begingen sie einen Jahrhundertfehler […]. Es grenzt an ein Wunder, dass wir Journalisten das Jahrzehnt der verlegerischen Verirrung überlebt haben."[16]

Gewiss muss – gerade im Internet-Zeitalter – stets aufs Neue darüber nachgedacht werden, wie man den Journalismus unter den jeweiligen, sich rasch wandelnden Bedingungen besser machen kann. Und es ist eben nicht so, dass sich die Zeitungsleute und andere Journalisten kritische Fragen zu ihrer ‚Performance' nicht selbst stellen (lassen) würden. Gefragt wurde und wird von ihnen z. B., ob – gerade in Wahlkämpfen – die notwendigen kritische Auseinandersetzung mit Politikern und ihren Botschaften stattfindet, ob ihre Kompetenz ausreicht, bei strittigen Themen nachzuhaken und ob überhaupt die Themensetzung den Verhältnissen gerecht wird.[17] Oder, ob sich der Journalismus nicht längst einem ‚Live-Wahr.' und einem Beschleunigungs-Mechanismus unterworfen hat – statt gründlich zu recherchieren und die Informationen angemessen einzuordnen.[18] Oder, wie es mit dem Glanz und vor allem dem Elend in Interviews aussieht – jetzt, da „eine neue Generation unterwegs ist, die schnell was raushauen will."[19] Oder, ob der Journalismus nicht immer wieder dieselben, schon bei der Finanzkrise deutlich gewordenen Fehler mache, als der Wirtschaftsjournalismus völlig überfordert wirkte: Nicht richtig hinzusehen, den ungezügelten Kapitalismus nicht kritisch zu begleiten oder auch nur nachzubeten, was ihnen mächtige Institutionen wie die Wallstreet als Informationen anbieten.[20]

Was da Mitte der ‚Nullerjahre' schief gelaufen ist, hat *Die Zeit* später einer ebenso gründlichen wie selbstkritischen Analyse unterworfen, die auf eine Beschreibung des Wirtschafts- und Finanzjournalismus als Konkursmasse hinausläuft – vor allem, wenn man Ausreden der damals beteiligten Journalisten liest (sofern sie sich überhaupt zu ihren Fehleinschätzungen befragen ließen). Die Autorin des Textes fragte mit Recht: „Warum haben die Zeitungen, die Medien, haben wir Journalisten, die es jetzt ganz genau beschreiben können, nicht eher gewarnt? Wir hätten die Welt retten können und taten es nicht – aus Ahnungslosigkeit, Ignoranz oder was sonst?"[21] Wer die letzten vier Jahrzehnte Revue passieren lässt, dem begegnen unterwegs diverse Beispiele für journalistisches Versagen, so dass nachvollziehbar wird, warum sich der Unmut des Publikums über die Massenmedien allmählich aufgebaut hat. Immer wieder gab es in dieser Zeitspanne, die unsere Analysen für dieses Buch umfasst, Anlässe über den Journalismus und seine Akteure den Kopf zu schütteln. So lange die Kasse stimmte, machten sich die Medienverantwortlichen darüber offenbar nicht allzu viel Gedanken. Herbert Riehl-Heyse, Reporter und Medienkritiker, warnte deshalb: „Wer seine eigenen Ansprüche verrät, sägt an dem Ast, auf dem viele noch lange sitzen wollen. Für manipulativen, oberflächlichen Journalismus gibt es dauerhaft keinen Bedarf."[22]

Vertrauenskrise und Spießrutenlauf

Fast zwei Drittel der Deutschen halten Journalisten für manipulativ; nur vier von zehn Befragten glauben, dass sie unabhängig arbeiten.[23] Eine deutliche Mehrheit hat wenig bis gar kein Vertrauen in die Medien; gesunken ist insbesondere das Vertrauen in die politische Berichterstattung. Und: „Großes Vertrauen in die Medien und tiefe Enttäuschung über sie halten sich selbst unter politisch Interessierten nur noch knapp die Waage."[24] Das sind Ergebnisse von Repräsentativumfragen, die den Medien und ihren Journalisten neuerdings ein schlechtes Zeugnis ausstellen.

Die Vertrauenskrise wird dabei an den neuen Medien und der darin stattfindenden Dauerbeobachtung der ‚Media Performance' festgemacht, aber auch an eigenen Fehlern der Branche, die immer mehr zur Skandalisierung gesellschaftlicher Vorgänge neige. Hinzu komme Versagen der Medien wie beim Irakkrieg im Jahre 2003, der globalen Finanzkrise 2008 oder dem Absturz der Germanwings-Maschine im März 2015. Die These der *aktuellen* Glaubwürdigkeitskrise zeigt indessen zunächst nur eines: Unkenntnis der einschlägigen Forschung und ihrer schon vor Jahrzehnten zusammengetragenen Befunde (s. dazu Kapitel III/1). Zutreffend ist aber wohl die Behauptung, dass es einen Zusammenhang gibt zwischen einer zunehmenden Medienverdrossenheit und Qualitätseinbußen bei den journalistischen Medien.[25]

Auf massive Kritik an ihren Leistungen und fundamentale Zweifel an ihrer Glaubwürdigkeit reagieren Journalisten nun seit einigen Jahren in auffällig vorsichtiger, bisweilen devoter Weise. Ausdruck dessen waren schon die Umschlagtitel eines Special des *Zeit Magazins*: „Was wir Journalisten anrichten". Und: „Wenn wir nicht aufpassen. Eine Selbstkritik." In fast schon treuherziger Weise berichteten darin diverse Protagonisten ihre Sünden (und zeigten Reue). Zu den Bekenntnissen gehörte dabei der folgende Satz, den man angesichts klassischer Berufsideologeme des Journalismus als erstaunlich bezeichnen muss: „Journalisten suchen übrigens nicht nach der Wahrheit, sondern nach Geschichten." Eine Einsicht als Spätfolge des Konstruktivismus (s. dazu Kapitel IV/1)? Danach gab es dann Bekenntnisse verschiedener *Zeit*-Redakteure unter dem Titel „In eigener Sache" – und dabei auch Beispiele für ‚Ich-Journalismus', an dem sich viele Leute stören. Selbstreflexion gehört ohnehin nicht zur Kernkompetenz vieler Journalisten; in eigener Sache sind natürlich auch die Journalisten: Lobbyisten. „Neu ist die Heftigkeit der Vorwürfe", wunderte sich an gleicher Stelle die Betreuerin der Leserbriefseite.[26]

Diese Heftigkeit fand dann einige Zeit später in dem (altbekannten, aber von der ‚Pegida-Bewegung' ausgegrabenen) Label ‚Lügenpresse' seinen Ausdruck,[27] womit der pauschale Vorwurf etikettiert wird, dass *die* Medien Informationen unterschlügen und Nachrichten verfälschten, und zwar insbesondere bei Themen wie ‚Flüchtlinge' und ‚Moslems'. Angeblich glaubt jeder fünfte Deutsche diesem Slogan, wenn es um das Urteil über die Medien geht. Die Betroffenheit der Journalisten ist hier aktuell auch deshalb angewachsen, weil sie nicht nur Kampfbegriffe wie ‚Lügenpresse' – gelegentlich auch ‚Systempresse', ‚Pinocchio-Presse' oder ‚Schweigekartelle' (vorgetragen von rechtsgerichteten Politikern) – aushalten müssen, so dass Beobachter von „einem endlosen Spießrutenlauf" schreiben, „in dem die Medien zu Getriebenen werden", sondern sie müssen auch direkt gegen die einzelne Person gerichtete Pöbeleien ertragen; mit der „schieren Masse von Pöblern, Störern und Wirrköpfen in den sozialen Netzwerken" würden die meisten Redaktionen nicht fertig."²⁸ Dies sorgt bei vielen Journalisten für Verstörungen und selbst bei den Bekanntesten und Einflussreichsten unter ihnen für Ratlosigkeit.²⁹

Der Philosoph und Publizist Rüdiger Safranski sieht in den „Enthemmungen und Verwahrlosungen" im Internet den Grund für eine Tendenz zur „Pädagogisierung" im seriösen Journalismus, die bei der Berichterstattung über die Flüchtlingskrise in Deutschland besonders deutlich geworden sei. Diese „Pädagogik im Dienste des vermeintlich Guten" führt in seiner Wahrnehmung „zu einer Konformität, die sich ergibt, ohne ausdrücklich angeordnet worden zu sein. Auf einmal reden alle wie beim evangelischen Kirchentag." Pädagogik anstelle von Publizistik – das gehe auf Dauer nicht gut, „die Leser sind ja nicht blöd."³⁰ Während hier den Journalisten ein Hang zur Weltverbesserung vorgeworfen wird, gibt es andere Attacken, die sozusagen von der Seite kommen: Wenn etwa postuliert wird, dass Satiresendungen funktionales Äquivalent zum Journalismus geworden seien, weil dieser manche Themen nicht angemessen behandle.³¹ Eine Kabarettistin erklärt dazu: „Wir haben Zeiten, in denen die Satire den Job des Journalismus übernehmen muss. Wer sich zum Beispiel ,Die Anstalt' anschaut, der bekommt dort schon Dinge erklärt, die er in den Mainstream-Medien nicht erklärt bekommt. Eigentlich ist das bedenklich. Da sollte man sich die Frage stellen: Welche Arbeit leistet der Journalismus nicht mehr, dass es so etwas dringend braucht?"³²

Die Anstalt hatte z. B. die Ukraine-Berichterstattung deutscher Medien und die enge Verbindung von einflussreichen Journalisten wie z. B. Josef Joffe (*Die Zeit*) zu ,Think Tanks' auf die Hörner genommen, was in diesem Fall sogar zu juristischen Auseinandersetzungen führte.³³ Solcher ,Kollegenkritik' wird vielleicht etwas vorschnell entgegengehalten, dass etwa die *heute-show*, die mehr Menschen erreicht als die großen TV-Nachrichtensendungen, zwar oft reale Probleme benenne, die Pointen ihres Moderators Oliver Welke aber „stets destruktiv" seien, „ganz im Habitus der Satire, die sich nur vornimmt, was sie verdammenswert findet"; Welke bediene „nur die Lust am Skandal und befriedigt den simplen Wunsch seines Publikums nach einer moralisch klar geordneten Welt."³⁴ Sind das nicht Vorwürfe, die traditionell auch pauschal gegen den Journalismus gerichtet werden?

Bei ihren Versuchen, mit Hilfe von (ökonomischen und technischen) Experimenten die eigene Existenz zu sichern, werden die Massenmedien auch von Wissenschaftlern beobachtet. Die zeigten aber erst stärkeres Interesse an dem Thema, als deren geschäftliche Basis weg zu brechen drohte, ihre vertraute Produktionsweise durch technische Artefakte auf den Kopf gestellt wurde und die Professionalität ihrer Journalisten zur Disposition gestellt schien. Diese Lage hat inzwischen auch die Aufmerksamkeit von Kunstschaffenden geweckt: Es gibt neuerdings wieder Spielfilme über den Beruf und seine aktuellen Herausforderungen, und sogar berühmte Schriftsteller wie Umberto Eco und Jonathan Franzen haben sich jüngst des Themas ‚Medien und Journalismus' literarisch angenommen.[35] Franzen macht in seinem Roman ‚Purity' (Unschuld) Generalaussagen über den Beruf wie diese: „Journalismus war epigonales Leben, epigonaler Sachverstand, epigonale Intimität: ein Thema beherrschen, nur um es gleich wieder zu vergessen, sich mit Leuten anfreunden, nur um sie gleich wieder fallenzulassen."[36]

Shitstorms und Quellenprobleme

Inzwischen können insbesondere alle Menschen, die irgendwie bekannt sind, eine Art von fulminantem öffentlichem ‚Feedback' erfahren, für das der Begriff ‚Shitstorm' Allgemeingut geworden ist. Dazu gehören eben auch Journalisten, die zunehmend Opfer von ‚Hate Speech' werden und über Belastungen klagen, die der Beruf allein dadurch mit sich bringe. Deshalb ging einer der Herausgeber der *Frankfurter Allgemeinen Zeitung* zum Gegenangriff über. Da ‚Journalist' bekanntlich keine geschützte Berufsbezeichnung sei, ließen sich die „Trollhorden im Netz zu der Annahme" verleiten, „Journalisten seien Freiwild", schrieb er.[37] Längst können Leserkommentare allein deshalb nicht mehr online gestellt werden, weil sie (auch: körperliche) Bedrohungen für Redakteure sowie andere Nutzer bedeuten. Andererseits sind inzwischen, so wird berichtet, auch Journalisten zu ‚Wutbürgern' im Netz geworden, wenn sie etwa auf *Twitter* oder *Facebook* Dampf ablassen.[38] Da gibt es einige herausragende Kandidaten, die man schon durch die ‚Holzmedien' kannte. Einer, der es wirklich verdient hatte (ein begnadeter ‚Ich-Journalist'), postete sich auf *Facebook* um Kopf und Kragen und provozierte so seinen Rauswurf als *Welt*-Autor. Zuvor schon war er als liebenswerter Kollege aufgefallen, wenn er andere Journalisten als „Kackbratze", „Niete", „Trottel" oder „aufgeschwemmten Mausepaul" titulierte.[39]

Da es bei Shitstorms um üble Formen von Diffamierung geht, erscheint es erstaunlich, dass es auch hierzu den Versuch von filigranen Differenzierungen gibt, wonach sozusagen funktionale Formen von Empörung auszumachen seien, die man von purer Aggression unterscheiden müsse. Kann es aber tatsächlich beleidigende Argumentationen – mit dem Ziel, Leute mundtot zu machen oder sogar zu vernichten – geben, die man akzeptieren muss, weil sie sozusagen einem übergeordneten sozialen Zweck dienen? Auf solche Weise werde „das Phänomen pseudowissenschaftlich verbrämt", meint der *FAZ*-Redakteur Michael Hanfeld.[40] Dass Journalisten Shitstorms ausgesetzt sind, wenn sie in einer Weise berichten oder kommentieren, die Einzelpersonen oder Interessengruppen nicht gefallen, wird sich künftig wohl noch weiter verstärken. Im günstigsten Fall *könnte* aus dieser Entwicklung aber auch eine Art ‚Wiederentdeckung des Journalismus' resultieren – als Anlaufstelle für Leute, die seriöse Informationen suchen und vom Netz-Palaver nachhaltig verstört sind. Gewiss hat das Publikum ganz andere

Möglichkeiten der Teilhabe an der Medienkommunikation zur Verfügung, als dies früher der Fall war. Es darf aber nicht übersehen werden, dass nur eine Minderheit der Bevölkerung – aus welchen Motiven heraus auch immer – von diesen Möglichkeiten Gebrauch macht, wobei dies häufig auf eine Weise geschieht, die einer offenen, liberalen Gesellschaft nicht dient.

Empirische Befunde zeigen, dass Nutzer gerne Behauptungen in die Welt setzen, für die sie keine Quelle haben oder für die es gar keine seriöse Quelle gibt; diese Praxis unterscheidet sich sehr von den Regeln für journalistische Recherche und trägt nicht zur Glaubwürdigkeit von Kommunikation bei.[41] Durch das Internet sind Quellenprobleme entstanden, die es im Zeitalter der Massenmedien in dieser Form nicht gab. Da die Herkunft von Informationen oft unklar bleibt oder gezielt vernebelt wird, ist der Manipulation von Nutzern Tür und Tor geöffnet. Auch hier spielt *Google* eine problematische Rolle, weil die Suchmaschine natürlich keine Quellen*bewertung* vornimmt, bevor sie ihre Ergebnisse präsentiert. „Was zählt, ist der statistische Gedanke: Wenn viele dasselbe sagen, muss es wahr sein." Spätestens seit den Massenbewegungen im Europa der 1930er Jahre wissen wir, wie verhängnisvoll dieser Glaube sein kann. Im Fall des Internet kommt die Unterstellung hinzu, dass Anzahl und Struktur der Verlinkungen, die auf eine Information rekurrieren, deren Relevanz und sogar Wahrheitsgehalt bestätige. „Nur: Eine unwahre Aussage wird nicht schon aufgrund massenhafter Verlinkung zu einer wahren Aussage. […] Links führen zum Ziel, aber nicht zur Quelle."[42] Dennoch wird aber immer wieder so getan, als wenn große Zahlen hier irgendetwas aussagten – auch von Journalisten, wenn sie auf ‚Links', ‚Klicks' oder ‚Likes' verweisen, um etwas als wichtig und richtig auszuweisen. Fehlende Quellentransparenz erleichtert gezielter Propaganda das Geschäft, wie seit einiger Zeit bei Wahlkämpfen deutlich geworden ist, wenn Kandidaten durch ‚Negative Campaigning' um ihre Chancen gebracht werden sollen.

Microblogging und ‚Filterblase'

An dieser Stelle müssen nun *Twitter* und *Facebook* direkt ins Spiel gebracht werden und die Rolle, welche diese Portale im US-amerikanischen Präsidentschafts-Wahlkampf 2016 gespielt haben. „Hat sich Donald Trump ins Weiße Haus gewittert?", wurde danach gefragt; insgesamt müsse man die Lehren aus diesem Wahlkampf im Internet als „ernüchternd" bezeichnen.[43] Auch auf *Facebook* sei das ‚Zeitalter des Postfaktischen' zu bestaunen gewesen: „Durch das größte Netzwerk der Welt flogen in diesem Wahlkampf Falschmeldungen so schnell und oft, dass Richtigstellungen, Fakten, auf der Strecke blieben." Als „Schrittmacher" habe sich jedoch der – ökonomisch keineswegs auf Rosen gebettete[44] – Kurznachrichtendienst *Twitter* erwiesen: „Das lag vor allem an Trump, der den troll-in-chief gab und mit seinen Pöbel- und Verschwörungstweets Tag für Tag die Agenda auf CNN & Co. bestimmte."

Der globale TV-Nachrichtensender *Cable News Network* (CNN) – omnipräsent, aber auch umstritten (s. dazu Kapitel V/1) – kannte vor und nach der Wahl oft nur noch ein Thema: Trump. *Twitter* wurde von dessen Wahlkämpfern so raffiniert instrumentalisiert, dass in dieser Blase eigene Wirklichkeiten (,alternative Fakten') kreiert und am Leben gehalten werden konnten – auch wenn ,die Realität' (etwa nach Trumps Desaster beim ersten TV-Duell) völlig anders auszusehen schien. ,#TrumpWon' regierte danach als Hashtag. So wurde dann noch ein anderes Problem überdeutlich, als nämlich Forscher nachwiesen, „dass ein Drittel der Trump-Tweets nicht von Menschen kam, sondern von programmierten Roboter-Accounts [...]. Längst twittern auch in Deutschland Programme mit, die sich oft nicht auf den ersten Blick erkennen lassen."[45]

Im Alltag der gesellschaftlichen Kommunikation spielt *Twitter* insofern eine Schlüsselrolle, als sein Microblogging, das maximal 140 Zeichen pro Tweet zulässt, die etablierten Nachrichtendienste (zumindest) in puncto Beschleunigung der Berichterstattung vor sich her treibt. Auch die Nachrichtenagentur *Reuters* – einst Promotor des globalen Nachrichtennetzes (s. dazu Kapitel II/2) – ist so vom Jäger zum Gejagten geworden. Doch dort behauptet man inzwischen, auf eine ,Nachrichtenpolitik der ruhigen Hand' zu setzen, um ein Gegengewicht zur Kurznachrichten-Hysterie zu bilden: „Gerade bei großen Krisen sehen wir es als unsere Aufgabe an, den sicheren Ruhepol zu bilden", sagt der Chefredakteur des deutschen *Reuter*-Dienstes. Alle Nachrichtenagenturen müssen inzwischen damit leben, dass *Twitter* – gefüttert aus allen Winkeln – ohnehin meist schneller ist, als sie selbst sein können. Sie machen nun aus ihrer Not insofern eine Tugend, als sie versuchen, ihrerseits von *Twitter* zu profitieren und filtern aus dem digitalen Informationsstrom mit Hilfe bestimmter Kategorien all das heraus, was Nachrichtenwert verspricht. „Wir werden immer stärker zu Verifizierern und Erklärern", meint der Nachrichtenchef der *Deutschen Presse-Agentur* dazu.[46] Inzwischen gibt es sogar den Beruf der ,Twitter-Managerin' (sie nennt sich selbst ,Hashtaghüterin'), die für Kunden Veranstaltungen mit Tweets begleitet, *Twitter*-Accounts aufbaut und für *Twitter* wirbt. Sie begreift das Portal als ergänzendes Medium für die journalistische Berichterstattung und ist davon überzeugt, dass *Twitter* inzwischen fester Bestandteil des Journalismus ist und der Umgang mit dem Kurznachrichtendienst heute zum Handwerkszeug von Journalisten gehört.[47]

Auch *Facebook* – für viele inzwischen angeblich „das Tor zur Welt"[48], in Deutschland von 30 Millionen Menschen genutzt – ist nah an die etablierten Massenmedien herangerückt und umgekehrt. Sie tragen so mit dazu bei, dass man sich dort – wie vielstimmig, aber bisher ohne ausreichende wissenschaftliche Belege behauptet wird – in einer ,Filterblase' einrichten kann, wo man nur noch die Nachrichten an sich herankommen lässt, die einem gefallen.[49] Längst ist überfällig, dieses Portal gesetzlich zur Entfernung von Fake News zu verpflichten und bei Missachtung mit hohen Geldbußen zu belegen.[50] „Der Konzern müsste seine Lügenschleuder schnell in den Griff bekommen, sieht sich selbst aber als angeblich neutrale Plattform nicht zuständig."[51] Neuerdings kann man bei *Facebook* mittels der Funktion ‚Instant Articles' Stücke reichweitenstarker deutscher Online-Medien direkt auf der Plattform lesen, natürlich kostenlos. Die Frage ist, wem das mehr bringt: „Seitens der Verlage heißt es, die Kooperation mit Facebook sei ein Versuch, den man jederzeit beenden könne. Aber geht das so einfach?" Der Medienkolumnist der *New York Times* hat das Problem so beschrieben: „Für Verlage ist Facebook wie ein großer Hund, der einem im Park entgegenrennt. Man weiß nicht, ob er nur spielen, oder einen fressen will."[52] Setzen Traditions-Medien durch eine solche Kooperation ihre bekannte Marke aufs Spiel, so dass es schon bald heißen könnte ‚Das habe ich auf *Facebook* gelesen' und nicht mehr ‚Das hat Spiegel Online geschrieben'? Ende März 2017 erlebte *Spiegel Online* an mehreren Tagen einen mehrstündigen technischen Totalausfall. Die ‚User' wurden daraufhin gebeten, die aktuelle Berichterstattung der Redaktion auf *Facebook* oder *Twitter* zu verfolgen...[53]

Bei solchen Kooperationen zwischen Massenmedien und Sozialen Medien geht es auch um die klassische Funktion des Journalismus, denn von *Facebook* wird nur das „gefiltert, was Menschen interessieren könnte. Zwischen könnten und sollen liegt ein großer Unterschied. Denn Facebook wird nicht alle Artikel von *Spiegel Online* anzeigen, sondern vor allem diejenigen, von denen der Algorithmus ‚glaubt', dass sie den Leser interessieren."[54] Der Journalist und Branchenkenner Stefan Schulz spricht in Hinblick auf das Portal von einer „De-Institutionalisierung des Journalismus" und beschreibt die beherrschenden Konzerne der Internet-Welt und ihre Ideologie auf folgende Weise: „Facebook, Google und Apple sind heute Chiffre eines Wirtschaftsmodells, das auf Limitierung und Kontrolle beruht, obwohl die Erzählung der neuen Medien und des ‚Web 2.0' […] irrigerweise auf der Betonung von individueller Freiheit beruht."[55] Auf *Facebook* können sich Journalisten mit Prominenten ‚befreunden' – und, wie man hört, tun dies etliche auch.

Finanzierungsprobleme und Überlebensstrategien

Fragen zur Zukunft der Massenmedien betrafen und betreffen den Journalismus als Beruf und seine Identität im Kern, und dies wird inzwischen auch von der Branche selbst so gesehen. „Who's a journalist? Does that matter?" oder: „Was würde uns fehlen ohne Journalismus?" wird z. B. gefragt.[56] Die *Süddeutsche Zeitung* widmete der Frage „Wozu noch Journalismus?" wochenlang eine Serie.[57] Einige Zeit vorher schon galt ein ganzes Heft ihres Magazins der Frage „Wozu Zeitung?" Die Krise des Zeitungsjournalismus erreiche nun Deutschland, hieß es darin gleich zu Beginn; vorher sei sie „eher als amerikanisches Phänomen betrachtet" worden. Der *SZ*-Chefredakteur stellte nun lakonisch das fest, was alle schon seit Längerem wussten: „Das Geschäftsmodell Zeitung, das ganze Familienstämme komfortabel ernährt hat, funktioniert nicht mehr, zumindest im Moment nicht."[58] Medienwissenschaftler forderten deshalb sogar „Eine Art Marshallplan" zur Rettung der Zeitungsbranche oder sahen da den Qualitätsjournalismus schon „In der Grotte der Erinnerung".[59]

In seiner Glanzzeit hatte das Finanzierungsmodell von Nachrichtenmedien – es basiert auf dem Verkauf von Reklame an Leute, die sich informieren wollen – für die Besitzer von Medienbetrieben in der Tat meist satte Gewinne abgeworfen. Dies war auch eine Zeit, in der über den *Wert* von journalistischer Berichterstattung nicht ernsthaft gestritten wurde – und zwar allein schon wegen fehlender Alternativen für den Zugang zu Nachrichten über die Welt, in der wir leben. Bedeutete also das Aufsehen, welches Schirrmacher mit ‚seinem' Journalismus erregte, und der Wirbel nach seinem plötzlichen Tod nur die letzten Zuckungen einer Branche, die merklich an Einfluss eingebüßt hatte und zunehmend kritischer beäugt wurde? Inzwischen muss man noch kritischer fragen, wenn man die aktuellen Erscheinungen erklären will: Was hat der Journalismus jahrelang verbrochen, was haben seine Akteure auf dem Kerbholz, dass ein amerikanischer Präsident und sein Gefolge expressis verbis einen ‚Krieg gegen die Medien' ausrufen und viele Menschen voller Empörung reagieren, wenn es um diese ‚Mainstream-Medien' und ihre Berichterstattung geht?

Seit einiger Zeit wird nun ein Diskurs über alle Arten von Überlebensstrategien für das Geschäft mit den Nachrichten geführt. „How to Save the News" war z. B. ein langes Stück in *The Atlantic* überschrieben; darin hieß es: „Everyone knows that Google is killing the news business."[60] Die neuen globalen Konzerne, so wurde hier und an vielen anderen Stellen postuliert, haben die Mediennutzer an die Nadel scheinbar kostenloser Inhalte gehängt, und die etablierten Medien, welche die Erosion ihres alten Finanzierungsmodells verschliefen, glauben nun hartnäckig, ihre aufwändig produzierten Inhalte hinter ‚Paywalls' in Sicherheit bringen zu können; hier entfaltet sich inzwischen eine reiches Versuchsfeld.[61] Ob es jemals gelingen wird, das Modell des ‚Paid Content' erfolgreich durchzusetzen – für einzelne Beiträge oder ganze Abonnements – bleibt einstweilen offen.[62] Dasselbe gilt für Versuche, ‚selbstbestimmten Publizisten', die mit Blogs ihren Lebensunterhalt verdienen wollen, die Vermarktung ihrer Produkte beizubringen, sie zum ‚Marken-Botschafter' in eigener Sache zu machen und ihnen abzugewöhnen, so strikt zwischen Redaktion und Anzeigen zu trennen, wie das in Ethikkodizes der Branche geschrieben steht.[63] Die gesamte Medienbranche kämpft also unter Bedingungen, die das Internet diktiert, um ihre Existenz, und dabei ist offenbar fast jedes Mittel recht – und auf jeden Fall jedes neue Geschäftsmodell willkommen.[64]

Man muss sich bei all den hektischen und zum Teil auch problematischen Strategien der Gegenwart aber bewusst sein, dass die Vormachtstellung der Massenmedien als ‚Schleusenwärter' der öffentlichen Kommunikation schon vor Jahren verloren gegangen ist (s. dazu Kapitel II/3) – auch wenn Granden der Branche wie Woodward immer noch vom Journalismus schwärmen und an seine Zukunft glauben. Für das, was da passiert ist, hat Henry Blodget, Chef des Online-Portals *Business Insider*, folgendes Bild gefunden: „Bevor es das Internet gab, waren große Zeitungen wie Wasserspender in der Wüste. Es gab nur wenige, jeder einzelne wurde dringend gebraucht, und sie hatten die Kontrolle über die Wasserversorgung. Heute sind sie nur noch kleine Bäche, die in einen großen Ozean münden."[65]

‚Gespaltenes Publikum' und ‚steile Lernkurve'

Dean Baquet, Chefredakteur der *New York Times*, wirkte nachdenklich und selbstkritisch, als er vom *Spiegel* zur Lage des Journalismus befragt wurde. Seine Zeitung habe, räumte er ein, „lange fälschlicherweise angenommen, dass BuzzFeed und andere nur deshalb erfolgreich sind, weil sie einen Journalismus machen, den wir gar nicht machen wollen. Wir waren arrogant, um ehrlich zu sein.' Er gab auch zu, dass die US-Medien nach dem Terroranschlag vom 11. September 2001 versagt hätten, weil sie nicht aggressiv genug die damaligen Entscheidungen der Regierung hinterfragt hätten. Und er fügte hinzu, dass er „dem nächsten Edward Snowden" die Publikumskanäle seines Mediums öffnen würde. Sein Credo: „Wirklichen Mut beweisen Nachrichtenorganisationen dort, wo es darum geht, zu berichten."[66] Nach Trumps Amtsantritt hat er eine Redakteurin engagiert, die in der Rubrik ‚Fact Check' über die Ergebnisse ihrer Bemühungen berichtet, den Wahrheitsgehalt der Äußerungen des Präsidenten zu überprüfen.[67] Die *New York Times* gehörte neben dem Web-Portal *BuzzFeed*, der *Los Angeles Times* und *CNN* zu den Medien, die im Februar 2017 von den speziellen ‚Press Briefings' mit dem Sprecher des Weißen Hauses ausgeschlossen wurden.[68]

Nach der Wahl von Donald Trump zum Präsidenten der USA stellte sich die bange Frage nach dem Anteil der Medien am überraschenden Erfolg dieses Menschenfängers. Und im Anschluss daran wurden Reflexionen über die Funktion des Journalismus unter gewandelten Rahmenbedingungen und daraus zu ziehende Schlussfolgerungen für die Praxis der Berichterstattung präsentiert.[69] Solche Nachdenklichkeit war insbesondere durch die Beobachtung provoziert worden, dass die Massenmedien – und hier insbesondere das Fernsehen – Trump dadurch einen ‚Aufmerksamkeitsbonus' verschafft hätten, dass sie immer wieder auf dessen Provokationen einstiegen und ihn so ständig in den Fokus rückten.[70] Bill Keller, von 2003 bis 2011 Chefredakteur der *New York Times*, glaubt, „dass Trump den Mob erfolgreich gegen Journalisten aufheizt." Für die TV-Anstalten sei er jedoch „ein Traum", denn im Fernsehen gebe es normalerweise keine Zeit, den Wahrheitsgehalt seiner Aussagen zu überprüfen. Er finde es auf jeden Fall befremdlich, dass Medien über jeden Tweet Trumps, der auf *Twitter* sechs Millionen Follower hat, berichten: „Haben die nichts Besseres zu tun?"[71] Vor der Wahl habe sich in ‚Editorial Endorsements' für Hillary Clinton, so lautete eine andere Stimme, „das schlechte Gewissen einer Branche" gezeigt, „die Trumps Aufstieg mitverschuldet hat." Die US-Medien hätten ihn schon seit den 1980er Jahren als Schlagzeilen- und Auflagengaranten hofiert und gehypt, „als er nicht viel mehr war als ein aufgeföhnter Möchtegern aus Queens".[72] Ähnliches ließe sich zur Jahrtausendwende über die Hamburger Medien und ihren neuen Star sagen, den unseligen Ronald Schill, ‚Richter gnadenlos'.

„Media in the Age of Trump" nannte das *Columbia Journalism Review* eine Serie, in welcher der damalige Präsidentschafts-Kandidat als „performer who knows how to make a lie believable by making it pleasurable to hear" bezeichnet wurde. „Trump is unlikely to win", prophezeite man etwas vorschnell, „but it is inevitable that more and better Trumps are on the way."[73] Das Beispiel Trump zeigt auch, wie schwer es die Massenmedien heute mit ihrem Publikum haben – dasselbe Publikum, dem sie in den Sozialen Medien oft blind nachjagen und mit dem sie so intensiv wie möglich interagieren möchten. Diese neuen Medien hat Trump professionell genutzt[74] – so wie in früheren Zeiten Franklin D. Roosevelt das damals neue Medium Radio, John F. Kennedy das Fernsehen und Barack Obama das Internet. Doch diese drei brauchten auch die Unterstützung der Massenmedien, um Wahlen zu gewinnen. Das Besondere am Fall Trump scheint nun zu sein, dass heutzutage der Gegenwind etablierter Medien den Kandidaten ins Amt tragen kann. Beim Kampf um die Köpfe sind die alten Regeln offenbar außer Kraft gesetzt. Hat dies den erfolgreichen Wahlkämpfer dazu animiert, seinen ‚Krieg gegen die Medien' auszurufen – gegen Medien, die einst Richard Nixon, einen seiner Vorgänger, aus dem Amt gejagt haben? Ein interessantes Experiment findet hier statt, dessen Ausgang auch Auskunft darüber geben wird, wie mächtig der Journalismus heutzutage noch ist.

Eines seiner ersten Interviews nach der Wahl zum US-Präsidenten gewährte Donald Trump in New York Michael Gove, Redakteur der Londoner *Times*, und Kai Diekmann, der zu diesem Zeitpunkt kurz vor seinem Ausscheiden als Herausgeber von *Bild* stand; Rupert Murdock, mit Trump gut bekannt, war, wie man hörte, im Hintergrund als Zeuge dabei – jener Murdock, zu dessen globalem Medienreich, in dem die Sonne niemals untergeht, neben der *Times* auch *Fox News* gehört, Trumps Lieblingssender. Über dieses Interview berichtete Diekmann, mit dem wir uns aus anderem Anlass noch beschäftigen werden (s. dazu Kapitel III/3), dann Kollegen der *FAZ*. Er habe Donald Trump „als sehr aufgeräumt empfunden", teilte er mit; von Selbstzweifeln sei keine Spur gewesen. Natürlich habe man mit ihm auch über seinen Umgang mit der Öffentlichkeit gesprochen „und vor allem darüber, warum er mit allen herkömmlichen Kommunikationsregeln gebrochen hat und fast ausschließlich über Twitter kommuniziert." Er habe das aber sehr schlüssig begründet und gesagt, „dass es für ihn viel sinnvoller ist, eine Aussage auf 140 Zeichen zu begrenzen, als sich die Mühe zu machen, eine Pressekonferenz einzuberufen, und nicht zu wissen, ob er damit durchdringt." Die Erfahrung lehre ihn, „dass alles, was er über Twitter absetze, direkt ‚Breaking News' sei." Trump sehe deshalb keinen Grund, sein Kommunikationsverhalten zu ändern." Und dann sagte Diekmann noch dieses: „Mein Eindruck ist, dass Trump gerade eine ziemlich steile Lernkurve hinlegt."[75] Manchmal haben Journalisten nicht nur Interviews exklusiv, sondern auch ihre Eindrücke...

Mit einer gewissen Berechtigung können die nordamerikanischen Journalisten wohl geltend machen, dass sie auch im Präsidentschafts-Wahlkampf 2016 ihren Job nach bestem Wissen und Gewissen gemacht hätten: „Jeden Aspekt seines Charakters, seiner Vergangenheit haben die Medien beleuchtet. Es gibt nur sehr wenige Dinge, die wir nicht kannten, etwa seine Steuererklärung", beteuerte der Medienredakteur der *Washington Post* nach der Wahl. „Medien können informieren, aber am Ende müssen sich die Menschen selbst entscheiden. Die Entscheidung für Trump hat nichts mit uns Medien zu tun." Diese Menschen – das Publikum der Medien – werden inzwischen als „tief gespalten" empfunden. Da gebe es diejenigen, welche Stabilität und Orientierung wollten, und die anderen, deren „Lust am Skandal unstillbar" sei.[76] Und die Medien, denen Skandalisierung – wie z. B. beim Fall des Bundespräsidenten Christian Wulf – und atemlose Berichterstattung – wie z. B. nach dem Absturz der Germanwings-Maschine in Südfrankreich – vorgehalten werden, liegen irgendwo dazwischen. Diese und andere Kritik mag in Hinblick auf bestimmte Blätter und Sender jeweils berechtigt gewesen sein, aber *die* Medien zu ‚Erregungsmaschinen' hochzujazzen und als Zustandsbeschreibung der Verhältnisse eine ‚Empörungsdemokratie' auszurufen, stellt eine Übertreibung dar. Geradezu falsch aber ist die Behauptung: „Journalisten sind keine unumstrittenen Autoritäten mehr."[77] Wann waren sie das denn je?

‚Real existierender Journalismus'

Die Lage des Journalismus stellt sich heute verworren dar; es gibt mehr Fragen als Antworten. Auch die Beantwortung der Frage „Brauchen wir überhaupt noch Journalismus?" fällt sehr unterschiedlich aus – je nachdem, wen man fragt. Die einen werden die Frage als rhetorisch abtun, weil sie weiter überzeugt sind von der Notwendigkeit professionell selektierter und kontrollierter Informationen, die man als ‚Nachrichten' bezeichnet; sie glauben auch, dass man in der Berichterstattung zwischen Fakten und Fiktionen deutlich trennen kann. Andere werden darauf verweisen, dass sich die – professionellen und institutionellen – Grenzen des Journalismus eh aufgelöst hätten, jeder überall publizieren könne und Massenmedien ohnehin nicht mehr zu trauen sei; ihre Antwort lautet also: Nein. Und wieder andere werden mit ‚Ja, aber...' antworten: Wir brauchen Journalismus – aber einen anderen Journalismus als den real existierenden.

In diesem Buch wird eine vierte Position vertreten, die der ersten entspricht, diese aber an Voraussetzungen knüpft: Ja, wir brauchen Journalismus – professionellen Journalismus, dessen Akteure über Kompetenz und Autonomie verfügen. Journalisten müssen können, was sie sollen und dürfen, was sie wollen: Kompetenz, die über eine qualifizierte, i. W. überbetriebliche Ausbildung nach dem Muster der amerikanischen ‚journalism education' erworben wird, wobei ‚education' (gerade in Hinblick auf berufsethische Herausforderungen) wörtlich zu nehmen ist; und Autonomie, welche die Journalisten so weit wie möglich schützt gegen eine Vereinnahmung durch ökonomische, technische und politische Imperative – wobei Ersteres die größte Herausforderung darstellt, so dass dringend über neue Finanzierungsmodelle für anspruchsvolle Medien nachgedacht werden muss. Diese vierte Position wird hier aus unterschiedlicher – nicht zuletzt historischer – Perspektive beleuchtet und begründet.

Der ‚real existierende Journalismus' wird heute von endogenen Zwängen und Problemen geprägt, die technisch und organisatorisch bedingt sind, und von exogenen Problemen, die auf ökonomischen Verwerfungen und ideologischen Zuspitzungen (‚Lügenpresse') beruhen. In dieser Situation reagieren die direkt Beteiligten vor allem: hektisch. Sie organisieren ihre Produktionsweise neu, z. B. in ‚Newsrooms' bzw. über ‚Newsdesks' – ein weit verbreitetes Modell zur Kostensenkung, das inzwischen aber auch schon wieder in Frage gestellt wird.[78] Sie suchen nach neuen Möglichkeiten, ihr Publikum an den Kosten der Aussagenentstehung zu beteiligen. Und sie werfen mit der Wurst nach der Speckseite, wenn sie aufsaugen, was dieses Publikum in den sozialen Netzwerken und auf den Forumsseiten der Medien so alles absondert. Das Wenigste davon aber ist: Journalismus, also Kommunikation, die informiert und orientiert in unübersichtlichen Zeiten.

Bei der Beobachtung und Beschreibung von Wirklichkeit stehen sich die Journalisten heutzutage zudem oft selbst im Wege, wenn sie ihre eigenen Zustände zum Thema machen und sich wie viele Politiker öffentlich als ‚Menschen' inszenieren; sie betreiben das, was man in der Tat ‚Ich-Journalismus' nennen muss.[79] Vertreter diesen Typs produzieren sich gerne als Stars, die wichtiger erscheinen als die eigentliche Nachricht; sie nerven mit Befindlichkeitsprosa. Inzwischen treten sie auch mit eigenen Blogs an bzw. auf; Fernseh-Journalisten, die durch permanente Präsenz im Medium Prominenten-Status erlangen, sind hier natürlich besonders gefährdet.[80] Wer ein extremes Exemplar dieses Typs studieren will, sollte den US-Sender *CNN* schauen, der seine Reporter und Moderatoren nun wirklich nicht versteckt. Doch einer ragt noch heraus aus der Schar der Stars: ein gewisser Richard

Quest (er stammt aus Liverpool), der sich insbesondere um Börsennachrichten kümmert und mit seinem Super-Ego (incl. einer bombastischen Körpersprache) ein besonders begnadeter Journalisten-Darsteller ist.

In Deutschland hielt eine mit dem Friedenspreis des deutschen Buchhandels prämierte Printjournalistin eine Preisrede, für die es neben Anerkennung auch viel Kritik gab, weil sie „voller risikoloser Gemeinplätze" gewesen sei.[81] Eindeutiger wirkte jedoch etwas anderes: Die Selbstverliebtheit, mit der hier auf strikt biographischer Basis die Zeitläufte beschrieben wurden.[82] In einer anderen Ansprache eines sehr bekannten Journalisten – man muss sie wohl als ‚gut gemeint' bezeichnen – wird der ‚Ich-Journalismus' als Redaktionsprogramm seiner Wochenzeitung, bei der „die persönliche Note [...] von jeher Tradition" habe, geradezu auf die Spitze getrieben. Einst traten die Journalisten (von Ausnahmen abgesehen) hinter den Nachrichten zurück, die sie präsentierten. Nun glaubt man wohl an den Erfolg des Rezepts, sein Publikum einzuladen, „die Menschen hinter den Nachrichten kennenzulernen, zu sehen, wie wir recherchieren und arbeiten." Will das Publikum dies wirklich und kann man mit solchen Mitteln sicherstellen, dass der Journalismus noch gebraucht wird? Und: Warum outen sich die Journalisten in dieser Weise, während sich ihre Kritiker selbst meist hinter Nicknames verstecken? Neben der Selbst-Darstellung präsentiert diese Rede ansonsten ein ganzes Programm zur Abwehr der ‚Lügenpresse'-Bewegung, das nicht sehr Erfolg versprechend wirkt: vorsichtige Selbstkritik, Zurückrudern bei umstrittenen Fällen eines Investigativen Journalismus und Generalisierung der Glaubwürdigkeitskrise der Medien zum „Vertrauensverlust in der Gesellschaft".[83]

Auch die Empirie zur Lage des Journalismus liefert, soweit sie auf Selbstbeschreibungen der Akteure beruht, kein eindeutiges Bild. Einerseits zeigt sich die Gruppe der Journalisten in vergleichbaren Demokratien westlichen Typs hinsichtlich ihrer Merkmale und Einstellungen recht stabil, wie die einschlägigen Untersuchungen auch im Längsschnitt zeigen; so liegt die politische Überzeugung der meisten links von der Mitte, hat der Frauenanteil immer weiter zugenommen und besitzt laut Selbstauskunft die Beschaffung von genauen und geprüften Informationen nach wie vor Vorrang vor allen anderen Tätigkeiten.[84] Andererseits berichten die Journalisten über – trotz oder wegen der neuen technischen Hilfsmittel – schwindende Zeitressourcen für intensive Recherche (bei insgesamt längerer Arbeitszeit) sowie steigenden (offenbar ökonomisch bedingten) Druck, mit den Nachrichten ein möglichst großes Publikum zu erreichen. Nicht zuletzt durch den Faktor ‚Social Media' sind Belastungen und Zwänge für die Journalisten offenbar erheblich angewachsen.[85]

Inzwischen hat sich in den Redaktionen ein „zweifacher Generationswechsel" abgespielt, der vor einigen Jahren in einem Namen-gesättigten Aufsatz detailliert beschrieben worden ist. Da habe es die Ablösung des schon aus Bonner Zeiten bekannten ‚publizistischen Establishments' durch die neue Elite „charismatischer ‚Forty-Somethings'" gegeben – „dicht gefolgt von der nächsten Journalistengeneration ‚Alpha 2.0', die sich eher in digitalen Netzwerken zusammenschließt, als sich in der analogen Massenpublizistik zu verorten." Auch der „politisch-ideologische Habitus der Alphatiere" habe sich damit verschoben, wird behauptet. Bis vor kurzem sei noch „kommoder, neoliberaler Wohlstandsjournalismus" en vogue gewesen; hinzu gesellten sich jetzt „Pragmatiker der häufig als ‚orientierungslos' gescholtenen 89er-Generation", die im bürgerlichen Milieu der späten Kohl-Ära aufgewachsen sei: „Auch sie gestalten den Wandel hin zu einer ideologiefreien Journalismuskultur."[86] Kann davon tatsächlich die Rede sein? Und wie passt diese angebliche ‚Ideologiefreiheit' zur Glaubwürdigkeitskrise der Medien, von der allenthalben die Rede ist?

Die Muster von Momentaufnahmen

Ziel dieses Buches sind zwei Rekonstruktionen. Sie betreffen zum einen die Ursachen für die ‚Medienkrise', die seit längerer Zeit nicht nur zentraler Gegenstand von Diskursen in Fachzirkeln ist, sondern auch zu einem wichtigen gesellschaftlichen Thema wurde. Und zum anderen ein Phänomen, das nicht erst auftauchte, seit es Donald Trump und sein Gerede von ‚Fake News' als öffentlich ernstzunehmenden Faktor gibt: Empörung über die Medien und ihre politische Ausrichtung, weil sie nicht die Ansichten der Mehrheit der Bevölkerung repräsentierten – und am Ende sogar ‚Krieg' gegen jene Institutionen, denen lange Zeit nur in Diktaturen wirkliche Gefahren drohten. Zu den Paradoxien gehört dabei in Demokratien mit marktwirtschaftlichen Mediensystemen, dass ein solcher Wirbel, wie ihn der amerikanische Präsident vor und nach seiner Wahl entfachte, den Massenmedien zu besseren Quoten und Auflagen verhilft. Im Wahljahr 2016 konnte das *Wall Street Journal* 300.000 neue Abonnenten gewinnen, und auch die *New York Times* und die *Washington Post* (neuer Werbe-Slogan: „Democracy Dies in Darkness") legten so zu, dass sie zusätzliche Reporter einstellen konnten. Nach der Wahl erlebte die *Times* einen ungeahnten Anstieg bei ihren digitalen Abonnements, und *CNN* steigerte seine Zuschauerzahlen um 50 Prozent.[87] Ein ‚Medienkrieg' kann also sogar die Medienkrise lindern helfen – auch wenn ein ‚Make America's media great again' gewiss nicht zu den Intentionen von Trumps ‚War against the media' gehörte. Einen solchen Krieg kann ein Politiker, der demokratische Legitimation braucht, gegen funktionierende Institutionen auf Dauer wohl nicht gewinnen. Aber die Medien und ihre Journalisten müssen sich auch vor Überreaktionen hüten; sie machen einen Fehler, wenn sie bei Attacken gegen ihre Zunft immer gleich die Pressefreiheit bedroht sehen, die nötige Distanz und Nüchternheit verlieren und von Beobachtern der Szene selbst zu Akteuren werden, weil sie sich narzisstisch gekränkt fühlen.[88]

Vieles von dem, was hier zusammengetragen worden ist, dokumentiert in der Summe Debatten über den Journalismus, die immer wieder um dieselben Problemfelder kreisen. Für die Themen gab es meist einen aktuellen Anlass – insofern stellen die Analysen also Momentaufnahmen dar. Doch diese Momentaufnahmen der Lage des Journalismus lassen Muster erkennen und helfen, die aktuellen Probleme präziser zu benennen und einzuordnen. Neben die Situationsbeobachtung tritt dabei die Frage, wo der Journalismus angesiedelt ist, oder, mit anderen Worten, was seine Identität ausmacht. Im Einzelnen geht es um folgende Themen und Thesen zur Lage des Journalismus:

- Die Krise des modernen Journalismus war schon vor mehr als drei Jahrzehnten erkennbar; ihre Symptome wurden aber von den Medienschaffenden lange Zeit kaum wahrgenommen. So konnten sich die Probleme über längere Zeit aufbauen, ohne dass wirkungsvoll gegengesteuert wurde.
- Wenn in der Vergangenheit auf die Veränderungen überhaupt reagiert wurde, geschah dies zudem häufig mit falschen Mitteln. So etwa, als einzelne Medien plötzlich auf ‚Zeitgeist-Journalismus' oder andere ‚neue Journalismen' setzten, um dem Publikum zu gefallen.
- Nicht ernst genommen wurde die – wissenschaftliche und nichtwissenschaftliche – Medienkritik; nicht wahrgenommen wurden Krisensymptome wie das schwindende Vertrauen in die Berichterstattung. Gerade der Glaubwürdigkeitsverlust der Medien und der Ansehensverlust seiner Akteure sind keine völlig neue Erscheinung.
- Neue Produktions- und Distributionstechniken erlauben im Internet-Zeitalter, sozusagen einen Bypass um die klassischen Massenmedien herum zu legen; dadurch hat der Journalismus schon vor Jahren seine Alleinstellung als ‚Schleusenwärter' der gesellschaftlichen Kommunikation verloren.
- Der Monopolverlust betrifft die Finanzierung der Medien durch Anzeigen im Kern und hat deshalb gravierende Folgen für das Geschäftsmodell, auf dem der Journalismus beruht; dies ist die zentrale Ursache für das, was als ‚Medienkrise' bezeichnet wird.
- Bei Teilen des Publikums hat sich über längere Zeit Unmut aufgestaut, der sich durch die Potentiale des Internet als ‚Medienkritik' ungefiltert artikulieren kann. Solche Medienkritik besitzt zwar eine lange Tradition; neu ist aber das Ausmaß der Wut vieler Menschen insbesondere auf Journalisten des ‚linksliberalen Mainstream'.
- Für die Wucht dieser Wut, die sich inzwischen zu einem regelrechten ‚Krieg' ausgeweitet hat, gibt es insofern rekonstruierbare Gründe, als sich über die

Jahre diverse Belege für professionelles Unvermögen und ethisches Versagen angehäuft haben.
- Die ‚Medienkrise' ist gewiss nicht nur selbstverschuldet; da ihre Bewältigung aber lange Zeit verschlafen wurde, ist daraus eine Identitätskrise des Journalismus geworden, weil man nicht wahrhaben wollte, in welch starkem Maße sich die Rahmenbedingungen des Berufs geändert haben und weiter ändern werden.
- Diese Veränderungen erfolgen nicht nur ökonomisch, sondern mit ungeheurer Geschwindigkeit auch technologisch, nicht nur gesellschaftlich, sondern auch in einem umfassenden Sinne kulturell; insbesondere die ‚Presse als Kulturgut' steht seit einiger Zeit zur Disposition.

‚Alter' und ‚neuer' Journalismus

Bei Bewertungen der Verhältnisse ist zu berücksichtigen, dass sie einen Bias haben, wenn sie ausschließlich auf Aussagen von Journalisten beruhen, die im Online-Bereich unterwegs sind. Diese Berufsvertreter kamen durchweg erst im digitalen Zeitalter in den Beruf und kennen den ‚analogen Journalismus', der allenfalls mit der Publikumsreaktion des Leserbriefes zu tun hatte, gar nicht aus eigenem Erleben. Das ist offenbar eine recht geschlossene Gruppe, was in Interviews besonders durch den ‚Neusprech', den sie pflegt, deutlich wird – mit vielen interessant klingenden Namen und Begriffen; Traffic, Hoaxes, Trolls, Social Bots, Native Advertising, Instant Articles, Spoof Accounts, Sock-Puppet Web, Web-Crawler u. a. m. gehören wie selbstverständlich zu ihrem terminologischen Repertoire.[89] Für sie ist all das selbstverständlich, was sich Journalisten, die vor der Jahrtausendwende in den Beruf kamen, nachträglich mühsam aneignen – wenn sie dies überhaupt tun.

Einschlägige Lehrbücher über das journalistische Arbeiten mit den neuen Sozialen Medien führen vor, welche technischen, organisatorischen und handwerklichen Veränderungen sich in den vergangenen zwei Jahrzehnten abgespielt haben, so dass insofern gewiss von einer ‚Revolution' gesprochen werden kann.[90] Bei ihrer Bewältigung verläuft eine Grenze zwischen den Generationen und ihren Ambitionen. Wohl auch deshalb ist gerade in Medienhäusern, die auf einer renommierten Printmarke basieren (die auch durchweg immer noch zehnmal so viel Umsatz macht und das meiste Geld verdient), eine Art Kulturkampf zu beobachten zwischen ‚digitalem Journalismus', der zur Selbstinszenierung als Avantgarde neigt, und ‚analogem Journalismus', der weiterhin das professionelle Deutungsmonopol beansprucht. Bisweilen dringt von den internen Gefechten auch etwas nach draußen.[91]

Um analysieren zu können, was zur ‚Medienkrise' geführt und – in Form von Fehlleistungen – wohl zum Entstehen eines ‚Kriegs gegen die Medien' beigetragen hat, beschäftigt sich das Buch im Einzelnen mit dem Finanzierungsmodell, auf dem der moderne Journalismus beruht und dem er seinen Erfolg verdankt; es geht um technologische Entwicklungen, die den Beruf geradezu revolutioniert haben, um moralische Ab- und Hintergründe, um Handwerkliches und seine Grundlagen, um Journalismus und Unterhaltung, um Qualität der Berichterstattung und ihre Bewertung, um die Beziehungen der Medien zum Publikum, um Elite-Medien und Elite-Journalisten sowie um Strukturen der politischen Kommunikation und ihren Wandel. Und schließlich geht es, ganz aktuell, um die Gefährdungen des Journalismus durch öffentliche, geradezu aggressiv geführte Debatten über seine Leistungsfähigkeit.

Die damit beschriebenen Probleme lassen sich analytisch in fünf Gruppen zusammenfassen, die den Titel für die einzelnen Kapitel vorgeben: die Funktion des Journalismus, Technologie und Ökonomie der Medien, politische Kommunikation, Medienkritik und Medienethik sowie Qualität der Berichterstattung. Wir wollen auf diese Weise herausarbeiten, auf welchen – normativen, ökonomischen, technologischen und professionellen – Grundlagen der Journalismus beruht, wie seine ‚Wirklichkeiten' zustande kommen, auf welche Weise er zur politischen Meinungsbildung beiträgt und wo dabei seine Grenzen liegen; wodurch er (immer wieder) Kritik herausgefordert hat, wie er mit seiner Verantwortung umgeht und wie man seine Leistungen bewerten kann. Schließlich soll noch einmal geprüft werden, ob es zu seinem zentralen Berichterstattungs-Paradigma (‚Informationsjournalismus') eine zukunftsweisende Alternative gibt. Einige ausgewählte Fallbeispiele aus der Vergangenheit dienen zusätzlich dem Zweck, auf grundsätzliche Probleme des Journalismus aufmerksam zu machen: den Monopolverlust (Reuters, Kapitel II/2), die Fiktionalisierung von Nachrichten (Zweiter Golfkrieg, Kapitel V/1), die (berufsethisch) problematische Nähe zu den Berichterstattungsobjekten (Sportjournalismus, Kapitel IV/2) und die ‚Amerikanisierung' politischer Kommunikation (Wahlkampf 1998, Kapitel III/2).

Zur Funktion des Journalismus (Kapitel I) gilt als basale Aussage, dass journalistische Medien durch den Grundwiderspruch des Auftrags zwischen (gesellschaftlichem) Anspruch und Wirtschaftlichkeit gekennzeichnet sind (1). Ein zentrales Problem stellt die Medienkonzentration dar; sie ist schon so weit fortgeschritten, dass Pressefreiheit längst nicht mehr ‚die Freiheit von 200 reichen Leuten' ist (2). Die Identität des Journalismus beruht auf der Beschaffung, Bearbeitung und Verbreitung von Nachrichten; er ist deshalb weder Teil noch Gegenteil von Unterhaltung und sollte davon unterschieden werden (3).

Bei der Beschäftigung mit Technologie und Ökonomie der Massenmedien (Kapitel II) fällt auf, dass Journalismus und Journalismus-Forschung Technik erst spät als zentralen Faktor der Aussagenentstehung wahrgenommen haben; inzwischen scheint die alte Technikabstinenz ins andere Extrem einer Technikeuphorie umzuschlagen (1). Auf Zukunftsprobleme der Massenmedien wurde zuerst durch die Agentur

Reuters aufmerksam gemacht, die schon vor mehr als drei Jahrzehnten mit ihrem technischen Potential vom Nachrichtengroßhändler zum Einzelhändler mutierte (2). Technische Entwicklungen haben dem Journalismus sein Nachrichten-Monopol geraubt; ‚sein' Jahrhundert ist vorbei – und seine Krise auch eine Identitätskrise (3).

Bei der politischen Kommunikation (Kapitel III) werden in der ‚Mediengesellschaft' die Karten neu gemischt; Politiker und Journalisten stecken dabei in einem Dilemma (1). Zentrales Thema politischer Kommunikation sind die Wahlkämpfe geblieben, deren Form und Inhalt auch in Deutschland – nicht zuletzt durch Gerhard Schröder seit Ende der 1990er Jahre – ‚amerikanisiert' wurde (2). Im Umfeld von Wahlkämpfen ist besonders deutlich geworden, dass der (deutsche) Journalismus ein Elite-Problem hat; generell gilt, dass Journalisten und Politiker einander oft näher sind, als für die Demokratie gut ist (3).

Beim Thema ‚Medienethik' (Kapitel IV) gehört zu den zentralen Problemen, dass unklar ist, was unter dem Kernbegriff ‚Verantwortung' verstanden und wem er zugeordnet wird; Verantwortung ist jedenfalls eng verbunden mit den Vorstellungen von ‚Wirklichkeit', wie die Beschäftigung mit einer ‚konstruktivistischen Ethik' zeigt (1). Frühwarnsystem für Wandlungsprozesse im Mediensystem und insbesondere auch für berufsethische Probleme ist seit langem der Sportjournalismus; dies gilt mehr denn je unter den neuen Bedingungen im Internet-Zeitalter (2). Medienkritik hat in Deutschland eine lange ‚Entzauberungs-Tradition', die heute im Internet eine ungeheure Dynamik entwickelt; sie darf zwar leidenschaftlich sein, muss aber mit Augenmaß geübt werden (3).

In Hinblick auf die Qualität der Berichterstattung (Kapitel V) ist zunächst festzuhalten, dass die Bewertung journalistischer Arbeit spezifische Probleme aufwirft; eindeutig beurteilen ließen sich die Leistungen der Medien jedoch beim Zweiten Golfkrieg, der valide Einblicke in die Konstruktionsweisen des Journalismus lieferte (1). Ein Dauerthema ist in Deutschland die (hochschulgebundene) Journalistenausbildung und die Frage, ob sie gut genug ist, um für guten Journalismus zu sorgen; dabei stellt der ‚offene Berufszugang' ein (unlösbares?) Problem dar (2). Der ‚digitale Journalismus' ist kein ‚völlig neuer Journalismus' – und den wird es aufgrund der Rahmenbedingungen wohl auch in Zukunft nicht geben können (3).

Ein (angeblich) ‚neuer Journalismus' – Thema des letzten Abschnitts – ist im letzten Jahrhundert immer wieder einmal proklamiert worden, wobei dieser mal näher an die Literatur, mal näher an die Soziologie gerückt wurde. Stets sollte es dabei um die Stärkung von Validität und Reliabilität der Berichterstattung gehen. Robert Ezra Park, Begründer der ‚Chicago School of Sociology', der erst im Alter von fast 50 Jahren zum Soziologen mutierte, hatte als Reporter gelernt, die Verhältnisse mit kaltem Blick zu beobachten. „To see and to know ‚life'" lautete sein professionelles Motto. Seine „Soziologie aus der Erfahrung der Reportage"[92] versuchte dann, nahe an ‚die Wirklichkeit' heranzukommen – so, wie es kompetenten Journalistinnen und Journalisten (bisweilen) gelingt. Einen solchen ‚alten' Journalismus hat die moderne Demokratie stets gebraucht, und gewiss brauchen wir *diesen* Journalismus auch heute und morgen – vielleicht sogar mehr denn je.

Quellen/Anmerkungen

1 Bob Woodward über Informationen, in: Süddeutsche Zeitung v. 28.11.2009.
2 Giovanni di Lorenzo: Unser Ruf steht auf dem Spiel. Die Dresdner Rede', 2.2.2016. (www.zeit.de/kultur/2016-02/dresdner-rede-dresden-giovanni-di-lorenzo).
3 Frankfurter Allgemeine Zeitung v. 14. Juni 2014, S. 3, 9-17; die im Feuilleton – neben einigen Arbeiten Schirrmachers sowie diversen Fotos – abgedruckten Nachrufe aus der Feder bekannter Journalisten boten schon in den Überschriften alle Arten von Superlativen: „Er, der starb, verdiente das Leben" (Bahners), „Ein sehr, sehr treuer Freund" (Jauch), „Ein spätgeborenes Genie" (Aust), „Ein freier, glücklicher Denker" (Minkmar); weitere Würdigungen sowie Todesanzeigen folgten zwei Tage später (vgl. FAZ v. 16.6.2014, S. 11-14).
4 Vgl. Der Abschied. Eine Sonderausgabe zum Tod von Helmut Schmidt, Zeit Extra, Nr. 1, 11.11.2015.
5 Vgl. z. B. die Zusammenstellung der Nachrufe durch *Bild*, die dem Verstorbenen besonders zugetan gewesen war: Der Eigensinnige mit dem abenteuerlichen Herz (www. bild.de/politik/inland/frank-schirrmacher/frank-schirrmacher-tot-deutschland-trauert-36370760.html).
6 Vgl. „Es gibt keinen anderen wie ihn". Der Publizist Frank Schirrmacher, Mitherausgeber der Frankfurter Allgemeinen, starb im Alter von nur 54 Jahren. Seine Tod löst eine tiefe Verstörung aus, in: Der Spiegel 2014/25, S. 114 f.
7 Jens Jessen: Nie zuvor gesehen. Frank Schirrmacher hat nicht nur die „Frankfurter Allgemeine Zeitung", sondern den deutschen Journalismus verändert, in: Die Zeit Nr. 26 v. 18.6.2014, S. 43 f.
8 Vgl. dazu auch das Porträt von Sabine Lang: So regiert Frank Schirrmacher, in: taz mag – Wochenendmagazin der taz v. 24./25.6.2006.
9 Jessen: Nie zuvor gesehen, a. a. O., S. 43.
10 Vgl. John H. McManus: Market-Driven Journalism, Thousand Oaks, Calif. 1994; Barbie Zelizer (ed.): The Changing Faces of Journalism, London/New York 2009; Peter Dahlgren: The Troubling Evolution of Journalism, in: B. Zelizer (ed.): The Changing Faces of Journalism, London/New York 2009, S. 146-161; Robert W. McChesney: Rich Media, Poor Democracy, Urbana/Chicago 1999; Barbie Zelizer: Taking Journalism Seriously, Thousand Oaks, Calif. 2004.
11 Zeitung in der Todesspirale. „Immer mehr Arbeit, immer weniger Einfluss": Marc Fischer von der Washington Post spricht über sterbende Massenmedien und die Gefahr für die Demokratie, in: Süddeutsche Zeitung v. 12.2.2009.
12 In Deutschland sank die Gesamtauflage der Tageszeitungen zuletzt noch einmal um 6,6 Prozent: von ca. 21,4 Millionen (2012) auf knapp 19,95 Millionen Exemplare (2014);

die Zeitungen büßten damit innerhalb eines Jahrzehnts knapp ein Viertel ihrer Auflage ein. (Vgl. Horst Röper: Zeitungsmarkt 2014, in: Media Perspektiven 2014/5, S. 254-270)
13 Vgl. Jim Rutenberg: Yes, the News Can Survive the Newspaper, in: The New York Times v. 4.9.2016.
14 Dafür lässt der weltweit wohl einflussreichste Konzern, der mit 55.000 Mitarbeitern 60 Milliarden Dollar umsetzt, 150 Millionen Dollar springen (vgl. Uwe Jean Heuser: Einer für alle (Die unheimliche Macht von Mr. Google), in: Die Zeit Nr. 21 v. 21.5.2015, S. 21 ff. (hier: 23, 21).
15 Vgl. Michael Haller: Diagnose: Fehldiagnose, in: Spiegel Online v. 18.8.2013.
16 Gabor Steingart: „Das Internet ist die großartigste Erfindung, seit es Sündenböcke gibt", in: W & V v. 15.11.2013.
17 Vgl. Evelyn Roll: Noch Fragen?, in: Süddeutsche Zeitung v. 7.9.2009.
18 Sascha Lobo: Wir Live-Gläubigen, in: Der Spiegel 2015/18, S. 140 f.
19 Gesprächskultur. Über Glanz und Elend in Interviews, in: DJV NRW Journal 2016/1, S. 1-15 (hier: 15).
20 Vgl. Christoph Moss: Der Kampf gegen den Informations-Tsunami, in: Econforum v. 18.11.2011.; Götz Hamann: Alles Lügen? Der Journalismus steckt in einer Glaubwürdigkeitskrise, in: Die Zeit Nr. 26 v. 25.6.2015, S. 8 f. (hier: 8).
21 Heike Faller: Musste das sein? Nur wenige Journalisten haben vor der Finanzkrise gewarnt, in: Zeit Magazin Nr. 16 v. 14.4.2011. (Ein Journalismusheft), S. 10-14 (Zitat: 11).
22 Herbert Riehl-Heyse: Planet der Affen, in: Süddeutsche Zeitung v. 16./17.11.2002, S. III.
23 Forsa-Umfrage (2010) im Auftrag der Akademie für Publizistik (www.akademie-fuer-publizistik.de).
24 Vgl. Hamann: Alles Lügen? a. a. O. (Zitat: 8) sowie Wolfgang Donsbach et al.: Entzauberung eines Berufs, Konstanz 2009, insbes. S. 35ff.
25 Vgl. Wolfgang Schweiger: Der (des)informierte Bürger im Netz, Wiesbaden 2017, S. 4 f.
26 Zeit Magazin Nr. 16 v. 14.4.2011. (Ein Journalismusheft), S. 10 ff., 21.
27 Vgl. z. B. Paul Katzenberger: Kampfbegriff gegen die Demokratie, in: Süddeutsche Zeitung v. 13.1.2015.
28 Stephan Weichert: Digitale Integration, in: Publizistik 2016/2, S. 99-104 (hier: 99, 100 f.).
29 Vgl. z. B. die Interviews mit den Journalisten Hans Leyendecker und Jakob Augstein in: fiene (Blog) v. 21.1.2016. (www.danielfiene.com/archive/2016/01/21/fiene-hans-leyendecker-und-jakob-augstein-im-gespraech-es-ist-vollig-absurd-dass-journalisten-solche-auflagen-bekommen/); der Interviewer wurde danach in einem nachgestellten Kommentar als jemand bezeichnet, der zu den „verlogenen, selbstverliebten und bigotten Kasperln gehört".
30 Börne-Preisträger Rüdiger Safranski: „Die Angst vor dem politischen Islam ist da, doch man singt laut im Walde", in: Neue Zürcher Zeitung v. 6.5.2017.
31 Vgl. Benedikt Porzelt: Gefährten: Satire und Journalismus, in: M 2016/2 (Juni), S. 5.
32 Christine Prayon aus der ‚heute-Show': „Ich muss den Mächtigen die Hosen runterziehen", in: Der Tagesspiegel v. 22.9.2015.
33 Vgl. Sebastian Christ: Medienkritik: Warum sich Journalisten und Leser immer schlechter verstehen, in: Huffington Post v. 2.5.2014.
34 Götz Hamann: Alles Lügen? a. a. O., S. 8 f.
35 Vgl. z. B. „Der Moment der Wahrheit" über den Präsidentschaftswahlkampf 2004 (mit Cate Blanchett und Robert Redford als Dan Rather, USA 2015); „Die vierte Gewalt" (mit

Benno Fürmann, BRD 2016) sowie die folgenden Bücher: Jonathan Franzen: Purity, New York 2015, Umberto Eco: Nullnummer, München 2015 sowie Frank Schätzing: Breaking News, Köln 2014; weitere Beispiele sind Matthias Frings: Ein makelloser Abstieg, Berlin 2011 und Rainald Goetz: Johann Holtrop, Berlin 2012.

36 Jonathan Franzen: Unschuld, Reinbek bei Hamburg 2015, S. 325.
37 Berthold Kohler: Die tollste Form des Journalismus. Hosen voll schon vor dem Shitstorm: Der Blogwart lässt die Politik erzittern, in: Frankfurter Allgemeine Zeitung v. 7.8.2015. (www.faz.net/-gpf-86gk1).
38 Vgl. z. B. Jan Fleischhauer: Wenn die Wut kommt, in: Spiegel Online v 31.10. 2016.
39 Vgl. Sebastian Leber: Matthias Matussek und die wichtigen Männer (Grob-Rhetoriker im Internet), in: Der Tagesspiegel v. 24 . 11. 2015; Ijoma Mangold: Ich. Letzte Lockerung: Journalisten und ihre Videoblogs, in: Süddeutsche Zeitung v. 30.11.2007, S. 13.
40 Michael Hanfeld: Berechtigter Protest oder pure Aggression?, in: FAZ v. 22.7.2015. (www.faz.net/-gqz-85xs1).
41 Vgl. Volker Lilienthal et al.: Digitaler Journalismus. Dynamik – Teilhabe – Technik, Leipzig 2014, S. 332, 349.
42 Yvonne Hofstetter: Zeigt uns die Quellen! Wenn das Internet die Demokratie erneuern soll, müssen wir wissen, woher die Daten und Informationen stammen. Ein Plädoyer für eine radikale Reform des Netzes, in: Die Zeit Nr. 49 v. 27.11.2014, S. 58.
43 Fabian Reinbold: Der Troll-in-Chief (Lehren aus dem Internet-Wahlkampf), in: Spiegel Online v. 10.11.2016.
44 In den zehn Jahren nach der Gründung am 21.3.2006. gelang es – trotz inzwischen 320 Millionen Mitgliedern – niemals, den Dienst in die Gewinnzone zu bringen.
45 Reinbold: Der Troll-in-Chief, a. a. O.
46 Max Hägler/Alexander Mühlauer: In der Hitze. Agenturen verbreiten Nachrichten, in: Süddeutsche Zeitung vom 11./12.7.2015, S. 42.
47 Vgl. Monique Hofmann: Twittern live und vielerorts, in: M 2016/3, S. 4.
48 Jana Gioia Baurmann: Die neue Nachrichtenschleuse. Demnächst wird es Artikel von „Bild.de" und „Spiegel Online" auch auf Facebook zu lesen geben, in: Die Zeit Nr. 21 v. 21.5.2015, S. 31.
49 Vgl. Jan Fleischhauer: In der Echokammer, in: Der Spiegel 2017/47, S. 52 f.; Simon Hurtz/Hakan Tanriverdi: Filterblase? Selbst schuld!, in: Süddeutsche.de v. 2.5.2017. (www.sueddeutsche.de/digital/facebook-filterblase-selbst-schuld-1.3479639).
50 Vgl. dazu auch: Markus Brauck: ARD-Intendant fordert hohe Strafen für Facebook und Co., in: Spiegel-Online v. 6.3.2017.; im SPON-Forum stieß Wilhelms Vorstoß nicht auf sehr viel Zustimmung; Tendenz: Die Massenmedien sollten mal erst vor der eigenen Tür kehren.
51 Reinbold: Der Troll-in-Chief, a. a. O.
52 Baurmann: Die neue Nachrichtenschleuse, a. a. O.
53 Auf *Twitter* konnte man dann unter #SPONdown auch – mehr oder weniger – originelle Leser-Reaktionen abrufen
54 Baurmann: Die neue Nachrichtenschleuse, a. a. O.
55 Zit. n. ebd.
56 Dan Gillmor: Who's a journalist? Does that matter?, in: Salon v. 26.8.2010. (www.salon.com/2010/08/26/who_is_a_journalist/); Stefan Niggemeier: Was würde uns fehlen ohne Journalismus, in: Frankfurter Allgemeine Zeitung v . 20.5.2009.
57 Vgl. Wozu noch Journalismus?, in: Süddeutsche Zeitung, ab 17.5.2010.

58 Süddeutsche Zeitung Magazin Nr. 19 v. 8.5.2009, S. 3, 24.
59 Stephan Weichert/Leif Kramp: Eine Art Marshallplan. Fünf Modelle, wie die Zeitungsbranche gerettet werden kann, in: Die Zeit Nr. 29 v. 9.7.2009, S. 50; Miriam Meckel: In der Grotte der Erinnerung, in: Frankfurter Allgemeine Zeitung v. 12.5.2009.
60 How to Save the News, in: the Atlantic, June 2010 (www.theatlantic.com/magazine/print/2010/05/how-to-save-the-news/8095/).
61 Vgl. „Wir sind anders". Jetzt wagt sich auch Zeit Online an eine Paywall, in: journalist 2016/8, S. 10-15; Karsten Lohmeyer/Stephan Goldmann: Handbuch des selbstbestimmten Lokaljournalismus im Netz, S. 43 ff. (http://geisteswirtschaft.de/wp-content/uploads/2015/11/HandbuchLokaljournalismusLP.pdf).
62 Vgl. Isabell Hülsen: Zahlt er, zahlt er nicht?, in: Der Spiegel 2015/12, S. 138-143; Matthias Kurp: Preisfrage Paid Content, in: M 2015/2, S. 8-11.
63 Lohmeyer/Goldmann: Handbuch des selbstbestimmten Lokaljournalismus im Netz, a. a. O., S. 22 ff.
64 Vgl. Ann-Kathrin Nezik: Schreiben für den Schwarm, in: Der Spiegel 2014/25, S. 136 f.
65 „Was mir passiert ist, war peinlich". Henry Blodget, Chef des Onlineportals Business Insider, glaubt, dass im Markt der digitalen Medien nur die Stärksten überleben, in: Der Spiegel 2016/20, S. 60 ff. (hier: 63).
66 „Wir waren arrogant". Dean Baquet, Chefredakteur der ‚New York Times', ist ungewöhnlich selbstkritisch, in: Der Spiegel 2015/5, S. 131.
67 Vgl. Der Spiegel Nr. 17 v. 22.4.2017, S. 76.
68 Vgl. Spiegel-Online v. 24.2.2017.
69 Vgl. z. B. Barbara Hans: Donald Trumps Inszenierung: Mehr Herz als Verstand, in: Spiegel Online v. 9.11.2016.
70 Vgl. z. B.: Trumps Triumpf – sind die Medien verantwortlich?, in: Süddeutsche Zeitung v. 9.11.2016.
71 Donald Trump ist ein Weckruf. Sind die Medien in den USA noch eine kritische Macht? Ein Gespräch mit Bill Keller, dem ehemaligen Chefredakteur der ‚New York Times', über Trump und die Pressefreiheit, in: Die Zeit Nr. 17 v. 14.4.2016, S. 48.
72 Marc Pitzke: Das Plärren der Lämmer (US-Medien vs. Trump), in: Spiegel Online v. 7.10.2016.
73 Lee Siegel: The media's Weimar moment. The rise of entertainment culture births the ultimate showman (Media in the Age of Trump), in: Columbia Journalism Review v. 7.10.2016.
74 Nach Angaben des TV-Nachrichtensenders *Bloomberg* hat Trump, seit er 2009 anfing zu ‚twittern', 34.000 Tweets abgesetzt; 18,3 Millionen Menschen folgen ihm inzwischen auf *Twitter*, 16,8 Millionen auf *Facebook* und 4,5 Millionen auf *Instagram* (vgl. Mail & Guardian v. 6-12.1.2017, S. 18).
75 Kai Diekmann im Gespräch: „Donald Trump legt gerade eine steile Lernkurve hin", in: Frankfurter Allgemeine v. 15.1.2017.
76 „Wir waren ein perfektes Angriffsziel". Paul Farhi, 58, Medienredakteur der ‚Washington Post', sieht in Trump eine Gefahr für die Pressefreiheit in den USA, in: Der Spiegel 2016/46, S. 147.
77 Götz Hamann: Alles Lügen? a. a. O., S. 9, 8.
78 Vgl. Susan Philipp: Wie aus Konkurrenten Partner werden. Eine explorative Einzelfallstudie des *Content-Desk-Modells* der *Funke Mediengruppe*, Phil. Diss., Universität

Quellen/Anmerkungen

Münster 2017; Andreas Moring: Warum das Newsroom-Prinzip ein Irrweg ist, in: HORIZONT Online v. 31.8.2016.

79 Vgl. Barbara Hans: Inszenierung von Politik. Zur Funktion von Privatheit, Authentizität, Personalisierung und Vertrauen, Wiesbaden 2017; Bernhard Pörksen et al. (Hrsg.): Paradoxien des Journalismus, Wiesbaden 2008, S. 738 sowie z. B. Anna Kistner: Die müssen doch merken, dass ich nichts kann, in: Spiegel Online v. 7.11.2014.

80 Ein neueres Beispiel dafür ist die – auch per Homestory im eigenen Medium gefeaturete – ZDF-Moderatorin Dunja Hayali (vgl. Arno Frank: Die Dunja-Hayali-Festspiele, in: Spiegel Online v. 29.7.2016.).

81 Systemische Blindheit. Tobias Rapp über das drohende Ende unserer Schönwetterveranstaltung, in: Der Spiegel Nr. 46 v. 12.11.2016, S. 131 f. (hier: 132); vgl. dazu auch Thomas Schmid: Wenn das Gute sich selbst feiert. Carolin Emckes Friedenspreis, in: Die Welt v. 23.10.2016.; Malte Lehmig: Die Gute und die Bösen (Friedenspreis-Rede von Carolin Emcke), in: Der Tagesspiegel v. 24.10.2016.; Kerstin Schweighöfer über Carolin Emcke: Der Friedenspreis als Ermutigung für Journalisten, in: Deutschlandradio Kultur – Fazit, 24.6.2016.

82 Vgl. „Anfangen". Carolin Emckes Dankesrede anlässlich der Verleihung des Friedenspreises 2016 (www.friedenspreis-des-deutschen-buchhandels.de/1244997/).

83 Giovanni di Lorenzo: Unser Ruf steht auf dem Spiel, a. a. O.

84 Vgl. Siegfried Weischenberg/Armin Scholl/Maja Malik: Die Souffleure der Mediengesellschaft. Report über die Journalisten in Deutschland. Konstanz 2006; David H. Weaver et al.: The American Journalist in the 21st Century. U.S. News People at the Dawn of a New Millenium, Mahwah, NJ/London 2007; Neil Thurman et al.: Journalists in the UK, Oxford (Reuters Institute for the Study of Journalism) 2016.

85 Dies zeigen insbesondere auch die Befunde der jüngsten Journalisten-Studie aus Großbritannien (vgl. Thurman et al.: Journalists in the UK, a. a. O., S. 11 ff., 30 ff., 34 ff.).

86 Stephan Weichert: Das Ende der Ideologien, in: Rheinischer Merkur 2009/2, S. 30; vgl. dazu auch Weischenberg et al.: Die Souffleure der Mediengesellschaft, a. a. O., S. 52 ff.; Stephan Weichert/Christian Zabel: Die Alpha-Journalisten, Köln 2007; dies. (Hrsg.): Die Alpha-Journalisten 2.0, Köln 2009; Lutz Hachmeister/Friedemann Siering (Hrsg.): Die Herren Journalisten, München 2002.

87 Vgl. ‚Wall Street Journal' gewinnt 300.000 Abonnenten, in: Spiegel Online v. 10.5.2017.; Wendy Hui Kyong: Was wir von der Welt sehen, in: Institut für Auslandbeziehungen (Hrsg.): Kulturaustausch 2017/2, S. 18 f. (hier: 19).

88 Vgl. dazu auch die Kolumne von Jan Fleischhauer: Trump gegen die Medien: Weniger als Würmer, in: Spiegel-Online v. 20.2.2017.

89 Vgl. z. B. „Wir sind anders". Jetzt wagt sich auch Zeit Online an eine Paywall, in: journalist 2016/8, S. 10-15 (hier: 13 f.); Bettina Blaß: Das wird heiß. Womit Journalistinnen und Journalisten sich 2016 befassen sollten, in: NRW Journal 2016/1, S. 24 ff.

90 Vgl. z. B. Stefan Primbs: Social Media für Journalisten. Redaktionell arbeiten mit Facebook, Twitter & Co, Wiesbaden 2016.

91 Vgl. Jan Fleischhauer: Kapuzen-Journalismus, in: Spiegel Online v. 27.3.2014.

92 Rolf Lindner: Die Entdeckung der Stadtkultur: Soziologie aus der Erfahrung der Reportage, Frankfurt a. M. 1990.

Die Funktion des Journalismus

1   Wie Massenmedien heute arbeiten und was sie damit anrichten

Massenmedien[1] basieren auf einem Grundwiderspruch, den man als ‚eingebaute Schizophrenie' bezeichnen kann: Einerseits sind sie soziale Institutionen, die der Bevölkerung und deren Kommunikationsinteressen dienen sollen, damit durch permanente Information über den Stand der Dinge eine lebendige Demokratie gewährleistet wird. Andererseits sind sie eine Industrie und dienen somit – im weitesten Sinne – (wirtschaftlichen) Einzelinteressen. Dabei sind sie einerseits – als Geschöpfe der Aufklärung – Werten wie Freiheit, Mündigkeit, Vernunft, Wissen verpflichtet. Andererseits sind die Massenmedien und ihre Akteure an praktisch-pragmatischen Vorgaben und Zielen wie Reichweite, Konkurrenz, Redaktionsschluss, Professionalität und Karriere orientiert. Diese Situation führt zu Konflikten zwischen Erwartungen gegenüber den Medien und den Leistungen, zu denen die Medien und ihre Journalisten imstande sind.[2] Angesichts dieser Ausgangslage ist es erstaunlich, dass das 20. Jahrhundert nimmt man alles in allem, zum ‚Jahrhundert des Journalismus' werden konnte. Dieser Erfolg beruht im Grunde auf einer idealistischen Illusion: Dass die Produktion und Distribution von Nachrichten letztlich doch kein Geschäft ist, sondern von altruistisch handelnden Menschen betrieben wird, die sich um offene Kommunikation, demokratische Öffentlichkeit, sogar Kultur kümmern, um Kritik und Kontrolle, um Orientierung – und damit so grade eben auf ihre Kosten kommen.

Diesen Grundwiderspruch kann man als einen ‚Auftrag zwischen (gesellschaftlichem) Anspruch und Wirtschaftlichkeit' beschreiben – ein Spannungsverhältnis, das die Wirklichkeit des Journalismus bestimmt. ‚Wirklichkeit' ist in diesem Zusammenhang ein Schlüsselbegriff – und zwar in einem doppelten Sinne: Wirklichkeit des Journalismus bedeutet zum einen das, was wir (empirisch) über den Journalismus wissen und was kontinuierlich mit wissenschaftlichen Mitteln beobachtet wird.

Wirklichkeit des Journalismus verweist aber auch auf die (erkenntnistheoretisch wie professionell) spannende Frage, mit welchen Referenzen Journalismus arbeitet, wenn er uns seine Weltbilder präsentiert – wenn er uns in seinen Medien über die Institutionen, Apparate und Personen informiert und so in erheblichem Maße unser Denken und Reden über die Zeitläufte beeinflusst. Man kann diese Medien des modernen Journalismus als ‚Wirklichkeitsmaschinen' bezeichnen; es ist hilfreich zu verstehen, wie sie arbeiten und welche möglichen Folgen die Rezeption ihrer Produkte hat. Dieser Journalismus hat sich im 19. Jahrhundert herausgebildet – als eines von diversen Funktionssystemen, die in der unübersichtlichen Industriegesellschaft eine bestimmte Zuständigkeit besitzen. Seine Funktion kann man als Selbstbeobachtung der Gesellschaft begreifen, die aber als ‚Fremdbeobachtung' organisiert wird. Dies bedeutet, dass die Journalisten so tun, als wenn sie selbst gar nicht dazugehören würden – was natürlich eine Illusion ist. Sie arbeiten dabei mit bewährten Methoden, die um das Postulat der ‚Objektivität' kreisen.[3] Diese ‚Selbstbeobachtung als Fremdbeobachtung' ist zunehmend riskant geworden,[4] wie insbesondere durch die geradezu leidenschaftliche Ablehnung des professionellen Journalismus und seiner Praktiken im Internet immer wieder deutlich wird.

Thematisierung und Kommerzialisierung

Der Journalismus kümmert sich traditionell um aktuelle Themen, die auffallend sind. Wie bei anderen gesellschaftlichen Funktionssystemen handelt es sich dabei um eine exklusive Zuständigkeit, die nach eigenen Regeln wahrgenommen wird. So ist z. B. die Justiz ausschließlich mit Rechtsfragen beschäftigt und blendet gewöhnlich alles andere aus; die Wissenschaft bearbeitet allein wissenschaftliche Fragestellungen. Durch die Thematisierung haben die Medien offenbar einen großen Einfluss auf das, was auf der gesellschaftlichen Tagesordnung steht; sie bestimmen insofern wesentlich mit über das ‚Gespräch', was die Gesellschaft mit sich selber führt. Diese Themensetzung basiert auf routinemäßig ablaufenden Selektionsprozeduren, die Ereignisse in die Form der Nachrichten gießen. Sie orientieren sich dabei an ‚Nachrichtenfaktoren', die den Journalisten oft gar nicht bewusst sind, aber von der einschlägigen Forschung zu einem konformen Raster zusammengefügt worden sind. Im Zentrum steht dabei der Neuigkeitswert; Überraschung gehört dazu und Konflikt. Andere zentrale Selektoren (im Sinne von Aufmerksamkeitsfängern) sind Nähe und vor allem (prominente) Personen mit den Ingredienzien des ‚human touch'.[5] Die Nachrichtengebung insgesamt, welche in starkem Maße von ökonomischen, organisatorischen und technischen Bedingungen geprägt ist, orientiert sich nicht an einem emphatischen Wahrheitsbegriff. Studien zeigen, dass die Nachrichtenproduktion insbesondere beim Fernsehen stark vom Prozess der Kommerzialisierung geprägt und immer mehr einer service- und konsumbezogenen Zuschauerorientierung unterworfen wird. Der Aktualitätsdruck steigt, der Konkurrenzdruck vermehrt das Angebot, Personalisierung, Konflikt, Emotion nehmen zu; gleichzeitig werden die TV-Nachrichten unpolitischer. Das ist offenbar der Preis, der beim Rattenrennen um Aufmerksamkeit in der ‚Mediengesellschaft' von allen Playern bezahlt werden muss.[6]

Die Kritik an der Kommerzialisierung, Ökonomisierung und Boulevardisierung ist durchweg eine eher kleinteilige Auflistung von Monita, die in der Summe die Funktion des Journalismus als Selbstbeobachtungs-Instrument der modernen Gesellschaft in Frage stellt. Überall – nicht zuletzt in der ‚Blogosphäre' – wird vor allem beklagt, dass der Journalismus als unabhängige, verlässliche Beobachtungs- und Kontrollinstanz weitgehend abgedankt habe. Dies ist im Grunde Kritik in der Tradition von Upton Sinclair's Bestseller ‚The Brass Check' – eine Anklage aus der Zeit nach dem Ersten Weltkrieg, in deren Zentrum der Vorwurf stand, dass sich die Presse für das ‚Big Business' prostituiere.[7] Derartige Medienkritik beschreibt im Wesentlichen Marktmechanismen und ihre Folgen: Die Massenmedien, so lautet das Urteil, quälen uns mit minderwertigem Inhalt, um – in der Logik ihres Grundwiderspruchs – immer mehr Geld zu machen und werfen dabei die bewährten Standards des Journalismus über Bord. Der schleichende Prozess der (ökonomischen) Instrumentalisierung des Journalismus wird dabei vor allem durch den neuen Journalisten-Typ des Moderators oder Präsentators personifiziert, der von den Medien sehr bewusst geschaffen wird und sich auf spezifische Weise rollenkonform verhält. TV-Sender setzen hier auf (wenige) prominente Gesichter, die der Markenbildung von Programmen dienen sollen und ihre Popularität ziemlich ungeniert und weitgehend unzensiert für Werbung in eigener Sache nutzen können. Öffentlich-rechtliche Anstalten müssen dann auf diese Weise für ihre ‚Personen-Marken' einen Glaubwürdigkeits-Preis zu zahlen.

Die Globalisierung und die ‚amerikanische Krankheit'

Auf den ersten Blick könnte man heute – in der Logik des schon vor Jahrzehnten von dem Soziologen Niklas Luhmann präsentierten Begriffs einer ‚Weltgesellschaft'[8] – von einem ‚Weltmediensystem' oder auch ‚Weltjournalismus' sprechen. Denn diese ‚Weltgesellschaft' ist auf die permanente Beobachtung durch global aktive Medien angewiesen.[9] Allzu deutlich scheinen dafür die empirischen Evidenzen in einer Zeit, da die Nachrichtenströme permanent in alle Richtungen fließen und alle Ecken der Erde durch technische Kommunikation vernetzt sind – und in der z. B. die Lokalberichterstattung für eine Nachrichtenwebsite in Pasadena, einem Vorort von Los Angeles, von zwei Indern betrieben werden kann, die weiter in ihrer Heimatstadt Mumbai wohnen. Ebenfalls aus Indien, dem *Reuters*-Büro in Bangalore, berichten angeblich mehr als 100 Korrespondenten über den US-Finanzmarkt: Billigjournalismus für Informationen über teure Geschäfte in der Wall Street, ein Sieg der Wirtschaftlichkeit über den Anspruch.[10] Normativ ist die Sache allerdings nicht ganz so einfach, denn Pressefreiheit und ihre Ausgestaltung dur22ch rechtliche und ethische Bestimmungen fallen weltweit kontingent aus; in den meisten Staaten gibt es sie gar nicht oder wird sie stark eingeschränkt – und zwar mit zunehmender Tendenz.[11]

Zu den Einschränkungen der Pressefreiheit gehört auch, dass Medien und Journalismus immer mehr den Mechanismen der Kommerzialisierung unterworfen werden; gegen diese Mechanismen bewährte berufliche Standards wie Unparteilichkeit, Sorgfalt und Fairness bei der Berichterstattung durchzusetzen und zu bewahren, werde immer schwieriger, meinen Beobachter. Besonders groß scheint hier seit Jahren die Besorgnis in den USA zu sein. Medienkritiker – darunter der durch sein Kambodscha-Buch ,The Killing Fields' berühmt gewordene Pulitzerpreisträger Sydney H. Schanberg – beklagen die Verflachung der Inhalte.[12] Schanberg führte darüber öffentlich Klage schon ein Jahr vor den Terroranschlägen des 11. September 2001, die nach Ansicht von Beobachtern in den US-Medien dann eine gewisse Abkehr von Sensationalismus und Soft News und eine Rückkehr zu (internationaler) politischer Berichterstattung zur Folge hatten – begleitet freilich von Patriotismus, Nationalismus und sogar Chauvinismus. Gefragt wird nach den gesellschaftlichen Folgen eines drittklassigen Journalismus, der seine Funktion als ,Vierte Gewalt', die Information als ,öffentliches Gut' begreift, buchstäblich nicht mehr ernst nehme.[13] Selbst Talkmaster Larry King, der Quoten-Oldie des Kommerzfernsehens, klagte schon vor einem Jahrzehnt, dass sich das Nachrichtengeschäft zum Schlechten gewandelt habe; unter den Talkshows in den USA sei ein absurder Wettbewerb entbrannt.[14]

Generell legen die (Selbst-) Beobachtungen aus den USA nahe anzunehmen, dass sich der Journalismus schon seit Jahren am Scheideweg befindet. Evidenzen für das ,Ende einer Ära'[15] lieferten nicht nur empirische Daten, sondern auch vielfältige Hinweise aus der Medienindustrie und aus der journalistischen Tagespraxis. Da gab es z.B. bei den Zeitungen die hartnäckig verfolgte Idee, Grenzen zwischen Redaktion und Marketing ein für alle Mal aufzuheben und sogar Anzeigenabteilung und Vertrieb direkt in die redaktionelle Planung einzubeziehen, d.h., die Maßstäbe für journalistisches Handeln *strukturell* neu zu definieren. Im Gefolge des *USA-Today*-Gründers Al Neuharth, der seinem Blatt einen „journalism of hope" oktroyierte, sollte den Journalistinnen und Journalisten eine grundsätzlich ,positive Berichterstattung' – insbesondere über die „Helden des Kapitalismus" (Süddeutsche Zeitung) – abverlangt werden (s. dazu Kapitel II/3).[16] Die *L.A. Times* setzte die neue Marketing-Ausrichtung des Journalismus durch die Organisation der Ressorts als Profitcenter um, in denen neben dem Ressortleiter ein Verlagsvertreter das Sagen haben sollte; in dieser Logik leiteten der Chefredakteur und ein Marketingmann die Gesamtredaktion gemeinsam. Danach bastelte man – unter aktiver Beteiligung der Leser – an Online-Experimenten, die schief gingen, weil man, um Geld zu sparen, die Kontrolle über die Inhalte verloren hatte.[17] Im Juli und August 2008 verschwanden auf einen Schlag 4.000 Zeitungsjobs in den USA; seither ist in der Branche vom ‚midsummer massacre' die Rede.[18]

Solchen ‚Market-driven Journalism' hat der Medienkritiker Leo Bogart als ‚amerikanische Krankheit' bezeichnet, die insbesondere auch durch eine ständige Entwicklung weg von der Information hin zur fiktionalen Unterhaltung gekennzeichnet sei. Als ihre Symptome nannte er „corrupting the news" durch Anzeigenkunden, „news as entertainment" und den „newscaster as celebrity". Bogart meinte, dass die nordamerikanischen Medien und ihre Journalisten schon lange gar keine Informations- und Kommunikationsbedürfnisse mehr bedienten, sondern diese – wie bei Verbrauchsgütern – gezielt weckten; das Publikum werde auf die Rolle des Konsumenten reduziert und der Journalist auf die Rolle des Entertainers. Die Kommerzialisierung der Programme lasse – nicht zuletzt aufgrund des Einflusses der Werbeindustrie – die Grenzen zwischen Fakten und Fiktionen verschwimmen; diese Unterscheidung sei aber eben nicht ‚natürlich', sondern müsse vom Rezipienten sozusagen erworben werden. Der Autor bezweifelte, dass man unter den Bedingungen der ‚Commercial Culture' (so der Titel seines Buches) die Einhaltung ethischer Standards noch den Medienakteuren allein überlassen dürfe. Notwendig sei insbesondere eine permanente, externe Medienkritik.[19]

‚Fake News' und ‚Media Performance'

Die Existenz professioneller Medienkritik in den USA hat nicht verhindern können, dass sich die Anlässe für Klagen über die ‚Media Performance' in der Vergangenheit häuften. Mehrere bekannte Reporter – darunter die Jungstars Stephen Glass und Jayson Blair, der für die *New York Times* gearbeitet hatte, sowie Jack Kelley (*USA Today*) – flogen auf, weil sie sich in den Fußstapfen von Janet Cooke, der Fälscherin aus der *Washington Post*, bewegt hatten: Ihre Berichte erwiesen sich als ganz oder zumindest zum Teil erfunden.[20] Durch solche Flops gefährdeten die Qualitätsblätter ihren guten Ruf. Des Weiteren mussten der Nachrichtensender *CNN* und sein Star-Reporter Peter Arnett zugeben, dass ein publizierter Sensationsbericht über den Einsatz von Giftgas gegen Deserteure im Vietnamkrieg falsch war. ‚Fake News' produzierten aber auch die Nachrichtenprogramme der Networks mit ihren prominenten ‚Anchormen' und verloren dadurch an Einfluss.[21] Inszeniert war, wie erst viele Jahre spät herauskam, ein Bericht des Senders *CBS* über die angebliche Verstümmelung von Vietkongs durch amerikanische Soldaten.[22] Geradezu als Alptraum für die nordamerikanischen Medien erwies sich ihr ‚Enthüllungsjournalismus' in der ‚Hosenschlitz-Affäre' des Präsidenten Bill Clinton mit der Praktikantin Monica Lewinsky (folgt man der Darstellung des männlichen Akteurs): Aus ‚Sexgate' wurde zumindest eine Zeitlang ‚Pressgate'.[23]

Offenbar trugen diese und andere Medienaffären in den USA zu einem weiteren Glaubwürdigkeitsverlust der Journalisten beim Publikum bei. Immer mehr Menschen misstrauten seit den 1990er Jahren den Journalisten oder hassten sie sogar – deutlich mehr als im Jahrzehnt davor. Aus Umfragen ging des Weiteren hervor, dass die Hälfte der Bevölkerung die Berichterstattung für oft ungenau oder sogar falsch hielt.[24] Zu dieser Zeit schon stellten führende Journalisten des Landes die Grundsatzfrage „What is journalism for?", gründeten das ‚Committee of Concerned Journalists' (CCJ) und brachten das ‚Project for Excellence in Journalism' auf den Weg – allein, den Niedergang des Berufs haben solche Initiativen nicht stoppen können.[25]

Kategorisch rechnete schon vor Jahren Robert W. McChesney in seinem Buch ‚Rich Media, Poor Democracy' mit dem amerikanischen Journalismus ab, der seiner Ansicht nach immer mehr und immer direkter rein kommerziellen Zielen der großen Medienkonzerne unterworfen werde. Dabei würden zwei simple Strategien angewendet: erstens, so viele Reporter wie möglich hinauszuwerfen, und zweitens, die Berichterstattung auf preisgünstige Objekte wie Prominente, Gerichtsverhandlungen, Flugzeugunglücke, Verbrechen und Feuergefechte zu konzentrieren: „The decline, even collapse, of journalism as a public service is apparent in every facet of the media."[26] Wer jahrelang TV-Programme in den USA verfolgen konnte, weiß, dass es für diese Beobachtungen deutliche Belege gibt. McChesney wünschte sich deshalb für die USA einen Rundfunk als ‚Public Service', also das, was in Europa stets davon bedroht ist, auf dem Altar der Kommerzialisierung geopfert zu werden.

Auch in den USA hat der Verlust des Vertrauens in die Medienberichterstattung, der seit dem Aufstieg des Donald Trump zum Dauerthema geworden ist, also schon vor vielen Jahren eingesetzt. Wenn dieser nun von ‚Medien als Feind des Volkes' redete und ihnen den Krieg erklärte, sprach er nur das aus, was große Gruppen in der amerikanischen Bevölkerung schon seit langer Zeit dachten. Vor Gefahren für die Demokratie des Landes warnte deshalb der Vorsitzende des ‚Committee to protect journalists'. Diese Institution war einst gegründet worden, um die Pressefreiheit zu stärken. Seit dem Gerede über die ‚Fake News' müsse man sich vor allem mit den Zuständen im eigenen Land beschäftigen, meinte er: „Wenn wir in autoritären Staaten aufkreuzen, um die mangelnde Pressefreiheit zu kritisieren, werden wir doch ausgelacht. Trump ist ein Geschenk für alle Autokraten und Diktatoren dieser Welt."[27] Die Trump-Familie ist freilich (vor allem) für die ‚Yellow Press' ein Geschenk. Inzwischen rutschten die USA im Pressefreiheits-Ranking von ‚Reporter ohne Grenzen' noch mehr nach hinten, und zwar auf Platz 43 – weit hinter Staaten wie Namibia, Ghana und Litauen. Die Organisation dazu: „Präsident Trump distanziert sich mit seinen systematischen Verunglimpfungen kritischer Medien von der langen Tradition der USA als Hüterin der Pressefreiheit."[28]

In Deutschland, im Pressefreiheits-Ranking 2017 – nicht zuletzt wegen tätlicher Angriffe auf Journalisten sowie Drohungen und Einschüchterungsversuchen – nur auf Platz 16,[29] machen sich ebenfalls seit langem viele Stimmen Sorgen um die Lage der Medien und des Journalismus.[30] Das war zwar in besonders auffälliger Weise so im Zusammenhang mit der Bundestagswahl 2005 (s. dazu Kapitel III/3), doch Kritik und Selbstkritik begleiten die Berichterstattung kontinuierlich schon seit mehreren Jahrzehnten. Diese Kritik bleibt inzwischen keineswegs begrenzt auf den für Geschmacklosigkeiten und Grenzüberschreitungen besonders anfälligen Boulevard. „Selbst meine geliebte *Zeit*", schrieb ein Leser an sein Blatt, „übernimmt Aufmachungen und Überschriften, die oft, mir jedenfalls zu oft, an die Boulevardpresse erinnern, und berichten zeitweise im seriösen Ton über neue Säue, die durch das Dorf gejagt werden, anstatt öfter diese ‚Säue' nur als das zu benennen, was sie sind: Strohfeuer zur Erlangung von Aufmerksamkeit und Quote."[31] In der *Süddeutschen Zeitung* forderte Heribert Prantl, *ARD* und *ZDF* müssten „herunter von der Rutsche des Kommerzes"[32]; der *Zeit*-Redakteur Gunter Hoffmann beschrieb die Journalisten der ‚Berliner Republik' als „flatterhafte Effektheischer", die „vergessen, dass sie niemand gewählt hat."[33] Herbert Riehl-Heyse, der 2003 verstorbene Reporter der *Süddeutschen Zeitung,* nannte unser Mediensystem „Planet der Affen" und kommentierte knapp: „Den Zeitungen fehlt Geld, den Sendern fehlen Ideen, der Politik fehlt Anstand. Am Ende verblöden wir wenigstens alle gemeinsam."[34]

Medienkritik ist in der Regel eher Sache des Feuilletons oder findet auf den Medienseiten statt; dabei handelt es sich vor allem um Kritik an den Journalisten und deren Leistungen. Im Wirtschaftsteil findet man Hinweise auf die Strukturen, welche diese Leistungen steuern, wobei die Nachrichten für die Zukunft wenig Gutes versprechen. Die ‚Heuschrecken', von denen eine Zeitlang in Brandreden gewarnt wurde, haben die Medienlandschaft erreicht – in den USA eher und deutlicher als in Europa. Seit dem umstrittenen David Montgomery mit seiner *Mecom*-Gruppe (eine Zeitlang) die *Berliner Zeitung* und die *Hamburger Morgenpost* gehörten, ist das Problem aber auch in Deutschland bekannt. Bei den Konsequenzen geht es im Kern darum, ob das alte, auf Produktwerbung basierende Geschäftsmodell der traditionellen Medien noch tragfähig ist – oder ob man nicht eher nach dem Muster der *Los Angeles Times* mit verringerten qualitativen Ambitionen und einem personellen Schrumpfkurs Kasse machen kann.[35] Diese Gefahr des ‚Billigjournalismus' existiert in Deutschland insbesondere im Bereich der Regionalzeitungen schon seit Jahren. Vorläufiger Höhepunkt war hier der Rauswurf der gesamten Lokalredaktion der *Münsterschen Zeitung* (die den Dortmunder *Ruhr Nachrichten* gehört), um Kosten zu sparen. Flächendeckend demontieren Medienbetriebe ihre Redaktionen und umschmeicheln billige Amateure als ‚Leserreporter', die ihnen die Seiten und Programme füllen. Sie richten zentrale Nachrichtenredaktionen für mehrere Blätter und Sendungen ein, springen in die digitale Welt und reduzieren gleichzeitig ihren Aufwand für journalistische Qualität.

Der Medienmarkt und seine ‚Früchte'

Die aktuellen Bewegungen auf den Medienmärkten forderten den Sozialphilosophen Jürgen Habermas, der einst mit seiner Studie zum ‚Strukturwandel der Öffentlichkeit' wissenschaftlich reüssiert hatte,[36] zu einer längeren Stellungnahme heraus. Ihn bewegte dabei insbesondere, dass die *Süddeutsche Zeitung*, welche seinen Aufsatz publizierte, durch den drohenden Verkauf der Familienanteile an Finanzinvestoren einem ungewissen ökonomischen Schicksal entgegensteuere. Habermas fragte, ob man nicht auch im Fall von Qualitätszeitungen mit staatlichen Mitteln die ‚journalistische Grundversorgung' sicherstellen müsse, und zwar notfalls durch Subventionen. Jedenfalls sei eine „argwöhnische" Beobachtung des Pressemarktes geboten, „weil sich keine Demokratie ein Marktversagen auf diesem Sektor leisten kann."[37] Die durchaus diskutable These von der mangelhaften Marktfähigkeit des Qualitätsjournalismus, die den Charakter der Presse als Institution in Erinnerung ruft, provozierte einen Kulturredakteur des Berliner *Tagesspiegel* so sehr, dass er Habermas einen infamen ‚offenen Brief' schrieb, in dem er die absurden Vorwürfe zu seiner angeblichen NS-Vergangenheit als ‚Hitler-Pimpf' mit allen möglichen Unterstellungen verrührte, die in der Behauptung gipfelten, Habermas habe eine „‚pragmatische' Verstaatlichung" der Presse vorgeschlagen.[38] Also: Wer im Zusammenhang mit den Massenmedien und ihrer Zukunft Strukturfragen diskutiert, kann in der ‚Mediengesellschaft' mit heftigem Gegenwind rechnen.

Diese ‚Mediengesellschaft' führt mit der ungeheuren Masse an Informationen, die hin und her gewälzt und oft nur recycelt werden, auch zu der Konsequenz, dass die Medien und ihre Protagonisten immer mehr selbst zum Gegenstand des Interesses werden. Denn man will wissen, wer es immer wieder schafft, einem so viel Zeit abspenstig zu machen und so viel Geld aus der Tasche zu ziehen. Für die Medienstars bedeutet diese Situation zunächst einmal Macht und Einkommen – aber auch eine öffentliche Aufmerksamkeit, die nicht immer angenehm ist. So werden sie gleichzeitig zu den Profiteuren und Leidenden der Verhältnisse.

In Hinblick auf die Medienangebote herrscht in dieser ‚Mediengesellschaft' bei vielen Themen und Personen völlige Beliebigkeit. Es gibt das Phänomen des journalistischen Blindflugs und die Erzeugung künstlicher Horizonte, und es gibt die immer stärkere Tendenz, die Inhalte von Relevanzen abzukoppeln und an (prominente) Personen zu binden. Die Folgen dieser Entwicklung, die sich in den hoch kommerzialisierten Mediensystemen abspielt, präsentieren sich dem kritischen Betrachter als ein im Wortsinn ‚entfesselter Medienmarkt'.

Welche Früchte werden nun konkret auf diesem Medienmarkt inzwischen gehandelt? Ohne große Mühe lässt sich belegen, dass die Medien oft faule Ware anbieten und die Berichterstattung das Ergebnis von blinden Flecken bei der Beobachtung ist. Da gibt es die schnellen und die geflissentlich übersehenen oder unterschätzten Themen – und die Personen, deren Nachrichtenwert durch Wiederholung und ein Medien-Pingpong selbst erzeugt wird. Deshalb lesen und hören wir auf der nach unten offenen Skala von Belanglosigkeiten tagelang von den Tagebüchern einer gewissen Anna Nicole Smith oder von der Glatze der Britney Spears und erleben neuerdings auf allen TV-Kanälen, reich bebildert und charmant kommentiert, die ‚First Daughter' Ivanka, wenn sie zu einer Frauen-Konferenz nach Deutschland kommt und dort von den Medien beweihräuchert wird; die *heute-show* nennt dies ‚Doof-Berichterstattung'. Da gab es den jungen Eisbären Knut, der es sogar nach ganz oben auf die Themen-Agenda des Fernsehens brachte – zum Glück nur bei privaten und nicht bei den öffentlich-rechtlichen Sendern. Doch die sind auch nicht gegen solche Missgriffe gefeit. Dazu gehörte, dass ein gewisser Daniel Küblböck nach dem Auto-Zusammenstoß mit einem Gurkenlaster *Tagesschau*-fähig wurde. Dies erwies sich als der Scoop des Jahres, bei dem mehr Journalisten als Gurken involviert waren. Im *ZDF* lieferte sich der ‚Superstar' dann in der Sendung ‚Unsere Besten' ein Kopf-an-Kopf-Rennen mit Bach, Beethoven und Kant – Hegel, auf den wir noch kommen werden, stand gar nicht erst zur Debatte.

Medizin-Themen wie die Vogelgrippe, SARS oder BSE erhalten in den Medien häufig einen Stellenwert, der sachlich nicht begründet ist. Da wird aufgebauscht, da stimmen die Relationen zu anderen Gesundheitsrisiken nicht – und dann ist das Problem plötzlich wieder vom Tisch. Der Bundestagspräsident fällt den Medien nur dann auf, wenn er so etwas Unrealistisches wie eine ‚Talkshow-Pause für Politiker' fordert.[39] Arbeitslosigkeit wurde erst zum Thema, seit es arbeitslose Journalisten gab.[40] Bei einem Thema wie der Kinderbetreuung ist es, so muss man vermuten, ähnlich: Wenn Journalistinnen und Journalisten überhaupt Kinder haben (das ist die Minderheit[41]), dann haben sie Betreuungsprobleme und setzen die auf die Medienagenda. Grandiosen Erfolg als Medienthema hat seit Jahren die Klimakatastrophe – spätestens, seit der Eisbär Knut auf einer Titelbild-Collage zusammen mit dem Filmstar Brad Pitt dagegen kämpfte. Aber dieser Hype kann sich genauso schnell ändern wie das Wetter. Oft beklagen z. B. auch die Umweltschützer und Globalisierungskritiker ‚verzerrte Berichterstattung'. Sie werfen den Journalisten ihre konfliktorientierte Nachrichtenselektion vor, durch die sie zum Handlanger von militanten Aktivisten würden: „Massenmedien lieben brennende Barrikaden", glauben sie zu wissen. Gefragt wird deshalb: Ist die Wahrnehmung der Medien unsere Wahrnehmung, ihre Neugierde die Neugierde des Publikums? Steuern letztlich wir selbst das, was die Medien tun – oder hat der Journalismus schlicht und einfach massive Wahrnehmungsprobleme?

Ja, gewiss, meint das 2005 in den USA gegründete Online-Medium *Huffington Post*. Der deutsche Journalismus habe ein Kommunikationsproblem. Es sei aber nicht nur „das Fremde im Handeln vieler Journalisten, das zu Kritik führt. Die Fremdheit mit dem Leser fängt schon in der Realitätswahrnehmung an." Als Beleg diente dem Autor dabei die Berichterstattung zum Tod von Heinz Schenk – die sich deutlich von jener unterschied, die Deutschlands Journalisten ihrem Kollegen Schirrmacher angedeihen ließen. Der volkstümliche Unterhalter Schenk hatte als Gastgeber der Sendung ‚Zum Blauen Bock' Fernsehgeschichte geschrieben, doch in den Nachrufen hätten die Medien dies nicht gewürdigt, wobei insbesondere der Tonfall in *Spiegel Online* daneben gewesen sei: „Der gesamte Text ist nichts anderes als Kleinbürger-Bashing." Der Journalismus werde, so lautete das Fazit, auch deshalb „als etwas Elitäres wahrgenommen, weil die Lebenswirklichkeit von Nicht-Akademikern oder Landbewohnern in den Medien unterrepräsentiert ist. Und wenn sie doch vorkommt, schwingt im Subtext nicht selten ein Stück Verachtung mit."[42]

Die ‚Schule der Beliebigkeit'

Bis hierhin scheinen die Beobachtungen und Beschreibungen der Medien und des Journalismus auf eine Konkursmasse hinauszulaufen. Lassen wir deshalb nun nach all den Kritikern aus Kommunikationswissenschaft sowie Medien- und Kulturpraxis einen Philosophen zu Wort kommen. Erster Kandidat ist da natürlich Peter Sloterdijk, der sich bekanntlich der Medien mit großem Geschick als Plattform bedient. Doch auch er lässt kaum ein gutes Haar an ihnen. Schon in seinem Bestseller „Kritik der zynischen Vernunft" hatte Sloterdijk die Massenmedien als „Schule der Beliebigkeit" attackiert. Er beklagte den „Informationszynismus" der Journalisten, die systematisch die Katastrophen anderer ausbeuteten; dieser Zynismus gehöre „geradezu mit Naturnotwendigkeit zu den Berufsrisiken und den Berufsdeformationen derer [...], deren Arbeit es ist, Bilder und Informationen über die ‚Wirklichkeit' zu produzieren." Noch schlimmer aber sei, was die Medien uns allen antun; nämlich, „unsere Bewusstseinskapazitäten in einer geradezu anthropologisch bedrohlichen Weise" zu überfluten. Kern der Sloterdijk'schen Analyse war, auf welche Weise die Medien die ‚Wirklichkeit' in Nachrichten pressen und dabei permanent eine Gleichzeitigkeit von Ereignissen produzieren, die höchst unterschiedlich seien und hinsichtlich ihrer Relevanz überhaupt nicht kompatibel – was uns ja vor allem die *Bild*-Zeitung jeden Tag vorführt. Der Philosoph schrieb dazu: „Das ‚Und' ist die Moral der Journalisten. Sie müssen gewissermaßen einen Berufseid darauf ablegen, dass sie, wenn sie über eine Sache berichten, damit einverstanden sein werden, dass diese Sache und dieser Bericht per ‚Und' zwischen andere Sachen und andere Berichte gestellt wird. Eine Sache ist eine Sache, und mehr läßt das Medium nicht zu."⁴³

Das ist schön formuliert. Es bleibt aber die Frage, ob überhaupt andere Erzählungen als ‚Journalismus' denkbar wären, ob wir uns tatsächlich grundlegend andere Nachrichten wünschen, und ob wir nicht mit den ‚Wirklichkeiten', welche die Medien permanent konstruieren, ganz gut klarkommen. Der Preis, den wir alle (oder sagen wir: immer noch die meisten von uns) offenbar durchaus bereitwillig zu zahlen bereit sind, ist, dass Medien und Journalismus uns die Arbeit der Relativierung und Glaubwürdigkeitsprüfung aufbürden. Sie bieten uns keine ‚letzten Wahrheiten' an; sie verletzen häufig unser Geschmacksempfinden, loten die Grenzen des Zumutbaren aus, lassen uns bei der Verarbeitung der Weltbilder, die sie in Zeitungsseiten und Programme packen, ziemlich allein und geben dem Affen Zucker, wann immer sie können. Das alles macht aber offenbar viele Menschen wütend – und es werden, so scheint es, immer mehr.

Nachrichten bedeuten die Kreierung einer eigenen ‚Medienrealität', die oft mehr über die Branche und ihre Akteure als über die Ereignisse selbst verrät. Hinzu kommt, dass die Massenmedien – tatkräftig unterstützt durch die PR-Branche – immer mehr ‚Pseudo-Ereignisse' schaffen.⁴⁴ Hier geht es um Macht und Einfluss, um Images und professionelle Tricks. Um ‚die Wahrheit' geht es nicht eher um das Milieu des Journalismus und die Mentalität seiner Akteure. Der amerikanische Historiker Robert Darnton hat sich in seinen Studien mit dem Zusammenhang zwischen dem Milieu, in welchem die Menschen leben, und der Mentalität, welche sie darin entwickeln, beschäftigt; er wollte auf diese Weise herausfinden, wie wir Wirklichkeit konstruieren und kategorisieren. In einem luziden wissenschaftlichen Essay verarbeitete Darnton, wie sich der Zusammenhang zwischen Milieu und Mentalität im Journalismus darstellt. Er hob dabei hervor, in welch starkem Maße die Geschichten, welche Journalisten erzählen, vom Milieu geprägt sind, in dem sie arbeiten. Einflusspersonen und -instanzen seien im Bewusstsein der Journalisten ständig präsent; berufliche Sozialisation sorge für Stereotypisierungen, die über Generationen von Reportern weitervermittelt würden. Die Grundkonzepte journalistischer Artikel seien deshalb über Jahrhunderte konstant geblieben. Über seine Zeit als Korrespondent der *New York Times* in London schrieb Darnton Folgendes: „Few correspondents speak the language of the country they cover. But that handicap does not hurt them because, if they have a nose for news, they do not need a tongue or ears; they bring more to the events they cover than they take away from them. Consequently, we wrote about the England of Dickens, and our colleagues in Paris portrayed the France of Victor Hugo, with some Maurice Chevalier thrown in."⁴⁵

Mit ihrer Methode, durch Neuigkeiten zu irritieren, tragen die Massenmedien erheblich dazu bei, die Gesellschaft permanent zur Produktion von Informationen zu provozieren und so den Laden in Schwung zu halten. Dies ist das, was im Jargon mit den Säuen beschrieben wird, die man durch das Dorf treibt. Dies ist die Macht der Medien, die aber beim einzelnen Menschen durchaus auf Widerstand stößt. Er und sie entscheiden letztlich, was die Medien anrichten können. Insofern muss man nicht der verschwörungstheoretischen Auffassung des amerikanischen Linguisten Noam Chomsky folgen, wenn er ihnen ein Machtpotential attribuiert, das sie gezielt einsetzten. ‚Wie die Medien uns manipulieren' heißt der deutsche Untertitel seines bekannten Buches ‚Media Control'.[46] Die Verhältnisse sind komplizierter.

Gewiss sind wir alle Teil des Spiels, und zwar – mit den Worten des Soziologen Niklas Luhmann – als „kognitiv interessierte Beobachter [...], die nur zur Kenntnis nehmen, was ihnen vorgeführt wird. Zugleich gleichen die Medien diese unterstellte Passivität dadurch aus, dass sie einzelne Akteure, über die berichtet wird, als Ursache ihres eigenen Handelns singularisieren."[47] Zudem erwarten wir eigentlich vom Journalismus, dass er uns nicht nur informiert und orientiert, sondern auch – zumindest in homöopathischen Dosen – unterhält. Dies ist so, seit es die modernen Massenmedien gibt, also keineswegs eine Erfindung des Privatfernsehens oder der *Bild*-Zeitung. Wir erwarten, dass man uns die Suche und Auswahl bis zu einem gewissen Grade abnimmt, und dass Kompliziertes verständlich gemacht, auf Trinkstärke gebracht wird – sonst könnten wir ja gleich Kant, Schopenhauer oder Hegel im Original lesen. Bei diesem Prozess geht natürlich viel verloren. Aber wir gewinnen auch etwas: Das Gefühl, in einer unübersichtlichen Welt irgendwie klarkommen zu können – und das ist nicht wenig. Andererseits verlangen wir mit Recht von den Medien, dass sie mit der Macht, die wir ihnen verleihen, verantwortungsbewusst umgehen. Sie sollen uns, das Publikum, ernst nehmen und nicht chronisch unterschätzen, und uns auch nicht durch Senkung der Maßstäbe permanent ein ‚I' für ein ‚U' vormachen; ‚I' wie Information, ‚U' wie Unterhaltung (s. dazu Kapitel I/3).

Der Hegel und Der Spiegel

Die Erkenntnisse über die Art und Weise, wie Massenmedien Wirklichkeit konstruieren, sollen hier an einem Fallbeispiel demonstriert werden. Es zeigt, was passiert, wenn sich ein einzelnes journalistisches Medium einem schwierigen Thema annimmt – hier der Philosophie des Georg Wilhelm Friedrich Hegel. Zunächst braucht dieses Medium für die eingehendere Beschäftigung mit einem sperrigen, vor langer Zeit verstorbenen Denker wie Hegel einen Anlass. Geburtstage, Todestage, Jubiläen sind eine wichtige Basis für Berichterstattung, die ohne ‚Aufhänger' normalerweise nicht zustande kommt. Einen solchen Anlass fand der

Spiegel, als er daran erinnerte, dass die ‚Phänomenologie des Geistes' vor 200 Jahren veröffentlicht wurde. Um daraus eine lesbare Geschichte werden zu lassen, lud das Nachrichtenmagazin drei hinreichend populäre Philosophen zum Gespräch, von denen zwei fernsehtauglich und deshalb besonders bekannt sind. Sie diskutierten in einem Berliner Promi-Restaurant mit zwei Redakteuren des *Spiegel*, von denen der eine durch seine Präsenz in Talkshows, als Hosenträger-Träger und durch einen Video-Blog besondere Aufmerksamkeit erzielt hatte. Beigefügt war dem Wortlaut des Gesprächs, das unter dem Titel „Hegel hat gewonnen" publiziert wurde, ein knapper Text mit Daten zu Hegels Biographie und dem ambitionierten und wohl aussichtslosen Versuch, seine Philosophie in wenigen Sätzen auf den Punkt zu bringen.[48]

Aus dem *Spiegel*-Gespräch lernte man dann, dass unsere ‚Medienphilosophen' mit Hegel nicht anders umgehen als die *Bunte* oder *Gala* mit Lady Gaga oder Brad Pitt. So wirft Teilnehmer Peter Sloterdijk gleich den Hinweis auf Hegels Heirat mit der mehr als 20 Jahre jüngeren Marie von Tucher in die Debatte und berichtet von Verwerfungen in der Familie und von einem Liebesbrief des Philosophen an seine junge Frau. Bei der Gelegenheit wird auch gleich geklärt, was ‚Dialektik' bedeutet. Und Rüdiger Safranski äußert sich über Hegels schwäbisches Idiom und schlägt von dort einen kühnen Bogen zum ‚Es', das bei Freud für „Sexualität und Schweinekram" zuständig sei. Faszinierend, was alles in das Gespräch hineingepackt wird – und was nicht passt, wird passend gemacht. Die Philosophen mischen munter mit bei diesem Spiel, dem der *Spiegel* – nach wie vor eines der Leitmedien – letztlich seinen Erfolg verdankt. Sloterdijk, Schöpfer des Begriffes ‚Informationszynismus', und seine Mitstreiter kennen die ‚Mediengesellschaft' und beherrschen ihre Rhetorik aus dem Effeff.

Dazu gehört hier dann z. B., Hegel und Darwin gegeneinander in Stellung zu bringen und dies nach guter Sitte entsprechender Nachrichtenfaktoren (Konflikt, Aktualität) als „Titanenschlacht" unserer Zeit auszuweisen. Dann wird noch Werbung für Safranskis Buch über die ‚Romantik' gemacht, und derselbe darf auch den Schlusssatz sprechen: „Man muss als Philosoph nicht immer auf der Höhe seiner Theorie sein."[49] Im Gegenteil: Beim Auftritt in den Medien könnte das sogar kontraproduktiv sein. Sloterdijk hat auch dies – in seinem Buch ‚Kritik der zynischen Vernunft' – feinsinniger ausgedrückt: „Die Medien können alles geben, weil sie den Ehrgeiz der Philosophie, das Gegebene auch zu verstehen, restlos haben fallenlassen."[50] Den Kernsatz des *Spiegel*-Gesprächs formulierte der dritte beteiligte Philosoph, Konrad Paul Liessmann, über Hegel, und seine Aussage lieferte dann auch die Überschrift für das ganze Stück: „Er hat gewonnen".[51] Egal, wie das hier gemeint war, muss man widersprechen: Wer zum Thema der Medien wird, kann eigentlich nur verlieren. Medien und Journalismus behandeln alles als Medienthema. Darin sind wir alle gleich – lebendig und als Leich'.

Die (empirische) Wirklichkeit des Journalismus

In Deutschland gibt es nach wie vor viele tausend Medien, die Gedrucktes oder Gesendetes anbieten. Als zuletzt genauer hingeschaut wurde, gerieten insgesamt mindestens 15.000 Medienangebote unter ‚Journalismusverdacht'. Wenn man sie dann im Einzelnen abklopfte, so zeigte sich, wie schwierig es heutzutage geworden ist, ‚Journalismus' – also das, was durch die Pressefreiheit in besonderem Maße geschützt wird – zu identifizieren. Wenn man konventionelle Kriterien zu Grunde legt, ist die Zahl der ‚journalistischen Medien' in den vergangenen Jahren sogar angestiegen. Eine deutliche Reduktion hat es jedoch beim journalistischen Personal gegeben: Die Gesamtzahl der hauptberuflichen Journalisten lag schon 2005 – als die letzte repräsentative Untersuchung ‚zum Journalismus in Deutschland' durchgeführt wurde – nur noch bei 48.000; das waren fast 6.000 weniger als zwölf Jahre zuvor. Unterm Strich traf die Entwicklung insbesondere die so genannten ‚freien Journalisten': Nur noch 12.000 dieser Personen konnten noch vom Journalismus leben – ein Drittel weniger als seinerzeit.[52] Auch für die USA gilt die Feststellung der „overall reduction in the number of journalists, and thus of professionals trained to inform society about itself."[53]

Eine besonders interessierende Gruppe stellen die Online-Journalisten dar. Schon bei der damaligen Studie kam heraus, was wohl bis heute gilt: Sie sind jünger als der Durchschnitt, repräsentieren die ‚Generation Praktikum' und fühlen sich, wenn man sie fragt, nicht in vollem Umfang anerkannt und zufrieden im Beruf; mit engagiertem, anwaltschaftlichen Journalismus haben sie nicht so schrecklich viel im Sinn.[54] Die meisten Journalisten wollen, so haben sie bei den Interviews zum ‚Journalismus in Deutschland' angegeben, vor allem informieren – das ist schön; in berufsethischer Hinsicht zeigten sie sich so sensibel wie nie zuvor – das ist edel. Man kann diese an sich wünschenswerten Einstellungen aber auch so deuten, dass die Akteure in jeder Beziehung vorsichtiger geworden sind: Der Mainstream will weder kontrollieren noch investigieren. Es gibt starke Indikatoren für schwindenden Mut unter den Journalistinnen und Journalisten und insgesamt eine schlechte Konjunktur für einen Journalismus, der mehr ist als nur treuer Begleiter gesellschaftlicher Zustände und menschlicher Befindlichkeiten.[55] In dieser Situation wirkt auch das öffentliche Bild, das die Medien und ihre prominentesten Protagonisten bieten, nicht allzu aufmunternd; man erinnere sich nur an den Wahlkampfsommer 2005 (s. dazu Kapitel III/3). Zur selben Zeit war das Berufsprestige der Journalisten laut Allensbach auf das von Offizieren abgestürzt; auf den drei Abstiegsrängen lieferten sich Politiker, Gewerkschaftsführer und Fernsehmoderatoren ein Kopf-an-Kopf-Rennen.[56]

Zu den markantesten Befunden gehörte in den Studien zum ‚Journalismus in Deutschland' die Selbstreferenz. Fast jeder Journalist zählt vor allem Kollegen aus dem eigenen Beruf zum engeren privaten Bekanntenkreis, und unter den engsten Freunden der Journalisten ist häufig zumindest ein Journalist. Keiner anderen Berufsgruppe sind Journalisten auch in der Freizeit so verpflichtet wie der eigenen. Am Arbeitsplatz sind es (natürlich) die Vorgesetzten und Kollegen, mit denen die Journalisten intensiven Austausch pflegen und die in den Augen der Befragten den größten Einfluss auf ihre Arbeit ausüben. Außerdem fungieren andere Medien als eine zentrale Orientierungsgröße: zur Orientierung über die Nachrichtenlage, zur Entdeckung von Themen, zur Bewertung der Relevanz von Themen und als Quellen für zuverlässige und glaubwürdige Informationen.

Als ‚Leitmedien' gelten Blätter und Rundfunkprogramme, denen sich die Journalisten bevorzugt zuwenden und aus denen sie bei der Themenfindung Honig saugen. Dabei bevorzugen die meisten Journalisten, so bekannten sie in der letzten repräsentativen Studie zum ‚Journalismus in Deutschland', die *Süddeutsche Zeitung* und den *Spiegel*. Von einem einzigen Leitmedium der Journalisten kann allerdings heute weniger denn je die Rede sein, denn einzelne Medien wurden zuletzt von den Befragten deutlich weniger häufig genannt als zwölf Jahre zuvor. Vielmehr nutzen die Journalisten – je nach Themengebiet und Medium – diverse Fachmedien, um sich zu informieren und zu orientieren. Der Medienmarkt hat sich ausdifferenziert, und mit ihm die Mediennutzung der Journalisten. Ein einzelnes Medium kann so keine alleinige Definitionsmacht über gesellschaftlich relevante Themen erlangen. Und natürlich spielt inzwischen das Internet als Quelle die dominierende Rolle.

Bestimmte blinde Flecken der Berichterstattung sind als Effekt von Selbstreferenz gut erklärbar. Und als Effekt von Einseitigkeiten bei der Auswahl des Personals. Ethnische Minderheiten sind immer noch deutlich unterrepräsentiert – auch wenn es für manchen so wirken mag, als wenn inzwischen Journalistinnen und Journalisten mit ‚Migrationshintergrund' zumindest das Fernsehen erobert hätten. Der Anteil der Frauen ist zwar angestiegen, doch in den höheren Rängen, wo die Entscheidungen über Themen und Tendenzen fallen, bleiben die Männer nach wie vor meistens unter sich. Von einer „Männerdämmerung" in der „Bewusstseinsindustrie", die der damalige FAZ-Herausgeber Frank Schirrmacher schon vor fast anderthalb Jahrzehnten ausgemacht haben wollte, kann also trotz Friede Springer und Liz Mohn (Bertelsmann), Sandra Maischberger und Maybrit Illner, Anne Will und Marietta Slomka und auch trotz Alice Schwarzer nicht die Rede sein.[57]

Die Dialektik des Auftrags

Die wirklich wichtigen Fragen zur ‚Wirklichkeit des Journalismus' lauten nun aus aktuellem Anlass: Erfüllen Medien und Journalismus noch ihren Auftrag? Können sie das leisten, was sie sollen? Leisten sie sich zu viel? Haben sie zu viel Macht, übernehmen sie zu wenig Verantwortung? Wir haben bisher schon eine Menge Belege dafür zusammengetragen, dass es mit der Medienkommunikation nicht zum Besten steht – in Deutschland und anderswo. Dabei muss man sich aber vor Pauschalurteilen in Acht nehmen, denn selbstverständlich fallen die Leistungen der Medien und ihrer Journalisten ganz unterschiedlich aus, und das ist auch abhängig davon, was wir wollen und wie viel wir dafür investieren. „Die Nationen haben – im Guten wie im Bösen – den Journalismus, den sie verdienen", schrieb der Philosoph Émile Littré in seinem Buch ‚Conservation, Révolution et Positivisme'; wir kennen diese Zeile in der üblichen deutschen Übersetzung etwas anders („Jedes Volk hat die Presse, die es verdient"). Der Satz gilt auch noch nach 150 Jahren. Damals wie heute gibt es heftige Kritik an den Medien – in Frankreich, Deutschland und anderswo. Damals wie heute werden Medien und Journalisten auch durch zu hohe Ansprüche überfordert, die ihrer Funktion nicht gerecht werden, und deshalb womöglich etwas ungerecht behandelt. Und vielleicht haben die Menschen ihre Erwartungen immer schon etwas unaufrichtig beschrieben, haben so getan, als wenn sie die Medien nur als Kulturgut betrachteten, das der Bildung dienen soll.

Die Massenmedien und ihre Journalisten besitzen in allen freiheitlichen Staaten der Erde (das ist die deutliche Minderheit) Macht und Einfluss, und zwar aus guten Gründen. Unabhängig vom konkreten Ausmaß der Medienwirkungen besteht die Macht darin, öffentliche Meinung zu generieren, die eine wesentliche Rolle spielt bei der demokratischen Meinungs- und Willensbildung, und also letztlich das Wahlverhalten steuert. Sie basiert auf dem hohen Gut der Pressefreiheit (s. dazu Kapitel I/2) und kann durchaus einen großen Einfluss entwickeln, so dass man faktisch von Medien als ‚Vierter Gewalt' sprechen kann. Diese Pressefreiheit ist aber stets und überall prekär. Heute wird sie in Deutschland eher durchs Geld als durch den Staat bedroht – Ausnahmen bestätigen die Regel. Das heißt, die Medien bringen sich durch ihre Geschäftsmodelle, deren Krise auch eine Krise ihres Managements ist, und durch ihre beruflichen Praktiken selbst in die Bredouille.[58]

Macht bedeutet aber auch eine besondere Verantwortung für ihre Ausübung. Allein deshalb ist eine qualifizierte Journalistenausbildung notwendig (s. dazu Kapitel V/2), muss es neben den juristischen auch Besinnungsinstanzen geben, die für die Formulierung und Einhaltung ethischer Standards sorgen (s. dazu Kapitel IV/1). Wichtig sind auch Organisationen, die wir seit Mitte des 19. Jahrhunderts ‚Redaktionen' nennen und die an der Wiege des modernen Journalismus gestanden haben. Sie sorgen für Strukturen, innerhalb derer die Macht und der Einfluss von

Journalisten in einer vernünftigen, kalkulierbaren Weise wahrgenommen und kontrolliert werden können. Dieser Zusammenhang von Macht und Verantwortung hat im Journalismus nie perfekt funktioniert, aber er war viele Jahre in Kraft und in Wirkung und erodiert nun aufgrund der neuen Bedingungen, sagen kritische Beobachter. Ob wir dafür in Form von ‚Citizen Journalism' tatsächlich demokratischere Kommunikationsverhältnisse bekämen, wie versprochen wird, bleibt offen.[59]

Zweifellos erzeugt die moderne Medienkommunikation in Hinblick auf den Aufklärungsauftrag massive Widersprüche. Daraus resultieren gerade in diesen Zeiten grundlegend neue Kommunikationsformen. Schwächen der Massenmedien werden so deutlich wie nie zuvor benannt und provozieren Gegen-Öffentlichkeit, die aber wiederum die Stärke des Journalismus deutlich macht und zeigt, was wir vermissen würden, wenn es ihn nicht mehr gäbe.[60] Das Internet und hier insbesondere die ‚Blogosphäre' und die Sozialen Medien verschärfen nun das Problem des Zusammenhangs von Kommunikationsflut und Anschlusskommunikation durch Widerspruch, das der Soziologe Richard Münch als ‚dialektisch' beschrieben hat.[61] Die Informations-Inflation sorgt dabei vermehrt für einen Kollaps von Kommunikation. Also ist aus diesem Bereich wohl nicht die Lösung zu erhoffen; inzwischen ist er selber Teil des Problems. Zentral bleibt dabei ein Aspekt: Es würde etwas verloren gehen, wenn es den Medien nicht mehr gelänge, die Partikularkommunikation in der Gesellschaft irgendwie so zusammenzubinden, dass es gesellschaftliche Themen und damit Gesprächsstoff gibt – damit sich die Gesellschaft nicht in kleinste Communities atomisiert, in denen jeder nur noch sein thematisches Steckenpferd reitet und somit mit Gleichgesinnten in einer ‚Filterblase' lebt.[62]

Natürlich wäre es die einfachste Lösung, wenn das Publikum die Verantwortung für die Medienkommunikation künftig selbst in die Hand nähme. Damit würden alte Träume von demokratischen Kommunikationsapparaten wahr – und billig wäre der ‚User Generated Content' für die Medien, die es dann noch gibt, allemal. Endlich hätten die Leute dann die Medien, die sie verdienen. Endlich hätte auch ‚Publikumsethik' ihre Daseinsberechtigung. Aber verdienen wir das wirklich? Gewinnen wir etwas, wenn der Journalismus sozusagen zum Kollateralschaden der ‚digitalen Revolution' würde? Oder hat es nicht doch weiterhin etwas für sich, wenn wir die Grundversorgung mit Nachrichten Leuten anvertrauen, die dieses Geschäft nach allen Regeln der Kunst betreiben – Kunstfehler inklusive? Der Schriftsteller Umberto Eco hat das, worum es hier geht, so ausgedrückt: „Dass ich auf dem Bildschirm die Abfahrtszeiten von Eisenbahn und Flugzeugen zur Verfügung gestellt bekomme, nicht jedoch die der Schiffe, ist der Effekt einer Auswahl, die jemand anderes gemacht hat, der weiß, dass 98 Prozent der Menschen sich nicht mit dem Schiff fortbewegen. So ist es mit anderen Informationen auch, die durch einen Filter gehen. Das Problem heißt: Wer wählt aus? Und ein Folgeproblem ist, dass der Überfluss von Informationen uns umbringt, dass er nicht mehr beherrschbar ist."[63]

2 Wie die Pressefreiheit durch ‚Marktmechanismen' bedroht wird

Am 10. Dezember 1961 wurde dem *Spiegel*-Herausgeber Rudolf Augstein ein Briefchen hereingereicht, in dem Folgendes stand: „Lieber Augstein, wundern Sie sich nicht, dass Sie diesen Brief so früh Sonntagmorgens bekommen. Ich muss zum Verkehrsunterricht, wegen der dritten Geschwindigkeitsüberschreitung in wenigen Monaten. Dabei war die Straße jedes Mal völlig leer. Wenn sich nur eine Krähe am Horizont zeigt, trete ich sofort auf die Bremse. Ich versuche, ein guter Bürger des Staates zu sein, aber manchmal zweifle ich an der Weisheit seiner Diener." Der Schreiber dieser Zeilen wollte aber nicht nur ein guter Bürger, sondern vor allem ein unabhängiger Journalist sein. Doch nach seinem erzwungenen Weggang von der *Frankfurter Allgemeinen Zeitung* und einigen frustrierenden Jahren bei Springers *Welt* hatte er allen Grund, vor allem an der Weisheit der Herausgeber und Verleger zu zweifeln. Mit Augstein und anderen wie Gert von Paczensky bastelte er dann als designierter Chefredakteur vergeblich am Projekt einer Neugründung, die den Namen der in der Bismarck-Zeit entstandenen *Deutschen Allgemeinen Zeitung* tragen sollte. Rudolf Augstein schrieb in seinem Nachruf, der konservative Publizist und Bismarck-Verehrer sei „ein Mann des Jahres 1848" gewesen, „der Jahre 1863 bis 1890, ein Mann des Jahres 1914, der Jahre 1918 bis 1932, kein Mann der Jahre 1949 bis 1959."

Viele hielten ihn dennoch für den bedeutendsten deutschen Journalisten der Nachkriegszeit – der erfolgreichste war er gewiss nicht. Als er dann kurzzeitig in Augsteins Diensten stand, musste er dem damals schon Wohlhabenden zweifingerig getippte Zettel wie den folgenden auf den Schreibtisch schicken: „Ich kann Ihnen das Resultat sorgfältiger Prüfung meiner Finanzlage nicht ersparen: Ich bekomme noch 50 Mark von Ihnen, Abendessen bei Randel. Es eilt nicht, aber ein kleiner Angestellter muß sehen, dass solche Dinge nicht in Vergessenheit geraten."[64] Ein paar Jahre danach erhielt der *Spiegel* dann ein ‚Eingesandt', durch das der Schreiber wohl mehr Aufmerksamkeit erregt und posthumen Ruhm erlangt hat als durch all seine Leitartikel und Bücher. Das sind die Kernsätze: „Pressefreiheit ist die Freiheit von zweihundert reichen Leuten, ihre Meinung zu verbreiten. Journalisten, die diese Meinung teilen, finden sich immer. [...] Aber wer nun anders denkt, hat der nicht auch das Recht, seine Meinung auszudrücken? Die Verfassung gibt ihm das Recht, die ökonomische Wirklichkeit zerstört es. Frei ist, wer reich ist. Das ist nicht von Karl Marx, sondern von Paul Sethe. Aber richtig ist es trotzdem. Und da Journalisten nicht reich sind, sind sie auch nicht frei."[65]

‚Zombie-Zeitungen': Deutschland, entblättert

‚Pressefreiheit als Freiheit von zweihundert reichen Leuten' – damit würde der Journalist Sethe heutzutage beim hessischen Einbürgerungstest glatt durchfallen; auf die Frage 88 zur Meinungs- und Pressefreiheit wird eine andere Antwort erwartet. Frage 89 hätte ihm schon weniger Probleme bereitet: „Wenn jemand sagt: Freie Medien sind ein unverzichtbarer Teil einer demokratischen Gesellschaft, stimmen Sie dem zu oder nicht?" Die richtige Antwort lautet hier (tatsächlich!): ‚Ich stimme zu.' Pressefreiheit als Freiheit reicher Leute – so hatten sich auch die ‚Väter' des Grundgesetzes das wohl nicht vorgestellt. Allerdings lässt ihre Formulierung des Artikels 5 bis heute Spielraum für die unterschiedlichsten Interpretationen – die sich im Spannungsverhältnis zwischen einer strikt individualistischen und einer institutionellen Auffassung verorten lassen: Pressefreiheit als Gewerbefreiheit ist das eine Extrem – Pressefreiheit als Teilhaberecht (von Journalisten im Auftrag der Bevölkerung) das andere. Irgendwo dazwischen liegt die funktionale Deutung, die man als vorherrschende Lehrmeinung unter Verfassungsrechtlern bezeichnen kann; sie korrespondiert mit dem Postulat der konkurrierenden Willensbildung für eine demokratische politische Ordnung.[66] Nach dieser Auffassung würde eine Einschränkung des Meinungsmarktes durch Verringerung der Konkurrenz – also Pressekonzentration – die normativen Grundlagen des Systems berühren.

Genaueres hat das Bundesverfassungsgericht dazu im Jahre 1966 – ein Jahr nach Sethes Leserbrief – in seinem ‚Spiegel-Urteil' nachgeliefert. Darin wurde zur ‚öffentlichen Aufgabe' der Medien eindeutig Stellung bezogen und diesen sogar die Funktion von Kontrollorganen zugewiesen; kommunikationspolitische Maßnahmen zur Herstellung von Meinungsvielfalt wurden ausdrücklich nicht ausgeschlossen: „Eine freie, nicht von der öffentlichen Gewalt gelenkte, keiner Zensur unterworfene Presse ist ein Wesenselement des freiheitlichen Staates; insbesondere ist eine freie, regelmäßig erscheinende politische Presse für die moderne Demokratie unentbehrlich. [...] In ihr artikuliert sich die öffentliche Meinung. [...] So wichtig die damit der Presse zufallende ‚öffentliche Aufgabe' ist, so wenig kann diese von der organisierten staatlichen Gewalt erfüllt werden." Der Staat sei, und zwar unabhängig von subjektiven Berechtigungen Einzelner, grundsätzlich verpflichtet, überall dem Postulat der Pressefreiheit Rechnung zu tragen, hieß es weiter. Und schließlich: „Freie Gründung von Presseorganen, freier Zugang zu den Presseberufen, Auskunftspflichten der öffentlichen Behörden sind prinzipielle Folgerungen daraus; doch ließe sich etwa auch an eine Pflicht des Staates denken,

Gefahren abzuwehren, die einem freien Pressewesen aus der Bildung von Meinungsmonopolen erwachsen könnten."[67]
‚Freie Gründung von Presseorganen' – das ist gut gebrüllt. Jedenfalls hat es diesen Marktzutritt bei Zeitungen kaum je gegeben; selbst für die Augstein-Sethe-Connection fehlte am Ende das Geld, um über die hohe Barriere zu springen, die der etablierte Leser- und Anzeigenmarkt errichtet hatte. Und gegenüber den „Gefahren [...], die einem freien Pressewesen aus der Bildung von Meinungsmonopolen erwachsen könnten", hat sich die Bundesrepublik nur ‚bedingt abwehrbereit' gezeigt. Die ‚Formationen' am Medienstandort Deutschland haben dazu geführt, dass heute zehn Verlagsgruppen 60 Prozent und die fünf größten mehr als 40 Prozent der verkauften Zeitungsexemplare herausgeben und damit den Printmarkt dominieren. Einen gravierenden Vielfaltsverlust gibt es insbesondere im Bereich der Lokalberichterstattung, weil schon seit Jahren in mehr als 60 Prozent der Städte und Kreise nur noch eine Zeitung erscheint; auch in dem einstigen ‚Zeitungsland' NRW besteht inzwischen in 189 von 396 Gemeinden und kreisfreien Städten ein Monopol. Beim Privatfernsehen, das einmal zum vielfältigen Verleger-TV werden sollte, existiert ein Duopol.[68]

Medienkonzentration bedeutet Einschränkung des Pluralismus, der insbesondere bei der Presse eine demokratische Funktionsvoraussetzung ist. Dieser Pluralismus wird durch diagonale Konzentration zwischen Print- und Funkmedien in bisher nicht gekannter Form bedroht. Die geplante Übernahme von *ProSiebenSat.1* durch den *Springer*-Konzern im Jahre 2006 hätte hier die Dämme brechen lassen; deshalb war da Vorsicht geboten. Zu den neuesten Formen der Vielfaltsreduktion gehört nun die Einrichtung von Zentralredaktionen für mehrere Zeitungen, meist in der Hauptstadt Berlin. Die *Funke Mediengruppe*, die von dort seit 2015 täglich drei Mantelseiten für ihre drei Zeitungen produziert, die im Ruhrgebiet erscheinen (!), sowie für weitere, inzwischen vom *Springer*-Verlag hinzu gekaufte Blätter, praktizierte zuvor sechs Jahre lang für seine Regionalzeitungen am Verlagsort Essen ein ‚Content Desk-Modell', um Kosten zu sparen. Auch dieses Experiment war ein Ausdruck von Pressekonzentration.[69]

Solche neuen Formen redaktioneller Organisation führen nach Ansicht von Beobachtern auch zu einem ‚neuartigen journalistischen Denken'. Inzwischen gibt es sogar das Phänomen von ‚Zombie-Zeitungen', die mit eigenem Titel erscheinen, ohne dass für ihre Produktion eine Redaktion dahinter steht; dieser Typ wird durch die zur *Funke Mediengruppe* gehörende *Westfälische Rundschau* (Dortmund) – nach Entlassung von 120 Redakteuren im Jahre 2013 – und durch die *Münstersche Zeitung* repräsentiert, welche vom Verlag der *Ruhr-Nachrichten* herausgegeben wird. Was man etwas euphemistisch als ‚Modell redaktioneller Kooperation' bezeichnet, prägt inzwischen den gesamten deutschen Regionalzeitungsmarkt. Dieses Modell schwächt auch den Aussagewert der Pressestatistik, in der nun Zeitungen auftauchen, die es gar nicht (mehr) gibt.[70] Der Generalbefund lautet: „Deutschland, entblättert".[71]

Paul Sethe hatte in zugespitzter Weise die ‚Wirklichkeit der Pressefreiheit' zu seiner Zeit beschrieben. Doch die Formulierungen des Leserbriefschreibers Sethe erwiesen sich als dauerhaft einflussreich für den Diskurs über Medienmacht; sie konnten zum geflügelten Wort werden und aktuell bleiben, weil das Grundproblem beim Namen genannt wurde. Im Zentrum steht dabei die Frage, wie man mit der ‚eingebauten Schizophrenie' von Mediensystemen westlich-kapitalistischen Typs verfährt, Medien einerseits als Industrie laufen zu lassen, und andererseits ihnen den Altruismus von demokratisch legitimierten Institutionen abtrotzen zu wollen. Des Weiteren geht es darum, wie man etwas organisiert, das für alle da ist – auf Märkten, auf denen im Zeitalter des globalen Kapitalismus gerade die großen Medienkonzerne immer größer werden. Und schließlich stellt sich die Frage: Was macht man mit den Journalistinnen und Journalisten, die diesen Konflikt jeden Tag aushalten müssen – und ihm unter steigendem Kommerzialisierungs-, Konkurrenz- und Konzentrationsdruck verschärft ausgesetzt sind?

‚Freie Presse' – und das ‚Caroline-Urteil'

Die ‚Wirklichkeit der Pressefreiheit' in Deutschland hat vor einiger Zeit jemand bewertet, der früher wirklich großen Einfluss besaß: Jürgen Richter, ehemals Chef des *Springer*-Konzerns, und danach einer seiner Hauptkritiker. „Zur Lage der freien Presse" schrieb er: „Freie Presse heißt heute, dass der überfüllte Handel jede noch so überflüssige Drucksache anbieten muss. Freie Presse heißt, dass man bitte schreiben möge, was Leser bringt. Ohne Rücksicht auf Qualität. Freie Presse heißt, frei zu sein für freundliche Parteinahme. Frei zu sein, um von bösen Verleumdungen Bedrängten schnell mit einem Interview zu helfen." Inzwischen werde die Presse, so Richter weiter, auch „immer freier von Meinung. So wie die Programme der großen Parteien ineinander verschwimmen, so feiern die Verlage nicht nur auf Pressebällen herzliche Eintracht."[72] Sethe damals, Richter und viele andere in unseren Tagen, sorgen sich – in Deutschland und anderswo – um die Meinungsvielfalt, die durch Meinungsmacht in den Händen weniger ebenso bedroht ist wie durch Strukturprozesse in den Medien. Dies schränkt die Zahl der Informationsquellen für die Bürger ein, lässt kleine Männer wie den ‚Citizen Berlusconi' unangemessen groß werden und lässt Journalisten, wenn sie mutig sein müssen, erstarren, weil sie keine Arbeitsplatzalternativen haben.

Das Zusammenspiel von Medien und Macht ist gleichermaßen konstituierend wie paralysierend für die Demokratie. Im besten Falle führt es zu Vielfalt und funktionaler Kontrolle der Herrschenden – im schlechtesten Falle zu Einfalt und kampagnenartigen Exzessen bei der politischen Kommunikation. Nach Ansicht vieler (Selbst-) Kritiker hatten wir einen solchen Zustand zumindest ansatzweise im Wahlsommer 2005: Damals traten Journalisten als Hilfspolitiker auf und erklärten – befeuert durch falsche Propheten aus dem Business der Demoskopie – die Wahl vorzeitig für entschieden (s. dazu Kapitel III/3). „Du bist Deutschland" – einige Alphatiere des Journalismus hatten den Titel dieser Werbekampagne allzu persönlich genommen.[73] Welch hohen Wert Vielfalt darstellt, ist später beim Streit um die Mohammed-Karikaturen, zu dem es in Deutschland viele verschiedene Stimmen gab, deutlich geworden – aber da war man ja selbst nicht direkt betroffen. Was fehlende Vielfalt bedeutet, demonstrierte die bemerkenswert verhaltene publizistische Begleitung der Großen Koalition.

Eindimensionalität wird in den Medien aber vor allem dann spürbar, wenn es um die eigenen Interessen geht. Ein deutliches Beispiel dafür lieferte 2004 das ‚Caroline-Urteil' des Europäischen Gerichtshofs für Menschenrechte, das in erster Linie eine Kampfansage an Paparazzi darstellte.[74] Damals wurde von einer Koalition unterschiedlicher Verlage, Medien und Chefredakteure eine Kampagne vom Stapel gelassen, die nicht zu den differenzierten Ausführungen der Straßburger Richter passte. Auf ganzen Zeitungsseiten forderten die Chefredakteure von *Spiegel* und *Geo* Schulter an Schulter mit denen von *Neue Revue*, *Playboy*, *Neue Post* und *Bunte* den Bundeskanzler allen Ernstes auf: „Stoppen Sie die Zensur!" Die Pressefreiheit sei bedroht, wenn Promis wie die Prinzessin von den Medien in ihrem Privatleben nicht mehr behelligt werden dürften – eine verlogene Phantomdebatte, zu der *Bild* schließlich sogar die Forderung nach dem Rücktritt der damaligen Bundesjustizministerin beisteuerte. Einige von denen, die seinerzeit mitgemacht hatten, schämten sich später immerhin.[75]

Zu den wenigen, die dagegenhielten, gehörte Hans Leyendecker in der *Süddeutschen Zeitung*, unterstützt von renommierten Verfassungsrechtlern wie Dieter Grimm und Wolfgang Hoffmann-Riem, die beim Kampf für die Pressefreiheit im Zweifel immer diesseits der Barrikade standen und insofern über jeden Zweifel erhaben waren.[76] Hoffmann-Riem, früher Richter am Bundesverfassungsgericht und davor u. a. Hamburger Justizsenator, hat in seiner wissenschaftlichen Arbeit wiederholt darauf aufmerksam gemacht, dass zur Sicherung der Pluralität die Binnenverhältnisse der Medien geregelt werden müssen, und dazu schon vor Jahren ein praktikables „Optimalmodell redaktioneller Mitbestimmung in der Presse" vorgeschlagen.[77] Ansonsten ist er strikter Anhänger einer ‚regulierten Selbstregulierung' der Verhältnisse auf den Informationsmärkten; nur so könne die „Mediendemokratie als rechtliche Herausforderung" angenommen werden.[78]

Offenbar wird es immer schwieriger, die Massenmedien, welche – mit den Worten Luhmanns – geradezu manisch auf die Produktion von Neuigkeiten fixiert sind,⁷⁹ dauerhaft auf das traditionelle normative Modell zu programmieren, wonach sie in erster Linie Erkenntnisgewinn, Meinungsbildung oder ähnlichen ‚Gemeinwohlzwecken' dienen sollen. Diese Funktion, für deren Erfüllung Presse und Rundfunk und deren Journalisten Privilegien in Anspruch nehmen können, lässt sich auch in der ‚Mediengesellschaft' nicht substituieren. Unübersehbar ist aber, dass die Vervielfältigung der Angebote nach dem Siegeszug der ‚Neuen Medien' – anders, als ihre Lobbyisten versprochen haben – keineswegs zu einer qualitativen Vielfalt geführt hat, sondern eher zu einer „strukturellen Homogenisierung des Angebotenen", wie Hoffmann-Riem dies nennt.⁸⁰

Medieninformationen als ‚meritorische Güter'

Am Geld hängt alles – auch im Journalismus. Doch wie kommerziell darf es dabei zugehen? Anders gefasst: Sind journalistische Medien tatsächlich ‚meritorische Güter', die man besonders pflegen muss? Fast eine rhetorische Frage, doch die Verhältnisse erweisen sich gerade hier nur scheinbar als übersichtlich. Die Annahme der Meritorik impliziert zunächst die Präferenz für ein Sozialverantwortungsmodell gegenüber einem liberalistischen Marktmodell. Doch dies ist in der medienökonomischen Literatur durchaus umstritten. So lässt sich z. B. darüber diskutieren, welche Bedürfnisse gesellschaftlich eigentlich wünschenswert sind. Man könnte nun – so legen die vorliegenden Publikationen nahe – entweder auf die Schaffung von Bedingungen für einen funktionsfähigen journalistischen Wettbewerbs setzen oder vorsichtige und allenfalls ergänzende Regulierungsmaßnahmen vornehmen. Praktische Schlussfolgerungen umfassen zum einen inhaltsbezogene Vorschläge, wie die Berichterstattung durch Web 2.0-Formen partizipativ und nutzerorientiert modernisiert werden könnte, und zum anderen neue Finanzierungsmöglichkeiten in Form von Lizenzgebühren, Quersubventionierungen, ‚Crowdfunding' durch private Spender, Stiftungsmodellen oder staatlichen Subventionen.⁸¹ Die nach der globalen Finanzkrise einsetzende Umorientierung des öffentlichen Diskurses – weg von neoliberalen Marktideologien hin zu (zumindest) behutsamen Formen staatlicher Regulierung der (Finanz-) Märkte – fand insofern ihren Niederschlag in der Diskussion über die Zukunft der Medien. Sogar die Vorschläge zur Sicherung des ‚Kulturgutes Zeitung' durch Stiftungsmodelle, die u. a. von Jürgen Habermas aufgegriffen und propagiert wurden,⁸² gelten im Rahmen allgemeiner Überlegungen zur Regulierung für ‚meritorische Güter' inzwischen nicht mehr von vornherein als abwegig.⁸³

Die Informationen, welche Massenmedien verbreiten, sind auf jeden Fall insofern ‚meritorische Güter', als sich deren Qualität nicht automatisch über Marktprozesse herstellt. Sie bedürfen der regulatorischen Unterstützung durch den Staat – was Medieneigentümer übrigens dann nicht bestreiten, wenn es ihnen nützt. Hier gibt es im Internet-Zeitalter zweifellos ganz neue Herausforderungen. Traditionell zielt das Medienrecht auf Massenmedien als ‚Faktoren' der Meinungsbildung und versucht, den Missbrauch publizistischer Macht zu verhindern. Heute geht es eher um das Problem der Aufmerksamkeitslenkung, z. B. durch die Suchmaschinen als Orientierungshelfer und die damit verbundene Macht über den Informationszugang – zumal, wenn diese Suchmaschinen vertikal verknüpft sind mit den Verkäufern von Inhalten, Werbung usw. Wie konventionelle Regulierung unter diesen Bedingungen Vielfalt sichern kann, bedarf intensiver Diskussionen. Dabei muss man sich in erster Linie um die Pluralität professioneller Angebote kümmern – bei allem Respekt vor den ‚Proams', den professionellen Amateuren, die sich im Internet tummeln und uns mit ihren Befindlichkeiten vertraut machen.

Allgemeines Merkmal der ‚Mediendemokratie' ist die Komplexität von Ursache- und Wirkungszusammenhängen: Heutzutage wird gleichzeitig immer alles besser und immer alles schlechter; das ist, so hat uns Luhmann gelehrt, die Kybernetik der modernen Gesellschaft. Für die deutschen Medien in ihrer Krise scheint jedoch seit einiger Zeit nicht einmal diese Paradoxie zu gelten. Besserung scheint nicht in Sicht, und auch die Zukunft wird meistens rabenschwarz gemalt. Deshalb, so verkündeten Medienwirtschaft und Politik Hand in Hand, muss etwas getan werden, damit der Medienstandort Deutschland und die internationale Wettbewerbsfähigkeit deutscher Konzerne erhalten bleiben. Die deutschen Medien würden immer mehr umzingelt von den großen Playern aus der Medien-Weltliga, aber zunehmend auch von Newcomern aus der Computer- und Internet-Garage, also den *Googles*, *Microsofts* und *Apples*. Dies ist ein Argument, mit dem man sich ernsthaft auseinandersetzen muss.

Zunächst ist dazu aber festzustellen, dass die neuen interaktiven Möglichkeiten, welche die Online-Technologien bieten, von den ‚klassischen' Medien lange Zeit verschlafen worden sind. Nachrichten und Werbung mit einer individuell wählbaren Informationstiefe anzubieten, kam ihnen nicht in den Sinn. An pfiffigen neuen Geschäftsideen, für die Firmennamen wie *Ebay* oder *Google* stehen, waren sie ohnehin nicht beteiligt, obwohl Printmedien doch eigentlich wissen müssten, wie man mit der werblichen Organisation von Kleinverkäufen und dem Absatz von gespeicherten Dokumenten Geld verdient. Internet-Portale wie *Google*, das mit seiner Suchmaschine zum größten Player auf dem Informationsmarkt wurden, und Kabelbetreiber wie die *Comcast Corporation* und *Unity Media* konnten so zu Konkurrenten für die etablierten Medien aufsteigen. Diese neuen Player auf den Medienmärkten hatten märchenhaftes Kapital; was ihnen zunächst weitgehend fehlte, waren die Inhalte.

Inzwischen handelt es sich bei den fünf umsatzstärksten Medienkonzernen der Welt um Mischkonzerne, die Medien- und Nichtmediengeschäfte betreiben und nun auch weitgehend bestimmen, was die Menschen lesen, hören und sehen. An der Spitze steht *Alphabet* (Google), das von der Suchmaschine (zumindest) zu einem Werbekonzern mutiert ist,[84] mit einem Jahresumsatz von rund 75 Milliarden Dollar; dann folgen *Comcast* (74,5), *The Walt Disney Company* (52,5), *21st Century Fox/News Corp* (37,6) und *AT&T* (35,3).[85] „Der neue Wilde Westen" ist – wie der alte – in den USA entstanden, wo sich schon vor Jahren die Etablierten aus dem Massenmedien-Business mit den Newcomern aus der Digital-Branche zusammengetan hatten und die Profis mit den vermeintlichen Amateuren: Podcasters und Webloggers, die ihre Töne und Texte im Internet anbieten.[86] Auch dadurch ging es den ‚alten Medien' an den Kragen, und das verstörte sie mit Recht. Wenn im Prozess der Globalisierung die Arbeitsplätze und das Geld anderer auf dem Spiel steht, kann man darüber in Presse und Rundfunk mit einer Mischung aus kalter Analyse, Fernethik und Zynismus berichten, aber wenn es einen selber trifft, muss man aktiv werden. Aber hier ist das Repertoire zumindest für Nachrichtenmedien, die in Deutschland relativ teure Redakteure bezahlen müssen, begrenzt. Anders als z.B. *Elektrolux*, das seine *AEG*-Produktion kaltschnäuzig nach Polen verlagerte, um Personalkosten zu sparen, können nationale und regionale Blätter für Deutschland nun mal nicht so ohne Weiteres redaktionell im billigen Ausland hergestellt werden. Also musste man sich ökonomisch etwas einfallen lassen. Doch bei den Einfällen der deutschen Medienmanager: Da war fast alles nur geklaut.

Alte Rezepte und neue Maßnahmen

Durch Beobachtungen von Erfolgsstrategien im Ausland hatte die Branche z.B. den ‚jüngeren Kompaktleser' als Marktlücke entdeckt. Schnell gefüllt wurde sie nach britischem Vorbild mit billigen Tabloid-Titeln wie *News*, *20 Cent* und *Welt kompakt*. Für geradezu genial hielten Verlagsmanager eine Zeitlang die Pflege von Nebengeschäften mit Buch-, CD- und DVD-Sammlungen zur Schließung von Erlöslücken im Kerngeschäft. Hier hatte die *Süddeutsche Zeitung* mit ihrer 50bändigen *SZ-Bibliothek*, die sich angeblich mehr als elf Millionen Mal verkaufte, den Vogel abgeschossen. Der *Zeit*-Verlag erzielte mit seinem Lexikon immerhin 20 Millionen Euro Umsatz – fast ein Viertel dessen, was er mit seiner Wochenzeitung erlöste. Doch diese Idee der Beigaben stammt aus Italien. Dort waren die Kioske schon vor Jahren behängt wie Weihnachtsbäume – mit allem möglichen Zeug, das die Verlage zusätzlich vertrieben. Deren Emsigkeit hat die dortige Lesermarkt-Katastrophe freilich nicht aufhalten können.

Das Medien- und Journalismussystem Italiens befindet sich schon seit vielen Jahren am Abgrund. Geradezu beispiellos sind die ökonomischen und politischen Einflüsse auf die Medieninstitutionen. So haben etwa die öffentlich-rechtlichen Fernsehprogramme der *RAI* eine deutlich erkennbare Nähe zu verschiedenen politischen Parteien; die Bedeutung Silvio Berlusconis belegte jahrzehntelang auch die enorme ökonomische Verquickung. Diese Einflüsse blieben nicht ohne Auswirkungen auf die Qualität der Medienaussagen, wie sie insbesondere am italienischen Fernsehprogramm bemängelt wird. Jens Petersen, Vize-Direktor des Deutschen Historischen Instituts in Rom, nannte die italienische Medienlandschaft gar eine „Wüste des Geistes".[87] Der Terminus ‚Americanizzione' wurde – gerade in Hinblick auf die Medienentwicklung – zum Bestandteil des italienischen Wortschatzes. In einem eigentümlichen Kontrast zur geringen beruflichen Autonomie, über die Italiens Journalisten verfügen, steht die gesetzlich geregelte Kontrolle des Berufszugangs. Die aus diesen Verhältnissen resultierende besonders geringe Glaubwürdigkeit, die man in Italien, dem Land des Klientelismus, den Medien entgegenbringt, führt seit Jahren zu vielstimmigen Forderungen nach einem neuen, kritischen und damit auch unabhängigeren Journalismus.[88] Im Pressefreiheits-Ranking von ‚Reporter ohne Grenzen' verbesserte sich Italien 2017 zwar um 25 Plätze gegenüber dem Vorjahr und liegt nun auf Rang 52; nach wie vor sind dort aber besonders viele Journalisten durch die organisierte Kriminalität bedroht.

In Frankreich hatte man gegen die Dauerkrise der Zeitungen zunächst untaugliche Staatssubventionen etabliert und dann schweres Geschütz aufgefahren: Wichtige Zeitungen wie der *Figaro* sowie weitere 69 Blätter gingen in den Besitz des milliardenschweren Rüstungsindustriellen Serge Dassault über. Dassault bezahlte natürlich nicht nur die Musik; er bestimmte in seinen Redaktionen auch, was gespielt wird. Aus derselben Branche kommt die *Lagardère*-Gruppe. Sie baute nicht nur den Eurofighter, sondern diversifizierte durch die Herausgabe von Zeitschriften wie *Paris Match* und Regionalzeitungen wie den *Corse Matin*. Meinung wollte der Rüstungskonzern auch mit zwei Radiostationen und einer Beteiligung am Pay-TV machen. Medien und Waffen: Das ist das Worst Case Scenario für die Finanzierung der Pressefreiheit. Im Ranking liegt Frankreich aktuell auf Platz 39.[89] Der traditionell (zu) großen Nähe sowohl zwischen (branchenfremder) Wirtschaft und den Medien als auch zwischen Staat und Medien fügte der neue französische Präsident Emmanuel Macron gleich nach seiner Wahl noch einen neuen Akzent hinzu, als er – begleitet von heftiger öffentlicher Kritik – ankündigte, dass ihn auf seinen Auslandsreisen nur noch handverlesene Journalisten begleiten dürften. „Das erlaubt sich nicht mal Trump", schrieb die *FAZ*.[90]

Aus den USA stammt die verschlankte und verschränkte redaktionelle Produktion; verschlankt in der Struktur, verschränkt mit dem Geschäftssektor und hier insbesondere der Anzeigenabteilung. In Deutschland bedeutet diese ‚Verschlankung' seit Jahren vor allem den Transfer von Redakteuren in neue Gesellschaften ohne Tarifbindung. Das begünstigt Billig-Journalismus. Die Koblenzer *Rhein-Zeitung* war hier der Vorreiter; der Bremer *Weserkurier*, die Oldenburger *Nordwestzei-*

tung und später die Dortmunder *Ruhr Nachrichten* folgten diesem Modell des Outsourcing. Der Schleswig-Holsteinische Zeitungsverlag, der das *Flensburger Tageblatt* herausgibt, entließ im Rahmen seiner Rationalisierungsaktionen gleich alle 16 Sportredakteure – um sie zu deutlich schlechteren Bedingungen in einer Tochterfirma wieder einzustellen. Schon vor Jahren führte der – vom Mitbesitzer SPD offenbar tolerierte – Versuch einiger Jungmanager von Gruner + Jahr, aus der *Sächsischen Zeitung* in Dresden per Auslagerung von Lokalredaktionen ein paar Prozent Gewinn mehr herauszuquetschen, zum Streik. Die Qualität der Medien ist überall bedroht, wo die ‚eingebaute Schizophrenie' der Medien einseitig zu Gunsten der Rendite und zu Lasten der Sozialverantwortung aufgelöst wird. Dies ist wahrscheinlich in der Provinz mit ihren Monopolstrukturen noch problematischer als auf dem nervösen Medienmarkt der Hauptstadt.

Der Springer-Verlag – und Google

All das, was wir in unseren – mehr oder weniger – blühenden Medienlandschaften seit Jahren beobachten können, wirkt freilich im Maßstab der großen Kapitale und Kräfte wie kleine Karos. Die neuen Aktivitäten wie die alten Rezepte mögen bei der Krisenbewältigung hilfreich sein; Erfolg versprechende Zukunftsstrategien für die globale Welt sind sie nicht – erzählen uns jedenfalls die Leute, die das große Ganze sehen. So kommt es, dass die wohlhabenden großen deutschen Medienkonzerne mit einer gewissen Berechtigung sagen: Im Vergleich zu den wirklich Reichen hinter den Bergen gehören wir zu den Zwergen. Damit sind wir noch einmal beim Fall *Springer* und der Frage, ‚what makes Dr. Döpfner tick'. Mathias *Döpfner,* inzwischen auch Präsident des Bundesverbandes Deutscher Zeitungsverleger (BDZV), hatte nach seinem Amtsantritt als Vorstandsvorsitzender des *Springer*-Konzerns so einiges unternommen, um sich als Unternehmer zu profilieren und sein Unternehmen in einen auch international beachteten Player zu verwandeln.

Zunächst führte er den Verlag mit den üblichen Sparmaßnahmen in die Gewinnzone zurück. Das kostete zwar mindestens 1.000 Mitarbeiter den Arbeitsplatz, sorgte aber für schwarze Zahlen in der Bilanz. Dann nutzte er in Osteuropa nach Kräften die Gründerzeit und etablierte z. B. in Polen mit Erfolg das Boulevardblatt *Fakt*. Als es dann aber im Westen nichts Neues mehr zu holen gab, nachdem man beim Bieterkampf um den *Daily Telegraph* unterlegen war, schwenkte Döpfner um und entdeckte die Bundesrepublik als eigenes Betätigungsfeld neu. Das war insofern überraschend, als er ja eigentlich das Land wegen mangelnder Zukunftsperspektiven verlassen wollte. Das hatte er jedenfalls der Wochenzeitung *Die Zeit* in einem melancholischen Gespräch verraten. Nun müsse er aber wegen seiner Verantwortung bleiben und „zu den Letzten gehören, die das Licht ausmachen."[91] Was dann folgte – der erfolglose Versuch, die Übernahme der TV-Gruppe *ProSiebenSat.1* von den zuständigen Instanzen genehmigen zu lassen – hat monatelang die Öffentlichkeit wie kein Mediendeal zuvor beschäftigt. Döpfner stieß – am Ende vielleicht zu seinem Glück – wider Erwarten (auch aller Experten) auf heftigen Widerstand der Kontrollgremien KEK und Kartellamt. „Mal gewinnen Sie, mal verlieren Sie", meinte er dazu lakonisch.[92] *Springer* und die KEK hatten damals wochenlang eine bemerkenswerte Show geboten – eine Mischung aus Affentheater und Eiertanz. Der Konzern machte Angebote – und zog sie wieder zurück. Zu den Offerten gehörte der Verkauf seiner Zeitschriften und die Abgabe des gerade erworbenen, profitablen Senders *ProSieben*; der zwischenzeitlich geforderte Verkauf von *Bild* (und darauf wäre es angekommen) stand jedoch nie zur Debatte. Dafür aber die Einrichtung eines Beirats zur Kontrolle des Senders *Sat.1*. In der verschärften Variante der KEK wäre das auf eine Enteignung von *Springer* hinausgelaufen – was bekanntlich auch der APO nicht gelungen ist.

Medien sind Marken. Hier hatte der *Springer*-Konzern ein historisch bedingtes Image-Problem, das ihm bei dem gescheiterten Deal erkennbar schadete. Denn da zählten offenbar nicht nur die gemessenen, sondern auch die gefühlten Marktanteile. Bekanntlich war *Springer* mit seiner publizistischen Macht in der Vergangenheit nicht zimperlich umgegangen. Solange der Konzern als *Bild*-Chef einen Haudrauf beschäftigte, würde sich an seiner negativen öffentlichen Wahrnehmung auch wenig ändern – sollte man annehmen. Immerhin wurde in neuerer Zeit über die Gründe für das schlechte öffentliche Bild des Konzern nachgedacht, und dazu gab es dann bemerkenswerte Feststellungen ihres Chefs: „Die Anti-68er-Bewegung hat Axel Springer isoliert," räumte er ein, „hat eine Bunker- und Barrikaden-Mentalität in den eigenen Reihen erzeugt, auch eine Verbissenheit und Unfröhlichkeit, ein selbst bis heute nicht überall verschwundenes, manchmal irgendwie verdrucktes Selbstbewußtsein." Und weiter: „Die Intelligenz war 20 Jahre lang links, irgendwie anti-springer. Statt eines fröhlichen Antikommunismus, statt der leisen Souveränität des Gewinners, statt einer bürgerlichen Haltung des gelassenen Selbstbewusstseins haben viele Mitarbeiter, vor allem die Intellektuellen unter ihnen, eine Art geistigen Minderwertigkeitskomplex ausgeprägt."[93] Diese Sätze Döpfners sind in einem bemüht liberalen Sammelband über Axel Springer enthalten, der zufällig (?) während des Übernahmeverfahrens auf den Markt kam.

Begleitet wurde die erratische Fusionsaktion insbesondere durch freundliche Begleitmusik aus dem Hause der *Frankfurter Allgemeinen Zeitung*. Seit man gemeinsam, aber vergeblich gegen die Rechtschreibreform gestritten hatte und seit *Bild* das Buch des *FAZ*-Herausgebers Frank Schirrmacher ‚Das Methusalem-Komplott' zum Bestseller hochjubelte, konnten die Beziehungen nicht besser sein. Mit im Boot der Medien-Alphatiere saß auch der damalige *Spiegel*-Chefredakteur Stefan Aust. *Spiegel* und *Bild* („Ein neues Buch, eine neue Bombe") promoteten gemeinsam Schirrmachers Werk über die Jungen (‚Minimum'). Im „Lob-Kartell der Meinungsmacher" (*Netzeitung*) mischte auch der frühere *Stern*-Chefredakteur Michael Jürgs mit, der den pseudokritischen Talk mit den Elefanten der Branche (erst Aust, dann Döpfner) zu einer journalistischen Kunstform entwickelte. Solche Art von ‚Fusionen' fliegt unterhalb des Radars von Kartellwächtern und anderen Medienkontrolleuren.

Auffallend war auch, dass sich in der Übernahmephase nur wenige Medien aus dem Fenster gelehnt haben. Man beschränkte sich zumeist auf die Berichterstattung und überließ die Artikulation von Befürchtungen und Kritik den so genannten Medienexperten. Die Darstellungsform Interview siegte über den Kommentar, und dabei waren für Döpfner alle Mikrofone und Zeitungsspalten offen. Dem *Spiegel* z. B. sagte er Folgendes: „Was, wenn Google Verleger wird, morgen die Financial Times kauft und übermorgen in Deutschland auf Shopping-Tour geht? In der neuen Konstellation hätten wir zumindest eine Chance, gegen solche Player wenigstens hierzulande zu konkurrieren."[94] Die Frage, die der Springer-Chef stellte, war gewiss berechtigt. Die Antwort, welche er in Form der Übernahme von *ProSiebenSat.1* geben wollte, ging aber am Problem vorbei. Ein konventioneller Zeitungsverlag, der damals rund zweieinhalb Milliarden Euro Jahresumsatz machte, wird nicht dadurch zum Herausforderer von *Google*, dass er eine nationale Free-TV-Kette erwirbt. Was Deutschlands „kreativster und profitabelster Großverlag" (O-Ton Döpfner) an Überschuss erwirtschaftet, gibt *Google* allein für Forschung und Entwicklung aus. *Springer* wird nicht dadurch zum Weltkonzern, dass er mit geliehenem Geld in Deutschland noch mächtiger wird. „Die Welt ist eine Google", kalauern Journalisten.[95]

Die Einfälle der Ausländer

Die Expansions-Probleme von *Springer* (et al.) gingen nicht auf das Konto böser Medienkontrolleure, sondern waren letztlich das Resultat missglückter Medienpolitik – in München, Düsseldorf und Berlin. Diese hatte einerseits das deutsche Mediensystem für die Zukunft und für den Wettbewerb mit dem Ausland nicht gut aufgestellt und andererseits Medienkonzentration nicht verhindert. Nach dem ablehnenden Bescheid der zuständigen Kontrolleure wurde dann freilich aus der Politik flugs Hilfe signalisiert. Der damalige bayerische Ministerpräsident Edmund Stoiber, der chronisch Medienpolitik mit Standortpolitik gleichsetzte, verkündete, *Springer* habe den Medienstandort Deutschland besser im Blick als ausländische Investoren, die nun die Sender übernehmen würden. Hessens damaliger Ministerpräsident Roland Koch konstatierte, hier stünden nationale Interessen auf dem Spiel und deshalb müsse *Springer* die Sondererlaubnis erhalten, die der Bundeswirtschaftsminister bei untersagten Fusionen erteilen kann. Also: Keine deutschen Medien in die Hände von Ausländern. Die so reden, das sind schöne Globalisierer. Die Einfälle der Ausländer: Einerseits nutzte man, was den anderen einfiel. Andererseits fürchtete man, dass sie wie die Heuschrecken in Deutschland einfallen und hier alles durcheinander bringen würden. Diese bemerkenswerte Haltung schob beiseite, dass deutsche Medienunternehmen schon seit vielen Jahren jenseits der Grenzen hohe Gewinne einfuhren. *Bertelsmann* macht weit mehr als die Hälfte seines Umsatzes in den USA, Frankreich und anderswo. *Springer, Bauer, Burda,* die *WAZ*-Gruppe und andere haben ihr Imperium vor allem nach Osteuropa erweitert. Zur Rechtfertigung für Deregulierung wurde dennoch nun die nationale Karte gespielt. Zu der hoch konzentrierten und versippten Medienlandschaft passt dabei hervorragend, wenn z. B. das damalige Regierungsmitglied Ronald Pofalla mit seiner Vergangenheit im Umfeld der *WAZ* beim Basteln an der Fusionskontrolle nun das fortsetzte, was Wolfgang Clement seinerzeit als Ministerpräsident von NRW auf den Weg zu bringen versucht hatte – und zwar letztlich zu Gunsten eines *WAZ*-Geschäftsführers, der zuvor der rot-grünen Koalition im Kanzleramt dienstbar gewesen war... Ohnehin wirkte merkwürdig, dass ausgerechnet zu diesem Zeitpunkt nach neuen Formen der Regulierung für die Medienmärkte gesucht wurde. Dafür hätte es vor Jahren eher Anlass gegeben, als *Bertelsmann* wesentliche Teile der *RTL*-Senderkette ganz übernehmen durfte, und auch, als das Kartellamt – begleitet vom Hosianna des *Springer*-Verlages – die Übernahme der *Berliner Zeitung* durch den *Holtzbrinck*-Verlag untersagte. Dem lag eine zu kleinkarierte Betrachtung des von *Springer* dominierten Berliner Zeitungsmarktes zugrunde.

Das System der Fusionskontrolle zeigte sich zwar auch unter Crossmedia-Bedingungen besser als sein Ruf. Alles, was jedoch an Vorschlägen zur Modernisierung der Regulierung diskutiert wurde – Deregulierung der (Regional-) Zeitungsmärkte oder Ausländerklauseln – wirkte wie ein Sammelsurium sinn- und auf jeden Fall wirkungsloser Rezepte von Interessenvertretern aus Wirtschaft, Politik und Verbänden. Sie dienen Partikularinteressen, aber nicht dem zentralen Ziel: Wie organisiere und stabilisiere ich (nationale) Meinungsvielfalt unter den Bedingungen von (globalen) ökonomischen Penetrationen? Dabei fiel auf: In der größten Not wurde plötzlich der Zusammenhang zwischen Außen- und Binnenpluralismus entdeckt, boten Verleger – zunächst *Holtzbrinck* bei der geplanten Übernahme der *Berliner Zeitung,* dann *Springer* bei der geplanten Übernahme von *ProSiebenSat.1* – etwas an, was sie ansonsten als nicht verhandelbar verteufelten: Beiräte und Statuten, in denen die Autonomie von Redaktionen und deren Mitsprache bei der Besetzung der Leitungspositionen gesichert werden sollte, also das, was früher beim Kampf um ‚innere Pressefreiheit' im Zentrum stand. In der Tat gäbe es viel Altes und Neues zu regulieren – aber es gibt noch mehr, was gar nicht perfekt regulierbar ist, sondern allenfalls über regulierte Selbstregulierung beeinflussbar; dafür wären Spielräume zu schaffen. Diese Spielräume können aber nur genutzt werden, wenn man ohne Misstrauen und Vorurteile miteinander umgeht. Dies betrifft auch den Umgang mit ausländischen Interessenten.

Paul Sethe würde heute wohl keine Briefe mehr schreiben, sondern E-Mails verschicken; mit Rudolf Augstein wäre er über *WhatsApp* verbunden oder gar über *Facebook* verkuppelt. Vielleicht wäre er – nach seinen schlechten Erfahrungen mit den etablierten Massenmedien – auch zum einsamen Blogger geworden. Weblogs, diese mehr oder weniger professionellen Internetangebote, könnten, so glaubten viele eine Zeitlang, angesichts der Megafusionen auf den Medienmärkten zu einem letzten Horte der Meinungsvielfalt werden. Wolfgang Clement, der spätere Bundeswirtschaftsminister und vormalige Journalist (s. dazu Kapitel III/3), hat sich immer mal wieder Gedanken über die Zukunft der Presse gemacht. Er beklagte, dass sie sich „im Teufelskreis" befinde und forderte eine „subsidiäre Ordnungspolitik". Nur dadurch könne verhindert werden, dass ‚Bad Guys' einen Verlag führten wie eine Würstchenbude. Und dann formulierte er sinnig: „Die Presse ist keine Würstchenbude, aber es geht um die Wurst."[96] Die Frage ist nur, ob es dabei um die Wurst der Medieneigentümer oder die der Gesellschaft geht – und ob der Bevölkerung das nicht überhaupt völlig *wurscht* ist.

3 Wie der Versuch irritiert, ein ‚I' für ein ‚U' vorzumachen

Das Potential des Internet für die globale Kommunikation (incl. der Konsequenzen für den Journalismus) ist erst im letzten Jahrzehnt so richtig deutlich geworden. Auf diesen Faktor muss sich konzentrieren, wer versucht, die neue ‚Wirklichkeit des Journalismus' einzufangen. Dabei ist auch ins Visier zu nehmen, wie erfolgversprechend die strukturellen Voraussetzungen für eine andere Art der Berichterstattung, ja, für einen ‚neuen Journalismus' heute aussehen – unter gewandelten Rahmenbedingungen und insbesondere in Anbetracht der Konkurrenzverhältnisse im Netz. Dabei geht es insbesondere um folgende Fragen: Wie wichtig sind die Medien und ihr Journalismus überhaupt (noch) und hat sich dessen Funktion tatsächlich gewandelt? Haben sich die professionellen Prozeduren im Journalismus geändert und provoziert das Internet womöglich, Geschichten ganz anders als gewohnt zu erzählen? Bestehen also im Internet-Zeitalter grundsätzlich andere Voraussetzungen für den Journalismus und seine Leistungen, oder wird er eben – so, wie er ist – womöglich gar nicht mehr gebraucht?

Die erste Frage zielt auf die Basis von Medien und Journalismus in der Gesellschaft. Hierzu müsste man bestimmen, wie ihr Stellenwert für die Demokratie aktuell einzuschätzen ist. Gilt immer noch, was der amerikanische Medienhistoriker James Carey vor zwei Jahrzehnten auf folgende knappe Formel gebracht hat – oder ist das inzwischen zu hoch gegriffen: „Journalism is another name for democracy"?[97] Kann der Journalismus in zunehmend heterogener werdenden Gesellschaften, deren Menschen sich aus unterschiedlichsten Informationsquellen bedienen, noch ein zentraler Faktor für die kulturelle Integration und die Sicherung politischer Partizipation der Bürgerinnen und Bürger sein? Wie die Antworten auch ausfallen mögen: Zumindest steckt dahinter ein normatives Modell, das offenbar immer noch von vielen Menschen für wichtig gehalten wird. Aber lässt es sich auf Dauer aufrechterhalten, wenn ohnehin – wie nicht nur der hierzu viel zitierte britisch-australische Medienwissenschaftler John Hartley glaubt – heutzutage jeder ein Journalist ist?[98] Schafft die Digitalisierung hier ganz neue Verhältnisse?

Niklas Luhmann hat die ‚alten' Verhältnisse am Anfang seines Buchs „Die Realität der Massenmedien" in wenigen nüchternen Sätzen, die seither immer wieder zitiert werden, so auf den Punkt gebracht: „Was wir über unsere Gesellschaft, ja über die Welt, in der wir leben, wissen, wissen wir durch die Massenmedien. Das gilt nicht nur für unsere Kenntnis der Gesellschaft und der Geschichte, sondern auch für unsere Kenntnis der Natur." Andererseits, schrieb er weiter, wüssten wir aber so viel über die Massenmedien, dass wir diesen Quellen nicht trauen könnten. Wir wehrten uns gegen sie mit einem Manipulationsverdacht, der aber nicht zu nennenswerten Konsequenzen führe, „da das den Massenmedien entnommene Wissen sich wie von selbst zu einem selbstverstärkenden Gefüge zusammenschließt." Im Bereich der Nachrichten, führte Luhmann weiter hinten aus, „verbreiten die Massenmedien Ignoranz in der Form von Tatsachen, die ständig erneuert werden müssen, damit man es nicht merkt."[99] Als er dies publizierte, war von ‚Lügenpresse' noch nicht die Rede und gab es für den permanenten Manipulationsverdacht noch nicht das gewaltige Forum der Sozialen Medien.

Beobachter und Beobachtungen des Journalismus

Journalismus macht immer noch aus allem – Journalismus. Dies ist – im Zusammenhang mit der zweiten Frage – nur scheinbar ein banaler Satz. Er besagt, dass die (Nachrichten-) Medien auf alle Ereignisse dieselben (Selektions-) Regeln anwenden. Dies wird oft in die Aussage gefasst, dass der Journalismus Komplexität reduziere. Sie trifft die Verhältnisse jedoch nicht genau. Gewiss: Journalismus sortiert permanent Informationen aus und macht insofern die Wirklichkeit überschaubar. Am Ende kreiert er mit seinen Prozeduren aber nicht eine ‚Wirklichkeit im Kleinen', sondern eine eigene Wirklichkeit, die als ‚Medienrealität' bezeichnet wird. Sie scheint im neuen Jahrtausend vielen Menschen nicht mehr zu genügen; deshalb fliehen sie in die Sozialen Medien und hoffen, hier ‚die Wahrheit' zu finden, um sich orientieren zu können. ‚Medienrealität' bedeutet dabei aber nicht, dass die Journalistinnen und Journalisten beliebig ‚alternative Fakten' in die Welt setzen können. In der Regel werden solche aufgetischt, wenn Journalisten abhängig von Akteuren und Institutionen sind, die ‚wünschenswerte Wirklichkeiten' kreieren und oktroyieren. ‚Fake News' sind für diese Akteure und Institutionen grundsätzlich Nachrichten, die ihnen nicht in den Kram passen.

Was der Journalismus leistet und wofür man ihn weiter braucht – zur Beantwortung dieser dritten Frage haben die zuständigen Wissenschaften unzählige Beiträge geleistet, normativ abgeleitete und empirisch gesättigte. Seine Funktion der Selbstbeobachtung von Gesellschaft erfolgt ‚technisch' auf der Basis des Codes ‚nachrichtlich/nicht nachrichtlich', den der Journalismus im Wesentlichen über die Faktoren *Neuigkeitswert* und *Relevanz* umsetzt sowie über *Personalisierung* und die *Nähe* von Ereignissen.[100] Wenn man nun zusammenstellt, was die Journalisten selbst aktuell zu diesem Thema äußern und wie sie die heutigen Herausforderungen beschreiben, fällt auf, dass da wenig Anderes zu entdecken ist als das, was wir kennen. Da ist immer noch von der Aufgabe der Information, Meinungsbildung, Kritik und Kontrolle die Rede und von dem Ziel, in der Gesellschaft durch die permanente Beobachtung ihrer Verhältnisse Transparenz herzustellen. Deshalb stünden Recherche und ‚Monitoring' weiterhin an erster Stelle der Kompetenzanforderungen sowie die Erschließung und Beschreibung komplexer Zusammenhänge. Allenfalls gebe es insofern eine neue Rolle für Journalisten, als der ‚Gatekeeper' ja an Bedeutung verliere und partiell durch den ‚Interpretierer' ersetzt werde.[101]

Der Journalismus, welcher die Welt beobachtet, beobachtet auch sich selbst – und wird von anderen beobachtet. Neuerdings zunehmend kritisch von den Leuten, die ihn finanzieren; seit längerer Zeit aber auch von Leuten, die ihm mit wissenschaftlichen Methoden zu Leibe rücken. Diese systematische Beobachtung begann kurz vor dem Zweiten Weltkrieg in den USA. Nach den damals durchgeführten Pionierstudien, bei denen Journalisten über ihren Beruf und seine Methoden befragten wurden, entstand – später dann auch in Deutschland – eine empirische Journalismus-Forschung, die Einfluss ausübte auf das Bild, dass man sich von der Aussagenentstehung in der Massenmedien und den daran beteiligten Akteuren machte. Dieser Einfluss war nicht immer positiv; gerade in jüngster Zeit ist die einschlägige Forschung daran beteiligt gewesen, die vertraute und durchaus bewährte Identität des Journalismus in Frage zu stellen. Dabei geht es um Aufweichungen der Berufsbilder und der Inhalte hin zur Unterhaltung und deren Legitimation.

Es gibt KommunikationswissenschaftlerInnen, die seit Jahren grundsätzlich in Frage stellen, dass es beim Journalismus um einen professionellen Umgang mit

Informationen geht, die als Nachrichten einen wichtigen Beitrag für eine funktionierende Demokratie liefern. Stattdessen werden Entgrenzungen proklamiert: von Berufsrollen (jede Frau, die publiziert, ist eine Journalistin) und von Inhalten (Information und Unterhaltung werden vom Publikum ohnehin nicht scharf getrennt), so dass fast alles, was an Kommunikation technisch verbreitet wird, als Journalismus zählen würde.[102] Wir wollen durch einen Blick auf die Journalismus-Forschung und ihre Geschichte (in den USA und in Deutschland) rekonstruieren, wie es dazu gekommen ist. Auch diese Journalismus-Forschung ist Teil der Probleme, um die es in diesem Buch geht. Denn einem Teil der KommunikationswissenschaftlerInnen, die den Diskurs über die Kommunikationsverhältnisse mit bestimmen und an der Ausbildung von Journalisten beteiligt sind, ist in der Postmoderne der Sinn für die normativen Grundlagen des Journalismus verloren gegangen.

Altes und Neues aus Washington

Wenn Trumps Pressesprecher Sean Spicer – „eine tragische und komische Figur zugleich, halb Lügner, halb Hofnarr" (*Der Spiegel*) – nach der Amtsübernahme in einer der im Fernsehen live gesendeten Pressekonferenzen die Politik des neuen Präsidenten erläuterte, trat er vor einer Berufsgruppe auf, die in der Geschichte der empirischen Journalismus-Forschung eine wichtige Rolle gespielt hat: die Washingtoner Korrespondenten. Über diese Beobachter der Regierungsszene hatte wenige Jahre vor Beginn des Zweiten Weltkriegs Leo C. Rosten eine Untersuchung publiziert, die als Pionierstudie für die Sammlung von Erfahrungswissen über Journalisten gilt. Der gelernte Lehrer, 1908 in Lodz (heute Polen) geboren, befragte dafür die Korrespondenten nach ihren Merkmalen und Einstellungen; sein Forschungsinteresse begründete er so: „In a democracy, we depend upon the press for a presentation of the facts upon which our political opinions are based and the issues around which our political controversies revolve, but we know nothing of the men, the women, the problems, the devices behind the dispatches and columns." Seine Studie beschreibe die Personen und die Methoden der Reporter, die sich „at the heart of the opinion-making process" befänden – eine Gruppe von „highly significant journalists in a society in which journalism has been accorded the dignity and the prerogatives of constitutional status."[103] Zu jener Zeit war Franklin D. Roosevelt amerikanischer Präsident; wo heute die ‚Press Briefings' stattfinden, befand sich damals sein Swimmingpool.

Bemerkenswert war auch Rostens Journalisten-Definition, die an das erinnerte, was schon von dem Publizisten Walter Lippmann in seinem berühmten Buch ‚Public Opinion'[104] thematisiert worden war (s. dazu Kapitel IV/1): „The newspaper man is a man sensitized to the observation of aspects of the real world, with a talent for translating segments of reality into the grammar of ‚stories'."[105] Als

3 Wie der Versuch irritiert, ein ‚I' für ein ‚U' vorzumachen

Hauptantrieb des Journalisten hatte Rosten das Fabulieren ausgemacht, während es dem Wissenschaftler in erster Linie um die Erkenntnis und dem Soldaten um das Handeln gehe.[106] Im Zusammenhang mit der Professionalität von Journalisten formulierte er Aussagen, die bis heute Aktualität beanspruchen können – nachdem er herausgefunden hatte, dass die deutliche Mehrheit der Korrespondenten nach eigener Einschätzung fachliche Probleme mit der Komplexität der Nachrichten hatte; er kommentierte dieses Eingeständnis unzureichender Sachkompetenz mit beißender Schärfe. Es hänge schon vom Grad der intellektuellen Sicherheit ab, ob man der Vielzahl unterschiedlicher Themen, über die man berichten müsse und die man den Lesern erklären müsse, gerecht werden könne. Leute ohne entsprechendes Bezugssystem und mit einem eher impressionistischen als analytischen Zugriff auf Probleme wären nur imstande, die Oberfläche von Ereignissen zu erfassen. Deshalb seien sie dann „oriented with reference to normative words of ambiguous content: ‚liberty', ‚Americanism,' ‚justice,' ‚democracy,' ‚socialism', ‚communism.'" Ihre innere Unsicherheit kompensierten sie durch Ironie.[107]

Spicer/Trump könnten mit dieser Beschreibung der Berufsgruppe und ihrer so beschriebenen Unfähigkeit, ‚wirkliche' Fakten zu übermitteln, wohl gut leben. Das ist ja der Grund für ihre ‚Pressepolitik': „Sie diskreditieren die klassischen Medien und behindern ihre Arbeit, während sie jene neuen rechten Medien gezielt fördern, die ihnen wohlgesinnt sind."[108] Wenn sie könnten, wie sie wollen, würden sie per Dekret durchsetzen, dass es nur noch ‚positive Berichterstattung' gibt – ein alter Politiker-Traum. Weniger einverstanden wären sie aber wohl mit dem, was der Jude Rosten unter der Überschrift „Pro-Hitler Staff at Headquarters of Republicans"[109] – zwei Jahre vor Beginn des Zweiten Weltkriegs – an Bemerkungen über die damalige Wirklichkeit der Pressefreiheit in den USA machte. Sie sind ein ‚Credo' des Journalismus als Institution: „[…] newspapers get the type of reporting which they encourage; publishers get the kind of Washington correspondents that they deserve; and the public receives Washington correspondence of a character which newspaper publishers, and ultimately they alone, make possible."[110] Mit anderen Worten, noch einmal: Jedes Volk hat die Presse, die es verdient. Übrigens förderte Leo C. Rosten damals auch zu Tage, dass eine Mehrheit der befragten Journalisten der Aussage zustimmte, dass es fast unmöglich sei, objektiv zu sein.[111]

Als Rostens Studie entstand, hatte sich die deutsche ‚Zeitungswissenschaft', die sich später ‚Publizistik' nannte, den Nationalsozialisten an den Hals geworfen und pflegte bei der Beschäftigung mit dem Journalismus einen normativ-praktizistischen Ansatz, der zur Führerideologie im ‚Dritten Reich' passte Als das Fach dann nach einigen Anlaufschwierigkeiten in der Bundesrepublik wieder Fuß fasste, änderte sich über zwei Jahrzehnte an seiner anti-empirischen Ausrichtung, die dem Beruf Begabungsphrasen, aber keine Orientierung bot, zunächst wenig.[112] Nicht zuletzt im Zusammenhang mit der Renaissance des Themas ‚Journalistenausbildung', die nach weit verbreiteter Auffassung in den 1960er Jahren eine äußerst unzureichende Qualität hatte, wurde dann der Bedarf an Daten über den Beruf und seine vielfältigen Erscheinungsformen artikuliert. So kam es zu gezielter Anstrengungen empirischer Forschung zum Journalismus in der Bundesrepublik auf breiterer Linie, die schon innerhalb eines Jahrzehnts – bis Ende der 1970er Jahre – wahre Datenberge zusammengetragen hatte. Vom Agenturjournalisten bis zum Sportredakteur, vom Verleger bis zum freien Mitarbeiter: fast alle Medienbereiche, Ressorts und Arbeitsrollen waren damals – zum Teil mehrfach – untersucht worden. Zur Klage über die Materiallage im journalistischen Berufsfeld bestand insofern nun kein Anlass mehr; eher konnte schon von einer Übersättigung gesprochen werden. Die Erträge belegten indessen, dass Datenwachstum und Erkenntnisfortschritt zwei Paar Stiefel sind.[113]

Perspektiven- und Paradigmenwechsel: ‚Genial daneben'

Die Geschichte der Journalismus-Forschung verweist auf zyklische Perspektiven- und sogar Paradigmenwechsel zwischen normativen Ansätzen, kleinteilig-empirischen und großformatig-theoretischen Unternehmen. Seit einiger Zeit haben wir wahrscheinlich eine Phase, die Letzterem entspricht. Dabei stand in Deutschland zunächst der Versuch einer Journalismus-Theorie systemtheoretischer Provenienz im Vordergrund. Dieser – vor allem auf Niklas Luhmann rekurrierende – Ansatz wurde von dem Kommunikationswissenschaftler Manfred Rühl ins Fach hineingetragen und machte später von der Universität Münster aus ‚Schule',[114] während an anderen Stellen weitere wissenschaftliche Zugriffe favorisiert wurden, so z. B. an der Mainzer Universität ein ‚empirischer Realismus' und in München später der Rekurs auf die Habitus-Theorie des französischen Soziologen Pierre Bourdieu.[115] Daraus resultierende Einsichten sind von der journalistischen Praxis mehr oder weniger interessiert zur Kenntnis genommen worden. Das weitaus größte Echo in den Medien löste der prominente Soziologe Luhmann dann selbst aus, als er sich in seinen letzten Jahren (auch) des Themas ‚Massenmedien' annahm.[116]

Im vergangenen Jahrzehnt wurde nun ein weiterer Versuch gestartet, mit Hilfe neuer Erklärungsmuster (auch) in der Journalismus-Forschung einen Theoriewechsel durchzusetzen. Er sollte nicht nur dem Ziel dienen, den bis dato dominierenden, von vielen als zu abstrakt empfundenen systemtheoretischen Ansatz ins Abseits zu stellen, sondern auch, sich auf neue Weise strukturellen Veränderungen im Bereich der Massenmedien und ihrer Kommunikationsangebote zu öffnen. Dies lief und läuft auf Entgrenzungen der Perspektive hinaus, aus welcher der Journalismus und seine Zukunft betrachtet wird – eine Perspektive, die auch für die Beschäftigung mit der Medienkrise und die Chancen zu ihrer Bewältigung von Bedeutung ist.

Wir haben es insofern also nicht nur mit akademischen Kopfgeburten zu tun und wollen uns deshalb hier damit eingehender beschäftigen.

Das Paradigma dieser ‚neuen Journalismus-Forschung' ist so voluminös angelegt, dass es fast alles (was KommunikationswissenschaftlerInnen so treiben) zu inkludieren vermag. Zum Einstieg in das Unternehmen ist der (deutschsprachigen) Journalismus-Forschung vorgeworfen worden, sie sei nicht nur geschlechterblind, sondern auch unterhaltungsblind – wobei offenbar ein direkter Zusammenhang zwischen beidem gesehen wird. Auf dieser Basis erfolgte die Empfehlung, die systemtheoretische zu Gunsten einer kulturtheoretischen Perspektive aufzugeben.[117] Dies scheint angesichts der aktuellen ‚Wirklichkeit des Journalismus' durchaus plausibel zu sein; die beobachtbaren Entgrenzungsprozesse stellen in der Tat die seit Ende des 19. Jahrhunderts beschreibbare Identität der Aussagenentstehung von Massenmedien, also das, was wir ‚Journalismus' nennen, zur Disposition – und dies ist ja offenbar ein wesentlicher Faktor bei den kritischen Debatten über die Qualität der Berichterstattung. Journalistische Nachrichten tauchen inzwischen immer häufiger an Orten und insbesondere in (TV-) Programmen auf, wo man sie nicht erwartet, und verschwinden dort, wo man mit ihnen rechnet.[118]

Neben dem Vorschlag dieser ‚neuen Journalismus-Forschung', welche letztlich auf die Identifizierung eines ‚Systems Journalismus' von vornherein verzichtet, gibt es noch eine andere Anregung aus dem Bereich der Wissenschaft, nämlich zwischen den zwei ‚Systemen' Journalismus und Unterhaltung strikt zu unterscheiden.[119] Auch dies scheint auf den ersten Blick einzuleuchten, zumal diese Trennung jedem sympathisch erscheinen muss, dem die ‚Entertainisierung' des Journalismus ein Dorn im Auge ist. Als Problem stellt sich hier aber, dass ein damit konstruiertes eigenes ‚System Unterhaltung' allein schon an den Realitätsbezügen von ‚aktuellen' Unterhaltungsprogrammen wie *Big Brother*, dem *Dschungel-Camp* oder *The Apprentice* – jener Castingshow, der Donald Trump seinen Aufstieg zur öffentlichen Person verdankt – zu scheitern droht; gerade in diesem Feld sind die Grenzen fließend. Der Einwand lautet deshalb: Journalismus ist weder Teil noch Gegenteil von Unterhaltung; die beiden Begriffe sind systematisch nicht auf derselben Ebene angesiedelt.

Niklas Luhmann – der Mann ohne Fernsehapparat – hat als zentrales Merkmal von Unterhaltung die „Auflösung einer selbsterzeugten Ungewissheit oder Spannung" bezeichnet.[120] Dennoch aber erscheint es plausibel, Unterhaltung eher vom ‚Unterhaltungserleben' her zu fassen.[121] Diese prinzipiell nahe liegende Rezipientenorientierung der Unterhaltungsforschung kann jedoch nicht bedeuten, die Journalismus-Forschung dieser Perspektive komplett unterzuordnen. Doch der Vorschlag einer ‚neuen Journalismus-Forschung' tut genau dies; er packt nun alles in die Unterhaltung – weil das Publikum es im Lichte seines gemessenen

Rezeptionsverhaltens angeblich so will. Durch den Rekurs auf die (angeblichen) Wünsche des Publikums erhält die Unterhaltungsorientierung der Medien und des Journalismus eine deutlich affirmative Note.[122] Den impliziten Vorwurf der Empirieferne, welcher der ‚alten Journalismus-Forschung' gemacht wird, muss man nun gegen die KritikerInnen selbst richten. Ihr Monitum hätte „erst dann eine valide Berechtigung, wenn durch empirische Ergebnisse abgesichert ist, welche Arbeitsbereiche etwa von Unterhaltung tatsächlich dem Journalismus zuzuordnen sind".[123] Der Rekurs auf das Nutzungsverhalten (von Frauen) erscheint – jedenfalls im Rahmen der Journalismus-Forschung – wohl nicht als ausreichender Beleg. Eine ganz andere, nämlich kulturkritische Tonart wird von der (z. T. wissenschaftlichen) Medienkritik in verschiedenen Ländern angeschlagen. Sie richtet sich gegen die zunehmende Geringschätzung der ‚öffentlichen Aufgabe' der Medien und, wie schon erwähnt, die Emergenz eines „Market-Driven Journalism"[124], der die bewährten Nachrichtenwerte erodieren lasse.

‚E-Journalismus' und ‚U-Journalismus'

Die wissenschaftliche Beschäftigung mit dem Journalismus kann theoretisch, empirisch und normativ erfolgen. *Normativ* sind beim Thema ‚Journalismus und Unterhaltung' die Identifizierungsprobleme offenbar am geringsten. Nach wie vor werden z. B. in Gerichtsurteilen und Regulierungstexten Information und Unterhaltung deutlich getrennt und dem Journalismus Leistungen für eine ‚politische Öffentlichkeit' zugewiesen (‚Wächterrolle', ‚Verbreitung von Informationen und Ideen'). Ein besonders markantes Beispiel dafür war das erwähnte ‚Caroline-Urteil' des Europäischen Gerichtshofs für Menschenrechte in Straßburg. *Empirisch* sind die Probleme – allen Prognosen zum Trotz – (immer noch) lösbar, wie die Replikation der Studie ‚Journalismus in Deutschland' im Jahre 2005 zeigte: Journalistische Medien sind weiterhin identifizierbar; journalistische Rollen lassen sich immer noch abgrenzen.[125] *Theoretisch* erscheinen die Probleme z. T. etwas hochgespielt oder auch selbst erzeugt. Die hier gehandelten Entwürfe sind also zwar durchaus beeindruckend, wenn nicht sogar – theoriebautechnisch – genial. Sie liegen aber aus unterschiedlichen Gründen neben der Sache und erweisen sich als nicht hilfreich; sie sind also, um den Titel eines weiteren U-Formats aufzugreifen, sozusagen ‚Genial daneben'.

Vor allem unter medienethischen Aspekten hat sich der Journalist und Journalismus-Forscher Michael Haller mit dem Verhältnis von Journalismus und Unterhaltung beschäftigt. Wenn sich erweisen würde, dass moralische Prinzipien für Teile des Journalismus überhaupt keine Relevanz besäßen, entstünde seiner Meinung nach eine schwer erträgliche Divergenz; diese Entwicklung beobachtet er seit Jahren mit offenkundiger Besorgnis. Heute sei „ausgerechnet jener Journalismus" am meisten verbreitet, der mit informierenden Aussagen nichts zu tun habe: Animation, Spiel und Fiction dominierten die Massenkommunikation; oftmals träten sie „im Gewande tradierter Journalismusformen auf und tragen so zur heillosen Sinn-Verwirrung bei". Haller hat deshalb vorgeschlagen, nach dem Grad des Wirklichkeitsbezugs journalistischer Aussagen zwischen zwei Arten von Journalismus zu unterscheiden: „E-Journalismus" und „U-Journalismus".[126]

Doch auf diese Weise läuft man wohl in dieselbe Falle wie jene, die (angeblich) mit der Journalismus-Forschung gegen die Journalismus-Forschung argumentieren, wenn sie – zumindest implizit – Massenmedien mit Journalismus gleichsetzen.[127] Das, was unter ‚U-Journalismus' firmieren soll, ist entweder Journalismus oder etwas anderes (wie Literatur, Kunst oder Volksmusik). Einen Teil davon mag man – gemäß der Organisationslogik öffentlich-rechtlicher Anstalten – in die Schublade ‚Unterhaltung' packen oder nicht. Jedenfalls lässt sich Journalismus bis auf weiteres von anderen Handlungszusammenhängen immer noch hinreichend abgrenzen – bei Problemen an bestimmten Grenzstellen.

Weder mit Hilfe von neuen Ansätzen noch mit neuen System-Konfigurationen oder gar mit terminologischen Tricks scheint aber die zentrale Frage beantwortbar zu sein: Ob es sich bei den aktuellen Entgrenzungen des Journalismus im Internet-Zeitalter um Struktureigentümlichkeiten handelt, mit denen er auf neue Umweltherausforderungen durch erhöhte Komplexität reagiert, oder um Fehlentwicklungen, die (irgendwann) den Journalismus als ‚System' zur Disposition stellen. Um diese Frage zu beantworten, ist es notwendig, die Bezugsebenen zu ordnen, die im Eifer des Gefechts durcheinander geraten sind; dazu muss zwischen der historischen, normativen, theoretischen und empirischen Perspektive unterschieden werden.

Historisch erweisen sich die beobachtbaren Erscheinungen keineswegs als neu. Traditionell will jeder Journalist (auch) unterhalten – der eine mehr, der andere weniger: durch Metaphern, Wortspiele, Zitate, Personalisierung. Prominenz dominierte als Nachrichtenfaktor, wie der Medienhistoriker Jürgen Wilke gezeigt hat, in früheren Jahrhunderten womöglich noch stärker als heute.[128] Andererseits erfolgte die Entstehung des Journalismus-Systems eindeutig auf der Basis der Genese eines Netzwerks zur Produktion und Distribution ‚moderner Nachrichten'. Journalismus gibt es, seit dauerhafte Bedürfnisse nach Nachrichten bestehen und seit eine (technische) Infrastruktur existiert, um diese zu bedienen. Seither gibt es auch ‚Hard News' und ‚Soft News' (‚Unterhaltungs-Nachrichten'). Wenn KommunikationswissenschaftlerInnen nun ‚mehr Unterhaltung' einfordern, rennen sie hier Türen ein, die seit Jahren weit offen stehen. *Normativ* ist die Unterhaltung keineswegs die ‚andere Seite' des Journalismus, sondern eine Leistung, der gegenüber Information, Kritik, Kontrolle (wenn überhaupt) nachrangige Bedeutung zukommt. Das ‚Caroline-Urteil', aber auch andere höchstrichterliche Entscheidungen bieten für diese offenbar nach wie vor durchsetzungsfähige Auffassung Anschauungsmaterial. Medien- und Journalismussysteme lassen sich im internationalen Vergleich mit Hilfe der unterschiedlichen Zuweisung von ‚Nachrichtenwert' differenzieren; überall aber sind ‚Nachrichten' die Währung, mit der sie operieren.

‚Des Journalismus vergangene Zukunft'

Aus historischer und normativer, aber auch aus theoretischer und empirischer Perspektive gilt weiterhin, dass der Journalismus (nur) durch Anschluss an Selektionen anhand von Nachrichtenwert identifizierbar ist. Die ‚Wirklichkeit der Nachrichten', die er konstruiert, mag heutzutage z. T. durchaus unterhaltsamer und auch fiktionaler daherkommen, als das früher der Fall war. Allein die – eindeutig System bewahrend geführte – Diskussion über Fälschungen im Journalismus zeigte aber, dass nicht alles als erlaubt gilt, was gefällt (s. dazu Kapitel IV/1).[129] Und das ist im Interesse der Kommunikationsverhältnisse – gerade in Hinblick auf die Verwerfungen durch das Internet – auch gut so. Analyse und Kritik des Journalismus, die ihm mit Kategorien systematischer Forschung zu Leibe rücken, sind gewiss legitim (ja: erwünscht). Diese Annäherungen müssen sich jedoch auch selbst wieder der Überprüfung stellen. Sie gilt in besonderem Maße der Frage, ob die Wissenschaft dabei nicht auf der Basis von ungeeigneten Maßstäben operiert und dann in die Falle läuft, pauschale Urteile abzugeben, die der Kontrolle – z. B. durch empirische Befunde – nicht standhalten; derartige ‚Journalismus-Theorie' bildet eine Konstante über die Jahrzehnte.

(Auch) Journalismus-Forschung beginnt mit bestimmten Setzungen. Der vielleicht plausibelste Vorschlag lautet, die Entstehung von aktuellen Medienaussagen als Sinn- und Handlungszusammenhang zu verstehen, der sich von anderen gesellschaftlichen Bereichen durch eine besondere Zuständigkeit abgrenzen lässt: Themen zu selektieren und zu präsentieren, die neu, relevant und faktisch sind. Diese Setzung kann man mit einem scheinbar kaltschnäuzigen Satz begründen; er beschließt einen Aufsatz des Kommunikationswissenschaftlers Manfred Rühl über „Des Journalismus vergangene Zukunft" und steht in der Tradition der kühlen Luhmannschen Beobachtungsmaschinerie: „Den Journalismus durch eine spezifische Funktion sowie durch unterschiedliche Umweltreferenzen zu identifizieren, macht die Forschung unabhängig von der Idee, für den Journalismus eine paradiesische Vergangenheit oder eine apokalyptische Zukunft auszudenken."[130] Diese Systemtheorie à la Rühl et al. hat den Journalismus entmythisiert – Hand in Hand mit Konzepten mittlerer Reichweite, die der alten Idealisierung des Journalismus durch die praktizistische Publizistikwissenschaft eine ‚neue Sachlichkeit' entgegensetzen konnten.

3 Wie der Versuch irritiert, ein ‚I' für ein ‚U' vorzumachen

Die Funktion des Journalismus, die Selbstbeobachtung der Gesellschaft als Fremdbeobachtung zu organisieren, lässt sich durchaus auch normativ als ‚öffentliche Aufgabe' unter den Bedingungen von Vielfalt und Unabhängigkeit begreifen. Seine Identität gewinnt der Journalismus dabei durch Anschluss an Ereignisse, denen Nachrichtenwert attribuiert werden kann; alles, was im System abläuft, hat mit Nachrichten zu tun. Darüber gibt es auch im internationalen Maßstab einen weitgehenden Konsens: „Auch die Konzepte über Nachrichtenfaktoren und ihre Bedeutung für das Zustandekommen von Nachrichten eint Journalisten und Wissenschaftler quer durch die Länder, so unterschiedlich ihre Gewichtungen im Einzelnen auch sein mögen."[131] Nicht zufällig wird gerade in den USA Journalismus weitgehend mit Nachrichtenproduktion gleichgesetzt, sind die Journalisten ‚News People'. Nachrichten sind der ‚journalistische Rohstoff'; mit Hilfe von Nachrichten geben die ‚Souffleure der Mediengesellschaft'[132] die Themen vor, nachdem diese vielfältige Selektionsprozesse ‚überstanden' haben. Luhmanns Beobachtung dazu lautet: „Wir finden […] in unserer täglichen Wirklichkeit gelöste Selektionsprobleme immer schon vor. Wir haben es nie mit der Welt im Ganzen zu tun, sondern mit Nachrichten."[133] Dafür ist – immer noch – primär der Journalismus zuständig; er lässt sich über die Zuständigkeit für Nachrichten identifizieren.

Die Emergenz dieses Systems erfolgte im Kontext der Entstehung von ‚modernen' Nachrichten; die gemeinsame Basis waren soziale, politische, ökonomische und technologische Wandlungsprozesse und Entwicklungen im 19. Jahrhundert. Seither gibt es ein ‚Welt-Nachrichtensystem', das auf regelhaften Prozessen bei der Wahrnehmung von Ereignissen und der Kollektion, Selektion, Produktion und Distribution von Nachrichten beruht. Die dabei zugrunde gelegten Regeln sind zum einen durch die Nachrichtenforschung gut beschreibbar; zum anderen haben sie sich – wie nichts anderes im Journalismus – als lehrbuchfähig erwiesen, inklusive der vertrauten ‚Unterhaltungsdarstellungsformen', die im Journalismus selbstverständlich ihren Platz haben.[134] Der Nachrichtenselektion liegen demnach – und dies ist auch in der praktischen Anwendung unstrittig – die beiden zentralen Faktoren Bedeutung und Publikumsinteresse zugrunde. Letzteres ist ein Kriterium, das traditionell (!) vieles von dem mit einschließt, was als ‚Unterhaltung' in neuer theoretischer Pracht mit dem Anspruch eines Paradigmenwechsels präsentiert worden ist.

Der Journalismus wäre gut beraten, wenn er nicht Vorschlägen folgte, ein ‚I' für ein ‚U' vorzumachen oder gar seine Nachrichtenwerte komplett von Relevanz auf ‚human touch' umzustellen, weil das Publikum angeblich sowieso aus allem Unterhaltung macht oder weil KommunikationswissenschaftlerInnen der früher so oft gescholtenen Boulevardisierung die Absolution erteilen. Andererseits scheint auch nichts gewonnen, wenn man Journalismus (nicht: Information) künstlich von Unterhaltung trennt. Journalismus bewegt sich in einem vorgegebenen Normenkontext; hier werden seine Bedingungen definiert oder seine Leistungen sogar unmöglich gemacht. In diesem Fall kippt das Ganze dann irgendwann um, wie die Entwicklung in der Türkei gezeigt hat, die inzwischen im Pressefreiheits-Ranking von ‚Reporter ohne Grenzen' auf Platz 155 (von 180 untersuchten Ländern) angekommen ist.[135]

Journalismus als autonomes Funktionssystem ist in autoritären Gesellschaften nicht lebensfähig und in Transformationsgesellschaften nur schwer etablierbar; dies zeigen die Verhältnisse in einem Teil der Staaten der ehemaligen Sowjetunion.[136] Gesellschafts- und Mediensysteme definieren die Spielräume für die Medienakteure, denen ein bestimmtes Rollenselbstverständnis nichts nützt, wenn es gar keine Pressefreiheit gibt. Ansonsten bewegen sich die Journalisten innerhalb der Leitplanken von Imperativen, Kontexten und Selbstbeschreibungen des Journalismus, die manches zulassen, aber nicht alles erlauben – schon gar nicht etwas, das dauerhaft auf Kosten seiner Identität geht. Dabei soll (die alte Einsicht) keineswegs bestritten werden: Dass aufgrund der vorhandenen Bedürfnisstruktur des Publikums gerade unterhaltende Angebote – diesseits und jenseits der Grenze des Journalismus – wichtige Erfahrungen vermitteln und bestehende Einstellungen beeinflussen können.[137]

Quellen/Anmerkungen

1 Der Begriff *Massenmedien* wird gemeinhin mit den Institutionen gleichgesetzt, welche die Produktion und Distribution von Aussagen industriell betreiben und sich dabei an ‚Massen-Publika' wenden. Der amerikanische Kommunikationsforscher Gerbner hat dafür folgende vielzitierte Formel gefunden: „Mass media are technologies employed by industrial organisations for the production and transmission of message systems in quantities obtainable only by mass-production and rapid distribution methods." (George Gerbner: Institutional Pressures Upon Mass Communicators, in: P. Halmos (ed.): The Sociology of Mass-Media Communicators, Keele 1969, S. 205-248 (hier: 206). Massenmedien sind auf diese Weise durch die Faktoren Produktion und Distribution von interaktiven Medien wie *Facebook*, *Twitter* oder *Instagram* zu unterscheiden, die als ‚Soziale Medien' bezeichnet werden.
2 Vgl. Siegfried Weischenberg: Journalistik, Bd. 1, Wiesbaden, 3. Aufl. 2004, S. 171 f.; Ben Bagdikian; The Information Machines, New York 1971.
3 Vgl. Gaye Tuchman: Objectivity as Strategic Ritual: An Examination of Newsmen's Notions of Objectivity, in: American Journal of Sociology, 77. Jg., 1971-72/4, S. 660-679.
4 Vgl. Maja Malik: Selbstverliebte Fremdbeobachter, in: B. Pörksen et al. (Hrsg.): Paradoxien des Journalismus, Wiesbaden 2008, S. 429-446.

Quellen/Anmerkungen

5 Vgl. insbes. Einar Östgaard: Factors Influencing the Flow of News, in: Journal of Peace Research, 2. Jg., 1965, S. 39-63; Johan Galtung/Mari Holmboe Ruge: The Structure of Foreign News, in: J. Tunstall (Hrsg.): Media Sociology, Urbana/Chicago/London 1970, S. 259-298; Winfried Schulz: Die Konstruktion von Realität in den Nachrichtenmedien, Freiburg/München 1976.

6 Vgl. z. B. Georg Ruhrmann/Roland Göbel: Veränderung der Nachrichterfaktoren und Auswirkungen auf die journalistische Praxis in Deutschland, Wiesbaden 2007.

7 Upton Sinclair: The Brass Check, Pasadena, Calif., 8. Aufl. 1920; vgl. dazu auch Walter Lippmann: Public Opinion, New York 1922, S. 212 f. sowie Judson Grenier: Upon Sinclair and the Press: The Brass Check Reconsidered, in: Journalism Quarterly, Autumn 1972, S. 427-439.

8 Niklas Luhmann: Veränderungen im System gesellschaftlicher Kommunikation und die Massenmedien, in: ders. (Hrsg.): Soziologische Aufklärung 3, Opladen 1981, S. 309-320.

9 Vgl. Peter Sloterdijk: Technologie und Weltmanagement, in: ders.: Medien-Zeit, Stuttgart, 2. Aufl, 1994, S. 67-105 (hier: 88).

10 Vgl. Silke Tittel: Virtuell vor Ort, in: journalist 2007/9, S. 79-81.

11 Vgl. Reporter ohne Grenzen: Medienfreiheit in Demokratien bedroht (www.reporter-ohne-grenzen.de/presse/pressemitteilungen/meldung/medienfreiheit-in-demokratien-bedroht/).

12 Sidney H. Schanberg: Journalism Lite. How the Old Rules Were Thrown Out and the Press Lost Public Trust, in: W. Serrin (ed.): The Business of Journalism, New York 2000, S. 117-139.

13 Vgl. John H. McManus: Market-Driven Journalism, Thousand Oaks, Calif. 1994.

14 Talk-Legende Larry King über seine 50 Jahre im Mediengeschäft und den Nachrichtenwert von Anna Nicole Smith, in: Der Spiegel Nr. 14 v. 2.4.2007.

15 David H. Weaver/G. Cleveland Wilhoit: The American Journalist in the 1990s. U.S. News People at the End of an Era, Mahwah, N.J. 1996.

16 Al Neuharth: S.O.B. Erfolgsgeheimnisse eines Hundesohnes, Frankfurt a. M./Berlin 1991.

17 Vgl. Marc Pitzke: Wie Dinosaurier das Rennen lernen, in: Spiegel Online v. 12.8.2005.

18 Vgl. Donald Matheson: The Watchdog's New Bark: Changing Forms of Investigative Reporting, in: S. Allan (ed.): The Routledge Companion to News and Journalism, London/New York 2010, S. 82-92 (hier: 83).

19 Bogart: Commercial Culture, New York/Oxford 1995, insbes. S. 288 ff.

20 Vgl. Weischenberg: Journalistik, Bd. 1, a. a. O., S. 212; Heinrich Wefing: Der talentierte Mr. Blair. Gefälschte Berichte gefährden den Ruf der „New York Times", in: Frankfurter Allgemeine Zeitung v. 12.5.2003, S. 37; Philip Meyer: The Vanishing Newspaper, Columbia/London 2004, S. 33 f.

21 Vgl. Nina Rehfeld: Die im Regen stehen. Wie das Nachrichtenfernsehen in Amerika an Macht verliert, in: Frankfurter Allgemeine Zeitung v. 25.11.2004, S. 45.

22 Vgl. Frankfurter Allgemeine Zeitung v. 2.8.1989.

23 Vgl. zu diesen Fällen z. B. die aktuelle Berichterstattung in: Der Spiegel 1998/18, S. 238-242 und 1998/28, S. 135 sowie Neue Zürcher Zeitung v. 1.7.1998, S. 33.

24 Vgl. Bill Kovach/Tom Rosenstiel: The Elements of Journalism: What Newspeople Should Know and the Public Should Expect, New York, 2. Aufl. 2007, S. 2. Aus einer Befragung im Auftrag des Nachrichtenmagazins Newsweek ging schon vor fast zwei

Jahrzehnten des Weiteren hervor, dass rund drei Viertel der Amerikaner glaubten, dass sich die Journalisten mehr als früher durch die Gewinninteressen ihrer Unternehmen unter Druck setzen ließen (vgl. Frankfurter Allgemeine Zeitung v. 24.7.1998, S. 34).
25 Vgl. Kovach/Rosenstiel: The Elements of Journalism, a. a. O., S. 4 f., 9 ff.
26 Robert W. McChesney: Rich Media, Poor Democracy, Urbana/Chicago 1999, S. 51.
27 Zit. n. Der Spiegel Nr. 12 v. 18.3.2017, S. 78.
28 Vgl. Reporter ohne Grenzen: Medienfreiheit in Demokratien bedroht (Rangliste der Pressefreiheit 2017); www.reporter-ohne-grenzen.de/presse/pressemitteilungen/meldung/medienfreiheit-in-demokratien-bedroht/).
29 Vgl. Reporter ohne Grenzen, a. a. O.
30 Vgl. z. B. Hans-Jürgen Schild: Abschied vom Journalismus, in: journalist 2005/3: 26-28.
31 Leserbrief v. Olaf Kniebel (per mail), in: Die Zeit Nr. 16 v. 12.4.2007, S. 20.
32 Heribert Prantl: Nährwert des Fernsehens, in: Süddeutsche Zeitung v. 12.9.2007.
33 Gunter Hofmann: Die Arena, in der alles erlaubt ist, in: Die Zeit Nr. 35 v. 25.8.2005, S. 40; ders.: Der Wähler, dieser Lümmel. Stillstand? Von wegen!, in: Die Zeit Nr. 39 v. 22.9.2005, S. 5.
34 Herbert Riehl-Heyse: Planet der Affen, in: Süddeutsche Zeitung v. 16./17.11.2002, S. III.
35 Vgl. zu den Turbulenzen um die Los Angeles Times: Eva Schweitzer: Nur Profit? Wem soll die Zeitung gehören?, in: Die Zeit Nr. 47 v. 16.11.2006.
36 Jürgen Habermas: Strukturwandel der Öffentlichkeit, Neuwied/Berlin, 4. Aufl. 1969.
37 Jürgen Habermas: Medien, Märkte und Konsumenten. „Die besondere Natur der Waren Bildung und Information" – Die seriöse Presse als Rückgrat der politischen Öffentlichkeit, in: Süddeutsche Zeitung v. 16./17.5.2007, S. 13.
38 Marius Meller: Gut und Böse. Ein offener Brief an Jürgen Habermas, in: Der Tagesspiegel v. 18.5.2007.
39 Vgl. z. B.: Bundestagspräsident fordert Talkshow-Pause für Politiker, in: Hamburger Abendblatt v. 24.5.2007.
40 Vgl. Gabriele Hoofacker: Plötzlich ohne Job, in: journalist 2003/10, S. 22-25.
41 Vgl. Siegfried Weischenberg/Armin Scholl/Maja Malik: Die Souffleure der Mediengesellschaft, Konstanz 2006, S. 46 f.
42 Sebastian Christ: Medienkritik: Warum sich Journalisten und Leser immer schlechter verstehen, in: Huffington Post v. 2.5.2014.
43 Peter Sloterdijk: Kritik der zynischen Vernunft, Bd. 2, Frankfurt a. M. 1983, S. 559-575 (Zitate: 560, 562 f., 572).
44 Vgl. Daniel J. Boorstin: Das Image, Reinbek bei Hamburg 1987.
45 Robert Darnton: Writing News and Telling Stories, in: Daedalus, Vol. 104, 1975/2, S. 175-194 (Zitat: 192).
46 Vgl. Noam Chomsky: Media Control, München/Zürich 2006.
47 Niklas Luhmann: Die Realität der Massenmedien, Opladen, 2, erweit. Aufl. 1996, S. 131.
48 „Hegel hat gewonnen" (Spiegel-Gespräch), in: Der Spiegel Nr. 16 v. 2.4.2007, S. 164-170 (insbes.: 164).
49 Ebd., S. 170.
50 Sloterdijk: Kritik der zynischen Vernunft, Bd. 2, a. a. O., S. 559-575 (hier: 571).
51 „Hegel hat gewonnen" (Spiegel-Gespräch), a. a. O., S. 166.
52 Vgl. Weischenberg et al.: Die Souffleure der Mediengesellschaft, a. a. O., S. 33 ff.

Quellen/Anmerkungen

53 Herbert J. Gans: News and Democracy in The United States: Current Problems, Future Possibilities, in: S. Allan (ed.): The Routledge Companion to News and Journalism, London/New York 2010, S. 95-104 (hier: 100).
54 Vgl. Maja Malik/Armin Scholl: Eine besondere Spezies. Strukturen und Merkmale des Internetjournalismus, in: C. Neuberger et al. (Hrsg.) Journalismus im Internet, Wiesbaden 2009, S. 169-195 (hier: insbes. 180 ff.).
55 Vgl., auch zu den im Folgenden referierten Befunden aus der Studie ‚Journalismus in Deutschland': Weischenberg et al.: Die Souffleure der Mediengesellschaft, a. a. O., insbes. S. 102 ff., 174 ff., 132 ff., 145 ff., 45 ff.
56 Vgl. „Wertschätzung von Berufen in der Bevölkerung (in Prozent)", Allensbacher Archiv, IfD-Umfrage 7071 Mai/Juni 2005.
57 Frank Schirrmacher: Männerdämmerung, in: Frankfurter Allgemeine Zeitung v. 1.7.2003, S. 33.
58 Vgl. dazu Harald Rau: Medienkrise – Journalismuskrise – Managementkrise, in: F. Lobigs/G. von Nordheim (Hrsg.): Journalismus ist kein Geschäftsmodell, Baden-Baden 2014, S. 113-137.
59 Vgl. z. B. Christoph Ehrhardt: Wir Medien! Wie die Weblogs unsere Medienkultur verändern, in: Frankfurter Allgemeine Zeitung v. 26.1.2006, S. 46.
60 Vgl. z. B. Nikolaus Piper: Der Bürger als Journalist, in: Süddeutsche Zeitung v. 1.5.2007.; S. 18.
61 Vgl. Richard Münch: Dialektik der Kommunikationsgesellschaft, Frankfurt a. M. 1991.
62 Vgl. Wolfgang Schweiger: Der (des)informierte Bürger im Netz, Wiesbaden 2017, S. 86 ff.
63 Zit. n. Süddeutsche Zeitung v. 22.11.1985, S. 45.
64 Rudolf Augstein: Abschied von Paul Sethe, in: Die Zeit v. 30.6.1967.
65 Der Spiegel Nr. 19 v. 5.5.1955, S. 19.
66 Vgl. Udo Branahl: Pressefreiheit und redaktionelle Mitbestimmung, Frankfurt/New York 1979; Weischenberg: Journalistik, Bd 1, a. a. O., S. 130 ff.
67 BVerfGE 20, S. 162 ff., zit. N. der Dokumentation in Der Spiegel Nr. 35 v. 22.8.1966, S. 64 f.
68 Vgl. Horst Röper: Formationen deutscher Medien-Multis, in: Media Perspektiven 2002/9, S. 406-443; ders.: Zeitungsmarkt 2014: Erneut Höchstwert bei Pressekonzentration, in: Media Perspektiven 2014/5 S. 254-270; ders.: Zeitungsmarkt 2016: Pressekonzentration erneut leicht gestiegen, in: Media Perspektiven 2016/5, S. 254-279; DJV NRW Journal 2016/03, S. 18 f. sowie Tilmann P. Gangloff: Ist nur das passiert, was auch in der Zeitung steht?, in: Das Parlament 2005/1-2, S. 15.
69 Vgl. Susan Philipp: Wie aus Konkurrenten Partner werden. Eine explorative Einzelfallstudie des *Content-Desk-Modells* der *Funke Mediengruppe*, Phil. Diss., Universität Münster 2017.
70 Vgl. Horst Röper: Zombie-Zeitung, Publizistische Einheit – Begriffs-Wirrwarr in der Medienstatistik? Vortrag auf dem Symposium ‚Change in Journalism', Hannover, 11.9.2015.
71 Anita Blasberg/Götz Hamann: Deutschland, entblättert, in: Die Zeit Nr. 49 v. 26.11.2009, S. 23-26.
72 Jürgen Richter: Eine Frage des Abstands. Zur Lage der freien Presse, in: Süddeutsche Zeitung v. 12./13.2.2005, S 36.
73 Vgl. Weischenberg et al.: Die Souffleure der Mediengesellschaft, a. a. O , S. 52 f.

74 Vgl. Das Caroline-Urteil. Nichtamtliche Übersetzung aus dem Französischen (Quelle: Bundesministerium der Justiz, Berlin); www.google.de/webhp?sourceid=chrome-instant&ion=1&espv=2&es_th=1&ie=UTF-8#q=Das+Caroline+Urteil+Nichtamtliche+%C3%9Cbersetzung.
75 Vgl. z. B. Die Welt v. 30.8.2004.
76 Vgl. Hans Leyendecker: Lehrstück in unsauberer Kampagnenführung, in: Süddeutsche Zeitung v. 24.9.2004.
77 Vgl. Wolfgang Hoffmann-Riem: Innere Pressefreiheit als politische Aufgabe, Neuwied/Darmstadt 1979.
78 Wolfgang Hoffmann-Riem: Mediendemokratie als rechtliche Herausforderung, in: Der Staat, 42. Band. Jg., 2003/2, S. 193-223; ders.: Medienregulierung als objektiv-rechtlicher Grundrechtsauftrag, in: Medien & Kommunikationswissenschaft, 50. Jg., 2002/2, S. 175-194.
79 Luhmann: Die Realität der Massenmedien, a.a.O., insbes. S. 41 ff.
80 Hoffmann-Riem: Mediendemokratie als rechtliche Herausforderung, a.a.O., S. 206.
81 Vgl. Weichert et al.: Wozu noch Zeitungen?, a.a.O.; Karsten Lohmeyer/Stephan Goldmann: Handbuch des selbstbestimmten Lokaljournalismus im Netz, S. 18 ff. (http://geisteswirtschaft.de/wp-content/uploads/2015/11/HandbuchLokaljournalismusLP.pdf).
82 Jürgen Habermas: Medien, Märkte und Konsumenten, a.a.O.; vgl. dazu auch: André Schiffrin: Was eine freie Presse wert ist, in: Le Monde diplomatique, Nov. 2007, S. 19.
83 Vgl. Siegfried Weischenberg: Darwin, Riepl oder …? Funktionsdifferenzierung und Qualität der Medien in der Krise, in: E. Lange/H.-G. Stülp (Hrsg.): Informationsprodukte auf dem Prüfstand, Münster 2004, S. 73-82.
84 Vgl. Ralf Kaumanns/Veit Siegenheim: Von der Suchmaschine zum Werbekonzern, in: Media Perspektiven 2008/1, S. 25-33.
85 Vgl. The Big Five. Die umsatzstärksten Medienkonzerne der Welt kommen aus den USA, in: Institut für Auslandbeziehungen (Hrsg.): Kulturaustausch 2017/2 (Breaking News. Ein Heft über Medien), S. 34 f.
86 Jordan Mejias: Journalismus für jeden. Der neue Wilde Westen: Was das Internet aus Zeitungen macht, in: Frankfurter Allgemeine Zeitung v. 3.11.2005, S. 44.
87 Vgl. Enzo Biagi: Giornalismo. Cos'è oggi, che cos'era ieri, in: Corriere della Sera v. 24.5.1998, S. 5; Lilli Gruber: L'„Homo videns" è tra noi, in: adesso 1998/2, S. 22 f.; Jens Petersen: Im Schußfeld von Bildern schreibt es sich schlecht, in: Frankfurter Allgemeine Zeitung v. 10.6.1997, S. 38 sowie Siegfried Weischenberg: Südlich von Tirol, in: G. Zurstiege (Hrsg.): Festschrift für die Wirklichkeit, Bonn 2000, S. 119-132.
88 Vgl. Birgit Rauen: Boulevard-TV auf italienisch: eine private und politische Showbühne., in: Bayerische Landeszentrale für neue Medien (Hrsg.): Vom Boulevard zum Trash-TV: Fernsehkultur im Wandel, München 1997, S. 64-75; Nadia Tarantini: Il nostro giornale quotidiano, Milano 1998, S. 244 ff.
89 Vgl. Reporter ohne Grenzen, a.a.O.
90 Jürg Altweg: Reiseleiter Macron, in: Frankfurter Allgemeine Zeitung v. 20.5.2017.
91 Stephan Lebert: Ich schwitze als Letzter – Spaziergang mit Mathias Döpfner, in: Die Zeit Nr. 43 v. 20.10.2005.
92 „Das alte Modell ist asozial". Matthias Döpfner kritisiert die deutsche Konsenswirtschaft, in: Die Zeit Nr. 10 v. 28.2.2008, S. 24 f. (hier: 25).

Quellen/Anmerkungen 75

93 Mathias Döpfner: Statt eines Vorworts, in: ders. (Hrsg.): Axel Springer. Neue Blicke auf den Verleger, Berlin 2015, S. 9-16 (hier: 11).
94 „Wir sind anders" (Spiegel-Gespräch), in: Der Spiegel Nr. 33 v. 16.8.2005, S. 46-50 (hier: 46).
95 Journalist 2008/8, S. 12.
96 Wolfgang Clement: Im Teufelskreis. Zur Kontrolle von Pressefusionen, in: Süddeutsche Zeitung vom 8.11.2005, S. 35.
97 Zit n.: Mark Deuze: The Future of Citizen Journalism, in: S. Allan/E. Thorsen (eds.): Citizen Journalismus, New York 2009, S. 255-264 (hier: 256).
98 Vgl. John Hartley: Journalism as a Human Right, in: M. Löffelholz/D. Weaver (Hrsg.): Global Journalism Research, Malden MA/Oxford 2008, S. 39-51 (hier: 45 f.).
99 Luhmann: Die Realität der Massenmedien, a. a. O., S. 9, 53.
100 Vgl. Siegfried Weischenberg: Max Weber und die Vermessung der Medienwelt, Wiesbaden 2014, S. 295, 348 ff.
101 Vgl. z. B. „Wir sind weder Staatsanwalt noch Richter noch Henker" (Interview mit Johannes von Dohnanyi), in: Nordspitze 2016/3: 10 f.; des Weiteren: Christiane Schulzki-Haddouti: Zeit der Experimente. Live-Videostreaming, Chatbots, Sensoren – Pfeiler eines modernen Journalismus?, in: M 2016/2, S. 12 f.; David Uberti: What the Sony hacks reveal about the news industry, in: Columbia Journalism Review, 18.12.2014.; Horst Pöttker: Fort mit den Kommunikationsbarrieren, in: Neue Zürcher Zeitung v. 3.1.2012.
102 Vgl. Susanne Kinnebrock/Elisabeth Klaus: Zur Pfadabhängigkeit der Kommunikatorforschung, in: Medien & Kommunikationswissenschaft, 61. Jg., 2013/4, S. 495-513; Elisabeth Klaus/Margreth Lünenborg: Der Wandel des Medienangebots als Herausforderung an die Journalismusforschung, in: Medien & Kommunikationswissenschaft, 48. Jg., 2000/2, S. 188-211; dies.: Journalismus: Fakten, die unterhalten – Fiktionen, die Wirklichkeiten schaffen, in: A. Baum/S. J. Schmidt (Hrsg): Fakten und Fiktionen. Konstanz 2002, S. 152-164.
103 Leo C. Rosten: The Washington Correspondents, New York 1937.
104 Walter Lippmann: Public Opinion, New York 1922.
105 Leo C. Rosten, Leo C.: The Social Composition of Washington Correspondents, in: Journalism Quarterly, XIV. Jg., 1937/2, S. 125-132. (hier: 125).
106 Vgl. Rosten: The Washington Correspondents, a. a. O., S. 5.
107 Rosten: The Social Composition of Washington Correspondents, a. a. O , S. 131 f.
108 Markus Feldenkirchen: False News, in: Der Spiegel 2017/12, S. 76-80 (hier: 79).
109 Rosten: The Washington Correspondents, a. a. O., S. 278.
110 Ebd., S. 304
111 Vgl. Leo C. Rosten, Leo C. The Professional Composition of the Washington Press Corps, in: Journalism Quarterly, XIV. Jg., 1937/3, S. 221-225 (hier: 225).
112 Vgl. Weischenberg: Max Weber und die Vermessung der Medienwelt, a. a. O., S. 107 ff.
113 Vgl. dazu die im Auftrag des Presse- und Informationsamtes der Bundesregierung von der Arbeitsgemeinschaft für Kommunikationsforschung (AfK) vorgelegte Synopse ‚Journalismus als Beruf', München, 14. Sept. 1977.
114 Vgl. Rühl: Journalismus und Gesellschaft, a. a. O.; Armin Scholl/Siegfried Weischenberg: Journalismus in der Gesellschaft, Opladen/Wiesbaden 1998.
115 Vgl. Weischenberg: Max Weber und die Vermessung der Medienwelt, a. a. O.

116 Vgl. Luhmann: Die Realität der Massenmedien, a. a. O.; Siegfried Weischenberg: Luhmanns Realität der Massenmedien, in: H. Gripp-Hagelstange (Hrsg.): Niklas Luhmanns Denken, Konstanz 2000, S. 157-178.
117 Vgl. Elisabeth Klaus: Der Gegensatz von Information ist Desinformation, der Gegensatz von Unterhaltung ist Langeweile, in: Rundfunk und Fernsehen. 44. Jg., 1996/3, S. 402-417; Klaus/Lünenborg: Der Wandel des Medienangebots als Herausforderung an die Journalismusforschung: Plädoyer für eine kulturorientierte Annäherung, a. a. O.; Margreth Lünenborg: Journalismus als kultureller Prozess, Wiesbaden 2005.
118 Vgl. Barbie Zelizer: Taking Journalism Seriously, Thousand Oaks 2004, S. 203; Wiebke Loosen: Entgrenzung des Journalismus: empirische Evidenzen ohne theoretische Basis?, in: Publizistik, 52. Jg., 2007/1, S. 63-79
119 Vgl. Alexander Görke: Journalismus und Öffentlichkeit als Funktionssystem, in: A. Scholl (Hrsg.): Systemtheorie und Konstruktivismus in der Kommunikationswissenschaft, Konstanz 2002, S. 69-90.
120 Vgl. Wolfgang Hagen, (Hrsg.): Warum haben Sie keinen Fernseher, Herr Luhmann?, Berlin o. J. [2004], S. 85.
121 Vgl. Werner Früh, Werner: Unterhaltung, in: S. Weischenberg et al. (Hrsg.): Handbuch Journalismus und Medien, Konstanz 2005, S. 446-450.
122 Vgl. Klaus: Der Gegensatz von Information ist Desinformation, der Gegensatz von Unterhaltung ist Langeweile, a. a. O.; Lünenborg: Journalismus als kultureller Prozess, a. a. O.
123 Klaus-Dieter Altmeppen/Thorsten Quandt (2002): Wer informiert uns, wer unterhält uns?, in: Medien & Kommunikationswissenschaft. 50. Jg., 2002/1, S. 45-62.
124 McManus: Market-Driven Journalism, a. a. O.
125 Vgl. Weischenberg et al.: Die Souffleure der Mediengesellschaft, a. a. O., S. 29 ff.
126 Michael Haller: Die Journalisten und der Ethikbedarf, in: ders./H. Holzhey (Hrsg.): Medien-Ethik. Opladen 1991, S. 87-211 (hier: 199).
127 Vgl. z. B. Elisabeth Klaus: Kommunikationswissenschaftliche Geschlechterforschung, Opladen/Wiesbaden 1998.
128 Jürgen Wilke: Nachrichtenauswahl und Medienrealität in vier Jahrhunderten, Berlin/ New York 1984.
129 Vgl. Weischenberg: Journalistik, Bd. 1, a. a. O., S. 209 ff.
130 Manfred Rühl, Manfred: Des Journalismus vergangene Zukunft, in: M. Löffelholz (Hrsg.): Theorien des Journalismus. Wiesbaden 2000, S. 65-79 (hier: 79).
131 Ulrich Pätzold: Im Mittelpunkt steht immer die Nachricht: Didaktische Erfahrungen als Vorlage für die Forschung, in: B. Dernbach/W. Loosen (Hrsg.): Didaktik der Journalistik, Wiesbaden 2012, S. 67-77 (hier: 69).
132 Weischenberg et al.: Die Souffleure der Mediengesellschaft, a. a. O.
133 Niklas Luhmann: Soziologische Aufklärung 3, Opladen 1981, S. 315.
134 Vgl. Siegfried Weischenberg: Nachrichten-Journalismus, Wiesbaden 2001.
135 Vgl. Reporter ohne Grenzen, a. a. O.
136 Vgl. Barbara Thomaß/Michaela Tzankoff (Hrsg.): Medien und Transformation in Osteuropa. Opladen/Wiesbaden 2001.
137 Vgl. Siegfried Weischenberg: Die Außenseiter der Redaktion, Bochum 1976, S. 55.

Die Technologie und die Ökonomie   II

1 Wie Journalismus (und Journalismus-Forschung) auf die Technik kamen

„Der Journalismus, seine Akteure und Produkte durchlaufen einen tiefgreifenden Strukturwandel, der den Journalismus in historisch einmaliger Weise beflügelt", heißt es in einer neueren empirischen Untersuchung zum ‚digitalen Journalismus' – wobei mit ‚beflügelt' eine Beschreibung gewählt wurde, über die sich streiten lässt. Von diesem Strukturwandel würden das journalistische Handwerk und die redaktionellen Prozeduren, aber auch die journalistischen Inhalte selbst erfasst. Nun müssten die Journalisten „grundlegend umdenken".[1] Das klingt ziemlich hochgedreht, doch zweifellos hat der Journalismus, rund 40 Jahre nach den Pionierjahren der Digitalisierung, die man im Rückblick als ‚idyllisch' bezeichnen muss, heute ein ganz anderes Gesicht. Dies wird wesentlich von den Technologien geprägt, die inzwischen innerhalb und außerhalb von Redaktionen im Einsatz sind, wenn es darum geht, die Menschen mit Informationen zu versorgen. Diese Technologien haben den Journalismus im Kern verändert, seine Struktur und Funktion sowie seine Methoden sozusagen ‚technisch' revolutioniert oder zumindest modifiziert. Zu den sichtbaren Folgen gehört, dass die Bindung der Berichterstattung an einzelne, abgrenzbare Medien mehr und mehr schwindet, die Abgrenzbarkeit hauptberuflicher ‚professioneller' Journalisten von anderen Aussagenproduzenten immer schwieriger wird und die Determinierung der Tätigkeit durch bestimmte (zeitliche) Frequenzen (‚Redaktionsschluss') bis zu einem gewissen Grade entfallen ist.

Zunächst war der Beruf durch die angeblich drohende Konkurrenz in Form von ‚professionellen Amateuren' aufgeschreckt worden – Blogger, die unbekümmert die Chance nutzten, dass inzwischen jeder publizieren kann, wenn er denn will. Nachdem das ‚Web 2.0' seinen Siegeszug angetreten hatte, wurde es um die Blogs etwas stiller. Inzwischen haben sich die zunehmend ‚personalisierten' Sozialen Medien bei der Beschäftigung mit den Kommunikationsverhältnissen zum zentralen

Thema entwickelt – und das liegt nicht nur an Donald Trump. Was hier los ist, weiß man nicht so genau, auch wenn es zahlreiche Versuche gibt, zu erforschen, wie die Menschen heutzutage kommunizieren, woher sie ihre Informationen beziehen und welche Rolle nichtjournalistische Medien dabei spielen. Dabei gehört zu den wichtigsten Konsequenzen die Gefahr von ‚Filterblasen', in denen ‚User' gegenüber Nachrichten abgeschottet werden, die ihnen nicht gefallen könnten. Die Diskussion darüber wurde durch das Buch ‚The Filter Bubble' von Eli Pariser ausgelöst, in dem er die Frage stellte, was Internet-Portale durch ihre algorithmischen Operationen eigentlich verbergen.[2] Wie sehr z. B. *Facebook* durch seine Algorithmen, also Handlungsanweisungen für Rechnerprogramme, das Mediennutzungsverhalten steuert und so die Weltbilder der Menschen beeinflusst, ist bisher aber strittig geblieben.[3] Dasselbe gilt wegen der schwierigen Forschungslage auch für die generelle Frage, ob die Bevölkerung aufgrund der zunehmenden Dominanz der Sozialen Medien und des (angeblichen) Niedergangs des Journalismus besser informiert oder eher desinformiert (und irritiert) wird.[4] Bis zur Beschäftigung mit dieser Frage hatte die wissenschaftliche Beobachtung von Herausforderungen, die neue Techniken den Medien stellen, schon einen weiten Weg zurückgelegt.

Digitale Technik und journalistisches Bewusstsein

Bei der empirischen Forschung zum Journalismus in der Bundesrepublik, die erst in den 1970er Jahren auf breiterer Linie begann, stand zunächst die ‚subjektive' Komponente journalistischer Arbeit im Vordergrund. Untersucht wurde, was die Journalisten wollen, und unterstellt wurde, dass sie das, was sie wollen, auch können und dürfen; von beruflichen Orientierungen sollte auf faktische Kommunikationsleistungen geschlossen werden. Als dann am Ende des Jahrzehnts die Computer Einzug in die Redaktionen hielten und somit der ‚digitale Journalismus' begann, entdeckte die Wissenschaft – spät genug – allmählich die Technik als Determinante der Aussagenentstehung.[5] Je nach Standpunkt war in diesem Zusammenhang von der Chance einer ‚Professionalisierung' des Berufs oder auch einer ‚Entprofessionalisierung' der Berufsrolle die Rede; diese wurde grundsätzlich mit den technisch-ökonomischen Prozessen innerhalb des Mediensystems und zunehmend industriellen Arbeits- und Organisationsformen der Redaktion in Verbindung gebracht.[6]

Dies war insofern eine Vereinfachung, als Technisierung geradezu Kennzeichen des Ende des 19. Jahrhunderts entstandenen modernen Journalismus ist.[7] Zudem wurde mit der Feststellung angeblich abnehmender Professionalität im Grunde unterstellt, dass ein professioneller Status vorher bereits erreicht gewesen sei. Treffender erschien für die Erfassung und Bewertung der technischen Entwicklungen im Journalismus in diesem Zusammenhang ein Paradigma aus der Betriebswirtschaftslehre, das auf den Begründer der Arbeitswissenschaft und Entdecker ausgeklügelter Formen von Rationalisierung im modernen Unternehmen zurückgeht: Frederick Winslow Taylor.[8] ‚Taylorisierung' im weiteren Sinne – als Beschreibung für objektivierbare, von bestimmten Individuen unabhängige Tätigkeiten, also für Austauschbarkeit, und für Qualifizierung allein auf der Grundlage betrieblicher Anlernprozesse – ist so wieder zu einem aktuellen Konzept geworden.[9] Wurde über die ‚Taylorisierung der Redaktionen' anfangs noch kontrovers diskutiert, so ist inzwischen – jedenfalls im Online-Journalismus – längst eine positive Zuwendung zum ‚technisierten Journalismus' feststellbar, der offenbar nicht (mehr) als Ursache von ‚Entfremdung' ausgemacht wird. Als neueste Perspektive taucht nun auf, dass es solche ‚Entfremdung' der Journalisten von ihrer Arbeit künftig allein schon deshalb nicht mehr geben könnte, weil die Aussagenentstehung mit zunehmender Tendenz automatisiert und ‚algorithmiert' erfolgt. Ersetzt also der ‚Maschinen-Journalismus' bald auf breiter Linie den ‚Menschen-Journalismus'?

Unter den ersten empirischen Studien zur Digitalisierung bildete die Untersuchung der Bildschirmarbeit in Nachrichtenredaktionen einen Schwerpunkt. Befragungen von Redakteuren bestätigten dabei ein vielfach festgestelltes Phänomen: die Diskrepanz zwischen beruflicher Realität und beruflichem Bewusstsein der journalistischen Akteure.[10] Für diese subjektive Komponente gibt es offenbar ‚objektive' Gründe. Hier war es so, dass sich die Redakteure im Vergleich zu Infotypisten vergleichsweise schnell von der Arbeit erholten und weniger Belastung empfanden, obwohl sie der höchsten Beanspruchung unterworfen waren. Sie klagten kaum, obwohl Mängel ihres Arbeitsgerätes Anlass dazu boten. Als Ursache für diese erneut aufgezeigte Bewusstseins-mäßige Sonderstellung der Journalisten wurde vom Leiter einer einschlägigen Bildschirmarbeitsplatz-Studie die größere Abwechslung bei der Arbeit ausgemacht. Sie führe dazu, „dass die mit ihrer Tätigkeit zufriedenen Redakteure ihr Arbeitsumfeld und ihren Arbeitsplatz deutlich positiver erleben und beurteilen, obwohl diese eher schlechter sind als bei anderen untersuchten Gruppen. Offensichtlich reflektieren die Redakteure ihre Arbeitsumwelt nicht eingehend – aus welchen Gründen auch immer, so dass sie Mißstände nicht erkennen bzw. nicht äußern."[11]

Eine solche Abstrahierung ihrer beruflichen Situation von strukturellen Zusammenhängen haben die Journalisten immer wieder unter Beweis gestellt; sie ist sozusagen ihr Markenzeichen.[12] Trotz der offenkundigen beruflichen Zwänge, trotz eindeutiger vertikaler Entscheidungsstrukturen, trotz nicht sachlich begründbarer außerredaktioneller Einflussnahmen auf ihre Arbeit sind viele Journalisten offenbar nicht zu einer ‚realistischen' Interpretation ihrer Berufsrolle in der Lage.[13] Es gibt wohl Besonderheiten des Berufs, die solche Bewusstseinsformen stützen. Die Wurzeln für diese Diskrepanz liegen im 19. Jahrhundert: Gesellschaftliche, ökonomische und technologische Umwälzungen im Nachmärz wandelten damals Berufsformen und Berufsinhalte der eben erst entstandenen hauptberuflichen Tätigkeit ‚Journalist'; Erweiterungen des Marktes, Vergrößerungen der Betriebe und technisch bedingte Produktions-Beschleunigungen forcierten diesen Prozess.[14] Ein ‚Cultural Lag' trat ein; das Bewusstsein der Journalisten war das ‚zurückbleibende Element'.[15]

Während Indikatoren für eine ‚Taylorisierung' der faktischen Berufstätigkeit zumindest in bestimmten Bereichen des Journalismus augenfällig waren, pflegten auch in den Anfangsjahren der Digitalisierung insbesondere einzelne Journalistengruppen weiter eine Art ‚Standesbewusstsein'. Diese Einschätzung lässt sich aus den Befunden der zahlreichen Untersuchungen redaktioneller Entscheidungsprozesse und Produktionsabläufe ableiten: Der Journalismus erscheint demnach zwar im redaktionellen Bereich als (vertikal und horizontal) formalisierte Organisation, die aber für die Alltagsarbeit spezifische (Entscheidungs-) Spielräume lässt.[16] Sie führen zu einer Wahrnehmung, die sich offenbar auch unter den Bedingungen des Web 2.0 gehalten hat und eine Ursache für die traditionell große Berufszufriedenheit der Journalisten ist.[17]

Technikabstinenz und Technikaffinität

Spätestens seit Ende der 1970er Jahre war auch der Forschung klar, dass sich der Journalismus massiven technologischen Einflüssen nicht würde entziehen können. Die Konsequenzen stellten sich freilich ambivalent dar: Arbeitsabläufe könnten dadurch ‚taylorisiert' oder unter Nutzung der technischen Mittel auch individualisiert werden, Produktionsbereiche integriert oder differenziert werden. Und schließlich eröffneten Informatisierung, Rationalisierung und redaktionelle Digitalisierung sowohl die Möglichkeit, die redaktionelle Produktion für verschiedene Medien zu verschmelzen und damit berufliche Rollen aufzulösen, als auch neue Rollen herauszubilden und Chancen zur vertiefenden Spezialisierung der Medien und in den Medien zu eröffnen.

Das Beispiel USA zeigte zudem, in welcher Weise der Medienstrukturwandel einhergehen könnte mit berufsstrukturellen Veränderungen: generell verstärkten professionellen Orientierungen auf der Grundlage einer systematischen Ausbildung und im besonderen neuen Rollenselbstdefinitionen, die an sozial-kommunikativen Zielen wie Durchschaubarkeit und Verständlichkeit orientiert sind. Dieser ‚neue Journalismus', der damals auch schon in der Bundesrepublik Anhänger gefunden hatte,[18] würde, so hoffte man, vielleicht sogar die Perspektive eröffnen, die traditionelle Berufsnorm der ‚Objektiven Berichterstattung' aufzubrechen und Formen der Betroffenheit und Teilnahme der Betroffenen in den Vermittlungsvorgang einzuführen (s. dazu Kapitel V/3). Diese Perspektiven könnten sich durchaus treffen mit Chancen der neuen Kommunikationstechnologien zur Individualisierung des

Produkts und Intensivierung der journalistischen Recherche auf der Basis moderner Datenbanken. Umgekehrt wären aber auch Entwicklungen zu einer Uniformisierung der Produkte, Feudalisierung der Informationswege und Trivialisierung der Medieninhalte absehbar. Da blieben viele Fragen offen. Damals ahnte aber noch niemand, dass die eigentliche digitale Revolution erst noch bevorstand.

Hierzu können die zuständigen Wissenschaften bisher nicht mit einer exakten Lagebeschreibung dienen, und das liegt vielleicht in der Natur der Sache. Wie soll man solch pompöse Fragestellungen wie die nach *den* ‚Wirkungen der Sozialen Medien auf die Gesellschaft' mit dem vorhandenen methodischen Besteck auch bearbeiten? Hans Magnus Enzensberger hatte das Handicap der Beobachter von ‚Wirklichkeit der Medien' schon vor Jahren zum Thema gemacht. Als vom Web 2.0 noch nicht die Rede war, watschte er die einschlägigen akademischen Anstrengungen zum Thema ‚Computer und neue Medien' ab, weil die Theorie Mühe hätte, mit den Entwicklungen Schritt zu halten.[19] Inzwischen gibt es zwar immer wieder Einzelstudien, aber wenig Kohärentes, was mit der Geschwindigkeit der Implementierungen mithalten könnte und das große Ganze der ‚Funktion des Journalismus' ins Visier nimmt. Aus der Sicht der journalistischen Praxis wird vor allem bemängelt, dass die medienökonomische Forschung der Praxis nicht mit konstruktiven Vorschlägen zur Behebung der Medienkrise hilfreich zur Seite stehen könne – auch, weil es ihr an Experimentiergeist fehle.[20]

Doch man muss die Herausforderungen, um die es hier geht, wohl allgemeiner – und damit anspruchsvoller – beschreiben: „Das Internet liegt wie ein Schleier auf unserer alten Vorstellung von Gesellschaft und verwirbelt mit eigenen Funktionslogiken das Gefüge von Wirtschaft, Politik, Medien, Öffentlichkeit und Staatsbürgern. Es schuf eine neue Kultur, deren Muster sich erst langsam offenbaren."[21] Dieses Internet, Enzensberger hat es schon kommen sehen, ist auch „ein Dorado für Kriminelle, Intriganten, Hochstapler, Terroristen, Triebtäter, Neonazis und Verrückte." Für das, was da passiert, höre sich „die Rede von der ‚Kulturindustrie' […] inzwischen altfränkisch an." Man könne, meinte er, den Akzent auf die technische Dimension legen und von den ‚elektronischen Medien' sprechen; wer aber die politische Ökonomie nicht verlernt habe, der werde einen anderen Ausdruck favorisieren: *digitaler Kapitalismus.*[22]

Die enthusiastischsten Apologeten dieses ‚digitalen Kapitalismus' kommen (natürlich) aus den USA. Einer ihrer prominentesten, Jeff Jarvis – Journalist, Journalistenausbilder, TV-Moderator und vor allem: Blogger – fiel durch das uneingeschränkte Grundvertrauen in die Potentiale des Web 2.0 auf, wobei er seinen Weblog dazu nutzte, für radikale Offenheit im Netz und letztlich die Aufgabe vertrauter Regeln für ‚Privatheit' zu werben. Sein Credo: „Selbst im Netz mitzuteilen, wo man gegessen hat und wie es war, ist hilfreich für meine Freunde. […] Die Leute sagen: Oh mein Gott, Facebook weiß dies und das über mich. Ja, Ihr habt es ihnen gesagt! Sie haben doch die Wahl, es nicht zu tun. Wenn Sie es nicht tun wollen, lassen Sie es. Aber überlegen Sie sich immer: Was kann Gutes daraus entstehen? Wenn ich im Blog schreibe, dass ich arbeitslos bin, bekomme ich vielleicht einen neuen Job."[23] Deutsche Journalistinnen und Journalisten haben hingegen auf die Sozialen Medien und deren neue Kommunikationsformen lange Zeit eher zurückhaltend reagiert – und wurden deshalb der technischen Rückständigkeit geziehen. Von einer „tiefen Kluft" oder sogar von „tiefer Abscheu" war die Rede: „Noch vor wenigen Jahren spuckten nicht wenige Journalisten Gift und Galle, wenn sie nur das Wörtchen ‚Blog' hörten."[24] Inzwischen geht es zwischen Redakteuren und Bloggern etwas entspannter zu, nutzen die Medien Blogs und andere Arten der neuen Medien als zusätzliche Kommunikationsplattformen. Aber man registriert auch mit einer gewissen Genugtuung, in welch starkem Maße die Sozialen Medien auf die traditionellen Massenmedien rekurrieren, aus denen sie Informationen und Meinungen beziehen.

Zahlreiche Journalisten sind nun schon seit längerem als Blogger unterwegs, um so auf sich und ihre Arbeit aufmerksam zu machen.[25] Dies ist aber nur ein kleiner Ausschnitt ihrer Internet-Aktivitäten. Ein nicht unerheblicher Teil der Journalisten greift inzwischen im Netz alle möglichen Informationen ab und ist in vielfältiger, häufig wenig koordinierter Weise unterwegs; Hauptsache, man zeigt sich möglichst überall präsent – irgendwie. Da hat man gut zu tun, zumal ständig neue Netzdienste und Apps auftauchen, die versprechen, etwas anzubieten, was es bisher noch nicht gab. Das tönt an: „Als Flaneur der diversen Livestreams von Twitters Livestreaming-App Periscope, Meerkat, über Facebook Live und die Gamer-Videoplattform Twitch bis hin zur Selbstdarstellungsplattform You-Now können Journalist_innen alles registrieren und verarbeiten, was gesendet und gestreamt wird. In einem weiteren Schritt können sie die Community zur Inhaltsproduktion aufrufen – und selbst Inhalte produzieren. [...] Einzelne Redakteur_innen experimentieren auch mit Nachrichtenschnipseln."[26]

Da scheint die alte Technikabstinenz und -resistenz der Journalisten überwunden, ja, ins Gegenteil umgeschlagen zu sein. Auch deshalb war es sinnvoll, noch einmal eingehender zu rekapitulieren, wie der Journalismus (und die Forschung, die sich ihm widmet) auf die Technik kamen. In der Tat fällt auf, dass die vor mehr als drei Jahrzehnten konstatierte zunehmende Technisierung des Berufs[27] sich offensichtlich zur Technikaffinität, wenn nicht sogar zur Technikabhängigkeit hin verstärkt hat;[28] aus der Computerisierung wurde Automatisierung und ‚Algorithmisierung', wobei sowohl Recherche als auch Quellencheck durch rechnergesteuerte Prozesse quasi von selbst gesteuert werden. Mehr denn je definiert sich der Journalismus oft schon exklusiv über den Umgang mit technischen Artefakten – und wird darin offensichtlich durch die Wissenschaft und die eigenen Berufsverbände noch bestärkt. Diese propagieren, der Not ihrer Mitglieder gehorchend, sogar Workshops wie „Smartphone-Journalismus. Das Produktionsstudio in der Jackentasche". Die Teilnehmer lernen darin, wie man Videos filmt, Interviews aufzeichnet, Handys für Live-Reportagen nutzt oder in Sozialen Netzwerken „in Echtzeit" (!) von Ereignissen berichtet.[29] Da hat man seit den Tagen, als gegen den Einzug von Computern in die Redaktionen gestreikt wurde, einen weiten Weg zurückgelegt. Im Einzelnen wäre nun zu prüfen, was all die Brummkreisel-artig betriebenen Aktivitäten mit dem zu tun haben, was wir (bisher noch?) mit der Funktion des Journalismus verbinden.

Die Waffen der Blogger

Theoretiker und Praktiker hatten seit den Millennium-Tagen darauf gesetzt, dass ‚frische Luft von draußen' dem Journalismus guttun würde: Zunächst in Form von ‚Leserreportern' (das war die eher analoge Variante) und dann durch digitale Journale – die Weblogs, mit deren Hilfe sich die Blogger als neue Akteure das Internet und dann auch gleich das ganze Universum der Kommunikation untertan machen könnten. ‚Graswurzel-Journalismus', ‚Bürger-Journalismus', ‚partizipativer Journalismus' oder ‚User Generated Content' waren die viel versprechenden Labels, welche dann in diesem Zusammenhang gehandelt wurden. Dahinter steckte die alte idealistische Hoffnung auf einen tiefgreifenden Demokratisierungsprozess in der Kommunikationslandschaft und auf Medien als Kommunikationsapparate. Blogs schienen zum großen Hit im Internetzeitalter zu werden – ehe dann die interaktiven Sozialen Medien und ihre Ökologie zum zentralen Thema geworden sind. Und Blogger und ihre Gemeinden waren die größten Propagandisten eines Internet, das Garant für eine paradiesische Kommunikationsfreiheit sei. Inzwischen sehen viele darin eher das Gegenteil: eine Bedrohung, deren Ausmaß immer deutlicher zutage tritt.

Wer etwas genauer hinschaute, dem fiel in der Pionierphase des Blogging zunächst auf, dass sich eine nicht unwichtige Gruppe unter den Bloggern an den herkömmlichen Medien und seinem Journalismus abarbeitete; dies waren die neuen Medienkritiker. Mit dabei waren als Büchsenspanner der Szene auch einige Journalisten, die hier mit einem gewissen Guru-Appeal ‚off the record' aus ihrem aufregenden Berufsleben plauderten und ansonsten einen Teil ihres kommunikativen Adrenalins ausschütteten. Einer *dieser* Two-Hatters sagte, dass er bei seiner Zeitung mit dem Florett unterwegs sei und in seinem Blog schon mal, wörtlich, „die Stalinorgel" benutze. Ein anderer, der inzwischen so etwas wie Kultstatus in der Blogosphäre erlangt hatte, bezeichnete die Blogs ebenfalls als Waffe; bei ihm war es aber die Kalaschnikow.[30] Nein, in den Blogs, die ansonsten ja als Medium einer neuen Spaßgesellschaft daherkamen, ging es von Beginn an nicht allzu friedlich zu.

Man nahm hier – buchstäblich – kein Blatt vor den Mund. Manches war dabei recht pubertäres Partygeplauder, aber es gab und gibt ‚Promi-Blogger', die selbst Macht ausüben und damit nicht immer verantwortungsvoll umgehen. Sie wollten an die Fleischtöpfe der ‚Mediengesellschaft' und drehten für große Resonanz bewusst die Lautstärke hoch, um im Stimmengewirr des Netzes wahrgenommen zu werden.

Die Mehrheit der Blogger äußerte hingegen, dass sie gar nicht direkt in der Medienszene mitmischen wollte, zeigte sich aber – wie Rundfunk-Veranstalter bei der Quote – höchst interessiert an den Zugriffszahlen und reagierte sehr ungnädig auf Versuche, ihnen die quantitative Bedeutung abzusprechen. Doch die blieb, gemessen an den professionellen Angeboten innerhalb und außerhalb des Internet, durchweg eher nachrangig, wie die Blogger unter sich durchaus einräumten. Deshalb wurde, ebenfalls wie bei den etablierten Medien, immer wieder nach einem tragfähigen Geschäftsmodell gesucht – ein Geschäftsmodell, wie es im Internet nur die innovationsfreudige Pornobranche etablieren konnte. Während der Journalismus professionell abrüstete, wollte die ‚Blogosphäre' aufrüsten – zumindest die ambitionierteren Kräfte darin. Man setzte also auf den Typ des ‚Probloggers', auf Marketing, und man wollte unbedingt die Qualität der Blogs verbessern. Die *ProBloggerWorld* warb für sich und andere mit dem Slogan „Wie du mit viel Spaß erfolgreich bloggst und auch noch Geld dabei verdienst." Spaß und Kohle – das wollen nun mal alle. Aber das ist nicht so einfach zu realisieren. Jenes Blog-Projekt verschwand schon bald von der Bildfläche – wie so manches.

Bis hierhin wäre das die eher unfreundliche Lesart über die ‚Blogosphäre'. Sie lautet kurz und knapp, dass Blogger nur in schneidigem Ton von ihrer Kanzel Marke Eigenbau über eigene Leiden palavert oder zur Attacke auf den etablierten Journalismus geblasen haben – ohne einen langen Atem zu beweisen. In der Kathedrale der neuen Kommunikationsverhältnisse wollte man ansonsten unter sich bleiben und auch hier das Hochamt der Selbstreferenz feiern. Die freundliche Version lautet, dass die Blogs – jedenfalls die besten unter ihnen – durchaus eine Gegenöffentlichkeit bilden, die wir angesichts blinder Flecken des professionellen Journalismus gut brauchen können; Beispiele dafür gibt es sogar im Bereich ‚Fußball-Blogs' (s. dazu Kapitel IV/2). Die Bloggerszene wirkte in Teilen jahrelang wie ein spannendes Labor und war allein schon deshalb begrüßenswert, weil sie die brüchigen Regeln, Maßstäbe und Rituale des Journalismus durch eine eigene Kommunikationskultur herausforderte, dessen mechanischer Objektivität eine lebendige Subjektivität entgegensetzte und so eine neue, erfrischende Beobachtungsqualität erzeugte. Umstritten blieb freilich, ob hier etwas entstehen würde, was funktional mit dem uns vertrauten Journalismus konkurrieren oder ihn gar ersetzen könnte.

Die Selbstreferenz der ‚Blogosphäre'

Einige etablierte Medien wie die Nachrichtenagenturen *Associated Press* und *Agence France Presse* sowie die *WAZ*-Gruppe (heute: *Funke Mediengruppe*), Europas größter Regionalzeitungsverlag, nahmen schon früh Blogger unter Vertrag: Hatten sie deren Potential entdeckt, oder steckte dahinter doch nur ein neues kostensenkendes Geschäftsmodell und allenfalls die Hoffnung auf eine preisgünstige Talentschmiede? Die langsame Wissenschaft lässt einen auch in diesem Feld mit gesicherten Erkenntnissen ziemlich im Stich. Vorliegende Befunde zeigen zwar die ungeheure Vielfalt der Weblogs. Unklar ist aber ihre spezifische kommunikative Funktion geblieben, die man im Fall des modernen Journalismus ja durchaus benennen kann. Viele Blogs, so zeigen vorliegende Studien, dienen eher der Thematisierung eigener Befindlichkeiten ihrer Betreiber. Was die Qualität angeht, war man in den USA und Frankreich, so wird behauptet, auf jeden Fall schon weiter. Die Deutschen, so meinen Beobachter der Szene, verfassten ohnehin lieber Beiträge für *Wikipedia* und bestätigten auch hier ihren internationalen Ruf als Klugschnacker.[31]

Zweifellos findet aber im Internet heute eine Neudefinition von relevantem Wissen statt; in den Weblogs bezieht sich ein wesentlicher Teil dieses Wissens auf das Internet und seine Technik selbst und auch auf die Vermarktung dieses Wissens, um bei der Verteilung des vielen Geldes, das im Netz zu verdienen ist, mit dabei zu sein. Relativ wenige Blogs zielen bisher auf ein Massenpublikum. Insgesamt, so zeigen die vorliegenden Untersuchungen, ist das Verhältnis zwischen Weblogs und professionellem Journalismus wohl eher ein komplementäres als ein konkurrierendes. Die meisten Journalisten – auch die Online-Journalisten – wollen nach den Erfahrungen der vergangenen Jahre nicht glauben, dass hier tatsächlich ein *alternativer* Journalismus entstanden ist oder gar eine Bedrohung der traditionellen Medien vorliegt. Ihnen geht der Absolutheitsanspruch von Bloggern offenbar auf die Nerven und ihr eigenwilliger Umgangston sowieso. Und sie kritisieren, dass das Netz zur Quasselbude verkomme, in der bei hochgedrehter Lautstärke über ein enges Themenspektrum verhandelt werde – und zwar häufig über die Medien und deren Macher.[32]

Deshalb schlug das Imperium auch schon mal zurück und widmete sich der Bloggerszene mit kritischer Aufmerksamkeit. Journalisten haben dabei mit einer Art erstauner Genugtuung registriert, dass die Selbstreferenz in der ‚Blogosphäre' offenbar noch ausgeprägter sei als im real existierenden Journalismus: Blogger kommentieren vor allem gerne andere Blogger. „Das Lieblingsthema deutscher Blogger, so scheint es, ist das Bloggen an sich", schrieb die *Süddeutsche Zeitung*.[33] Dieser starke Selbstbezug wird übrigens in einer international vergleichenden Studie als Besonderheit der deutschen Situation hervorgehoben. Zumal die ‚Starblogger' – ähnlich den Alphatieren unter den Journalisten – sich einander nah fühlen und beim Ringen um öffentliche Aufmerksamkeit helfen, z. B. durch gegenseitige Interviews.³⁴ Der letzte Schrei sind dann Videoblogs prominenter Journalisten gewesen; endlich konnten wir diesen ‚Ich-Journalisten' mal bei der Arbeit zusehen.³⁵ Dies verrät eine gewisse, durchaus anfechtbare Professionalisierung der Szene; ansonsten haben die Blogger insgesamt nicht so schrecklich viel zu lachen, wenn sie lesen, was die nichtbloggenden Journalisten über sie schreiben – falls sie sich nicht überhaupt in Ignoranz üben.

In der *Frankfurter Allgemeine Sonntagszeitung* wurde der Szene pauschal Profillosigkeit vorgeworfen. Insgesamt beklagte das Blatt – neben der Selbstreferenz – vor allen Dingen die Irrelevanz der verhandelten Themen und führte als Beispiel an, dass man sich an ‚Skandalen' wie der Abmahnung einer Kochbuchseite wegen Benutzung urheberrechtlich geschützter Bockwurstbilder hochziehe. An solcher Irrelevanz ist schon mal ein ‚neuer Journalismus' gescheitert, der sich ‚Zeitgeist-Journalismus' oder ‚Popjournalismus' nannte, ziemlich pubertär daherkam, solche Figuren wie den Interviewfälscher Tom Kummer hervorbrachte – und dann verstarb.³⁶ Neben der Beschäftigung mit obskuren Nischeninteressen und Marginalien hob der Autor des Beitrags die angebliche Auflösung stilistischer Standards in vielen Blogs sowie die geringe Qualität und Originalität vieler Texte hervor. Insbesondere bei den erfolgreicheren Bloggern gebe es zunehmende Angst, etwas Falsches zu schreiben. Die Leser hätten längst begriffen, „dass Blogs nicht der neue Journalismus sind, sondern zum Glück sein Gegenteil." Ironisch machte er dann auf ein Blog aufmerksam, dem Reflexionen über das Medium so fremd seien wie die Angst vor Irrelevanz. Darin ging es um die Abenteuer eines gewissen Eisbären im Berliner Zoo, von denen man an anderer Stelle auch schon hören konnte.³⁷ Der *Spiegel* meinte zum Charakter der meisten Texte: „Polemisch bis rechthaberisch."³⁸

Die *Frankfurter Allgemeine Zeitung* schrieb nach einem selbstverliebten Kongress der Blogger-Elite in Berlin, auf dem man sich am meisten dafür interessierte, wie man mit Blogs endlich Geld verdienen kann: „So wird das nichts". Auch hier gab es den Vorwurf der totalen Selbstbezüglichkeit: „Man sollte sich unterhalten fühlen, wenn ein bärtiger untersetzter Promi-Blogger auf einer Bloggerkonferenz einen großen schlanken Promi-Blogger mit zu kurzem Sakko filmt und dabei wiederum von einem Blogger gefilmt wird, der außerhalb der Szene genauso unbekannt ist wie seine beiden Filmpartner. Mit solch typischen Inhalten wird man nie eine größere Leserschaft von sich überzeugen können, so man das denn will."³⁹ Die Leserschaft – nun, da kann man tatsächlich kaum von ‚Massenkommunikation' sprechen, auch wenn die von Blogscouts fleißig geführten Blogcharts anderes suggerieren sollen. Und auch wenn Jürgen Habermas, vielleicht etwas voreilig, im Internet „Wurzeln einer egalitären Öffentlichkeit von Autoren und Lesern" auszumachen glaubte. Der *Spiegel* meinte deshalb, es sei nun Zeit für ein realistischeres Resümee: „In

Deutschland sind die vielen Hände der Amateure ziemlich leer. Blogs bleiben ein Nischenprodukt. [...] insgesamt ohne große Bedeutung. Man spricht nicht darüber."[40] Besonders heftige Reaktionen handelte sich die *Süddeutsche Zeitung* ein, als sie in ihrem Magazin-Heft zum Thema „Wozu Zeitung?" nicht nur mediale Netzkonkurrenten wie *Twitter* attackierte, in deren Welt der Kurznachrichten alles gleich (wichtig) werde, sondern auch einen US-amerikanischen Blogger an die Rampe ließ, der behaupten durfte: „Zehn Gründe, warum Blogs in Deutschland nicht funktionieren".[41] Diese Polemik – noch dazu von jemandem, der offenbar gar kein erfolgreicher Blogger war – löste in der ‚Blogosphäre' einen Sturm der Entrüstung aus; die dort regelmäßig austeilen, reagieren auf Kritik der ‚Holzmedien' wie Mimosen und sind schnell mit dem Vorwurf zur Stelle, dass die etablierten Medien einen publizistischen Krieg gegen die ‚neue Konkurrenz' führten. Ein bekannter Medienjournalist und Blogger schob dann gleich Grundsätzliches zum Thema ‚guter Journalismus' nach: „Wir brauchen guten Journalismus und gute Journalisten. Aber wenn die Diskussion darüber, wie wir beides auch in der Zukunft gewährleisten können, irgendwie konstruktiv sein soll, muss sie sich endlich von falschen Gegensätzen verabschieden. Die Front verläuft nicht zwischen Profis und Amateuren oder Redakteuren und Freien oder Verlagen und Einzelkämpfern oder zwischen Print und Online. Sie verläuft zwischen gutem Journalismus und schlechtem Journalismus. Es ist wirklich so einfach."[42] Ist es wirklich so einfach?

‚Menschen-Journalismus' und ‚Maschinen-Journalismus'

Sammelt man Stimmen der Akteure, so scheint über die Grundlagen des Journalismus und seine Relevanz immer noch ein bemerkenswerter Konsens zu bestehen – der auch überhaupt nicht zu den vollmundig vorgetragenen Behauptungen zu passen scheint, dass hier eine Revolution stattfinde und sich alles so sehr verändere, dass man dafür ganz neue Bezeichnungen finden müsse. Andererseits fällt auf, dass sich der wissenschaftliche Diskurs von der zentralen Frage nach der Funktion des Journalismus und ihrem (möglichen) Wandel, welche traditionell im Zentrum der Journalismus-Forschung stand, auf eher technische Aspekte der Berufsausübung verlagert hat. Dies zeigt auch die empirische Studie, deren Ergebnisse unter dem Titel „Digitaler Journalismus"[43] publiziert wurden. Unter diesem Dach versammeln sich alle möglichen neu kreierten Bindestrich-Journalismen wie z. B. ‚Social-Media-Journalismus', ‚Sensor-Journalismus', ‚Roboter-Journalismus' oder allgemeiner ‚Daten-Journalismus' und sogar ‚Drohnen-Journalismus' sowie ‚Smartphone-Journalismus'. Und schließlich und vor allem: ‚Algorithmus-Journalismus', durch den sich die Frage, ob wir noch Journalistinnen und Journalisten brauchen, von selbst erledigen würde. Der Begriff ‚digitaler Journalismus', der inzwischen auch für Hochschul-Programme der Journalistenausbildung verwendet wird, erscheint indessen recht unscharf. Ist nicht der gesamte Journalismus, angefangen bei der Erfassung von Texten und Bildern, den Prozeduren der Digitalisierung unterworfen – und das seit vielen Jahren?

Das Thema ‚Algorithmus-Journalismus' poppte im Jahre 2005 auf einmal auf.[44] Damals gab es die ersten automatisch erstellten Nachrichtenangebote im Internet, angeführt von *Google News*, das mit seiner Quellenvielfalt prahlte (3.500 Quellen, davon 700 aus dem deutschsprachigen Raum) und seine ‚bewährte' PageRank-Methode sogar durch eine ‚Qualitätskontrolle' von Texten ergänzte – aber letztlich auch nicht verschleiern konnte, dass es sich hier um ‚vollautomatischen Journalismus' handelt, der ohne Redaktionen zustande kommt. Zur gleichen Zeit prognostizierte der von zwei nordamerikanischen Journalisten produzierte Achtminuten-Film ‚Epic 2014'[45], die *New York Times* werde in zehn Jahren zu einem Newsletter für Reiche und Alte geschrumpft sein.[46] So weit ist es nun (noch) nicht gekommen. Gleichwohl wird intensiv – und grundsätzlich – diskutiert, was es bedeutet, wenn ausgetüftelte Programme Rechenvorschriften und Handlungsanweisungen bereitstellen, die ‚Menschen-Journalismus' durch ‚Maschinen-Journalismus' ersetzen können. Wenn Nachrichten nichts anderes als ein Recycling darstellen, das auf der Basis von Popularität gehandelter Themen und ihrer Verbreitung und Akzeptanz zustande kommt; und wenn uns auf diese Weise die virtuelle Realität primär die eigene Weltsicht widerspiegelt und wir sozusagen nichts ‚Neues' mehr erfahren.[47]

Zu bezweifeln ist auf jeden Fall, dass Algorithmen valide Entscheidungen über die *Relevanz* von Informationen treffen können – bis heute eigentlich die Geschäftsgrundlage des Journalismus. Informatiker machen vielmehr darauf aufmerksam, Algorithmen würden „aus einem Datensatz unspezifischer Nutzerdaten aufgrund von Regeln, die von Menschen erstellt wurden, herausdestillieren, was für Nutzer_innen als relevant angenommen werde." Diese Relevanz werde aber zu einem „fehlerhaften Konstrukt", da „lückenhafte Nutzerdaten und die subjektiven Bewertungsmuster von Algorithmen-Designern große Fehlerquellen darstellen."[48] Fragezeichen stehen auch hinter der ‚Objektivität' von ‚Big Data'-Auswertungen mit Hilfe von Algorithmen zur Mustererkennung, wie sie etwa im Fall der ‚Panama Papers' vorgenommen wurden – durch Journalisten, die dafür in der Regel keine entsprechende Kompetenz besitzen.[49] Gleichwohl gilt zumindest für viele Journalisten dieser Coup eines weltweiten Recherchenetzwerks als „Sternstunde des investigativen Journalismus", die zu Recht weltweit gefeiert werde.[50] Im April 2017 wurde das International Consortium of Investigative Journalists (ICIJ), dem auch Journalisten der *Süddeutschen Zeitung* angehören, für ihre ‚erklärende Berichterstattung' mit dem Pulitzer-Preis ausgezeichnet.[51]

Die Wissenschaft fragt beim Thema ‚Algorithmen' inzwischen dezidierter: Ob sich nicht in solchen Verhältnissen die alten Fragen zur journalistischen Wirklichkeitskonstruktion ganz neu stellen, und was es bedeutet, wenn Maschinen als eigenständige beobachtende Instanz ins Spiel kommen – für die Gesellschaft im Allgemeinen und die Funktion des Journalismus im Besonderen. Weitere Fragen lauten: Stellt der ‚Maschinen-Journalismus' schon jetzt ein funktionales Äquivalent zum ‚Menschen-Journalismus' dar oder ergänzen sich die beiden? Welches Leistungsspektrum können Algorithmen abdecken und wo liegen ihre blinden Flecke? Welchen Zusammenhang gibt es zwischen ‚Big Data', welche die Nutzer mit ihren Merkmalen und Verhaltensweisen hinterlassen, und den Algorithmen, die aus diesen Daten Kapital schlagen?[52]

Eine Antwort drängt sich schon jetzt auf: Wirklichkeitskonstruktion auf der Basis von Algorithmen wird unser Verhältnis zur Realität, das Niklas Luhmann in Hinblick auf herkömmliche Massenmedien kritisch analysiert hat,[53] neu bestimmen – und damit auch unsere Auffassung von ‚Objektivität' und ‚Wahrheit', soweit Medien damit zu tun haben. Auf jeden Fall bringen uns „algorithmische Konstruktionen […] dazu, sie im Hinblick auf ihr Verhältnis zu unserer ‚realen' Realität zu hinterfragen […]."[54] Bedeutet die Existenz von vollautomatischen Nachrichtenmedien, von digitalen Gatekeepern, dann am Ende tatsächlich, dass der Journalismus, wie wir ihn kennen, vom Aussterben bedroht ist?

Einstweilen muss die ‚Algorithimisierung' des Journalismus ambivalent bewertet werden. In der Literatur wird positiv hervorgehoben, dass die Sammlung, Strukturierung und Präsentation von Informationen erleichtert erscheint und durch die Automatisierungsprozesse Zeitreserven für gründliche, investigative Recherche entstehen könnten. Andererseits bindet die Beschäftigung mit den technischen Prozeduren Aufmerksamkeit und Zeit von Journalisten; dasselbe gilt übrigens, wie Online-Journalisten beklagen, für die kontinuierliche Interaktion mit dem Publikum, die zur Überlastung des Personals führt.[55] Zudem geht ihnen durch die Programme offensichtlich Kontrolle über das Produkt verloren: Algorithmisierung steuert die Wahrnehmung der Journalisten und beeinflusst in starkem Maße die Art und Weise der Nachrichtengebung und hier insbesondere der Hierarchisierung von Relevanzen.

Perspektivisch besteht für den Problembereich der ‚Algorithmisierung' „die Gefahr, dass Journalisten im durchautomatisierten Arbeitsalltag irgendwann nur noch Journalismus simulieren anstatt ihrer Tätigkeit autonom, selbstbestimmt und ohne das Gefühl, maschinell abhängig zu sein, nachgehen zu können – vom eigenen Anspruch, hochwertigen digitalen Qualitätsjournalismus zu machen, ganz zu schweigen."[56] Im Prozess der Digitalisierung gilt schon jetzt: Es war wohl noch nie so leicht, (schlechten) Journalismus zu machen – guter Journalismus hingegen war vielleicht noch nie so schwer. In Jonathan Franzens Roman „Unschuld" beschreibt eine Journalistin namens Leila die Lage so: „Die Ironie des Internets […] besteht darin, dass es die journalistische Arbeit so vereinfacht hat. Man kann innerhalb von fünf Minuten recherchieren, wozu man früher fünf Tage gebraucht hat. Aber das Internet untergräbt den Journalismus auch. Es gibt keinen Ersatz für einen Reporter, der zwanzig Jahre lang ein Gebiet beackert hat, Kontakte zu Quellen pflegt und zwischen einer Geschichte und einer Nicht-Geschichte unterscheiden kann."[57]

2 Wie eine Agentur zeigte, was ohne Massenmedien möglich ist

Aussagen über die neuen Medientechnologien und die ökonomischen Dimensionen, welche sie eröffnen, sowie über die Merkmale der digitalen Produkte und die Institutionen, welche sie verbreiten, waren schon seit den 1980er Jahren beispielhaft möglich; ebenso über die Dezentralisierung der Industrieproduktion und die Transformierung von arbeitsintensiven in kapitalintensiv gesteuerte Prozesse als absehbare Folgen der Informatisierung. Dagegen blieb das Spezifische einer Verdichtung dieser Prozesse zu einer ‚Informationsgesellschaft' lange Zeit ziemlich vage.[58] Die Beobachtung von Merkmalen eines Informations- und Nachrichtenunternehmens erlaubten dann erste generalisierbare Aussagen über technische, wirtschaftliche und professionelle Aspekte dieser Informatisierung. Dabei handelte es sich um die Agentur *Reuters,* eine Institution, die sich anschickte, auf der Basis ihres Renommees und ihrer Infrastruktur als Nachrichtenlieferant im Bereich herkömmlicher Massenkommunikation mit Hilfe von ‚produktiver Kommunikation' an die Spitze der ‚High-tech'-Branche zu gelangen und zu einem multinationalen, hochprofitablen Informationskonzern zu werden.

Größere Aufmerksamkeit erregte der damit verbundene Funktionswandel erstmals im Zusammenhang mit ungewöhnlich hohen Umsatz- und Gewinnsteigerungen des Unternehmens seit 1980 und dann nach beträchtlichen Börsenerlösen im Jahre 1984. Dabei wurde deutlich, dass *Reuters* damals schon insbesondere folgende Charakteristika besaß, die für erfolgreiche Unternehmen des neuen Informationssektors typisch wurden: eine hochtechnologische Basis, besonders qualifiziertes Personal, multi-funktionale Produkte, kapitalintensive Investitionen, immense Wachstumsperspektiven und multi-nationale Aktivitäten. Eher untypisch für dieses neue Gewerbe der ‚Weltgesellschaft' erschien die ehrwürdige Tradition des Unternehmens – was sich dann aber als ‚Markenvorteil' erwies; diese soll hier ausführlicher dargestellt werden. Die nachgezeichneten Entwicklungslinien verdeutlichen, dass – jedenfalls in diesem Fall – der Weg in die digitale Zukunft über die Renaissance alter ‚analoger' Geschäftsprinzipien führte.

2 Wie eine Agentur zeigte, was ohne Massenmedien möglich ist

Ganz am Anfang hatte bei *Reuters* Mitte des 19. Jahrhunderts – wie dann wieder seit den 1970er Jahren – nicht das Geschäft mit Informationen für die Massenmedien im Mittelpunkt gestanden, sondern der Handel mit Finanz- und Wirtschaftsdiensten. Danach wurde aber der Großhandel mit Nachrichten zum zentralen Geschäftszweig, und das galt für viele Jahrzehnte. In dieser Zeit erwarb die Agentur ihren Ruf der Verlässlichkeit und Glaubwürdigkeit, und mit diesem Pfund konnte sie dann im digitalen Zeitalter mit seinen neuen, extrem lukrativen Informationsgeschäften wuchern.[59] Die Medien- und Nichtmedienaktivitäten des Unternehmens gaben frühzeitig Hinweise auf Verhältnisse, die über den Fall *Reuters* hinaus inzwischen exemplarischen Charakter besitzen; herkömmliche ‚Massenkommunikation' sieht dadurch anders aus. Und generell zeigt dieses Beispiel, dass die Sammlung und Verbreitung von Nachrichten von Beginn an vor allem eines war: ein Geschäft.[60]

Von der Aktiengesellschaft zur Stiftung – und zurück

Die Anfangsjahre des Konzerns gehören zur biographischen Kommunikationsgeschichte, zur „Great Man version"[61] der Gründerjahre moderner Massenkommunikation. Da war der Pionier, Paul Julius Reuter, Rabbinersohn aus Kassel, der eigentlich Israel Beer Josaphat hieß. Der vor allem durch seine Brieftaubenpost von Aachen nach Brüssel in Erinnerung blieb, zunächst ein Opfer der komplettierten Telekommunikationslinie zwischen Berlin und Paris wurde und dann, einem Rat des Industriellen Werner Siemens folgend, 1851 in London einen Handel mit Banken- und Geschäftsnachrichten aufzog. 1865 gründet Reuters eine Aktiengesellschaft, um mit dem Geld durch seine neugebildete ‚Reuter's Telegram Company' eine Kabel-Konzession des Königs von Hannover für die Strecke England-Norderney wahrnehmen zu können. „During the last forty years of the nineteenth century Reuters news agency functioned increasingly as an institution of the British Empire", schreibt Donald Read in seiner Studie zur Geschichte des Unternehmens. Und weiter: „This was a great status for a private company to achieve. It was the more remarkable for a firm started by a German-born Jew who had not even begun to live in England until the age of thirty-four."[62]

Mit dem Selbstmord des Gründersohns Herbert de Reuter endet 1915 die *Reuters*-Story als Erfolgsgeschichte eines Privatunternehmens im Viktorianischen Zeitalter. Der zweite Teil der Geschichte wurde dann vor allem von Roderick Jones geschrieben, der von 1915 bis 1941 das Unternehmen leitete. Im Ersten Weltkrieg kam das Ende für ‚Reuter's Telegram Company'. Die Kleinaktionäre wurden ausbezahlt, und mit Hilfe der Banken konnte eine Neuordnung der Unternehmensstruktur erreicht werden. Eine neue Privatgesellschaft entstand: ‚Reuters Limited'. 1925 übernahmen die englischen Provinzzeitungen die Mehrheit der Anteile.

Die dritte Phase in der Geschichte der Institution *Reuters* begann wieder mitten im Krieg. 1941 wurden die Londoner Großverleger Miteigentümer des Unternehmens. Diese Beteiligung löste eine politische Diskussion über die Unabhängigkeit der Nachrichtenagentur aus, die mit der Bildung von ‚Reuter Trust', einem Treuhandunternehmen ohne direkte Profitinteressen, endete. Nun im Besitz der gesamten britischen Presse, diente *Reuters* vor allem der Nachrichtenversorgung der Medienunternehmen. Mehr Stiftung als Geldanlage sollte *Reuters* nach dem Willen seiner Eigentümer sein, so hieß es in ihrem Abkommen. Daran hielten sich die Besitzer 40 Jahre lang. Gewinne wurden bis 1981 nicht ausgeschüttet, sondern zur Ausweitung und Verbesserung der Dienste reinvestiert. Inzwischen aber hatte die ungeheure Ertragskraft des Unternehmens in jenen Jahren das Ziel der unabhängigen Nachrichtenversorgung für Medienunternehmen gegenüber einer anderen Perspektive wieder in den Hintergrund treten lassen: Wie einst an der Wiege der Industriegesellschaft nun an der Schwelle zur ‚Informationsgesellschaft' professionelles Know-how und technologische Infrastruktur so profitabel wie möglich zu nutzen. Im Frühjahr 1984 wurde das Unternehmen dann in eine Aktiengesellschaft zurückverwandelt.

Diese vierte Phase in der Geschichte der Nachrichtenhändler aus London wurde wieder begleitet von Diskussionen über die Gefahren externer Beeinflussung der journalistischen Arbeit. Um dies zu verhindern, behielten die bisherigen Eigentümer als Treuhänder die institutionelle Kontrolle über die neue Gesellschaft ‚Reuters Holding PLC'. Über Belegschaftsaktien wurden auch die Mitarbeiter direkt am Unternehmen beteiligt. Die Zeitungsverleger konnten durch den Börsengang Anteile in Größenordnungen von z. T. jeweils bis zu 100 Millionen Pfund und mehr kapitalisieren. Von der Unternehmensleitung wurde die neue Struktur mit der notwendigen Stärkung der Kapitalkraft begründet; nur durch finanzielle Flexibilität sei Konkurrenzfähigkeit und Wachstum im ‚High-tech'-Sektor zu sichern. Einer der Verleger, die vom Börsengang profitierten, war ein gewisser Rupert Murdoch, der später zum globalen Medienmogul aufstieg: „The suggestion was often heard that he wanted to own Reuters."[63] Später vergrößerte er zwar seinen Aktienanteil, verlagerte dann aber seine Hauptaktivitäten in die USA; heute ist er dort einer der wenigen Medieneigentümer, die (insbesondere durch seinen Sender *Fox News*) Donald Trump unterstützen.

1951, zum 100. Firmenjubiläum und zehn Jahre nach der Umwandlung in eine Stiftung, hatte Graham Storey seine Biographie des Unternehmens publiziert. Er nannte sie „Reuters' Century". Am Ende schlug Storey noch einmal den Bogen zurück zum Gründer, dem Privatunternehmer Paul Julius Reuter: „Much in the modern Reuters the founder would undoubtedly find strange or even alien: its co-operative ownership, its decision to make no profits."[64] Der so Charakterisierte hätte wieder

40 Jahre später an der Rückkehr zum Erwerbsstreben sicher seine Freude gehabt. Das von ihm gegründete Unternehmen hatte sich mit Enthusiasmus den neuen Computertechnologien zugewandt; es operierte mit großem Erfolg im neuen, innovativen Klima der globalen Kommunikation zwischen Orten und Menschen. Wenn er Ende des 20. Jahrhunderts auf die Erde zurückgekehrt wäre, hätten ihn die Aktivitäten der Firma, die seinen Namen trägt, aber nicht überrascht, glaubt Read. „He would be glad to find a continuing commitment to accuracy and speed, and to impartiality in distribution. He would welcome the integration of general and economic news. He would be pleased by the emphasis upon using the latest technology." Und: „He would be glad to find Reuters strong in Germany. [...] Not least, he would be delighted that Reuters was making large profits."[65]

Vieles deutete Anfang des neuen Jahrhunderts darauf hin, dass ‚Reuters' Century', dass das Zeitalter der Informationskonzerne, gerade erst begonnen hatte. Von einem solchen, noch größeren Informationskonzern wurde die weltweit größte internationale Nachrichtenagentur mit ihren zuletzt mehr als 300.000 Kunden schließlich geschluckt – ein Vierteljahrhundert nach dem Börsengang. Die Aktionäre machten richtig Kasse, als das Unternehmen für knapp 13 Milliarden Euro an die kanadische Thomson-Gruppe verkauft wurde.[66] Der Hauptsitz des neuen Konzerns *Thomson Reuters* wanderte mit der Übernahme im April 2008 von London nach New York.

Vom Informationsunternehmen zur Nachrichtenagentur – und zurück

Paul Julius Reuter war vielleicht der erste, der in einer Gesellschaft der Güterproduktion mit der Ware ‚Information' sein Glück machte. „His market was in the minds of men", schreibt Lord Layton im Vorwort zu Storey's Reuters-Biographie.[67] Am Anfang und im Zentrum standen 1851 Wirtschaftsnachrichten über die internationalen Märkte der aufblühenden Industriegesellschaft. Dann wurde sein Unternehmen zum Mischkonzern und blieb stets auf der Suche nach weiteren profitablen Diversifikationsmöglichkeiten. Schwerpunkte im Bereich von Medien- und Nichtmediendiensten wechselten einander ab oder überlagerten sich. Trotz aller Monopolisierungsstrategien auf dem Nachrichtenmarkt, die von 1870 bis 1934 durch einen Kartellvertrag der großen Agenturen unterstützt wurden,[68] erwies sich die Rentabilität der allgemeinen Nachrichtendienste aber insgesamt stets als ungünstig. Hinzu kamen Gängelungen durch den Staat im Kontext der Weltkriege.

Institutionell führten die politischen und wirtschaftlichen Konstellationen das Unternehmen dann an die Seite ihrer Kunden aus dem Medienbereich; Presseverlage als Hauptanteilseigner und später eine genossenschaftliche Organisation konnten in dieser zweiten und dritten Phase der Unternehmensgeschichte am besten die wirtschaftliche und politische Unabhängigkeit garantieren. Und ökonomisch wurde eine rationellere Nutzung der gesammelten Informationen herausgefordert, um die

Ertragslage zu verbessern. Der Name ‚Reuters' wurde gerade in diesen Jahren zum Synonym für Genauigkeit und Schnelligkeit von Nachrichtenvermittlung. Ökonomisch hatte diese zweite und dritte Phase der Firmengeschichte undramatische Ausprägungen. 1961 etwa lag der Umsatz bei 2,7 Millionen Pfund, der Gewinn gerade mal bei 64.000 Pfund.

Alles blieb in diesem normalen Rahmen, bis die sprunghaften Fortschritte in der Datenverarbeitungs- und Übertragungstechnik schlagartig die ökonomische Basis und dann auch die institutionelle Struktur veränderten. Innerhalb weniger Jahre stiegen Umsätze und Gewinne mehrmals bis zu mehreren hundert Prozent. Die Umsatzrendite kletterte auf etwa 25 Prozent. Vor der Rückkehr zur Aktiengesellschaft wurde der Wert des Unternehmens an der Börse auf 1 Milliarde Pfund geschätzt und gehörte damit schon zu den 20 bis 30 größten Konzernen Großbritanniens. 1984, im Jahr seiner bis dahin höchsten Umsätze und Gewinne, erzielte *Reuters* nur noch etwas mehr als fünf Prozent seines Umsatzes im Bereich der Mediennachrichtendienste.

Der ökonomische Erfolg beruhte dabei auf einer frühzeitigen Unternehmensstrategie nach der Hauptregel der ‚High-tech'-Branche: Investitionen in kapitalintensive Technologien, die eine hohe Arbeitsproduktivität sichern. Mit größerem Budget, aber nicht einmal halb so großem Redaktionspersonal wie zum Beispiel die nordamerikanische Nachrichtenagentur *Associated Press* versorgte *Reuters* den mit Abstand größten Kundenstamm im Medien- und Nichtmedienbereich in weit mehr Ländern als jede andere Agentur. Umsatz und Rendite waren damals in der Branche konkurrenzlos. In der Bundesrepublik machte man mit gleichviel Journalisten wie *AP* einen ca. sechsmal so großen Umsatz. Dem Personal wurde hohe Qualifikation und Belastbarkeit abverlangt. Die neue Belegschaftsaktie schuf dafür einen ökonomischen Ausgleich, reduzierte aber auch mögliche professionelle Konflikte, die durch die Akzentverlagerung vom Journalismus zur wirtschaftlichen Dienstleistung entstehen können. Dennoch: „The biggest pessimists within Reuters in the 1980s were (as always) the journalists. Many of those who harked back to the camaraderie of the smaller Reuters of the 1960s even enjoyed remembering their own poverty. Reuters, they complained, had become a business just like any other."[69]

In Europa war *Reuters'* Spitzenstellung ungefährdet; in den USA vermochte sich das Unternehmen sogar gegen die vereinigte Wirtschaftsnachrichten-Konkurrenz von *Associated Press* und *Dow Jones* zu behaupten. Längst gehörten auch hier die größten Banken, Broker, Unternehmen und Medienbetriebe zu den Kunden. In Nordamerika fanden dann auch die ersten größeren Investitionen des Unternehmens aus den Börsenerlösen statt. 1984 wurde für insgesamt fast 6 Millionen Dollar der Weltbilderdienst von *United Press International* übernommen. Anfang 1985 kaufte *Reuters* eine nordamerikanische Firma, die auf Installationen von

Computer-Informationssystemen für Banken, Wertpapierfirmen und andere Finanzinstitutionen spezialisiert war.

Zur Diversifikations-Strategie, die *Reuters* zu einem „wirklich multinationalen Unternehmen"[70] machten, gehörte auch eine Beteiligung im Fernsehgeschäft und ein Anteil an einer japanischen Firma. In den Jahren danach investierte das Unternehmen nicht nur weiter in die technologische Infrastruktur, sondern auch in die Qualität der Nachrichtensammlung. Seit der Ertragsexplosion wurden die Redaktionen verstärkt und neue Korrespondentenbüros eröffnet. Der Einstieg in den wenig profitablen Bereich der Bilderdienste und Investitionen in den Faktor Arbeit schienen hingegen nicht zu den Prinzipien des kapitalintensiven und marktorientierten ‚High-tech'-Unternehmens *Reuters* zu passen. Er ließ sich nur als Signal interpretieren: Anders als bei vielen Zeitungen sollte der Nachrichtenjournalismus nicht als Anhängsel der kommerziellen Interessen erscheinen. Reuters wollte seine Informationsware weiter mit dem guten Ruf der Nachrichtenagentur, der journalistischen Organisation, verkaufen. Glaubwürdigkeit und Zuverlässigkeit der verbreiteten Informationen sollte gemäß dem Selbstverständnis des Unternehmens vor allen anderen Werten rangieren.

Brieftauben und Knaben in Uniform – Kabel und Computer

Als Paul Julius Reuter 1850 Aachen und Brüssel mit Hilfe einer Brieftaubenpost ‚überbrückte', griff er auf eine ‚Technologie' zurück, die sich als Informationstransportmittel schon ausgezahlt hatte: Brieftauben hatten 1815 – nach Napoleons Niederlage bei Waterloo – dem Bankier Rothschild zu einem Informationsvorsprung verholfen, den er für eine erfolgreiche Spekulation an der Londoner Börse nutzen konnte. Danach hieß *Reuters'* immer wieder zitiertes Prinzip „follow the cable"[71]. Als 1851, pünktlich zur Eröffnung seines Informationsbüros, England mit Kontinentaleuropa verkabelt wurde, stimmte das noch so ungefähr. Danach war das Unternehmen entweder schon vor dem Kabel an Ort und Stelle oder selbst Organisator der Kabelverlegung. Nachrichtenfernübermittlung war aber stets nur die eine Seite der technologischen Infrastruktur von Informationsunternehmen. Daneben entschied eine rationelle und einfallsreiche Nachrichtenverteilung und Organisationsstruktur über den kommerziellen Erfolg. Auch hier setzte schon der Firmengründer Maßstäbe, als er uniformierte Knaben als Dienst-Boten in London losschickte und damit ein ‚Corporate Image' kreierte. Im 20. Jahrhundert blieb „Stay in the forefront of Communications technology" Leitmotiv für das *Reuters*-Management. Ob es um die Nutzung des Radios zur Nachrichtenübermittlung ging, um Satellitenübertragung (1962) oder um computergesteuerte Telekommunikation (1964) – stets war *Reuters* der Initiator oder zumindest von Beginn an dabei. Seine Vormachtstellung verdankte das Unternehmen jedoch nicht einzelnen technischen Pionierleistungen, sondern einer weitsichtigen Politik nach den Gesetzen des

‚High-tech'-Sektors: „The success of the economic services was partly based on the development of a technical infrastructure at Reuters, a research and development orientation, able to adapt and innovate in the area of computer technology."[72]

Die Entscheidung, verstärkt in ‚Research and Development' (R&D) zu investieren, war schon in den 1960er Jahren gefallen. 1968 implementierte *Reuters* in seiner Londoner Zentrale ein elektronisches Redaktionssystem und betrieb danach zusammen mit anderen großen Nachrichtenagenturen eine immer größere Beschleunigung des Nachrichtendurchsatzes und eine immer weitergehende technische Bindung der Medienunternehmen. Das neue Redaktionssystem, das *Reuters* seit 1985 weltweit in seinen Büros einführte, setzte dann neue Leistungs- und Ergonomie-Standards. Sein Monitor-System, Schlüssel zum Erfolg, ließ das Unternehmen in enger Geschäftsbeziehung mit einem Elektronik-Konzern von eigenen Technikern entwickeln. Die Geräte wurden über ein ausgedehntes Vertriebssystem verkauft und von eigenen Fachkräften gewartet. Gerade diese Investition zahlte sich aus. Mit Hilfe der lange konkurrenzlosen Abfragegeräte sicherte sich *Reuters* vor allem im Bereich des traditionell über Telefon- und Telex-Verbindungen abgewickelten Geld- und Devisenhandels sowie anderer Börsengeschäfte fast ein Monopol.

Mit seinem Angebot von Geschäftsinformationen und reinen Transportdienstleistungen, später dann mit Nachrichten für die neuen Großbetriebe der Presse befand sich *Reuters* stets im Schnittfeld vielfältiger Interessen, zumal die Kostensituation Kompromisse und immer neue Strategien zur Sicherung der Wirtschaftlichkeit herausforderte. Da waren die Geschäftsleute, die gut zahlten für Wirtschaftsnachrichten, nach denen sie sich richten konnten. Da waren aber auch die für das Renommee wichtigen Medien. Sie mussten mit Informationen bedient werden, die keinen der unterschiedlichen Kunden vor den Kopf stießen.[73] Diesen Mehrfachumschlag der *Reuters*-Ware hatte seinerzeit schon Otto Groth als „sehr bedenkliche Verbindung von Nachrichtenagentur und Finanzgeschäft"" attackiert.[74]

Die Perfektionierung der alten Geschäftszweige

Doch alle Kritik an Querverbindungen zwischen den Geschäftszweigen konnten dem guten Ruf des Unternehmens und seiner Ware nicht schaden. Sie perfektionierte die alten Geschäftszweige dann nach den Prinzipien des ‚High-tech'-Sektors: effizientere Herstellung und funktionale Verbesserung von Produkten, Verdrängung konventioneller Produkte vom Markt, Herstellung neuer Produkte. Solchen Produktgesetzen folgte vor allem das raffinierte, bausteinartige Wirtschaftsnachrichtensystem des Unternehmens. Technisch erlaubte es, Informationselemente je nach Bedarf und gewünschtem Umfang vom Bildschirm abzurufen (Monitor-System) oder ‚klassisch' zu empfangen (Teleprinter Services). Ökonomisch wurde der Tatbestand genutzt, dass im Wirtschaftsleben heutzutage die Information jeder Produktion

2 Wie eine Agentur zeigte, was ohne Massenmedien möglich ist

vorausgeht oder selbst im Zentrum der Produktion steht, also zum „strategischen Hilfsmittel und axialen Prinzip"[75] geworden ist. *Reuters*-Kunden erhielten dabei direkten Zugang zu den nationalen und internationalen Finanzmärkten, wobei das Monitor-System praktisch in Realzeit Wertpapierkurse, Preisnotierungen für Rohstoffe, Wechselkurse und alles andere anbot, was für Industrie, Handel und Finanzwelt geschäftlich von Bedeutung ist. Auf dem Monitor konnten auch die Meldungen und Hintergrundinformationen der Wirtschaftsdienste empfangen werden; abrufen ließen sich Überschriften, Vorspänne und komplette Texte.

Dies war von Beginn an kein langsamer Massen-Dienst mit komplizierter Suchstruktur und kargen Billiginformationen, sondern ein hochentwickeltes, raffiniertes System, als dessen Kennzeichen Schnelligkeit, Komfort und flexible Informationsbreite und -tiefe hervorgehoben wurden. Die allgemeinen Medien- und Wirtschaftsnachrichten ließen sich zu einem globalen Informationssystem verbinden, das primär für Entscheidungsträger im Bereich der Ökonomie von Bedeutung sein würde. Auf einem dezentralisierten digitalen Marktplatz waren sie Rezipienten, die in Sekundenschnelle informiert werden, aber auch Kommunikatoren, die sich aktiv in den Informationsfluss einschalten können – eine Vorwegnahme der Verhältnisse im Internet-Zeitalter. Dieses Informationssystem ist dann durch neue Angebote wie den Bilderdienst und die Nachrichtenbank, die Beteiligung an anderen Medien und die Ausweitung der internationalen Präsenz und Selbständigkeit kontinuierlich vergrößert worden. Dazu zählte auch der Ausbau von Nachrichtendiensten in Staaten der ‚Dritten Welt'.[76]

Durch seine technologische Infrastruktur und die Diversifikationen war *Reuters* in den 1980er Jahren zu einem der größten Kommunikationskonzerne der Welt geworden. Doch dies blieb bis zum Börsencoup des Jahres 1984 weitgehend unbeachtet. Während die Rolle von konsumtiven Programmherstellern im Zusammenhang mit dem kommunikationstechnischen und -politischen Wandel sehr genau beobachtet wurde, war kaum aufgefallen, welche Stellung *Reuters* mit der Verlagerung seines Schwerpunktes von den allgemeinen Mediernachrichtendiensten auf Verbreitung bzw. Abruf von Geschäftsinformationen und Verkauf bzw. Vermietung von Techniken der Telematik zufiel. Das Unternehmen war auf dem internationalen Marktplatz, mit eigenen Worten, vom Nachrichtengroßhändler zum ‚Einzelhändler' geworden, dessen Operationsbasis die Multi-Funktionalität von Ware und Technologie ist. Die technologische Infrastruktur erlaubte nun, Produkte im Verteil- und Abrufsystem prinzipiell unbegrenzt umzuschlagen oder auch als ‚Backup', als einspielbaren Hintergrund für das geschlossene Netzwerk zu nutzen, in dem Kunden direkt miteinander kommunizieren.

Der Gebrauchswert dieser Ware für die ‚produktive Kommunikation' ist freilich auch von seiner inhaltlichen Qualität abhängig. Die Gruppen, welche dafür bezahlen, verlangen besondere Aktualität, Handlungsrelevanz, Tiefenschärfe, Eindeutigkeit und Sachbezogenheit der Informationen; sie stellen also an die Kompetenz der Vermittlung neue Anforderungen. Sprachlich und formal knüpfte die Agentur dagegen eher an alte Traditionen aller Nachrichtenagenturen an. Feste Standards, welche die Uniformität der Produkte sicherstellen, sind hier schon lange üblich;[77] *Reuters* formulierte sie stets besonders streng, weil man davon überzeugt war, dass die strikte Form und Sprache der Nachrichten die Voraussetzung für inhaltliche Präzision darstellte. Elemente des prägnanten Nachrichtenstils, dessen Essentials Kürze, Knappheit, Standardisierung, Quellenbezug und formale Neutralität sind, waren schon in den Gründerjahren entwickelt worden. Im 1981 vorgelegten ‚Style Book' des deutschsprachigen Reuter-Dienstes wurden die formalen und sprachlichen Vorgaben weiter akzentuiert mit dem Ziel, „einen einheitlichen Meldungstyp zu schaffen. Jede Meldung sollte ohne Mehrarbeit zwischen einzelnen Diensten austauschbar sein." Für den Nachrichtenaufbau galt ein rigides Pyramidenprinzip: „Wird eine Meldung bis auf den ersten Satz gekürzt, muss ihr wichtigster Nachrichtengehalt, einschließlich Quelle, noch immer erhalten sein."[78] Auch dies war nichts prinzipiell Neues, bedeutete aber buchstäblich eine Zuspitzung alter Regeln.

Massenkommunikation und digitaler Marktplatz

Das Informationsunternehmen *Reuters* konnte mit seinem Potential eine Schlüsselposition im globalen Kommunikationsnetzwerk einnehmen, die über die traditionelle ‚Gatekeeper'-Funktion internationaler Nachrichtenagenturen weit hinausreichte. Sein Beispiel lieferte zu einem frühen Zeitpunkt konkrete Hinweise auf ein künftig dreigeteiltes System technisch vermittelter Information und Kommunikation, das in gewisser Weise Anfangsformen moderner Massenkommunikation repliziert. Es gibt darin erstens weiterhin die herkömmlichen Verteilformen mit den Massenmedien als Relais-Stationen zwischen den einzelnen sozialen Systemen. Sie stützen sich wie bisher zum einen auf selbst gesammeltes, zum anderen (und vor allem) auf fremdbeschafftes Material, d. h., sie nutzen die Angebote der Nachrichtenagenturen. Ihre Leistung besteht insbesondere auch in der technischen Vermittlung von Informationen an ein ‚massen-haftes' Publikum. Die Aufwendungen des Konsumenten für diese Leistungen haben, wie gewohnt, „den Charakter von Sozialpreisen"[79].

Zweitens entsteht ein eigenes System vor allem ‚produktiver Kommunikation'. Informationen sind darin zwar in größerer Quantität und technischer Qualität als je zuvor verfügbar, aber nicht ohne weiteres zugänglich. Das ist das primäre Geschäft von Informationsunternehmen aus dem ‚High-tech'-Sektor, die (vor allem) für das soziale System Wirtschaft Nachrichten innerhalb allenfalls teil-offener Kanäle bereithalten. Ein Unternehmen wie *Reuters* bietet an, aber verteilt nicht ‚massen-haft'. Gegen individuelle Berechnung wird Zugänglichkeit jeweils hergestellt und dabei

2 Wie eine Agentur zeigte, was ohne Massenmedien möglich ist

die Informationsware nach individuellen Bedürfnisse ‚à la carte' bestellt bzw. abgerufen. Die Variationsbreite der ökonomisch bestimmten Zugänglichkeit kann je nach Ware beträchtlich sein; Angebote und Preise sind direkt am Markt kalkuliert. Die Leistung des Informationsunternehmens umfasst Informationsbeschaffung, individuelle Bereitstellung und technische Betreuung des Kanals. ‚Massenmedien' sind hier überflüssig; der Informationssammler ist selbst das Medium. Realisierbar ist drittens über die vorhandenen technischen Netze auch ‚unvermittelte vermittelte Kommunikation'. Das Informationsunternehmen hält dann nur die Kanäle verfügbar und tritt als ‚technischer Betreuer' auf. Vor allem für den Austausch geschäftlicher Informationen entsteht so ein Arkan-Netzwerk, das sich aber jederzeit der Informationen in den offenen und teil-offenen Kanälen bedienen kann.

Der Fall *Reuters* lieferte so eine frühe Skizze für den digitalen Marktplatz, der die Kommunikationsverhältnisse in der ‚Informationsgesellschaft' der westlichen Demokratien nun seit Jahren auf breiter Linie bestimmt. ‚Massenkommunikation' wird dadurch zwar nicht eliminiert, aber das vertraute System der Produktion, Distribution und Rezeption von technisch vermittelter Information und Kommunikation modifiziert und anders akzentuiert. Entscheidend ist, dass die Informations- und Meinungs-Märkte ganz neu definiert werden, weil die digitalen Informations- und Kanalangebote selbst wieder unter einem erheblichen ökonomischen Druck stehen. Für einzelne Merkmale dieser Kommunikationsverhältnisse ließen sich seinerzeit aus der Beobachtung dieses Falls schon eine Reihe von Vermutungen formulieren, und zwar zur Funktion der Informationsware und Struktur des Informationsmarktes sowie in Hinblick auf politisch-kommunikative Implikationen für den Journalismus der Zukunft und seine technologischen und ökonomischen Bedingungen. Zu diesen Implikationen gehört, dass das Ausmaß, in dem die Unternehmen Informationen für mediale Produktion und öffentliche Distribution zugänglich machen, immer mehr abhängig wird vom Marktwert und nicht vom Gebrauchswert dieser Informationen. Dadurch könnte es zur Verarmung der öffentlichen Kommunikationsstrukturen kommen; Zahl und Komplexität öffentlicher Kommunikationsstrukturen sind aber Gradmesser insbesondere für die Qualität der politischen Kommunikation in unserer Gesellschaft.

Die Beschäftigung mit dem Fall *Reuters* führt direkt zu den Kernfragen dieses Buchs: Wie notwendig ist für die Gesellschaft künftig noch der Journalismus; wie viel darf er in den auf hohe Profitabilität ausgerichteten Informationsunternehmen noch kosten, und wie groß ist die Gefahr, dass dieser Journalismus seine Funktion verliert, für die Selbstbeobachtung der gesamten Gesellschaft zuständig zu sein? Für Ingo Hertel, damals Mitglied der deutschen *Reuters*-Chefredaktion in Bonn, ging die Entwicklung unausweichlich dahin, dass der Journalismus künftig seine Zuständigkeiten ‚fokussieren' müsse: „Reuters macht nur das, was Geld bringt.

Und Geld bringt in Zukunft nur noch die spezielle Tiefeninformation. Journalisten müssen sich daran gewöhnen, jeweils kleine Eliten zu bedienen."[80] Auf den Schreibtischen der Führungskräfte in Banken und Firmenzentralen standen nun Bildschirme, und darauf war ständig der Name ‚Reuters' zu lesen. Daraus resultierten aber Image-Probleme: Die einstige Nachrichtenagentur schien sichtbar zu einem Werkzeug des kapitalistischen Systems geworden zu sein. Das provozierte kritische Fragen: „Had Reuters unwittingly become a tool of the system in a second sense of the word ‚tool'? Had it contributed to the rise of the materialistic 'yuppie' culture of the 1980s? In Sweden and elsewhere the yuppie condition was defined as possession of ‚a fat salary, a red Porsche and a Reuter terminal'."[81]

Kommunikationsverhältnisse, die vor allem von der betriebswirtschaftlichen Logik multinationaler Unternehmen und weniger vom publizistischen Ideal der Zugänglichkeit und Vielfalt von Informationen geprägt sind, berühren die Gesellschaft im Kern. Ob eine offene Gesellschaft ein ganzes System geschlossener Kommunikationskanäle auf Dauer hinnehmen würde, müsste sich freilich erst erweisen. Betroffen wäre von einer derartigen Entwicklung insbesondere auch die Zukunft professioneller Informationsvermittlung durch Journalisten.[82] Auf der anderen Seite schien sich hier nun durch die prinzipiell frei zugänglichen Sozialen Medien eine ganz andere Perspektive zu eröffnen. Doch laufen aktuelle Pläne (zumindest) des Kurzinfo-Portals *Twitter* darauf hinaus, die Zeit zu beenden, da man möglichst viele Nutzer durch kostenlose Dienste anlocken wollte, die allein durch Werbeeinnahmen finanziert werden. Gedacht ist zusätzlich an ein kostenpflichtiges Abo-Modell für Geschäftskunden, denen zusätzliche Funktionen angeboten werden, um so die chronisch defizitäre Finanzlage verbessern zu können. Das bisherige Geschäftsmodell hatte zuletzt für jährliche Verluste von ca. 500 Millionen Dollar gesorgt. Dies meldete (ausgerechnet) *Reuters* im Frühjahr 2017...[83]

3 Wie Technik die ‚Selbstbeobachtung der Gesellschaft' wandelt

Dass Johannes Gutenberg im Jahre 1455 den Satz und Druck der 42-zeiligen Bibel vollendete, ist allgemein bekannt. Durch den Buchdruck wurde im 15. und 16. Jahrhundert ein Informations- und Kommunikationssystem geschaffen, das die Welt und die Weltbilder revolutionierte. Schon weniger bekannt sind die Zeitpunkte der Vollendung jener Innovationen, die im 19. Jahrhundert das Zeitalter der ‚Massenkommunikation'[84] möglich machten: die Erfindung der Zylinderschnellpresse durch Friedrich Koenig (patentiert 1811) und der Zeilensetzmaschine durch Ottmar

Mergenthaler (patentiert 1884).⁸⁵ Geradezu ignoriert wurde ein Datum, das für den Aufbruch zum Journalismus des 21. Jahrhunderts steht. Es ist kaum im Bewusstsein, obwohl der Innovator gewiss alle Formen moderner Public Relations beherrschte: der 15. September 1982, als erstmals *USA Today* erschien. Eine Zeitung wie ein TV-Programm, für den Fernsehzuschauer des ausgehenden 20. Jahrhunderts, schon bald ‚McPaper' genannt.⁸⁶

Die ‚Erfindung' von *USA Today* basierte auf der damals neuen Satelliten- und Redaktionstechnik: überall produzierbar, überall rezipierbar, gefüllt mit Material aus den Datenspeichern dieser Erde. Das aufwändige Projekt schien ein riesiges Investitionsrisiko zu bedeuten, doch schon fünf Jahre nach dem ersten Erscheinen hatte das Blatt die Gewinnzone erreicht. Ende der 1980er Jahre war es mit einer Auflage von rund 1,5 Millionen Exemplaren und rund 6 Millionen Lesern zur reichweitenstärksten Tageszeitung der Vereinigten Staaten aufgestiegen. Dies ist die Erfolgsgeschichte eines journalistischen Produkts, das nicht nur konsequent auf die neueste Technik, sondern auch konsequent auf Zeitarmut und gewandelte Leseansprüche setzte. Ein Printmedium mit konsequent durchgehaltenem Vierfarbendesign, mit bunten Bildern und Graphiken, mit extrem kurzen und leichtgewichtigen Artikeln, einer unterhaltsamen Wetterkarte – bezogen aus stummen Verkäufern (überall an den Straßen der USA), die wie Fernsehapparate aussahen. Danach ist der Journalismus von *USA Today* weltweit kopiert worden – nicht zuletzt auch in der Bundesrepublik und hier besonders gut sichtbar von dem anfangs sehr erfolgreichen Nachrichtenmagazin *Focus*. Seit ‚McPaper' zum Trendsetter wurde, sehen Zeitungen in aller Welt ziemlich ähnlich aus.

Hinter dem Erfolg von *USA Today* stand nicht nur eine neue Technik und eine neue Optik – dahinter tauchte auch ein ‚neuer' Journalismus auf und damit auch eine andere Art von Selbstbeobachtung der Gesellschaft. Ihr Erfinder Al Neuharth, damals Chef der Gannett Company, der größten Zeitungskette der USA, ließ von Anfang an keinen Zweifel daran aufkommen, dass es ihm genau darum ging. Ein Jahr nach dem Start teilte er dazu Genaueres mit: *USA Today* bedeute einen „neuen Journalismus der Hoffnung" – anstelle des „alten Journalismus der Verzweiflung". Diese Journalismus-Philosophie hat Neuharth dann in seiner Autobiographie ausführlicher begründet. Ihr Titel lautet „Confessions of an S.O.B.". S.O.B. ist bekanntlich die Abkürzung für ‚Son of a Bitch'. Die deutsche Übersetzung des Buches, die schon bald heraus kam, machte daraus – harmloser – „Erfolgsgeheimnisse eines Hundesohnes".⁸⁷

Der ‚Journalismus für das 21. Jahrhundert' – und seine Krise

Al Neuharth war der Propagandist eines ‚Journalismus für das 21. Jahrhundert' und das von ihm vom Stapel gelassene Blatt sein bestes Beispiel. Diesen ‚neuen Journalismus' beschrieb er so: „Zyniker praktizieren den Journalismus der Verzweiflung. Die Frage, um die es geht, ist ganz einfach folgende: ob der alte Journalismus der Verzweiflung, diese höhnische Technik, die die Leser gewöhnlich entmutigt oder wütend, bzw. peinlich berührt zurücklässt, in den 80er und 90er Jahren überleben oder gar blühen und gedeihen kann. Oder ob ein neuer Journalismus der Hoffnung, eine Technik, die eine Chronik des Guten und des Schlechten, des Fröhlichen und des Traurigen anbietet und die Leser gründlich informiert und befähigt, ein Urteil darüber zu fällen, was ihre Aufmerksamkeit und Unterstützung verdient, in den bevorstehenden Dekaden die Oberhand gewinnen und sich durchsetzen wird."[88] Seinen „Journalismus der Hoffnung" grenzte Neuharth ganz scharf ab vom „Holy-Shit-Journalism"[89] der *Washington Post* – das Blatt des ‚Watergate-Skandals'. Dessen damaliger Herausgeber Ben Bradlee wehrte sich gleich dagegen, *USA Today* zu einer führenden Zeitung des Landes zu erklären: „Wenn das so ist, bin ich im falschen Geschäft."[90] Neuharth war mit seinem Urteil der Zeit weit voraus: Knapp drei Jahrzehnte später hätte ein amerikanischer Präsident gewiss seine helle Freude an diesem Journalismus-Entwurf gehabt. Sein Kampf gegen die ‚Mainstream-Medien' trieb das auf die Spitze, was Leute wie Neuharth schon lange vorher artikuliert hatten und was als Protestpotential gegen deren Berichterstattung offenbar in der amerikanischen Gesellschaft vorhanden war.

Neuharths Memoiren erwiesen sich aber auch deshalb als lesenswert, weil sie Insiderwissen über professionelles und kommerzielles Denken eines Medienmachers in einer gewandelten Medienlandschaft unter hohem Konkurrenzdruck vermittelten, der ein Ziel bedingungslos in den Mittelpunkt seines Denkens und Handelns stellte: mit seinem Medienprodukt auf möglichst rationale Weise so viele Rezipientinnen und Rezipienten wie möglich zu erreichen. Man konnte so auch lernen, dass es beim modernen Journalismus stets um das Ineinandergehen von drei Faktoren geht: Technologie, Ökonomie und Inhalt. Inzwischen kann man weniger denn je die Wirklichkeiten, welche der Journalismus anbietet, abkoppeln von den technologischen und ökonomischen Bedingungen, unter denen er zustande kommt.

Durch die Massenmedien erfahren wir, was in der Welt los ist – sagt (nicht nur) Niklas Luhmann.[91] Durch die Massenmedien und speziell die Printmedien haben wir auch gelernt, wie schlecht es insbesondere den Printmedien inzwischen geht. In einer Zeit, da das Wort ‚Krise' ohnehin Konjunktur hat, gibt es gerade in diesem Fall allen Grund, davon zu sprechen. Seit Jahren häufen sich dazu die Katastrophen-Meldungen insbesondere aus den USA. Dort ging es vor allem den Tageszeitungen ökonomisch an den Kragen. Erst die von branchenfremden

Geiern fast ruinierte *Los Angeles Times*, dann verschiedene Provinzblätter, 2009 fast das Totenglöcklein für die damals hochverschuldete *New York Times*, deren möglicher langsamer Tod dann weiter zu den ‚news that's fit to print' gehörte – und dies, obwohl sich die vielleicht beste Zeitung der Welt, die nicht weniger als 1.300 Journalisten beschäftigt, schon früh mit großem Enthusiasmus in das ‚Abenteuer Internet' gestürzt hatte und mit seinem Bezahlmodell für viele Blätter als Vorbild gilt. Die Zahl ihrer Print-Abonnements liegt inzwischen deutlich unter der Zahl der digitalen Abos; nach Trumps Wahl konnte man von diesen zusätzlich mehr als eine viertel Million verkaufen.

Das ist der ‚Trump Bump', wie es bei der Zeitung heißt – wobei niemand weiß, wie lange dieser Effekt trägt. Der Präsident ist für die *Times* geschäftlich ein Traum und journalistisch ein Alptraum. Man kennt sich seit vielen Jahren, denn der Aufstieg des Immobilien-Hais aus dem New Yorker Stadtteil Queens wurde von ihr kritisch begleitet; stets blieb er für sie „ein reicher Clown, eine Witzfigur, die in ihrem übergroßen Ego gefangen ist." Dieser wiederum beschimpft sie als „Schande für die Medienwelt", nennt sie dann aber wieder „Juwel für Amerika und die Welt".[92] Auch die einst höchst profitable Verlagstochter *Boston Globe* wackelt seit langem; erst 1993 hatte Verleger Arthur ‚Punch' Sulzberger das Blatt für sage und schreibe 1,1 Milliarden Dollar erworben.[93]

Inzwischen wackelt der *ganze* Zeitungsglobus (nicht nur der *Boston Globe*). „Zum digitalen Kulturwandel" gehört deshalb bei der *New York Times* weiterhin, „sich keine Illusionen mehr zu machen: Die gedruckte Zeitung wird irgendwann nicht mehr rentabel sein."[94] Deshalb machen sich auch in Deutschland viele Verlage Sorgen. Nur den beiden von der Berliner Rudi-Dutschke-Straße – *tageszeitung* und *Springer*-Konzern – ist in dieser Situation offenbar nicht ihr Sinn fürs Positive verloren gegangen: „Die Medienkrise ist auch eine Chance", tönten sie in ungewohnter Eintracht (Springer-Chef Döpfner sagte sogar: „riesige Chance").[95] International flankiert wurden sie vom Verleger der *International Herald Tribune*, Stephen Dunbar-Johnson: „Wir glauben an die Zukunft, auch die von Print", verkündete er.[96] Ist das Pfeifen im Wald, Zweckoptimismus – oder Gestaltungswille, der Substanz hat?

Direkt aus den ökonomischen Zuständen lässt sich eine Krise des *Journalismus* ableiten. Und in der Tat ist es ja so, dass seine ökonomische Basis immer fragiler wird. Immer weniger Journalisten, so hat die letzte Studie zum ‚Journalismus in Deutschland' gezeigt, können von ihrem Beruf leben.[97] Außerdem nehmen die Belastungen zu, weil die Infrastruktur unzureichend ist. Doch für eine Krise des Journalismus gibt es nicht nur ökonomische, sondern auch professionelle Indikatoren. Hinweise liefert hier auch die hilflos wirkende, permanente Produktion von Pseudo-Prominenten – auch in ‚Qualitätsmedien'. Das *SZ-Magazin* schrieb in diesem Zusammenhang (leider nicht selbstkritisch) vom „Prinzip Verona Pooth", das aber in diesen Zeiten ausgedient habe: „Auch für den faulsten Kredit der Fernsehunterhaltung, das Falschgeld der Prominentenwelt, ist nun der Augenblick der Wahrheit gekommen. Die Frau machte fast 15 Jahre lang aus Scheiße Geld, doch in einer Zeit, die um verlässliche Werte ringt, findet solche Alchemie keinen Zuspruch mehr."[98]

Zu den Krisensymptomen könnte man auch die wundersame Vermehrung von Journalistenpreisen zählen – ein Vorgang, für den es das wunderbare englische Wort ‚mushrooming' gibt. Zu den bekannten Verdächtigen hat sich hier der ‚Liberty Award' gesellt. Den Gewinnern wurde in einer ganzseitigen Anzeige im *Spiegel* gratuliert – vom Stifter Reemtsma (‚Reemtsma. Werte fördern – Haltung zeigen'). Das Rauchverbot gilt hier nicht – denn es handelt sich ja um den ‚Liberty Award'. In Deutschland sind bald alle Journalisten ausgezeichnet – worden; diverse sogar mehrmals. Kaiser Romulus Augustulus (‚der Große') soll kurz vor dem Untergang des Römischen Reiches noch jede Menge Auszeichnungen verteilt haben – jedenfalls, wenn man dem Theaterstück von Friedrich Dürrenmatt Glauben schenkt.

Die Belege für die These, dass es eine Krise der Printmedien und des Journalismus gibt, scheinen insgesamt überwältigend zu sein. Die *Süddeutsche Zeitung* widmete dem Thema eine 21-teilige Interview-Serie mit Experten vor allem aus den USA, die später auch als Buch erschienen ist.[99] Die Überschriften konnte man gleichermaßen als Katastrophenszenarien wie als Überlebensstrategien lesen: „Presse ist Vergangenheit", „Zeitungen in der Todesspirale", „Nicht mehr täglich", „Bei Null beginnen", „Zeitungen retten sich nicht selbst", „Qualität als Statussymbol", „Journalisten sollen wieder an ihren Beruf glauben" oder „Einzigartige Inhalte bleiben wertvoll". Soll man der Krisen-These also folgen oder nicht? Jedenfalls liegt die *aktuelle* Krisendebatte insofern neben der Spur, als die große Zeit des modernen, im 19. Jahrhundert entstandenen Journalismus (und der ihn lange Zeit tragenden Printmedien) schon Ende des 20. Jahrhunderts zu Ende gegangen ist.[100] Man hat es nur nicht so richtig bemerkt.

Die Geburt des modernen Journalismus

Die Erfolgsgeschichte des Journalismus begann in den 80er Jahren des 19. Jahrhunderts. Seither gibt es ‚modernen Journalismus' – mit professionellen Akteuren und Berufsverbänden, die sich um ihre sozialen Belange, um ihre Ausbildung und um ihre Ethik kümmern. Dieses Jahrhundert endete, als in den 80er Jahren des 20. Jahrhunderts globale Informations-Netzwerke entstanden, die den Nachrichtenmedien ihr Vermittlungs-Monopol raubten. Entstanden ist dieser moderne Journalismus als Reaktion auf allgemeine sozio-ökonomische Prozesse: neue Produktionsverhältnisse (Industrialisierung), Gemeinschaftsverhältnisse (Urbanisierung) und Lebensverhältnisse (Modernisierung); definiert und realisiert wurde dadurch eine neue Arbeits- und Freizeitwelt.[101]

3 Wie Technik die ‚Selbstbeobachtung der Gesellschaft' wandelt

Diese Prozesse provozierten (auch) Kommunikationsverhältnisse, die mit der Genese von ‚Massenmedien' verknüpft sind;[102] organisatorisch begünstigten sie einen bestimmten Typ der Organisation von Aussagenproduktion, der als ‚Redaktion' bezeichnet wird.[103] Technologisch basierten diese Massenmedien auf Erfindungen, deren wichtigste – im Sinne der Schließung eines Systems zur rationellen und schnellen Massenproduktion und -distribution von Printerzeugnissen – die Zeilensetzmaschine von Ottmar Mergenthaler war.[104] In der Praxis wurde sie – zuerst bei der *New York Tribune* – seit 1886 eingesetzt, so dass man dieses Jahr als Geburtsjahr des modernen Journalismus bezeichnen könnte. Der ‚Linotype' um Jahrzehnte vorausgegangen war die von Friedrich Koenig entwickelte Zylinderdruckmaschine, die erstmals 1814 bei der Londoner *Times* in der Praxis eingesetzt wurde; sie leitete den Abschied von den jahrhundertealten Druck- und Setzverfahren in der Tradition Gutenbergs ein. Immense Bedeutung für die Reproduktion von Bildern und damit die Entstehung des Fotojournalismus besaß dann auch die Erfindung der Zinkätzung. Neue ‚journalistische' Medien erlebten um die Jahrhundertwende ihre erste Blütezeit.

Der damalige ‚Strukturwandel der Öffentlichkeit'[105] führte auch zu einem grundlegenden Strukturwandel des Journalismus; dieser hatte die berufliche und auch ideologische Abhängigkeit der Journalisten von den Verlegern zur Folge. Aufstiegsmöglichkeiten versprach der Beruf nun einem großen Personenkreis, der zuvor von dieser gehobenen Tätigkeit ausgeschlossen gewesen war. Ob sich der Journalismus damit bis zum Ende des Jahrhunderts tatsächlich vom Akademikerberuf zum Treffpunkt für alle möglichen Laufbahnen entwickelte, ist umstritten; fest steht aber, dass es nun viele Studienabbrecher und Berufswechsler in die Redaktionen zog und dass die Zusammensetzung der Berufsgruppe heterogener wurde. Der Journalismus wurde zum typischen „Aufstiegs- oder [...] Auffangberuf: für die einen eine Art des zweiten Bildungsweges, für die anderen eine Modifikation ihrer ursprünglichen Richtung."[106]

Die wachsende Bedeutung von Presse und Journalismus war schon früh von einer heftigen Presse- und Journalismuskritik begleitet gewesen. Journalisten galten als Leute, die säen, ohne zu ernten, als ‚Proletarier der Geistesarbeit'; den Konservativen erschienen sie als potentielle Umstürzler, den Linken wie Ferdinand Lassalle als opportunistische Handlanger der gewinnsüchtigen Pressekapitalisten.[107] Doch die zunehmende Kommerzialisierung der Publizistik war nur die Voraussetzung für die Verberuflichung des Journalismus und das Entstehen der professionellen Kommunikatorrolle. In den USA wurde gleichzeitig die ‚Objektive Berichterstattung' als Muster für den Journalismus in den Gesellschaften westlichen Typs etabliert (s. dazu Kapitel V/3). Damit entwickelte sich der Journalist „vom unabhängigen Beobachter und Kritiker zu einem relativ passiven Glied in der Kommunikationskette".[108]

Der Historiker Thomas Nipperdey hat die Folgen dieser berufsstrukturellen Prozesse mit folgenden Sätzen auf den Punkt gebracht und dabei auf die deutschen Besonderheiten aufmerksam gemacht: „Der Typus des philosophierenden, Politik normativ interpretierenden, parteinehmenden Intellektuellen, der das ‚Allgemeine' formuliert und die Notwendigkeit der Veränderung, tritt zurück; der Nachrichtenredakteur, der Lokalreporter, der Berichterstatter rücken gegenüber dem Leitartikler nach vorn, ideenpolitische Meinung verliert, gutes Handwerk gewinnt an Gewicht – wenn auch die strikte Trennung von Nachricht und Meinung und der amerikanische Stil der Faktenreportage sich in Deutschland kaum durchsetzen." Hier holte der deutsche Journalismus dann seit Beginn des 20. Jahrhunderts aber auf.[109] Auch bei den Kommentatoren sind nun nach Nipperdeys Darstellung „dem Geist der Zeit gemäß die ‚Realisten' vor die Philosophen" getreten. Der Strukturwandel der Presse habe schließlich zu einem Bewusstseinswandel bei den Journalisten geführt – damals schon: „Mit den politisch weniger profilierten Generalanzeigern wächst die Zahl der neutraleren Journalisten. Insgesamt geht die ältere eingefleischte Opposition der Journalisten gegen die herrschenden Zustände zurück." Generelle Tendenz nun: „Die Journalisten wollen eher sagen, was das Publikum denkt."[110] Mit dem wachsenden Bedarf sei dann „auch die Zahl mittelmäßiger Journalisten" gewachsen. „Die ökonomische Lage der Journalisten war unterschiedlich und kaum glänzend."[111] Kehrt der Journalismus, nimmt man alles in allem, also in der Medienkrise Anfang des 21. Jahrhunderts zu seinen Wurzeln Ende des 19. Jahrhunderts zurück?

Als gravierend für die Entstehung des modernen Journalismus hatten sich auch die immensen Fortschritte bei der Sammlung und Verbreitung von ‚Nachrichten' durch Agenturen erwiesen, die von neuen elektrischen Übertragungstechniken profitierten. Ihr Pionier Paul Julius Reuter reüssierte, wie wir gesehen haben, mit dem Geschäftsmodell der nach ihm benannten Nachrichtenagentur seit den 50er Jahren des 19. Jahrhunderts. Insofern kann man für die Frühgeschichte des modernen Journalismus seinen Namen neben den Otmar Mergenthalers setzen. Auf der Basis dieser Initiativen und Innovationen bildeten sich dann die Formationen heraus, welche die gesellschaftliche Selbstbeobachtung durch Journalismus zu einem finanziell tragfähigen und professionell recht stabilen Bestandteil moderner Gesellschaften (jedenfalls: westlichen Typs) werden ließen und die Berufsrolle des Journalisten und die Binnenstruktur der Aussagenentstehung in ihrer im Prinzip bis heute gültigen Form schufen.[112]

‚Déformations professionelles'?

Bereits 1985 – also genau 100 Jahre nach Mergenthaler – war auf den drohenden Monopolverlust für den Journalismus als ‚Gatekeeper' an den Schleusen der

3 Wie Technik die ‚Selbstbeobachtung der Gesellschaft' wandelt

Informations- und Kommunikationsprozesse aufmerksam gemacht worden.[113] Damit bahnte sich das Ende des ‚journalistischen Zeitalters' an.[114] Mitte der 80er Jahre des 20. Jahrhunderts war vom ‚Internet' als einer globalen technologischen Infrastruktur zwar noch nicht die Rede, so dass die gigantischen Potenziale der Datenkomprimierung, -archivierung und -distribuierung, die im Prinzip jeden zum medialen Kommunikator machen und den herkömmlichen Nachrichtenmedien ihre ökonomische Basis entziehen können, noch nicht absehbar waren. Dies änderte sich dann aber innerhalb weniger Jahre. Inzwischen, mehr als zwei Jahrzehnte später, haben wir völlig veränderte Kommunikationsverhältnisse und dadurch gewandelte Voraussetzungen für die gesellschaftliche Selbstbeobachtung.

Nachdem der Journalismus zu Beginn des Jahrtausends noch einmal eine kurze Blütezeit zu erleben schien (die sich auch in den seinerzeit hohen Mitgliederzahlen seiner Berufsverbände niedergeschlagen hatte), wurden seine beruflichen und strukturellen Probleme danach immer sichtbarer.[115] Grenzen des Berufs lösten sich auf, die vertrauten Geschäftsmodelle erodierten und die Akteure irritierten durch Verhaltensauffälligkeiten und wechselnde Formen der Adaption an gewandelte Rahmenbedingungen. Neue Organisations- und Kommunikationsformen entstanden, die durch Begriffe wie ‚Newsdesks' oder ‚Weblogs' beschrieben wurden und auf eine zumindest partielle De-Professionalisierung des Journalismus hindeuteten: Erstens auf Grund von Rationalisierungsprozessen, die den Kern des Berufs bedrohten und die Zahl der hauptberuflichen Journalisten drastisch reduzierten; inzwischen, so wurde paradigmatisch vorgeführt, ließen sich Texte wie Textilien dort produzieren, wo im Ausland die Lohnkosten besonders niedrig sind.[116] Zweitens durch Amateure, die als „kulturelle Ressource"[117] den Beruf ökonomisch bedrohten, weil ihre Kommunikationsangebote erheblich kostengünstiger zustande kommen.[118] Und schließlich geriet der Journalismus ökonomisch und professionell auch dadurch unter Druck, dass selbst Großverlage nicht mehr für die professionelle Informations-Sammlung durch unabhängige Nachrichtenagenturen bezahlen wollten und sich stattdessen wie Privatleute kostenloser Angebote im Netz bedienten.[119] Aufkündigungen des Solidarprinzips, dem die Presse u. a. ihr Versorgungswerk für Redakteure verdankte, bedeuteten eine Zeitenwende.

Solche Krisenerscheinungen des Journalismus sind nun schon seit Jahren sowohl in wissenschaftlichen Veröffentlichungen als auch in praktischen (Selbst-) Beschreibungen thematisiert worden; insofern richtet sich die journalistische Beobachtung inzwischen auch auf sich selbst. Kritik und Selbstkritik lassen sich dabei anhand einer langen Liste aufzeigen, die Indikatoren für eine Existenz bedrohende Krise des Journalismus enthält. Ganz oben steht dabei die These, dass sich der Journalismus immer mehr vom Selektionsfaktor der Relevanz verabschiede und als Frühwarnsystem für gesellschaftliche Fehlentwicklungen versage. Aufgelöst hätten sich die

Grenzen zwischen seriösem Journalismus und Boulevardjournalismus. Zunehmend funktioniere der Beruf inzwischen nach den Selektions- und Präsentationsregeln des Fernsehens; er habe ein Eliteproblem (‚Alphajournalisten') und werde durch die zunehmende Komplexität der Berichterstattungsobjekte überfordert. Seine ökonomische Basis sei längst erodiert, der Verlust an Ansehen und Glaubwürdigkeit in der Bevölkerung dramatisch. Aus den Augen verloren habe der Journalismus sein (junges) Publikum; verloren habe er (durch den Einfluss von PR) die Kontrolle über die Medieninhalte. Schließlich und ganz deutlich: Der Journalismus nehme seine Kritik- und Kontrollfunktion nicht mehr wahr, verliere seine professionelle Identität und werde zunehmend zur Tätigkeit von (nebenberuflichen) Freelancern.[120]

Dies sind z. T. zugespitzte Aussagen, die in dieser pauschalen Form einer systematischen Prüfung nicht standhalten würden – auch wenn sie bisweilen von einzelnen Generalabrechnungen mit dem Beruf noch übertroffen werden.[121] Natürlich gibt es in Deutschland nach wie vor hervorragenden Journalismus, der auch verdiente Anerkennung findet. Es gibt ihn in allen Medien, und zwar da, wo die Bedingungen stimmen und die Akteure in der Lage sind, diese Bedingungen zu nutzen. Ein Beispiel sind im *Deutschlandfunk* die ‚Informationen am Morgen', wo man an jedem Werktag studieren kann, wie Interviews geführt werden können (hartnäckiges Nachfragen inclusive). In der – wissenschaftlichen und nichtwissenschaftlichen – Literatur finden sich aber schon seit Jahren vor allem viele Beispiele und valide empirische Belege für die oben zusammengestellten zugespitzten Krisenbeschreibungen. Dabei fällt auf, dass diese Medienkritik hinsichtlich zentraler Dimensionen – Boulevardisierung, Ökonomisierung, Deprofessionalisierung – international ähnlich ausfällt.[122] Zu den scharfen Kritikern des ‚Unterhaltungsjournalismus' gehört z. B. auch der peruanische Schriftsteller Mario Vargas Llosa.[123]

Die Formation des modernen Journalismus Ende des 19. Jahrhunderts bedeutete seine enge Bindung an Massenmedien. Insbesondere die Tageszeitung gilt bis heute als journalistisches Medium par excellence, so dass gerade deren aktuellen ökonomischen Probleme (sowohl auf dem publizistischen als auch auf dem werblichen Markt) als Bedrohung für den Journalismus insgesamt diskutiert werden. Dieser Druck auf die Tagespresse wird verstärkt durch das vom Internet verursachte veränderte Nutzungsverhalten des jüngeren Publikums; Auflagen-, Reichweiten- und Anzeigenschwund wirken gleichzeitig. Lange Zeit finanzierten sich Tageszeitungen zu zwei Dritteln aus Anzeigen und zu einem Drittel aus Vertriebserlösen. Inzwischen liegen die Vertriebseinnahmen höher als die Anzeigeneinnahmen – bei insgesamt sinkenden Erlösen.[124] Die Verlage mussten auch darauf reagieren, dass es im Internet grundsätzlich bessere Gestaltungsmöglichkeiten für Anzeigen gibt – und dass die Kunden das auch gemerkt haben; dies betrifft die Bebilderung, die Aktualisierbarkeit, die Zielgruppenansprache und insgesamt die neuen Distributionsmöglichkeiten.

3 Wie Technik die ‚Selbstbeobachtung der Gesellschaft' wandelt

Dass Online-Auftritte nun mit neuen Kommunikationsformen zu den zentralen aktuellen Strategien von Medienunternehmen zählen, um die Anzeigeneinnahmen zu steigern und das verlorene Publikum als aktive Nutzer zurück zu gewinnen, hat gleichzeitig Auswirkungen auf die redaktionellen Strukturen – und auf die journalistische Qualität. Hier gehört zu den wichtigsten (eher am Rande behandelten) Konsequenzen, dass der Journalismus (noch) geschwätziger geworden ist, weil die im Prinzip ‚grenzenlose' Online-Kommunikation ihn seines wichtigsten Potentials beraubt: auf Grund limitierter Raum- und Zeitressourcen begründete Selektionsentscheidungen treffen zu müssen. Die gibt es für die Hauptprogramme von Presse, Hörfunk und Fernsehen zwar nach wie vor; gleichzeitig werden aber Themen durch ‚Internet-Ergänzungen' endlos ausgewalzt und Stücke angeboten, die früher wegen fehlender Relevanz aussortiert worden wären. Auf diese Weise entwaffnet der Journalismus sich selbst und macht nichts anderes als die Personen und Gruppen, die in den Sozialen Medien mit ihren Hobbys herumturnen. Doch an die will man ran und mischt deshalb überall mit, wo sich eine Gelegenheit bietet. Neuerdings gehört auch *Snapchat* dazu – ein neues Medium für die ganz Jungen, das wegen des Verfallsdatums seiner Inhalte an Lebensmittel erinnert.

‚McPaper' und McDonald's

Nicht nur in den USA ist im Zusammenhang mit der ‚McPaper Revolution'[125], die von *USA Today* ausgelöst wurde, die Funktion des Journalismus unter vielfältigen Aspekten neu thematisiert worden. Das neue Blatt wurde schnell zum Vorbild für einen ‚Relaunch' vieler Zeitungen – auch außerhalb der Vereinigten Staaten.[126] Verlagsverantwortliche verkündeten immer mehr Redakteuren, „their papers would be redesigned and their jobs redefined". Vor allem bei größeren Zeitungen richtete man nun ‚design desks' als neue Zentren der redaktionellen Produktion ein, die aber nach Ansicht der Journalisten ihre Kontrolle über die Inhalte der Nachrichten beeinträchtigten.[127] Von Anfang an war das Baby des Verlegers Al Neuharth auch deshalb von heftiger Kritik begleitet gewesen. Es handele sich, wurde moniert, um einen „Parvenue"[128] der nur vorgebe, die ‚newspaper' zur ‚usepaper' zu machen, tatsächlich aber ‚journalism light' und ‚safer journalism' praktiziere, der nur keine Scherereien bekommen will, billig ist – und vor allem: ein angenehmes Anzeigenumfeld schafft. Der angesehene Medienforscher Ben Bagdikian beharrte darauf, daß hier kein neuer Qualitätsjournalismus kreiert worden sei, sondern ein Produkt der Marktforschung: „Es ist ein Unglück, daß die erste wirklich überregionale General-Interest-Tageszeitung des Landes ein allenfalls mittelmäßiges Stück Journalismus darstellt", kritisierte er. Sie werde kein Gewinn für die lesende Öffentlichkeit sein – eher „ein Schlag gegen den amerikanischen Journalismus. Das Blatt präsentiert die Herrschaft von Verpackung und Marktforschung in einem Bereich, in dem bislang die redaktionelle Urteilskraft von Reportern und Herausgebern dominierte."[129]

Für dafür besonders sensibilisierte Zeitgenossen drängten sich Parallelen zwischen *USA Today* als Trendsetter einer neuen ‚journalistischen Kultur' und McDonald's als Pionier einer neuen ‚Esskultur' geradezu auf; hier wie dort gehe es um heikle nordamerikanische Innovationen mit weltweiten Implikationen: „Beider Produkt ist für rastlose Leute bestimmt, für Menschen, die keine Zeit haben – weder zum Essen, noch zum Lesen. Am liebsten tun sie, um Zeit effektiver zu nutzen, zwei Dinge gleichzeitig, womöglich *USA Today* durchblättern, während sie einen Hamburger verschlingen."[130] Schnell war deshalb auch vom ‚McJournalismus' die Rede: „McJournalismus ist gedrucktes Fast food. Viel Verpackung, viel Farbstoff, und ständig fragt sich der Leser: Where is the beef? McJournalismus hat mit Journalismus so viel zu tun wie McDonald's mit Rinderbraten."[131] Der durch ‚McPaper' repräsentierte Journalismus provozierte weiter eine Vielzahl von Etiketten wie ‚Fast food-' oder ‚Junk food-Journalism', die alle mehr oder weniger deutlich auf den Gastronomiemulti rekurrierten; im deutschsprachigen Raum war dann vom ‚Schnellküchen-' oder ‚Instantjournalismus' die Rede.

USA Today gilt bis heute als Symbol für die Dominanz des Marketing über den Journalismus – eine Dominanz, die nicht nur ökonomische, sondern auch ideologische Ursachen und Konsequenzen hat. Da gibt es die Leserorientierung etwa in Form eines ausführlichen und gut gemachten Sportteils, ‚schlanke', effizient arbeitende Redaktionen und das verstärkte Angebot von ‚good news': Inhalten, die der gesellschaftlichen Integration dienen und den Patriotismus fördern sollen[132] – ganz, wie es dem Weltbild von Al Neuharth entsprach. ‚Watergate'-Enthüller Carl Bernstein kritisierte später generell, dass sich seit diesem ‚neuen Medium' der Mainstream der US-Medien durch Maßstäbe leiten lasse, die von Talkshows und reißerischen Magazinen des Fernsehens gesetzt würden.[133]

Die Tageszeitung wurde zur Keimzelle für die Expansion in alle möglichen Bereiche von Printprodukten, Telekommunikationsdiensten und Radio- und Fernsehprogrammen, wobei der Name als Markenartikel und für umfassende Marktstrategien genutzt wurde. Der Gannett-Konzern lieferte dafür mit *USA Today Baseball Weekly* und *USA Today Radio* selbst Beispiele, die der Wissenschaftler John K. Hartman in seinem Buch als „The USA Today Way" beschrieben hat.[134] Die Zeitung wurde dann auch zur Antwort auf die vom Fernsehen vorgegebenen Formate; immer mehr Blätter kopierten insbesondere dessen Layout und Info-Grafiken, um gegen die (lokale) TV-Konkurrenz bestehen zu können. Dies führte nicht nur zu schwindender Individualität bei der Zeitungsgestaltung, sondern auch zu grundlegenden Normenkonflikten im Journalismus: ‚Überformatierung' beeinflusst die Inhalte; übertriebene Marktorientierung schränkt die sozialen Funktionen der Medien ein, und ‚fluff' dominiert gegenüber der Tiefenrecherche. Deshalb wurde die Frage gestellt, ob der leserfreundliche ‚USA Today-style' nicht bewährte professionelle Einstellungen, Routinen und Werte im Nachrichtenjournalismus aufhebe und dem Publikum gebe, was es wolle (Unterhaltung), und nicht, was es brauche (Information).[135]

Die Funktion des künftigen Journalismus ist in Deutschland vor allem im Zusammenhang mit dem Schicksal des *Spiegel* öffentlich diskutiert worden. Dabei wurde recht vordergründig die neue Konkurrenz durch *Focus* hochgespielt, eine Art *USA Today*-Kopie im Magazinformat, die das Hamburger Nachrichtenmagazin zu einem Spagat zu nötigen schien: zwischen der eigenen Tradition als „Sturmgeschütz der Demokratie" (*Spiegel*-Herausgeber Rudolf Augstein) und kommerziellem Reichweiten-Ehrgeiz, der nur durch das Hissen einer „journalistischen Billigflagge" (*Zeit*-Herausgeber Theo Sommer) zu befriedigen wäre.[136] Doch es ging um Grundsätzlicheres, nämlich eine Antwort auf die Frage, ob die Medien tatsächlich noch die Wahl haben zwischen Reichweite und Qualität, denn die hoch kommerzialisierten Mediensysteme entfalteten zu dieser Zeit mit zunehmender Tendenz einen Druck auf die Journalistinnen und Journalisten. Dies führte zu einem immer gnadenloser werdenden Kampf um Reichweitenmacher, die eine Unterhaltungsfunktion erfüllen – wobei prinzipiell alles zum ‚Entertainment' werden kann; kurz, die Branche tanzte *Tango*. So hieß damals ein neues einschlägiges Blatt, das aber bald wieder vom Markt verschwand.

Quellen/Anmerkungen

1 Volker Lilienthal et al.: Digitaler Journalismus. Dynamik – Teilhabe – Technik, Leipzig 2014, S. 19.
2 Eli Pariser: The Filter Bubble: What The Internet Is Hiding From You, New York 2011.
3 Vgl. Simon Hurtz/Hakan Tanriverdi: Filterblase? Selbst schuld!, in: Süddeutsche.de v. 2.5.2017 (www.sueddeutsche.de/digital/facebook-filterblase-selbst-schuld-1.3479639).
4 Vgl. Wolfgang Schweiger: Der (des)informierte Bürger im Netz, Wiesbaden 2017, insbes. S. 91 ff.
5 Vgl. Siegfried Weischenberg: Die elektronische Redaktion 1978; ders.: Journalismus in der Computergesellschaft, München/New York 1982; Bernd Schütt: Vom Tagesschriftsteller zum technischen Redakteur?, Frankfurt 1981; Claudia Mast: Der Redakteur am Bildschirm, Konstanz 1984; Jürgen Prott: Die Elektronik im beruflichen Alltag von Nachrichtenredakteuren, in: Publizistik, 24. Jg., 1979/4, S. 522-541; ders. et al.: Berufsbild der Journalisten im Wandel?, Frankfurt 1983; Ulrich Hienzsch: Journalismus als Restgröße, Wiesbaden 1990; Thomas Steg: Redakteure und Rationalisierung, Frankfurt a. M. 1992.
6 Vgl. Jürgen Prott: Bewußtsein von Journalisten, Frankfurt/Köln 1976, S. 373.

7   Carey hat den modernen Journalismus, den er als entintellektualisiert und technisiert beschreibt, direkt in Beziehung mit dem Aufkommen des Dogmas der ‚Objektiven Berichterstattung' gegen Ende des 19. Jahrhunderts gebracht (vgl. James W. Carey: The Communications Revolution and the Professional Communicator, in: P. Halmos (ed.): The Sociology of Mass Media Communicators, Keele 1969, S. 23-38 (hier: 32 f.).
8   Frederick Winslow Taylor: Die Grundsätze wissenschaftlicher Betriebsführung, Weinheim/Basel 1977.
9   Vgl. Günter Ropohl: Eine Systemtheorie der Technik, München/Wien 1979, S. 260; Harold L. Wilensky: Arbeit, Karriere und soziale Integration, in: T. Luckmann/W. M. Sprondel: Berufssoziologie, Köln 1972, S. 318-341 (hier: 330 f.).
10 Jürgen Prott/Jürgen Simoleit: Die Elektronik im beruflichen Alltag von Nachrichtenredakteuren, in: Publizistik, 1979/4, S. 522-541; Ahmet Cakir et al.: Untersuchungen zur Anpassung von Bildschirmarbeitsplätzen an die physische und psychische Funktionsweise des Menschen, Bonn, April 1978, S. 342-378.
11 Cakir et al.: Untersuchungen zur Anpassung von Bildschirmarbeitsplätzen an die physische und psychische Funktionsweise des Menschen, a. a. O., S. 354.
12 Vgl. dazu z. B. die Befunde in: Wolfgang R. Langenbucher et al.: Pressekonzentration und Journalistenfreiheit, Berlin 1976.
13 Sie suchen, so zeigen die Studien, eher Selbstverwirklichung als soziale Verantwortung und interpretieren auch ihre eigene soziale Situation eher individualistisch (vgl. z. B. Walter Gieber: Eine Nachricht ist das, was Zeitungsleute aus ihr machen, in: D. Prokop (Hrsg.): Massenkommunikationsforschung I: Produktion, Frankfurt 1972, S. 221-228 (hier: 227); Langenbucher et al.: Pressekonzentration und Journalistenfreiheit, a. a. O., S. 134 f.).
14 Vgl. Carey: The Communications Revolution and the Professional Communicator, a. a. O.; Hansjoachim Höhne: Die Geschichte der Nachricht und ihrer Verbreiter, Baden-Baden 1977, S. 75; Kurt Koszyk: Deutsche Presse im 19. Jahrhundert, Berlin 1966, S. 218 ff.
15 Vgl. William F. Ogburn: Die Theorie des ‚Cultural Lag', in: H. P. Dreitzel (Hrsg.): Sozialer Wandel, Neuwied/Berlin 1967 [zuerst 1957], S. 328-338.
16 Vgl. Manfred Rühl: Die Zeitungsredaktion als organisiertes soziales System, Fribourg, 2. verb. u. erw. Aufl. 1979.
17 Vgl. z. B. Siegfried Weischenberg: Journalistik, Bd 2: Wiesbaden, Nachdruck 2002, S. 429 ff.
18 Vgl. Wolfgang R. Langenbucher (Hrsg.): Journalismus & Journalismus. Plädoyers für Recherche und Zivilcourage, München 1980.
19 Vgl. Hans Magnus Enzensberger: Das digitale Evangelium, in: in Der Spiegel 2000/2, S. 92-101 (hier: 92 f.).
20 Vgl. Anne Kunze: Stets dieselben Fragen, in: Die Zeit Nr. 48 v. 22. 11.2012, S. 26.
21 Stefan Schulz: Die Dialektik der Aufklärung 2.0, in: Frankfurter Allgemeine Zeitung v. 1.2.2012, S. N 4.
22 Enzensberger: Das digitale Evangelium, a. a. O., S. 96, 92 f.
23 „Unter Nackten ist keiner mehr nackt". Er regt auf, er regt an und breitet auch sein Intimleben im Internet aus – zum Nutzen der Gesellschaft, sagt Jeff Jarvis, in: Frankfurter Rundschau v. 11.5.2010, S. 20 f.
24 Christiane Schulzki-Haddouti: Zeit der Experimente. Live-Videostreaming, Chatbots, Sensoren – Pfeiler eines modernen Journalismus?, in: M 2016/2, S. 12 f. (hier: 12).

25 Vgl. Christoph Moss: Der Kampf gegen den Informations-Tsunami, in: Econforum v. 18.11.2011. (http://ECCNFORUM.DE/AUTHOR/CHRISTOPH-MOSS/).
26 Schulzki-Haddouti: Zeit der Experimente, a. a. O., S. 12.
27 Vgl. Weischenberg: Journalismus in der Computergesellschaft, a. a. O., S. 19.
28 Vgl. Lilienthal et al.: Digitaler Journalismus, a. a. O., S. 43.
29 Vgl. DJV-Workshop: Smartphone-Journalismus. Das Produktionsstudio in der Jackentasche, in: info DJV Hamburg v. 20.2.2017.
30 Vgl. www.basicthinking.de/blog/2006/08/24/thomas-stalinorgel-knuewer/; Spaß mit der Kalaschnikow. Rainer Meyer alias Don Alphonso im Gespräch mit Doreen Müller, in: Webwatching. Trends der Netzkultur (www.webwatching.info/interviews.html).
31 Thomas Thiel: Wir sind Sprengstoff! Wie ,Wikipedia' im Internet Wissen für alle schafft und zerstört, in: Frankfurter Allgemeine Zeitung v. 8.8.2005, S. 36.
32 Vgl. Bernd Graff: Web 0.0. Das Internet verkommt zu einem Debattierclub von Anonymen, Ahnungslosen und Denunzianten, in: Süddeutsche v. 8.12.2007.; Tobias Rüther: Die Front gibt es nicht, in: Frankfurter Allgemeine Zeitung v. 1.1.2008, S. 33. Kritisch dazu Robin Meyer-Lucht: Das Benzin des Internets, in: perlentaucher, 14.12.2007. (www.perlentaucher.de/artikel/4353.html).
33 Simon Feldmer: Immer schön im Bild bleiben, in: Süddeutsche Zeitung v. 30.5.2007.
34 Vgl. Marcus Brauck et al.: Die Beta-Blogger, in: Der Spiegel Nr. 30 v. 21.7.2008, S. 94-96.
35 Vgl. z. B. Ijoma Mangold: Ich. Letzte Lockerung: Journalisten und ihre Videoblogs, in: Frankfurter Allgemeine Zeitung v. 30.11.2007, S. 13; ders.: Brummen vor Selbstgenuss, in: Süddeutsche Zeitung v. 30.11.2007.
36 Vgl. dazu z. B. die folgenden ,Nachrufe': Ralf Drost: Du und deine Welt, ihr gefallt mir nicht mehr ganz so gut. Mit zweihundert Jahren starb jüngst unerwartet der Popjournalismus, in: Frankfurter Allgemeine Zeitung v. 25.9.2002, S. 42; Frank Hornig/Thomas Schulz: Generation Flop, in: Der Spiegel Nr. 34 v. 19.8.2002, S. 98-100.
37 Vgl. Harald Staun: Wo seid ihr?, in: Frankfurter Allgemeine Sonntagszeitung v. 5.5.2007.
38 Brauck et al.: Die Beta-Blogger, a. a. O., S. 94-96 (hier: 94).
39 Martin Schoeb: So wird das nichts, in: Frankfurter Allgemeine Zeitung v. 18.4.2007, S. 44.
40 Brauck et al.: Die Beta-Blogger, a. a. O., S. 94-96 (hier: 95).
41 Süddeutsche Zeitung Magazin Nr. 19 v. 8.5.2009, S. 5.
42 Stefan Niggemeier: Wutmäander zur Qualitätsdebatte, 12.5.2009, sowie die dazu angefügten Kommentare (www.stefan-niggemeier.de).
43 Lilienthal et al.: Digitaler Journalismus, a. a. O.
44 Vgl. z. B. Christian Stöcker: Der Rechner als Redakteur, in: Spiegel Online v. 28.6.2005.; Thomas Thiel: Der Algorithmus richtet's, in: Frankfurter Allgemeine Zeitung v. 30.8.2005, S. 38.
45 ,Epic' für ,Evolving Personalized Information Construct'.
46 Vgl. Stöcker: Der Rechner als Redakteur, a. a. O.
47 Vgl. Matthias Kurp: Heimliche Verführung. Meinungsmacher: Intermediäre bedrohen die Meinungsvielfalt, in: M 2016/3, S. 25 f. (hier: 25).
48 Ebd., S. 26.
49 Vgl. Christiane Schulzki-Haddouti: Man findet, was man sucht. Panama Papers: Hoher Anspruch der Öffentlichkeit an die Auswertung, in: M 2016/2, S. 22 f. (hier: 23)

50 Caspar Schaller: Wo wir scheitern. Eigentlich sind es gute Zeiten für Journalisten: Globale Medien kennen keine Grenzen mehr, in: Die Zeit Nr. 17 v. 14.4.2016, S. 45 f. (hier: 46).
51 Vgl. Pulitzer-Preis für Panama-Papers, in: SZ.de v. 11.4.2017. (www.sueddeutsche.de/medien/journalismus-pulitzer-preis-fuer-panama-papers-1.3460165).
52 Vgl. Wiebke Loosen/Armin Scholl: Journalismus und algorithmische Wirklichkeitskonstruktion, in: Medien & Kommunikationswissenschaft, 65. Jg., 2017/2, S. 348-366 (hier: insbes. 355 ff.); des Weiteren: Miriam Meckel: Next. Erinnerungen an eine Zukunft ohne uns, Reinbek bei Hamburg 2011.
53 Niklas Luhmann: Die Realität der Massenmedien, Opladen, 2. erw. Aufl. 1996, S. 215.
54 Loosen/Scholl: Journalismus und algorithmische Wirklichkeitskonstruktion, a. a. O., S. 362.
55 Vgl. Lilienthal et al.: Digitaler Journalismus, a. a. O., S. 194 ff.
56 Ebd., S. 46.
57 Jonathan Franzen: Unschuld, Reinbek bei Hamburg 2015, S. 303.
58 Vgl. Weischenberg: Journalismus in der Computergesellschaft, a. a. O.
59 Vgl. z. B. Herbert J. Schiller: Die Verteilung des Wissens, Frankfurt/New York 1984, S. 125 ff.
60 Wesentliche Teile der folgenden historischen Darstellung von Reuters wurden vom Verf. erstmals publiziert in: Publizistik, 30. Jg., 1985/4, S. 485-508. Die wichtigsten Quellen dazu waren: Graham Storey: Reuters' Century. 1851-1951, London 1951; Roderick Jones: A Life in Reuters, London 1951; Gerd Kulle et al.: Paul Julius v. Reuter. Pionier des weltweiten Nachrichtenwesens, Kassel 1978; Reuter GmbH (Hrsg.): „Reuter meldet …", o. O. (London) 1981; This is Reuters (Staff Handbook), o. O. (London), o. J. (1983); Reuters Limited: Reuters, o. O. 1984.; Reuters Holdings PLC Report and Accounts 1984, London, 18.3.1985; Reuters Alert. The Magazine for Subscribers to Reuter Services, March-June 1985; Donald Read: The Power of News. The History of Reuters, 1849-1989, London 1992.
61 David Paul Nord: The Business Values of American Newspapers: The 19th Century Watershed in Chicago, in: Journalism Quarterly, Vol. 61, No.2, Summer 1984, S. 265.
62 Read: The Power of News, a. a. O., S. 40.
63 Ebd., S. 347 f.
64 Storey: Reuters' Century, a. a. O., S. 268.
65 Read: The Power of News, a. a. O., S. 397, 404.
66 Vgl. Financial Times Europe v. 27.7.2007, S. 13.
67 Storey: Reuters' Century, a. a. O., S. V.
68 Vgl. Hansjoachim Höhne: Report über Nachrichtenagenturen. Neue Medien geben neue Impulse, Baden-Baden: Nomos 1984, S. 58.
69 Read: The Power of News, a. a. O., S. 401.
70 Hansjoachim Höhne: Report über Nachrichtenagenturen, Baden-Baden: Nomos 1984, S. 167.
71 Storey: Reuters' Century, a. a. O., S. 14.
72 Oliver Boyd-Barrett: The International News Agencies, London 1980, S. 230.
73 Vgl. zur Entstehung und Problematik dieses ‚Tatsachenjournalismus' u. a. James W. Carey: The Communications Revolution and the Professional Communicator, a. a. O.; Gaye Tuchman: Objectivity as Strategic Ritual: An Examination of Newsmen's Nations of Objectivity, in: American Journal of Sociology 77, Jan. 1972, S. 660-679.

Quellen/Anmerkungen

74 Otto Groth: Die unerkannte Kulturmacht, Bd. 4, Berlin 1962, S. 801.
75 Daniel Bell: Die nachindustrielle Gesellschaft, Frankfurt/New York 1975, S. 41.
76 Die Aktivitäten der großen Nachrichtenagenturen in der ‚Dritten Welt' und deren Problematik (‚free flow') stehen hier nicht im Fokus. Deshalb muss der Hinweis genügen, dass auch und gerade *Reuters* im Kontext der UNESCO-Debatte als Interessenvertreter auftrat (vgl. UNESCO (Hrsg.): Viele Stimmen – eine Welt, Konstanz: Universitätsverlag 1981, S. 185 ff. sowie Luyken: Internationalisierung der Medien: metropole Standards – periphere Wirklichkeit, a.a.O., S. 312-326 (hier insbes.: 313 ff.)).
77 Vgl. z. B. das AP-Stylebook, welches in den USA auch an vielen Journalistenschulen verwendet wird (The Associated Press: Stylebook and Libel Manual, New York, 13. Aufl. 1982).
78 Reuter GmbH: Reuters Style Book. Deutschsprachiger Dienst, Bonn 1981, S. 14, 10.
79 Franz Ronneberger: Kommunikationspolitik, Bd. I, Mainz 1980, S. 49.
80 Gespräch mit d. Verf. am 25.2.1985 in Bonn.
81 Read: The Power of News, a.a.O., S. 404.
82 Vgl. Siegfried Weischenberg: Die Unberechenbarkeit des Gatekeepers, in: Rundfunk und Fernsehen, 33. Jg., 1985/2, S. 187-201.
83 Vgl. Twitter will endlich Geld verdienen, in: Spiegel-Online v. 24.3.2017.
84 Die folgende Definition des sperrigen Begriffs ‚Massenkommunikation' ist für die deutschsprachige Kommunikationswissenschaft geradezu klassisch geworden: „Unter Massenkommunikation verstehen wir jene Form der Kommunikation, bei der Aussagen öffentlich durch technische Verbreitungsmittel indirekt und einseitig an ein disperses Publikum vermittelt werden." (Gerhard Maletzke: Psychologie der Massenkommunikation, Hamburg 1963, S. 14) Gerbner definierte den Begriff später so: „Mass communication is the mass-production of messages, and their rapid distribution to large and heterogenous publics." (George Gerbner: Institutional Pressures Upon Mass Communicators, in: P. Halmos (ed.): The Sociology of Mass-Media Communicators, Keele 1969, S. 206)
85 Vgl. z. B. Weischenberg: Journalismus in der Computergesellschaft, a.a.O., S. 32 ff.
86 Vgl. Peter Prichard: The Making of McPaper. The Inside Story of USA Today, Kansas City/New York 1987; der spätere Chefredakteur der Zeitung hat in diesem Buch mit bemerkenswerter Offenheit über die Grundlagen der Erfolgsstory von *USA Today* berichtet.
87 Al Neuharth: S.O.B. Erfolgsheimnisse eines Hundesohnes, Frankfurt a. M./Berlin 1991 [Original: Confessions of an S.O.B., New York 1989].
88 Ebd., S. 317.
89 Laut *Post*-Herausgeber Ben Bradlee soll der Leser am Frühstückstisch ‚Holy Shit' sagen, wenn er das Titelblatt in die Hand nimmt (vgl. ebd.: 318).
90 Zit. n. Holger Rust: Das Wunderkind aus einer Top-Familie. Fünf Jahre ‚USA Today', in: neue medien 1987/9, S. 90-99 (hier: 93).
91 Vgl. Luhmann: Die Realität der Massenmedien, a.a.O., S. 9.
92 Vgl. Isabell Hülsen: Schrei nach Liebe. Auf keine Zeitung prügelt Donald Trump so gern ein wie auf die ‚New York Times', in: Der Spiegel Nr. 17 v. 22.4.2017, S. 72-77 (Zitat: 74).
93 Vgl. Frankfurter Allgemeine Zeitung v. 6.4.2009, S. 33.
94 Hülsen: Schrei nach Liebe, a.a.O., S. 77.

95 Die Medienkrise ist auch eine Chance, in: tageszeitung v. 11.9.2009.; „Wir erleben die Medienkrise als riesige Chancen (Mathias Döpfner im Gespräch), in: Frankfurter Allgemeine Zeitung v. 4.7.2008.
96 Henning Hoff: Wir bringen uns in Position, in: Frankfurter Allgemeine Zeitung v. 3.4.2009.
97 Vgl. Siegfried Weischenberg/Armin Scholl/Maja Malik: Die Souffleure der Mediengesellschaft. Report über die deutschen Journalisten, Konstanz 2006, S. 59 ff.
98 SZ-Magazin Nr. 14 v. 3.4.2009, S. 6.
99 Vgl. Stephan Weichert/Leif Kramp/Hans-Jürgen Jakobs: Wozu noch Zeitungen? Wie das Internet die Presse revolutioniert, Göttingen 2009.
100 Siegfried Weischenberg: Das Jahrhundert des Journalismus ist vorbei, in: H. Bohrmann/G. Toepser-Ziegert (Hrsg.): Krise der Printmedien: Eine Krise des Journalismus?, Berlin/New York 2010, S. 32-61.
101 Vgl. Shearon Lowery/Melvin De Fleur: Milestones in Communication Research (Media Effects), New York 1983, S. 3 ff.; Siegfried Weischenberg: Journalistik, Bd. 1, Wiesbaden, 3. Aufl. 2004, S. 124 f.
102 Vgl. Siegfried Weischenberg: Pull, Push und Medien-Pfusch. Computerisierung – kommunikationswissenschaftlich revisited, in: I. Neverla (Hrsg.): Das Netz-Medium, Opladen/Wiesbaden 1998, S. 37-61.
103 Vgl. Groth, Otto: Die Zeitung. Ein System der Zeitungskunde, Bd. 1, Mannheim/Berlin/Leipzig 1928, S. 381 ff.
104 Vgl. George Corban Goble: The Obituary of a Machine: The Rise and Fall of Ottmar Mergenthaler`s Linotype at U.S. Newspapers, Ph.D. Diss., Indiana University 1984.
105 Jürgen Habermas: Strukturwandel der Öffentlichkeit, Neuwied/Berlin, 4. Aufl. 1969.
106 Rolf Engelsing : Massenpublikum und Journalistentum im 19. Jahrhundert in Nordwestdeutschland, Berlin 1966, S. 43.
107 Vgl. Thomas Nipperdey: Deutsche Geschichte 1800-1866, München 1983, S. 594.
108 Vgl. Carey: The Communications Revolution and the Professional Communicator, a. a. O., S. 33.
109 Vgl. Thomas Birkner: Journalism 1914. The Birth of Modern Journalism in Germany a Century Ago, in: Journalism History, Vol. 42, 2016/3 (Fall), S. 153-163.
110 Thomas Nipperdey: Deutsche Geschichte 1866-1918. Bd. I: Arbeitswelt und Bürgergeist, München 1990, S. 806.
111 Ebd., S. 805.
112 Vgl. Habermas: Strukturwandel der Öffentlichkeit, a. a. O. S. 199 ff.
113 Vgl. Weischenberg: Die Unberechenbarkeit des Gatekeepers, a. a. O..
114 Vgl. Armin Scholl/Siegfried Weischenberg: Journalismus in der Gesellschaft, Opladen/Wiesbaden 1998, S. 263.ff.
115 Siegfried Weischenberg Déformations professionelles? Der Journalismus steht vor einem grundlegenden Wandel, in: agenda 24, Mai-Juni 1996, S. 8-10.
116 Vgl. z. B. Frank Hornig: „Es geht ums Überleben", in: Der Spiegel Nr. 52 v. 20.12.2008, S. 72 f.
117 Ramón Reichert: Amateure im Netz. Selbstmanagement und Wissenstechnik im Web 2.0, Bielefeld 2008, S. 215 ff.
118 Vgl. Weischenberg et al.: Die Souffleure der Mediengesellschaft, a. a. O., insbes. S. 189 f.; Christoph Neuberger/Christian Nuernbergk/Melanie Rischke: Weblogs und Jour-

nalismus: Konkurrenz, Ergänzung oder Integration, in: Media Perspektiven 2007/2, S. 96-112.
119 Vgl. z. B. Peter Schilder: Sie wollen die Zeitung der Autoren werden, in: Frankfurter Allgemeine Zeitung v. 25.1.2009.
120 Vgl. dazu auch die Zusammenstellung von Krisensymptomen in: Schweiger: Der (des) informierte Bürger im Netz, a. a. O., S. 14 ff.
121 Vgl. Bijan Peymani: Spätromantische Mediendekadenz: Wie und warum der Journalismus vor die Hunde geht, in: B. Dernbach/W. Loosen (Hrsg.): Didaktik der Journalistik, Wiesbaden 2012, S. 439-445.
122 Vgl. z. B. Scholl/Weischenberg: Journalismus in der Gesellschaft, a. a. O., S. 261 f., 18 f.
123 Vgl. Mario Vargas Llosa: Die Zivilisation des Spektakels. Wenn alles erlaubt ist, kontaminiert die Unterhaltung den seriösen Journalismus, in: Süddeutsche Zeitung v. 23./24. 6. 2007, S. 21.
124 Vgl. Bundesverband Deutscher Zeitungsverleger (Hrsg.): Die deutschen Zeitungen in Zahlen und Daten 2014, Berlin 2014, S. 7.
125 George Albert Gladney: The McPaper Revolution?, in: Newspaper Research Journal, Vol. 13, 1992/1-2, S. 54-71.
126 Vgl. Werner A. Meier et al.: Produktstrategien und Marktnischenpolitik, in: P. A. Bruck (Hrsg.): Print unter Druck, München 1994: 195-291 (hier: 245 ff.).
127 Ann Auman: Design desks: Why are more and more newspapers adopting them?, in: Newspaper Research Journal, Vol. 15, 1994/2, S. 128-142 (hier: 128).
128 Stephan Ruß-Mohl: Zeitungsumbruch, Berlin 1992, S. 59.
129 Zit. n. Rust: Das Wunderkind aus einer Top-Familie, a. a. O.
130 Ruß-Mohl: Zeitungsumbruch, a. a. O., S. 60.
131 Der McJournalismus. Cord Schnibben über den Zusammenhang zwischen Gehacktem und Gedrucktem, in: SPIEGEL special 1995/1: 49 f. (hier: 49).
132 Vgl. Ruß-Mohl: Zeitungsumbruch, a. a. O., S. 63 ff.
133 Vgl. Vgl. Christoph Poschenrieder: Ende der Schonzeit, in: journalist 1993/6, S. 68-70.
134 Vgl. John K. Hartman: Columnist frustrated as Big Media ignore book about ‚USA Today', in: Leadtime, Fall/October 1992, S. 5 f.
135 Vgl. Gladney: The McPaper Revolution?, a. a. O.
136 Vgl. Spiegel-Herausgeber Augstein gestorben, in: Handelsblatt v. 7.11.2002.; Theo Sommer: Keine Zukunft unter Billigflagge, in: Die Zeit. v. 16.12. 1994, S. 1.

Die politische Kommunikation

1 Wie in der ‚Mediengesellschaft' die Karten neu gemischt werden

Auf dem überfüllten Tanzparkett treten sich die Paare beim Foxtrott auf die Füße: der damalige Chef des Bonner ARD-Studios und spätere WDR-Intendant Friedrich Nowottny und die First Lady, der Bundeskanzler und seine Frau, eine bekannte *Tagesschau*-Sprecherin und viel andere Prominenz aus Politik und journalistischem Showbiz. An den Tischen werden Männerfreundschaften gepflegt: Der *ZDF*-Chefredakteur und der SPD-Vorsitzende, ein *WDR*-Moderator und der Arbeitsminister, ein Bonner *ZDF*-Korrespondent und der Verteidigungsminister. Bonner Presseball in den 1980er Jahren. Den Arbeitsminister – damals hieß er Norbert Blüm – sehen wir dann später wieder. Da ist er mit behändem Schritt auf dem Weg zum ‚Brückenkreis', einem der angeblich mehr als einhundert Informationszirkel für Hintergrundgespräche zwischen Politikern und Journalisten, die es damals gab. Ob er denn die Journalisten für seine Zwecke einspannen wolle, wird er gefragt. „Ja, immer", lautet die fröhliche Antwort. Hans-Dietrich Genscher, der schlaue Außenminister, etikettiert kurz darauf sogar als „Kommunikationsgemeinschaft", was er mit den Journalisten unterhält. So geht das weiter. Für das Fernsehen tun sie fast alles, die Politiker. Und die Journalisten lassen fast alles mit sich machen. Immer sind sie zusammen, wenn es etwas zu feiern gibt, die Machtinhaber und die Kontrolleure. Das Volk kommt nicht vor. Szenen aus dem Fernsehfilm ‚Wer umarmt wen?', den Felix Kuballa 1986 über das Miteinander von Politikern und Journalisten in Bonn gedreht hatte und der von der ARD zur besten Sendezeit, also direkt nach der *Tagesschau*, gesendet wurde. Bilder und Sätze, die den braven, aufgeschlossenen Staatsbürger seinerzeit in ziemliche Verwirrung stürzten. Politik und Medien, Politiker und Journalisten – sollte das nicht eigentlich ein Antagonismus sein?

Drei Jahrzehnte später hat sich *Das Erste* in einem aufwändigen Stück wieder intensiv mit dem Verhältnis von Politikern und Journalisten beschäftigt. Es heißt

,Nervöse Republik' und wurde im April 2017 zu später Abendstunde (22.45 Uhr) ausgestrahlt. Diesmal gab es keine Tanzmusik, sondern Oper (am Anfang und am Ende das getragene ,Casta Diva' aus ,Norma' von Vincenzo Bellini), und auch sonst war alles anders. Da war keine Fröhlichkeit zu spüren, sondern „krisenhafte Verunsicherung", wie es der Berliner Korrespondent des *Deutschlandfunks* ausdrückte. Nun ist das Volk ständig präsent, und zwar in Form von ,Wutbürgern' mit ihren ,Pegida'-Demos und den per Soziale Medien verbreiteten Hasstiraden. In den Redaktionen von *Spiegel Online* und *Bild.de*, welche die journalistische Kulisse bildeten, herrscht offenbar große Ratlosigkeit ob der veränderten Parameter der politischen Kommunikation. Hektisch, so erfährt man, werden deshalb Eilmeldungen ins Land geblasen, und per Klickzahlen wird genau gecheckt, „welches Thema funktioniert". *Bild*-Chef Kai Diekmann, da noch in Amt und Würden, behauptet selbstbewusst, dass sein Blatt die AfD, welche eigentlich im Mittelpunkt des Films steht, aktiv bekämpfe. Er habe „den Satz von Friedrichs", dass man sich als Journalist auch mit einer guten Sache nicht gemein mache, immer schon für falsch gehalten. Bundesinnenminister Thomas de Maizière wiederum, der mit seinem Hai-Lächeln an Humphrey Bogart erinnert, findet die Reaktionen der Journalisten auf die massive Kritik aus dem Internet „mimosenhaft".

Der Film von Stephan Lamby zeige, „wie verletzbar und verunsichert Journalismus und Politik sind", resümierte *Spiegel Online* in seiner Kritik; er zeichne „das Bild einer gekränkten Branche. Nicht mehr bedeutsam für die politischen Akteure, die sich zunehmend der Mühsal des Journalismus entledigen und direkt sprechen zum Volk. Via Facebook, Twitter, Social Bots. Nicht mehr bedeutsam für die Menschen, die ja am Ende doch denken und tun, was sie wollen."[1] Politiker und Journalisten erleben einen Umbruch; viele Bilder und Töne führen in diesen 90 langen Minuten vor, dass die Karten der politischen Kommunikation in der ,Mediengesellschaft' neu gemischt worden sind.

Die neuen Kommunikationsverhältnisse

Mit dem Begriff ,politische Kommunikation' werden die Beziehungen zwischen dem politischen System, dem Mediensystem und der Öffentlichkeit bezeichnet. Ihre Basis sind die sozialen Rahmenbedingungen, ihr Kontext die Ausprägungen einer ,politischen Kultur' und ihre Hauptakteure Politiker und Journalisten. Beide Gruppen stecken hier in einem Dilemma – und das wird bei der Kritik an ihrem Handeln oft übersehen. Einerseits sollen sie gemeinsam höheren, altruistischen Zielen dienen; andererseits sind sie den Regeln ihrer Funktionssysteme unterworfen. Für die Politiker geht es darum, bestimmten Ansprüchen gerecht zu werden, die das Risiko der Abwahl reduzieren; dies führt dazu, „dass die politische Wirklichkeit durch den kommunikativen Schleier politischer Symbolik und symbolischer Politik bisweilen mehr verhüllt als erhellt wird."[2] Für die Journalisten geht es darum, medienbestimmten Konstruktions- und Inszenierungsgesetzen zu folgen, die nach aller Erfahrung die eigene Karriere befördern. Die Systeme Politik und Medien lassen deshalb prinzipiell wenig Spielräume, um politische Kommunikation als Forum mündiger Bürgerinnen und Bürger zu realisieren. Ihre Akteure sind stets in der Gefahr, aus dem Forum einen Zirkus zu machen, der vor allem Unterhaltungsbedürfnisse bedient. Unter den Bedingungen der ‚Mediengesellschaft', in der die Kommunikation den Mechanismen des Marktes in besonderem Maße ausgesetzt wird, hat sich diese Situation verschärft, ja in einer Weise zugespitzt, dass die Akteure oft nicht mehr wissen, was sie machen sollen.

Für Politiker ist in dieser ‚Mediengesellschaft' die Wahl der Kommunikationsstrategie und des Kommunikationsmittels fast wichtiger geworden als der Kommunikationsinhalt. Für die Journalisten wiederum gilt es, den Instrumentalisierungsversuchen durch Public Relations zu widerstehen und in der Flut gezielt produzierter Mitteilungen von Interessenvertretern noch Nachrichten zu entdecken, die der sozialen und politischen Orientierung dienen. In der neuen sozialen Formation läuft die gesamte Produktion von Informationsangeboten anders ab als zu Zeiten eines Nachrichten-Verteilungsmonopols von Massenmedien und Journalisten. Damals habe man den Fehler gemacht, sagt ein Journalist in dem Film ‚Nervöse Republik', die großen Reichweiten der Medien mit großer Zustimmung des Publikums gleichzusetzen. Jetzt begehen die Medien den Fehler, allzu sehr auf die Potentiale der ‚Interaktivität' mit diesem Publikum zu setzen. Und die Politiker geben sich der Illusion hin, nun werde für sie vieles leichter, weil es zwischen ihnen und den Wählern keinen ‚Filter' mehr gebe.

Machen die Sozialen Medien bei der politischen Kommunikation also den Journalismus überflüssig? „Mitnichten", glaubt z. B. die Chefredakteurin von *Spiegel Online*. „Denn soziale Medien sind subjektive Medien." Der Weg „aus der Blase, raus aus der Arroganz" führe eben nicht nur über das, was einem gefalle. Das gelte für die Politik, „aber vor allem auch für uns Journalisten. Wir müssen zu denen, die wir nicht verstehen, auch zu den Wutbürgern."[3] Der immer schärfer ausgetragene Kampf um das immer knapper werdende Gut Aufmerksamkeit setzt alle Akteure auf jeden Fall einem immer größer werdenden Druck aus. Politiker und Journalisten befinden sich dabei in einer permanenten Legitimationskrise. Die Öffentlichkeit kauft ihnen die ‚guten Absichten' weniger denn je ab. Wahlverzicht und Medienverweigerung sowie schlechte Noten für Politiker und Journalisten auf der Prestigeskala der Berufe waren früher ihre einzigen Mittel der Bestrafung. Neuerdings wehrt sie sich insbesondere durch prononcierte Reaktionen in den Foren und Kommentarbereichen der Online-Medien sowie in den sozialen Netzwerken – wobei sich die Mitwirkenden gerne auch mal im Ton vergreifen.

‚Postings' im Internet machen deutlich, dass die Menschen heutzutage besonders hohe Ansprüche an die politische Kommunikation stellen.

Entwürfe der künftigen Gesellschaft – ob apokalyptisch oder euphorisch – sind vor Jahren in ziemlicher Eintracht den Prinzipien der ‚Self-fulfilling Prophecy' gefolgt; insofern erwiesen sie sich teilweise als ideologische Konstrukte mit geringem Differenzierungsrad.[4] In Bezug auf die Kommunikationsverhältnisse spielten dabei – wieder einmal – Metaphern eine große Rolle. Sie nährten Vorstellungen von einer ‚Weltgesellschaft', die durch die technischen Medien wieder auf archaische Zustände zurückgeführt werde. Der kanadische Medien-Guru Marshall McLuhan hatte dafür mit seinem ‚Global Village' prägend gewirkt: „Wir leben heute in einem globalen Dorf [...] in einem gleichzeitigen Happening. Wir leben wieder im Hörraum. Wir haben wieder damit begonnen, Urahnungen, Stammesgefühlen Gestalt zu geben, von denen uns einige Jahrhunderte des Alphabetismus getrennt hatten."[5] Inzwischen hat diese Metapher Eingang in viele Szenarien gefunden, mit denen sich auch Niklas Luhmann schon Mitte der 1970er Jahre beschäftigt hatte. Er grenzte jedoch die moderne ‚Weltgesellschaft' deutlich ab von jener des 19. Jahrhunderts, als ‚die Realität' noch einigermaßen zu überblicken und formelhaft zu beschreiben war. Stattdessen hänge im ‚globalen Dorf' alles von allem ab: durch Vernetzungen, Kreisläufe, Rückkopplungen, Interaktionen und Interpenetrationen.[6]

Seither ist insbesondere ‚The Globalization of Electronic Journalism'[7] in zahlreichen Analysen dargestellt worden, wobei die Berichterstattung über den Zweiten Golfkrieg offenbar besonders stimulierend wirkte (s. dazu Kapitel V/1). Nicht zuletzt die damaligen Erfahrungen machten deutlich, dass die Auseinandersetzung mit der Zukunft des Journalismus zum Zusammenhang einer universalistischen Kultur- und Technikgeschichte der Kommunikation gehört.[8] Sie zeigten auch, dass es sich bei der Informatisierung der Gesellschaft und ihren Folgen für die politische Kommunikation und den Journalismus keineswegs um politisch, ökonomisch und kulturell neutrale Prozesse handelt. Der ‚Bias of Communication'[9] sorgt nicht nur quantitativ, sondern auch qualitativ für eine neue Situation. Gerade im Zeitalter der großen Medien- und Informationskonzerne erfolgt die ‚Verteilung des Wissens'[10] dabei strukturell ungleichmäßig und ungerecht. Längst ist auch deutlich geworden, dass diese Verhältnisse zwar unbegrenzte *Verfügbarkeit*, nicht aber unbegrenzte *Zugänglichkeit* von Informationen bedeuten und auf die „Privatisierung und kommerzielle Aneignung der Nischen in der Informationsproduktion" hinauslaufen.[11] Dabei geht es dann nicht nur um die Durchsetzung von ökonomischen, sondern auch von ideologischen und gruppenegoistischen Interessen in der ‚Mediengesellschaft', zu deren Symbolfigur in den 1990er Jahren und danach der Italiener Silvio Berlusconi in seiner Doppelrolle als Medienzar und Ministerpräsident wurde.

Der ‚Triangel': Politik, Medien und Öffentlichkeit

Mediensysteme beruhen auf der Verflechtung vielfältiger struktureller Komponenten – angefangen bei den rechtlichen Grundlagen über politische, ökonomische und technologische Faktoren und über Funktionszusammenhänge zwischen Aussagenentstehung und Aussagenrezeption bis hin zu den Merkmalen der Medienakteure. ‚Medienkultur' kann als die subjektive Dimension dieser Strukturzusammenhänge verstanden werden, also als die Summe von Einstellungen und Erwartungen, die beim Umgang mit der Medienkommunikation in der Demokratie von Bedeutung sind. Um Aussagen über deren Merkmale machen zu können, liegt es deshalb nahe, den ‚Triangel' Politik, Medien und Öffentlichkeit auf der Ebene der Einstellungen und gegenseitigen Erwartungen der Teilnehmer am Prozess politischer Kommunikation näher zu analysieren. Die Politikwissenschaftler Michael Gurevich und Jay G. Blumler haben vorgeschlagen, diese Relationen mit Hilfe eines Rollen-Konzeptes zu untersuchen, um so die Interdependenzen genauer beschreiben zu können. Ihre Ausgangsüberlegung war, dass unterschiedliche Adressaten politischer Informationsangebote durch unterschiedliche Erwartungen gesteuert werden, und dass diese Publikumserwartungen mit denen der Kommunikatoren aus dem System Politik wie denen aus dem System Medien jeweils komplementär verbunden sind. Den allgemeinen Rahmen bilde dabei die ‚politische Kultur'; dadurch würden normative, strukturelle und professionelle Zwänge als Quelle regulierender Mechanismen insbesondere für die Medien wirksam.[12] Ihre Annahme war dabei also, dass dem Beziehungsgefüge zwischen Politik, Medien und Öffentlichkeit auf der Akteursebene bestimmte Orientierungen zugrunde liegen, die sich prototypisch beschreiben lassen: unterschiedliche Ziele der Politiker, unterschiedliche Kommunikationsabsichten der Journalisten und unterschiedliche Kommunikationserwartungen der Bürger.

Im politischen System kann es demnach Akteure geben, die sich als *Gladiatoren* feiern lassen und keinen Widerspruch erlauben, *Argumentierer*, die mit ihren politischen Aussagen überzeugen wollen, und reine *Informatoren*, welche in sachlicher Form Auskunft geben über ihre politischen Ziele und bei der politischen Kommunikation ihre persuasiven Absichten nicht in den Vordergrund stellen. Und es kann *Darsteller* geben, die mehr sich selbst verkaufen als ein politisches Programm (aktuelle Beispiele liegen auf der Hand). Im Mediensystem können Journalisten als *Propagandisten* von Politikern wirken, aber sie können sich auch in erster Linie als *Vermittler* von Informationsangeboten verstehen. Andere sehen sich als *Kontrolleure*, die den Politikern auf die Finger sehen wollen, und dann gibt es eine vierte Gruppe, die *Unterhalter*, welche auch bei der Politik vor allem die Show im Sinn haben. In der Öffentlichkeit schließlich lässt sich die Rolle des *Parteigängers* ausmachen, der ideologisch festgelegt ist und allenfalls nach einer Bestätigung seiner Überzeugungen sucht. Es gibt den *Wähler*, der vor allem Argumente für seine Wahlentscheidung sucht, sowie den *Beobachter* der politischen Szene, der sich auch über den Wahltag hinaus über aktuelle politische Probleme, über die Parteipolitik und über die politischen Protagonisten informieren will. Schließlich gibt es den *Zuschauer*, der auch im Bereich der Politik vor allem Unterhaltung, Aufregung und Entspannung sucht.

Wenn alle drei Gruppen der politischen Kommunikation dasselbe wollen (wie z. B. im Fall von Darstellern, Unterhaltern und Zuschauern), sind kaum Konflikte zu erwarten. Diese scheinbar harmonische Situation ist prinzipiell auch immer dann schon gegeben, wenn sich die Journalisten als Propagandisten von Gladiatoren der Politik verstehen und das politische System seine Auffassungen oktroyieren kann. In Diktaturen wird der Enthusiasmus der Medien normativ geregelt – wie in der DDR, wo die politische Kommunikation bis zum Herbst 1989 durch Gladiatoren, Propagandisten und Parteigänger gleichgeschaltet war. In einem solchen System herrscht Friedhofsruhe; eine ‚mediale Streitkultur' existiert nicht. Das Beispiel DDR zeigt aber auch, dass das Publikum in allen Systemen politischer Kommunikation letztlich doch einen aktiven Part spielen kann. Auf Dauer lassen sich eigenwillige Wirklichkeitsentwürfe von Politikern selbst mit noch so viel willigen Journalisten nicht gegen die Bevölkerung aufrechterhalten. In pluralistischen Demokratien sind die Verhältnisse aus gutem Grund unübersichtlicher. Harmonie soll hier eigentlich die Ausnahme sein; in der Regel werden Disharmonien zwischen dem System Politik und dem Mediensystem freilich unterhalb der Schwelle ‚offener Konflikt' oder sogar ‚Affäre' ausgetragen.[13] Zwischen beiden Bereichen gibt es vielfältige regelnde Wechselwirkungen, die zumeist auf routinisierten Beziehungen beruhen.

Zweifellos bieten die Konstellationen Argumentierer/Vermittler/Wähler und Informator/Kontrolleur/Beobachter bzw. Mischformen daraus prinzipiell die beste Grundlage für eine mediale Streitkultur, die zwischen Friedhofsruhe und Dialogunfähigkeit einen vernünftigen Mittelweg findet. Dysfunktional für eine lebendige Demokratie wäre hingegen der – in westlichen Demokratien nicht völlig unbekannte – Fall, dass ein politischer Darsteller Politik-Surrogate anbietet, die von journalistischen Entertainern einem unpolitischen Publikum mit Erfolg verkauft werden können. Notwendig sind für eine funktionierende politische Kommunikation jedoch auch gewisse Interpretationsspielräume. Nur ein ausreichendes Maß an *Autonomie* erlaubt den Akteuren im Mediensystem, unterschiedliche Rollenorientierungen zu praktizieren und damit Vielfalt in die politische Diskussion zu bringen. Und sie benötigen berufliche *Kompetenz*, um diese Spielräume nutzen zu können.

Themensetzung und ‚Regierungs-Erklärungen'

Bis hierhin handelt es sich noch um mehr oder weniger pauschale Beobachtungen zum Beziehungsgefüge zwischen dem politischen System, dem Mediensystem und der Öffentlichkeit und zu den daraus erwachsenden Voraussetzungen für eine ‚mediale Streitkultur'. Wegen der Komplexität der Beziehungen erweist sich die systematische Untersuchung von Regelhaftigkeiten innerhalb dieses Triangels, die für differenziertere Aussagen notwendig wäre, jedoch als schwierig. Man hat es hier mit einem Netzwerk von Erwartungen und Handlungen zu tun, das im Grunde wie ein kybernetisches System zu behandeln wäre. Wie schwer der Beweis von Kausalannahmen in diesem Feld fällt, zeigt allein schon der Ausschnitt ‚Thematisierung' (Agenda Setting). Über die Regeln, welche der Erzeugung von Aufmerksamkeit gegenüber bestimmten Ereignissen zugrunde liegen und nach denen sich durch Medieneinfluss öffentliche Meinung aufbaut, ist zwar eine Menge bekannt.[14] Doch genau zu erfassen, von wem und wo im Dreieck von Politik, Medien und Öffentlichkeit die Themen nun wirklich gesetzt werden,[15] hat die Forschung schon unter konventionellen Bedingungen – also vor dem Siegeszug der Sozialen Medien – vor erhebliche Probleme gestellt. Besser Bescheid wissen wir seit längerem durch Befunde der Journalismus-Forschung über die Rituale des Alltagshandelns bei der politischen Kommunikation selbst, soweit sie den Umgang der politischen Akteure mit den Medienakteuren betreffen.

Diese Beziehungen sind grundsätzlich dadurch gekennzeichnet, dass man einander braucht. Vor allem Exklusiv-Stories und Exklusiv-Interviews aus den höchsten Sphären der Exekutive erweisen sich als wichtiges Verkaufsargument auf dem ‚Marktplatz der Wahrheit'. Auf der anderen Seite ist auch die Arbeit der Regierungen ohne die Medien undenkbar geworden. Die Politiker brauchen das Feedback, das die Massenmedien jeden Tag herstellen – immer noch, auch wenn sie inzwischen (Trump ist hier ein Extrembeispiel) fanatisch im Internet unterwegs sind und sogar Fotos von dem Schnitzel, das sie gerade essen, unter die Leute bringen. Immer noch erfahren sie vor allem durch Zeitungslektüre, Pressespiegel und Rundfunkprogramme, wie ihr öffentliches Image aussieht. Gerade Politiker, die sich aus Zeitmangel zum direkten Kontakt mit der Bevölkerung nicht mehr in der Lage sehen, nutzen alle Arten von Medien, um herauszufinden, was die Leute wollen. Vor allem aber: Sie machen mit Hilfe von Medien Politik in den eigenen Reihen.

In erheblichem Maße durch formalisierte Muster geprägt sind die direkten Beziehungen zwischen Politikern und Journalisten. Und das ist folgenreich: Pressekonferenzen und alle Arten von schriftlichen Verlautbarungen staatlicher und politischer Institutionen bestimmen ganz wesentlich die Informations-Sammlung, aber auch die Informations-Präsentation durch die Medien. Daran hat sich auch durch die digitale Revolution nichts Grundlegendes geändert, wie allein die in Realzeit zu beobachtenden ‚Regierungs-Erklärungen' vor Medienvertretern in Berlin oder Washington zeigen. Teilnehmen dürfen im Allgemeinen nur solche Journalisten, die als Mitglied z. B. der Bundespressekonferenz oder einer Landespressekonferenz akkreditiert sind. Pressekonferenzen erweisen sich bis heute als eine Art Börse für Politik und Medien, wobei das Beziehungsmuster im Wesentlichen von der Exekutive vorgegeben wird. Dies bezieht sich gleichermaßen auf Zugang und Ablauf. Das Procedere von Mitteilung, Frage und Antwort wird genau reglementiert, so dass die Politiker kaum mit Überraschungen konfrontiert werden können. Pressekonferenzen sind Standardsituationen, durch die Journalisten aber kaum Treffer erzielen können. Eher werden dabei Informationen von Politikern ganz gezielt lanciert; gerade hier kommt es zur Inszenierung von Symbolischer Politik. Eigene Aktivitäten der Medien, die jenseits dieser institutionalisierten Formen entstehen, liegen schon im Bereich einer Konfliktzone, die auf der einen Seite durch Geheimhaltungsstrategien der Exekutive und auf der anderen Seite durch öffentliche Ansprüche auf Informationszugang definiert ist. Initiative der Journalisten kann dann zum Streit führen und wird deshalb meist gemieden.

Allerdings mindern die politischen Amtsträger – jenseits der offiziellen Mitteilungen – oft den Schmerz darüber, indem sie mit einigem Raffinement Journalisten zu Mitwissern und Vertrauten machen. In sogenannten ‚Kreisen' – aber längst nicht nur dort – plaudert der Politiker ‚aus dem Nähkästchen', erzählt er etwas ‚unter dem Strich'. Das wird ‚Hintergrundinformation' genannt; die Vertraulichkeit ist meist ausdrücklich vereinbart (‚unter Drei'). In der großen Politik sind so stets regelrechte ‚Küchenkabinette' entstanden, in denen die Regierenden und ausgewählte Journalisten die Lage erörtern; prominentes Beispiel dafür waren die ‚Teegespräche' Konrad Adenauers. Auch für diesen Zugang zu interessanten politischen Informationen lautet der Preis, den die Journalisten zahlen müssen: Harmonie. Da sind zum einen die psychologischen Probleme der Nähe zu den Berichterstattungsobjekten (s. dazu Kapitel IV/2), wie sie durch ‚Vertraulichkeit' entstehen, und da sind zum anderen die Gegengeschäfte mit ‚geheimen Quellen' wie z. B. die positive Erwähnung dieser Person in einem anderen Berichterstattungszusammenhang. Eigentlich wären Konflikte innerhalb der ‚ménage a trois' aus Politik, Medien und Öffentlichkeit im Interesse demokratischer Auseinandersetzung wünschenswert. Doch durch Rituale und eingespielte Beziehungsmuster werden sie im Allgemeinen auf ein Minimum reduziert.

Als ‚Gelobtes Land' für alle Akteure, die von einer konfliktfreien politischen Kommunikation träumen, gilt seit langem Japan. Dort bestimmen, wie immer wieder beschrieben worden ist, organisierte Diskretion und Patronage die Beziehungen zwischen Regierung und Medien – ein singulärer Fall unter den Demokratien.[16] Medien und ihre Journalisten verstehen sich hier nicht als Kontrolleure, sondern als Mitbeteiligte an der Herstellung eines allgemeinen Willens. Kollektive Entscheidungsfindung rangiert vor dem Prinzip der gegenseitigen kritischen Beobachtung gesellschaftlicher Subsysteme; ‚Regierungs-Erklärungen' sollen möglichst ohne

Eingriffe von außen zur Bevölkerung weitergeleitet werden. Zentrales System-Merkmal ist dabei im Land der weltweit größten Zeitungsdichte – die Zeitung *Yomiuri Shinbun* hat allein eine Auflage von rund zehn Millionen Exemplaren – eine Art kollektiver Informationssammlung durch ein Netz von ‚Kisha Clubs' (Journalistenclubs). Ihr Effekt ist, dass die Journalisten mit den Berichterstattungsobjekten eine Gemeinschaft bilden, quasi eine Redaktion außerhalb der Redaktion. Dabei gewährleisten die Reporter, dass alles halbwegs Berichtenswerte so schnell wie möglich weitergegeben wird, und zwar rund um die Uhr. Die Berichterstattungsobjekte wiederum, also z. B. Minister und andere Politiker, tragen dafür Sorge, dass die Journalisten (fast) jede erwünschte Information erhalten. Die Medien fungieren so allenfalls als ‚loyale Opposition' der Regierung; Kontrolle wird durch organisierte Diskretion und Patronage ersetzt.

Diese Verhältnisse sind von deutschen Politikern natürlich mit großem Interesse und Wohlwollen wahrgenommen worden. Sie verwiesen auf Japan, wenn sie sich über den deutschen Journalismus und seinen angeblichen Hang zur Enthüllung beklagten. Prominentestes Beispiel dafür war der damalige SPD-Parteivorsitzende Oskar Lafontaine, der in seiner berühmt-berüchtigten Magdeburger ‚Schweinejournalismus-Rede' ausdrücklich und lobend Bezug auf die dortige politische Kommunikation nahm.[17] Ein solches Konsens-Modell politischer Kommunikation liegt jedoch quer zu den Prinzipien von Gesellschaften westlichen Typs und zum Selbstverständnis ihrer Mediensysteme. Der Pressefreiheit ist es jedenfalls nicht zuträglich. Im Ranking von Reporter ohne Grenzen liegt Japan auf Platz 72, direkt hinter Ungarn.[18] Vielleicht handelt es sich aber doch um ein verführerisches – wenngleich im Zeitalter der Sozialen Medien weltfremdes – Modell für die ‚Informationsgesellschaft', als deren Vorbild Japan lange galt?

Kommunikationsabsichten und Kommunikationserwartungen

Die Untersuchung von Kommunikationsabsichten der Journalisten, die durch Begriffe wie ‚Rollenselbstbild' oder ‚Rollenselbstverständnis' erfasst werden, bildet traditionell einen wesentlichen Bereich der Journalismus-Forschung.[19] Dabei wird unterstellt, dass sich diese Kommunikationsabsichten tatsächlich in den Medienaussagen niederschlagen. Üblich war es hier lange Zeit, zwischen zwei grundsätzlich verschiedenen Grundtypen zu unterscheiden: einerseits dem neutralen Typ des Vermittlers und andererseits dem engagierten Typ des Kritikers und Kontrolleurs. Als Synonyme für den Vermittler dienten Bezeichnungen wie ‚neutraler Beobachter', ‚Gatekeeper', ‚Transformator' oder ‚Informator', für den Kritiker und Kontrolleur ‚Anwalt' oder ‚Wächter'. Aufwändigere Studien haben dann gezeigt, dass eine solche Polarisierung zwischen zwei unterschiedlichen journalistischen Rollenwahrnehmungen unzutreffend ist. Die beruflichen Selbstdefinitionen sind vielmehr als pluralistisch mit jeweils unterschiedlichen Schwerpunktsetzungen auszuweisen, wobei grundsätzlich über Vermittlung als Primärfunktion breiter Konsens unter den Journalisten besteht. Jenseits dessen zeigt sich, dass das journalistische Rollenselbstverständnis aus verschiedenen Segmenten zusammengesetzt ist, wobei diese jeweils unterschiedlich starke Relevanz besitzen. Eine Gruppe der Befragten sieht sich dann eher als neutraler Berichterstatter, eine andere eher als engagierter Wächter der Demokratie oder als Kritiker an Missständen – Orientierungen, die wohl einen streitbaren Journalismus eher begünstigen.[20]

Wichtiger als die Kommunikationsabsichten der Journalisten sind in einem marktwirtschaftlichen Mediensystem aber die Kommunikationserwartungen, welche die Rezipienten – gerade in Hinblick auf die politische Kommunikation – artikulieren. Ist es dem Publikum egal, wenn Politik und Massenmedien einen Modus Vivendi herstellen? Wird ein aufmüpfiger, wider den Stachel löckender Journalismus zumindest von Teilen des Publikums gewünscht? Oder wird der Konsens im System der politischen Kommunikation über alles gestellt? Also: Kann sich Streit für die Medien lohnen? Das präsentierte Rollenmodell unterstellt, dass eine solche Konstellation möglich ist. Denn es unterscheidet nicht nur unterschiedliche Orientierungen bei den Journalisten, sondern auch bei den Rezipienten. Es gibt demnach Gruppen, die von politischer Kommunikation ganz Unterschiedliches erwarten – zum Beispiel eben auch die Auseinandersetzung über politische Streitfragen. Diese Vermutung unterschiedlicher ‚Kommunikationserwartungen' kann sich seit langem auch auf Befunde der Mediennutzungsforschung und auf Studien zur Segmentierung der Medien und des Publikums stützen, die im Kontext der ‚Wertewandel-' und ‚Postmaterialismus'-Diskussion angesiedelt waren.[21]

Befunde aus einer eigenen Untersuchung zeigten ebenfalls, dass es verschiedene Typen von Kommunikationserwartungen gibt, die mit dem ‚Wähler', dem ‚Zuschauer' und dem ‚Beobachter' im vorgestellten Rollenmodell korrespondierten; die dazu jeweils gehörenden Rezipienten wurden hier als ‚Engagierte', ‚Konsumenten' und ‚Skeptiker' bezeichnet. Die *Engagierten* äußerten große Erwartungen gegenüber einer aktiven, anwaltlichen Rollenwahrnehmung der Journalisten und einer entsprechenden Funktionserfüllung der Medien. Sie hielten in überdurchschnittlichem Maße für wichtig, dass Journalisten Missstände kritisieren, dass sie Anwalt Benachteiligter, Vermittler neuer Ideen, Sprachrohr der Bevölkerung und Wächter der Demokratie sein und Kontrolle ausüben sollen; Männer, Jüngere, Ledige und formal besser Gebildete waren in dieser Gruppe überrepräsentiert. Die *Konsumenten* wiederum erwarteten von den Medien vor allem Unterhaltung und Lebenshilfe. Sie stuften in überdurchschnittlichem Maße als wichtig ein, dass die Medien auch an Politik Nichtinteressierte berücksichtigen sowie über menschliche Begebenheiten und über Sensationen und Unfälle berichten sollten. Das politische

Interesse dieser Gruppe war geringer als bei den beiden anderen Typen. Frauen, ältere Menschen und formal geringer Gebildete (Hauptschulabschluss) waren hier überrepräsentiert.[22]

Die aus heutiger Sicht interessanteste Gruppe stellten die *Skeptiker* dar, die den Leistungen der Medien sehr reserviert gegenüber standen. Personen diesen Typs bezweifelten grundsätzlich, dass die Medien ihre Kommunikationserwartungen erfüllen könnten. Auch früher gab es also in der Bevölkerung Medienkritiker, für deren Merkmale sich die Forschung heute im Kontext der Debatten über die Auswirkungen der Sozialen Medien auf die politische Kommunikation in besonderem Maße interessiert.[23] Wir werden auf diese Gruppe, die aktuell als ‚politisierte Bildungsmitte' etikettiert worden ist, im Schlusskapitel zurückkommen, weil sich in diesem Bereich offenbar spannende Veränderungen – vor allem in Hinblick auf die Merkmale der Gruppenmitglieder – abgespielt haben. Seinerzeit, unter den Bedingungen der ‚alten Massenmedien', lautete der Befund, dass die ‚Skeptiker' ein überdurchschnittliches (politisches) Informationsbedürfnis äußerten, aber das politische Informationsangebot offenbar nur sehr zurückhaltend nutzten. Diese Gruppe bestand aus mehr Männern als Frauen, aus formal Gebildeteren und aus vergleichsweise jüngeren Personen. Das Interesse an Politik erwies sich als überdurchschnittlich hoch, aber ideologisch gab es keine eindeutige Ausrichtung (links – rechts). Der politische Partizipationswille (‚wählen gehen') war in dieser Gruppe unterrepräsentiert. Diese Gruppe ließ sich offenbar von keinem Journalistentyp zufriedenstellend bedienen; Medien, die bei ihnen erfolgreich sein wollten, müssten nach ganz neuen Berichterstattungsmustern suchen.

Die journalistischen, aber auch die politischen Akteure hätten sich frühzeitig die Frage stellen müssen, ob zumindest Teile des Publikums nicht längst eine andere politische Kommunikation in den Medien wünschen und ob mit allzu durchschaubaren Inszenierungen und Ritualen, ob mit glatter Professionalität und Durchsetzungsfähigkeit auf Seiten der Politik und mit professioneller ‚Underperformance' auf Seiten der Journalisten nicht dauerhaft ein erheblicher Vertrauensverlust verbunden sein würde. Studien zur Mediennutzung und Medienbewertung deuteten schon seit langem auf dieses zentrale Problem hin. Insbesondere beim Fernsehen hatte es nämlich seinerzeit einen dramatischen Glaubwürdigkeitsverfall gegeben, der die heutigen Entwicklungen bei weitem übertraf: Während 1970 dem Statement ‚berichtet wahrheitsgetreu' noch 56 Prozent der Befragten zugestimmt hatten, war der Wert bis 1995 auf 20 Prozent zurückgegangen. Etwas geringer fiel damals der Rückgang beim Hörfunk aus, während die Glaubwürdigkeit der Tageszeitungen auf deutlich niedrigerem Niveau stabil geblieben war (ca. 20 Prozent).[24] Das Vertrauen in die Berichterstattung besitzt für das Medienpublikum aus nahe liegenden Gründen einen sehr hohen Stellenwert, wobei sich in seinen Augen – wie die einschlägige

Forschung zeigt – glaubwürdige Journalisten durch eine Reihe von Eigenschaften auszeichnen.[25] Fairness in der Einstellung gehört dazu, Idealismus in der sozialen Orientierung sowie Unabhängigkeit und Professionalität in der Wahrnehmung der Berufsrolle. Zumindest in Hinblick auf die beiden letzten Glaubwürdigkeitsfaktoren gibt es gerade bei einem Teil der Fernsehjournalisten offenbar Defizite; auch dies wurde schon vor vielen Jahren beklagt.[26]

Politische Kommunikation und politische Kultur

Politische Kommunikation ist, wie schon gezeigt wurde, auch ein Modus zur öffentlichen Austragung von Konflikten. Die Struktur einer konkurrierenden politischen Situationsdeutung bildet in demokratisch verfassten Gesellschaften wie der Bundesrepublik Deutschland eine wichtige Ergänzung zum Prinzip der Gewaltenteilung. Konfliktlinien werden insbesondere dann thematisiert, wenn die Medien mit den Mitteln des ‚Investigativen Journalismus' politische Skandale an die Öffentlichkeit bringen (s. dazu auch Kapitel V/3). All dies ist unter den Bedingungen einer ‚Mediengesellschaft' schwerer durchschaubar und schlechter kalkulierbar geworden. Mit dem Begriff ‚politische Kultur' wird dabei der Konsens über bestimmte Spielregeln im politischen System und über Einstellungen der Akteure beschrieben, die für eine lebensfähige Demokratie konstituierend sind. Eine Aufkündigung dieses Konsenses wäre bedrohlich für die Stabilität des politischen Systems, so dass dieses vage Konstrukt ‚politische Kultur' in der Praxis häufig bei der Beschreibung von Krisensymptomen verwandt wird.

In dem ‚Triangel' von Politik, Medien und Öffentlichkeit entsteht aufgrund eines Netzes unterschiedlicher Interessen und Erwartungs-Erwartungen vor allem eines: Unsicherheit auf allen Seiten. Aus der Sicht der Öffentlichkeit gibt es etwa die Angst, dass die Massenmedien nicht wirklich unabhängig seien, dass sie leicht in den Dienst der Politik genommen werden könnten; immer mehr Menschen sind offenbar der Ansicht, dass dies tatsächlich der Fall ist. Aus der Perspektive des politischen Systems gibt es die Befürchtung, dass die Medien und ihre Journalisten das Wählerverhalten ungünstig beeinflussen könnten; die angebliche Wirkungsmacht der Medien treibt die Politiker um. Die Medien wiederum stehen vor dem Dilemma, dass die Wünsche ihrer Informanten aus dem politischen System und die Wünsche ihrer Kunden, die für Erlöse und Werbereichweiten sorgen, nicht deckungsgleich zu halten sind. Und ihre Akteure, die Journalistinnen und Journalisten, müssen wegen der Unwägbarkeiten der Berichterstattungsfolgen um die eigene Karriere fürchten. Politisches System und Öffentlichkeit schließlich befürchten dysfunktionale Effekte der Berichterstattung für die politische Kultur.

Nicht zuletzt diese Unwägbarkeiten haben zu einem ausgeklügelten System der Ritualisierung und damit eben der Risiko-Reduzierung geführt, das durch den schon eingeführten Begriff ‚Symbolische Politik' beschrieben wird. Als wirkungsvoll erweisen sich dabei vielfältige regelnde ‚Resonanzen', die sich in pluralistischen Demokratien zwischen dem politischen System und dem Mediensystem eingespielt haben. Auf der Grundlage von Rollenverknüpfungen, aber auch von gegenseitigen Projektionen ist so – wie die Wahlberichterstattung der Fernsehanstalten nur besonders deutlich vorführt – eine symbolische Welt entstanden, in der politisches Handeln oft ganz durch Kommunikation ersetzt wird. Als diese Symbolische Politik näher untersucht worden war, hieß es dazu: „Für die Generierung und Darstellung von Politik als einer symbolischen Wirklichkeit erweist sich das System der Massenkommunikation als konstitutiv. Es gibt die Kriterien vor, die Nachrichtenwert ausmachen und auf die auch die symbolische Verdichtung der politischen Kommunikation in hohem Maße ausgerichtet ist. Insofern ist die vermittelte politische Realität nicht ein verkleinertes Abbild einer vorfindbaren politischen Wirklichkeit, sondern eine mediale Wirklichkeitskonstruktion auf der Basis eines symbiotischen Verhältnisses von Politik und Journalismus."[27]

Von einer modernen Öffentlichkeit kann gesprochen werden, seit es Verbreitungsmedien für Informationsangebote gibt und ein Publikum, das diese Angebote rezipieren kann. Dabei handelt es sich nicht nur um die ‚Wahlbürger' als Adressaten von politischen und anderen redaktionell aufbereiteten Aussagen, sondern auch und vor allem um Konsumenten, die mit Reklamebotschaften angesprochen werden sollen. Öffentlichkeit kann inzwischen durchaus mit Publizität gleichgesetzt werden, die an ein Medienpublikum gebunden ist.[28] Nahezu alle öffentlichen Angelegenheiten werden heutzutage über Medien – welche auch immer – verhandelt; ohne Frage spielen sie bei der Bildung einer ‚öffentlichen Meinung' die zentrale Rolle. Insofern hat sich unter den Bedingungen einer ‚Mediengesellschaft' an den Strukturen politischer Kommunikation prinzipiell wenig geändert. Dies gilt auch für die Schlüsselrolle, welche der Medienkommunikation bei der Beeinflussung des politischen Verhaltens zugeschrieben wird.

In diesem Zusammenhang gibt es eine Reihe von Mythen, die gleichwohl gerade die Wahlkampfkommunikation – und in der Konsequenz die gesamte Kommunikationspolitik in Deutschland – bestimmt haben. So ließen sich im Lichte vorliegender Befunde in der Vergangenheit wenig Hinweise für die immer wieder unterstellten starken Medienwirkungen auf die Wahlentscheidung finden; nicht einmal ein direkter Einfluss auf die Wahlbeteiligung erwies sich als nachweisbar.[29] Doch nun, im digitalen Zeitalter, sind neue Mittel einzubeziehen, die das Internet bereitstellt. Dazu gehört die permanente Überprüfung von Stimmungen in Wahlkampfzeiten durch ‚Web-Monitoring', dessen (Manipulations-) Potenzial das der klassischen Umfragen von Demoskopen bei weitem übertrifft – oder sogar der Einsatz von

Meinungsrobotern zur Beeinflussung der Wahlkampfkommunikation.[30] All dies wird die auch politische Kultur verändern.

Politische Kommunikation und Public Relations

Das nach wie vor vorhandene Potential des Journalismus wird – auch und gerade in der ‚Mediengesellschaft' – von denen erkannt und anerkannt, die für die zunehmende Informationsflut bis zu einem gewissen Grade mit verantwortlich sind: die vielen Institutionen von Public Relations, welche sich in den postmodernen Gesellschaften etabliert haben – durch politische Parteien, Unternehmen, Behörden, Vereine, Verbände und Institutionen des Wissenschaftssystems. Sie wissen, dass sie die etablierten Medien weiterhin brauchen, wenn ihre Mitteilungen überhaupt zur Kenntnis genommen werden sollen. Letztlich wollen dabei alle Formen von PR – die, etwas euphemistisch, gerne auch ‚Öffentlichkeitsarbeit' genannt werden – ‚wünschenswerte Wirklichkeiten' kreieren. Sie zielen auf eine positive Berichterstattung in den Medien, und zwar im Einzelnen durch die gezielte Ansprache von Journalisten, durch das Angebot von Pressematerial, die Organisation von Pressekonferenzen, durch Sponsoring und durch die Einbindung von einflussreichen Meinungsführern. Diese Imagebildung und -pflege lassen sich die diversen sozialen Akteure eine Menge Geld kosten, wobei der Einfallsreichtum gerade auch des politischen Systems inzwischen durchaus beeindruckend ist. So lud – ein Beispiel von vielen – eine Landesministerin zur Feier ihres 40. Geburtstages nicht nur 40 Bedürftige ein (was eine lobenswerte gute Tat war), sondern auch Journalisten (damit die gute Tat auch öffentlich gelobt wurde).[31] Bei diesen und ähnlich gelagerten Aktionen zeigen sich die Institutionen der Public Relations also trickreich und originell, wobei sie nur die Wahl der Mittel, nicht jedoch die Zielsetzung bestimmen können.[32]

PR-Aktivitäten sind stets auf den Journalismus gerichtet – nicht primär im Sinne einer Steuerung seiner Aktionen, sondern quasi einer Simulation seiner Operationsweisen. Dem Journalismus erleichtern Public Relations seine Umweltbeobachtung insbesondere dadurch, dass sie Komplexität reduzieren. Grundsätzlich gilt, dass ihre Bedeutung für die Wirklichkeitskonstruktion von Medien umso größer ist, je weniger Zeit Journalistinnen und Journalisten für die eigene Informationssammlung aufwenden können. Wie sie PR-Produkte bewerten, hängt neben der Selbstdefinition ihrer Rolle, dem Medientyp und dem Arbeitsbereich auch von der Berufserfahrung und der hierarchischen Position sowie den eigenen politischen Überzeugungen ab. Die Beziehungen zwischen Journalismus und Public Relations werden dabei – jedenfalls in der Beschreibung durch die journalistischen Akteure – von ganz unterschiedlichen Faktoren geprägt. Entscheidend sind am Ende wohl die konkreten Bedingungen, unter denen die Medienakteure jeweils antreten.[33] Wenn man nun Redaktionen als Grenzstellen des Journalismus und PR-Abteilungen als Grenzstellen von Institutionen der Politik, Verwaltung und Wirtschaft verstünde, läge es nahe, ‚Entgrenzungen' im Sinne einer Beeinflussung oder sogar Steuerung zu untersuchen. Aus einer solchen Perspektive sind in der Tat die meisten der Studien entstanden, die nach den sichtbaren Spuren von PR im Mediensystem fragen. Die Antwort schien zunächst eindeutig auszufallen. In der bekanntesten einschlägigen Untersuchung wurde ihnen attestiert, sie hätten „die Themen der Berichterstattung" und „das Timing unter Kontrolle". Schlimmer noch: Sie seien „fähig, journalistische Recherchekraft zu lähmen und publizistischen Leistungswillen zuzuschütten."[34] Die Raffinesse, mit der Journalisten für PR-Zwecke instrumentalisiert werden, und die Unbekümmertheit, mit sie sich von PR-Profis bedienen lassen, sind durch viele konkrete Beispiele zu belegen.[35]

Im Lichte neuerer, theoretisch und/oder methodisch anspruchsvollerer Studien lässt sich die These eines *direkten* Einflusses von PR auf die Medienberichterstattung in pauschaler Form jedoch nicht mehr aufrechterhalten. Vielmehr ist deutlich geworden, dass das System Journalismus auch hier Resistenz gegen eine Steuerung durch die Umwelt aufbringt. Öffentlichkeitsarbeit muss schon zu den internen Relevanzhierarchien und Operationsprozeduren passen, wenn sie in der intendierten Weise wirksam werden will.[36] Studien über ‚PR und Journalismus', denen allzu simple Steuerungsannahmen zugrunde liegen, werden also den Verhältnissen nicht gerecht. Dasselbe gilt für Funktionszuweisungen, die PR ausschließlich an Partikularinteressen und den Journalismus ausschließlich am Gemeinwohl festmachen wollen. Denn man muss wissen, dass der Journalismus ohne die Zulieferungen von PR gar nicht mehr denkbar wäre. Auf der anderen Seite müssen die Institutionen der Öffentlichkeitsarbeit längst bestimmte Strukturen des Journalismus imitieren, um erfolgreich sein zu können. Dies gelingt offenbar dann immer noch nicht so gut, wenn interner Druck auf ihren Kommunikationen lastet. Gerade das Beispiel ‚Krisen-PR' zeigt, in welchem Ausmaß Probleme in der modernen Gesellschaft Kommunikationsprobleme sind.[37] ‚Störfälle' sorgen für Unsicherheit; in einer solchen Situation sind nicht technische Erklärungen gefragt, sondern ‚vertrauensbildende Maßnahmen'. Wer dies – in Wirtschaft und Verwaltung, vor allem aber in der Politik – verkennt, muss in der ‚Mediengesellschaft' scheitern. Die politische Kommunikation ist hier prinzipiell ein besonders riskanter Vorgang.

Akteure der politischen Kommunikation und Affären der Politik

In der Forschungspraxis zur politischen Kommunikation stehen traditionell zwei Beziehungspaare im Zentrum der Betrachtung: zum einen Regierung und Medien, also die Relation zwischen den politischen und den journalistischen Akteuren, und zum anderen die Relation zwischen den Medien und ihrem Publikum, wobei hier gegenseitige Projektionen eine besonders wichtige Rollen spielen. Als genereller Befund ließ sich unter den Bedingungen der ‚Massenkommunikation' über diese beiden Beziehungspaare vereinfachend formulieren, dass die Distanz zwischen Regierung und Medien als zu gering und die Distanz zwischen Medien und Publikum als zu groß eingeschätzt worden sind. Auch hier, so muss man annehmen, werden gerade durch den Einfluss der Sozialen Medien die Karten neu gemischt.

Gurevitch und Blumer postulierten im Zusammenhang mit ihrem Rollenmodell u. a., dass sich aus der normativ bestimmten Beziehung zwischen Medieninstitutionen und politischen Institutionen in einer bestimmten Gesellschaft bestimmte Voraussagen über die Einfluss-Richtungen ableiten lassen.[38] Dies ist zum Beispiel der Fall, wenn (wie im Bundestagswahlkampf 1998) der politische ‚Gladiator' und sein journalistischer ‚Propagandist' für denselben Zirkus arbeiten[39] – also z. B. ein Kanzler von einem Parteisoldaten, der in den Medien platziert worden ist, ‚Zur Sache' gebeten wird. Eine solche Konzeption komplementärer Rollen bietet zwar nicht in allen Fällen trennscharfe Kategorien an; sie erlaubt aber einen Einstieg in die Beobachtung des Beziehungsnetzwerks und der wechselseitigen Absichten und Erwartungen von Akteuren bei der politischen Kommunikation. Auf diese Weise können auch Annahmen über die jeweiligen Relationen zwischen Politik und Medien und zwischen Publikum und Medien formuliert werden, die in einer ‚Mediengesellschaft' Bedeutung besitzen. Zugespitzt geht es dabei um die Frage, ob die politische Kommunikation ein Forum für die Thematisierung von Konflikten bietet – oder aber eher zirzensisches Vergnügen, das rationale Entscheidungen nicht befördert, sondern behindert.

Aktivitäten der Medien, die jenseits der institutionalisierten Formen der Nachrichtenverbreitung durch die Regierungen liegen, eröffnen eine Konfliktzone, die auf der einen Seite durch Geheimhaltungs-Strategien der Exekutive und auf der anderen Seite durch öffentliche Ansprüche auf Informationszugang definiert ist. Häufig müssen sich die Medien deshalb aus Quellen bedienen, die ihnen nach der Mosaikstein-Methode Zugang zu Informationen verschaffen, aber nicht genannt werden dürfen. ‚Deep throat' in der Watergate-Affäre war dafür das bekannteste Beispiel (s. dazu Kapitel V/3).[40] Streitigkeiten im Dreieck zwischen Politik, Medien und Öffentlichkeit scheinen auf Grund unterschiedlicher Interessen, Bedingungen, Erwartungen und Ziele prinzipiell im System angelegt. Sie entsprechen den demokratischen Normen und besitzen also insofern Funktionalität. Diese Konflikte werden jedoch, wie wir schon gesehen haben, in der Regel von beiden Seiten mit Hilfe von ausgeklügelten Ritualen und Beziehungsspielen strukturell vermieden. So machen die politischen Amtsträger mit einigem Raffinement Journalisten zu Mitwissern und Vertrauten.

Politische Affären, die dann dennoch von den Medien aufgedeckt werden, bedeuten insofern prinzipiell eine Überraschung. Doch vielleicht können nur noch Skandale zusammenhängende Antworten auf Fragen liefern, die im Zentrum von Prozessen bei der politischen Kommunikation stehen: Was hat sich ereignet, wie wurde darüber berichtet, und wie hat das Medienpublikum darauf reagiert? Politische Affären vermitteln so Einsichten in die Konstruktionspläne der Medien, die über den Skandal berichten, und über die Beziehungsmuster, in die sie eingebunden sind. Man lernt, wie sich ihr Versuch abspielt, das Thema auf der Tagesordnung zu platzieren, dort zu halten oder irgendwann wieder zurückzuholen.[41] Und man lernt, wie selektiv und selbständig die Menschen mit den Informationsangeboten umgehen, die sie in einem solchen Fall erhalten. Insofern sind Affären heutzutage die Lehrstücke der politischen Kommunikation – in der ,Mediengesellschaft', welche die politischen wie die journalistischen Akteure zunehmend zu überfordern droht.

Doch auch in solchen Situationen laufen regulierende Prozesse ab, und zwar im Rahmen eines nichthierarchischen Netzwerks autonom operierender Funktionssysteme. Dabei mag es gewiss so sein, „dass die [...] beobachtbare Zunahme politischer Skandale, deren Angriffspunkte, Verlaufsformen und Wirkungen Indiz für eine erhöhte ‚Legitimationsempfindlichkeit' staatlicher Politik in den großen westlichen Demokratien sind; der Begriff ‚Legitimationsempfindlichkeit' unterstellt dabei einerseits einen gestiegenen Legitimationsbedarf staatlicher Politik und andererseits gewachsene Legitimationsbeschaffung."[42] Dies bedeutet aber keineswegs einen zunehmenden ‚Sittenverfall'. Deutlich ist zunächst nur geworden, dass das politische System gezwungen wird, sich intensiver selbst zu beobachten, und dass die Massenmedien – wahrscheinlich aufgrund der gewachsenen kommerziellen Konkurrenz – durch die forcierte Inszenierung moralischer Debatten in der Öffentlichkeit die Aufmerksamkeit auf sich lenken wollen.

Den einzelnen Journalisten geht es dabei gewiss oft nicht in erster Linie um die allgemeine politische Moral, sondern um die eigene Karriere.[43] Das ist oft kritisiert worden – zuletzt noch, als der damalige Bundespräsident Christian Wulff von einer seltsamen Koalition unterschiedlicher Medien aus dem Amt gejagt wurde. Zu diesem Zeitpunkt aber hatten eigentlich schon die Sozialen Medien die Lufthoheit über den Stammtischen der politischen Kommunikation übernommen – mit allen Risiken und Nebenwirkungen, die in Kauf genommen werden müssen, wenn Quellen undurchschaubar sind, Shitstorms über die Diskurse hinwegfegen und Skandalisierung ohne Rücksicht auf Verluste betrieben wird.

Journalisten und ihr Publikum: neue Beziehungen

Durch das Internet haben die Beziehungen zwischen den Journalisten und ihren Rezipienten eine neue Qualität erhalten, denn nun können sie bei der Medienkommunikation mitmischen und sind nicht länger auf das Schreiben von Leserbriefen angewiesen. Gab es früher oft nur den Typ des Oberstudienrats, der vor allem falsche Orthographie anprangerte, so sehen sich die Journalisten inzwischen einer Vielzahl von Besserwissern gegenüber, bei denen sie das Gefühl haben, dass diese jede Gelegenheit nutzen, um sich kommunikativ abzureagieren, wenn ihnen irgendetwas nicht passt. Sogar die Nutzer-Kommentare zu Artikeln auf *Spiegel Online* oder *Zeit Online* bieten dafür jederzeit reiches Anschauungsmaterial. Sie zeigen auch, wie kontrovers die Meinungen der Leute über die Berichterstattung und ihre Tendenz ausfallen. Dies gilt in besonderem Maße für Reaktionen auf die Beschreibung der Zeitläufte durch die Armada von Kolumnisten, welche sich der Online-Ableger des *Spiegel* leistet – offenbar, um mit z. T. besonders originellen Ansichten Aufmerksamkeit bestimmter Nutzergruppen zu binden. Auf diese Weise kommt jedenfalls zustande, was ‚Interaktivität' genannt wird.

Beim Thema ‚Interaktivität', die durch das Internet (endlich) technisch möglich geworden ist, überbieten sich alle Beteiligten inzwischen gegenseitig an Enthusiasmus. Darin liege „ein großes demokratietheoretisches Potenzial", wird behauptet. Die Sozialen Medien wie die Kommentar-Funktion auf Nachrichten-Portalen ermöglichten „Laien den interaktiven Dialog mit Journalisten und politischen Akteuren auf Augenhöhe. Bürger sind nicht mehr ausschließlich aufnehmendes Publikum, sondern können unmittelbar und ohne Wechsel des Mediums bzw. Kanals auf Medieninhalte reagieren, sie weitergeben oder selbst eigene Inhalte veröffentlichen und damit als Kommunikatoren auftreten."[44] Die Journalisten glauben, dass sie dadurch nun in einem engen Dauerkontakt zu ihrem Publikum stehen und daraus für ihre Arbeit großen Nutzen ziehen können. ‚Dialogorientierung', ‚Diskursivität' oder ‚diskursives Potential' gelten grundsätzlich als Vorzug des ‚digitalen Journalismus'. In Befragungen geben Journalisten ihrer Freude Ausdruck, unter „Echtzeit-Beobachtung unserer Kundschaft" zu stehen und sehen die strikte Publikumsorientierung grundsätzlich als großen Vorzug. Die „völlig neue Beziehung zwischen Kommunikator und Rezipient" führe dazu, so heißt es überschwänglich, dass aus der früheren „Einbahnstraßenkommunikation" eine „permanente Dialogisierung" geworden sei.[45]

Der zuständigen Wissenschaft scheint das Bemühen der Online-Medien, Feedback einzubinden und Partizipation zu ermöglichen, längst noch nicht weit genug zu gehen. So wird z.B. moniert, dass den Nutzern nicht ausreichend ermöglicht worden sei, eigene Themenvorschläge und Inhalte einzubringen, und dass die diversen Formen und Formate des ‚Bürgerjournalismus' von den Profis zu selten integriert würden. Wenn aber partizipative Formate einmal angeboten würden, „behält auch in diesen Fällen die Redaktion fast immer die Kontrolle über die Themenfindung."[46] Sind Redaktionen aber nicht gerade dafür da? Sind Redaktionen, die prüfen, auswählen und einordnen, nicht gerade das, was die Massenmedien von den Sozialen Medien unterscheiden und für das sie viel Geld ausgeben? Die Kommunikationswissenschaft, welche statt von ‚Interaktion' gern (vorsichtiger) von ‚Publikumsinklusion' spricht, kommt bei der Bewertung aber auch zu eher nüchternen Einschätzungen. So wurde nach der Analyse von ‚Anschlusskommunikation', die sich nach der Medienberichterstattung insbesondere in den Kommentarbereichen niederschlägt, die „Illusion von Teilhabe an journalistischen Prozessen" durch die ‚User' kritisiert, die einem „tatsächlichen Dialog" weichen müsse – was immer damit gemeint ist.[47]

Die Möglichkeit, aus den durch die ‚Interaktivität' mit dem Publikum zu Tage geförderten Befindlichkeiten und Wünschen ganze redaktionelle Programme abzuleiten, bedeutet auf jeden Fall, die Qualität des Journalismus auf eine andere Basis zu stellen; tendenziell geschieht dies heute schon. Immerhin räumen Online-Journalisten in Interviews ein, dass es Formen von Feedback gibt, die beleidigend sind und sich geradezu in Form von Schreibhemmungen auswirken. Andererseits hat das ‚interaktive Publikum' inzwischen lernen müssen, dass auch unter Internet-Bedingungen nicht alles erlaubt sein darf. Zwar lassen die meisten Medien nach wie vor anonyme Beiträge zu, was wohl ein Fehler ist, weil es zur Verrohung der kommunikativen Sitten beiträgt. Sie greifen dann zum Mittel der Zensur, wenn die Kommentar-Funktion nach Beiträgen für Beleidigungen missbraucht wird – aber auch, wenn es in den Blog-Foren zu bunt getrieben wird.[48]

Anonymität und Postfaktisches

Inzwischen werden Online-Medien die Geister, die sie selbst gerufen haben, nicht mehr los; Klagen über das große Palaver, welches im Netz unter maßgeblicher Beteiligung der Massenmedien stattfindet, sind insofern wohlfeil. Aber sie müssen auch einräumen, dass aus den sozialen Netzwerken manch guter Recherchetipp stammt, die Inspiration für fällige Debatten und auch eine Art Kontrolle der Reliabilität verbreiteter Nachrichten. Ob man deshalb von den Sozialen Medien gleich als ‚Fünfter Gewalt' sprechen muss, sei dahin gestellt. Deren Akteuren wird inzwischen etwas abverlangt, was vielen offenbar ein Gräuel ist: Sie sollen in der Öffentlichkeit ihr Gesicht zeigen. „Auf Facebook ist das sowieso schon der Fall, auf Twitter nutzen viele ihren bürgerlichen Namen, aber auf Plattformen wie You-Tube und in den Kommentarspalten der Onlinemedien streifen sich fast alle Akteure der fünften Gewalt eine Tarnkappe über. Warum muss das so bleiben?"[49] Eine berechtigte Frage.

Anonymität ist im gesamten Internet von Anfang an als Selbstverständlichkeit verstanden worden und wurde hier sozusagen zur Grundlage einer intensiven Streitkultur, deren Protagonisten im Dunkeln bleiben konnten. Erstaunlich blieb dabei, dass die Massenmedien zunächst tatenlos zugesehen haben, wenn in ihren Kommentarbereichen und Foren jeder, der wollte, ohne Klarnamen, mit einem Atavar auftauchen und in oft rüder Weise vom Leder ziehen konnte. Hatte nicht jeder Volontär einst gelernt, dass anonyme Leserbriefe sofort im Papierkorb landen? Und war nicht zu Beginn des 20. Jahrhundert der Kampf gegen Anonymität in den Zeitungen, den u. a. Max Weber mit Leidenschaft und sogar unter Nutzung aller rechtlichen Möglichkeiten betrieben hatte, ein Merkmal von Aufklärung in der entstehenden ‚Mediengesellschaft' gewesen?[50] Nun also voraufklärerische Formen im Netz, dem auch deshalb das Etikett ‚Wilder Westen' anhaftet.[51] Doch die Apologeten eines ‚freien Internet' sehen dies völlig anders. Zwar müssen auch sie einräumen, dass Anonymität zum Mobbing von Nutzern und zur Verantwortungslosigkeit von Leuten beiträgt, die heikle, verletzende Beiträge posten. Doch als *Google* und *Facebook* ankündigten, die Nickname-Tarnung ganz abzuschaffen, erhob sich heftiger Protest aus der Gemeinde. Hauptargument der Gegner: „Für Menschen, die in Diktaturen leben, stellt es ein Risiko dar, wenn sie im Netz identifiziert werden können."[52] Aber müssen deshalb die Medien und Blogs in Demokratien westlichen Typs das Spiel der Anonymität mitspielen?

Die Sozialen Medien haben die Bedingungen für eine rationale politische Streitkultur noch einmal deutlich verschärft, weil sie es leichter machen, die vertrauten Grundlagen für öffentliche Diskurse zu zerstören. Anderseits eröffnen sie dieser Streitkultur ganz neue Möglichkeiten – etwa durch Tweets, die wiederum intensive öffentliche Debatten auslösen, an denen dann die Massenmedien intensiv beteiligt sind; so ist *Twitter* zu einem wesentlichen Medium politischer Diskurse geworden. Tatsachen seien bei diesen Diskursen aber weniger wichtig geworden als Emotionen, wird vielstimmig beklagt. Gerade in Hinblick auf die politische Kommunikation wird deshalb neuerdings vom ‚postfaktischen Zeitalter' gesprochen. Die Frage ist dabei, ob viele Menschen deshalb Fakten ignorieren, weil sie den Massenmedien, die diese Fakten liefern, misstrauen.

Norbert Bolz, Philosoph und Medienwissenschaftler, kann dieser aktuellen Debatte wenig abgewinnen. Symptome einer „Krise der Echtheit" habe es auch früher schon gegeben – etwa bei den ‚Hitler-Tagebüchern' oder den gefälschten Interviews des Tom Kummer (s. dazu Kapitel IV/1). Man müsse vermuten, dass es in der Diskussion um Fake News und ‚Lügenpresse' nur um die Spitze des Eisbergs gehe. „Die in den Feuilletons entfaltete Polemik gegen das Postfaktische führt da kaum weiter, denn sie ist im Mythos von den unbezweifelbaren Fakten befangen." Fakten aber würden immer *gemacht*; sie seien das Produkt von kontingenten

Selektionen: „Und deshalb gibt es natürlich immer auch ‚alternative Fakten'." Fake News könne man, so Bolz weiter, ebenso wie „den Hass der Hater" in den Sozialen Medien auch als Reaktion auf ‚politische Korrektheit' verstehen: „Political Correctness ist die linke, Fake News die rechte Variante derselben Realitätsverweigerung." Echokammern, diese „Treibhäuser der Weltfremdheit", ließen sich gewiss in den Sozialen Medien besonders leicht einrichten. Diese gebe es aber „nicht nur bei den sogenannten Rechtspopulisten, sondern auf beiden Seiten des politischen Spektrums. Das gilt gerade auch für die weltweite Community der Trump-Hasser, die sich als Sturmgeschütz der Demokratie versteht."[53]

Zumindest an der Kreierung des Begriffs ‚postfaktisch', der zum ‚Wort des Jahres 2016' avancierte, ist der Journalismus direkt beteiligt gewesen. Man muss sich die Lage aber wohl sehr genau anschauen, um zu verstehen, was hier inzwischen passiert – und man sollte sich auch klarmachen, dass eigenwillige Wirklichkeitskonstruktionen keine Erfindungen eines amerikanischen Präsidenten und seiner Entourage sind. Gerade die Wahlkämpfe der vergangenen Jahrzehnte in der Bundesrepublik liefern diverse Beispiele dafür, dass sich Politiker und Journalisten um Tatsachen und die eigene Glaubwürdigkeit nie besonders gekümmert haben, wenn es darum ging, Stimmen einzusammeln und Reichweiten zu erzielen. Sie zeigen auf, wie es um die politische Streitkultur in der Gesellschaft bestellt ist. Durch die Hasser, welche im Internet unterwegs sind, werden die Verhältnisse insofern also ‚nur' verschärft. Wenn aber *Facebook* – wie heute schon in den USA – für einen großen Teil der Bevölkerung zur wichtigsten Nachrichtenquelle wird, die ihr Informationsangebot nicht an der Weltlage, sondern den Vorlieben der Nutzer ausrichtet, werden die Karten der politischen Karten noch einmal ganz neu gemischt. Noch können wir nur darüber spekulieren, was es für die politische Meinungsbildung bedeuten kann, wenn sich immer mehr Menschen abschotten und in Echokammern wohlfühlen, deren ‚Wirklichkeit' von Algorithmen bestimmt wird.[54]

2 Wie ein Kanzlerkandidat den Wahlkampf ‚amerikanisierte'

‚Analoge Journalisten' kennen Wahlkämpfe nur als ‚Fernseh-Wahlkämpfe' und können sich nur schwer an die Vorstellung gewöhnen, dass Politiker heutzutage zu allem und jedem ihren ‚Twitter-Senf' dazugeben und zulassen oder sogar veranlassen, dass mit automatisierten Tweets Stimmung gemacht wird. Fast sehnt man sich da nach Zeiten zurück, als Gerhard Schröder noch mit den konventionellen Mitteln des Fernsehens die Kampagne ‚amerikanisierte' und politische Gegner allenfalls in ‚Elefantenrunden' schikanierte. Seine sozialdemokratische Version der ‚Amerikanisierung' hat freilich seinerzeit zu Formen politischer Kommunikation beigetragen, die auf Politik wie Journalismus negativ zurückwirkten. Die USA hatten (auch) den Sozialdemokraten vorgeführt, dass Wahlkämpfe Werbefeldzüge sind, die man mit allen Mitteln der persuasiven Kommunikation bestreiten muss. Dies bedeutete dann auch, Profis einzukaufen, die beim Wettbewerb um die Stimmen alle Register ziehen konnten. Seit langem inszenierten und personalisierten sie auf diese Weise Politik, wobei jedes Mittel recht zu sein schien – und hier ist noch gar nicht vom Präsidentschafts-Wahlkampf 2016 die Rede, der alles Vorhergegangene und Vorstellbare in den Schatten stellte. Einerseits wurden stets alle Strategien auf den Spitzenkandidaten konzentriert und andererseits – jedenfalls bis Anfang des neuen Jahrtausends – alle Bemühungen vor allem auf das Fernsehen als angeblich Wahl entscheidendes Medium gesetzt; daran gab es keinen Zweifel, seit John F. Kennedy 1960 überraschend Richard Nixon besiegen konnte, weil er beim TV-Duell den besseren Eindruck hinterlassen hatte. Das Grundkonzept selbst war auch in Deutschland Ende der 1990er Jahre keineswegs mehr neu, wie der frühere SPD-Wahlkampfmanager Albrecht Müller in seiner Studie zur ‚Schröder-Wahl' hervorgehoben hat;[55] schon zwei Jahrzehnte zuvor war es vor allem von der CDU kopiert und insbesondere von deren damaligem Wahlkampfmanager Peter Radunski propagiert worden.[56]

Wenn man die TV-Fixierung und Planungs-Professionalisierung im Bundestagswahlkampf 1998 ‚Amerikanisierung' nennt, beschreibt man also durchaus bekannte Verhältnisse. Allerdings, so Müller, habe es schon in den Jahren davor eine Verschiebung der Macht von den Parteien hin zu den Medien gegeben; die Talkshow ersetzte sozusagen den Ortsverein. Die SPD praktizierte dann ungefähr das Gegenteil von dem, was ihr Leute wie der frühere Bundesgeschäftsführer Peter Glotz in einer Analyse nach der Bundestagswahl 1994 (SPD-Kandidat: Rudolf Scharping) mit auf den Weg gegeben hatten. Weder erzwinge die Medienapparatur der digitalen Welt, schrieb er, themenlose Materialschlachten, sozusagen „politisches Wrestling", noch seien „alle politischen Koordinaten zerstört, mit der Wirkung, dass ‚rechts' und ‚links' sinnlose Begriffe geworden wären." Und, was die Medien angehe: „Die These vom ‚allmächtigen' Fernsehen fällt eher in sich zusammen." Es sei gewiss schwieriger, aber nicht unmöglich geworden, Wahlkämpfe als „kollektive Lernprozesse" anzulegen. Und weiter: „Rudolf Scharping hatte fürs erste kein Fortune. Wer daraus allerdings schließt, die Amerikanisierung der kontinental-europäischen Politik sei ein unentrinnbares Schicksal, betreibt *self-fullfilling prophecy*."[57]

Die sozialdemokratische Version der ‚Amerikanisierung'

Diesem Schicksal lieferten sich die Sozialdemokraten – die ihrem neuen Kanzlerkandidaten gerne vorab (jedenfalls bis zum Wahlabend) als Messias huldigen – bereitwillig aus, seit sie aus Umfragen gelernt hatten, dass ‚der Gerd' die ‚Fortune' zu haben schien, welche seinem Vorgänger (auch in späteren Jahren) fehlte. Deshalb setzte die Partei im Wahlkampf 1998 total auf die Fernsehpräsenz ihres Spitzenmannes und versuchte über das Bildmedium, gebetsmühlenartig ihre politischen Botschaften unter die Leute zu bringen. Nun blieb seit Jahren äußerst umstritten, ob die Wahlen tatsächlich im Fernsehen entschieden werden;[58] wirksam war aber auf jeden Fall, dass die Parteipolitiker und -manager fest daran glaubten und deshalb immer entschiedener auf Leute setzten, welche auf dem Schirm ‚gut rüberkommen'. Deshalb konnte Schröder zum unumschränkten Herrscher in der SPD werden; deshalb hatte er über Lafontaine triumphiert, und deshalb hatte dieser resigniert. Und deshalb konnte Joschka Fischer (eine Zeitlang) die Grünen selbst in Fragen von Krieg und Frieden mehrheitlich disziplinieren.

„Die Grünen haben den besten ‚spin doctor'", sagte Bodo Hombach, als er SPD-Wahlkampfstratege war (ehe er dann Manager eines Zeitungsverlags wurde) und die Medien ihm noch gerne zuhörten. „Ein Gespräch mit Joschka Fischer ist wie eine Gehirnwäsche." Dabei dachte der Ghostwriter des Schröder-Blair-Papiers wohl an Fischers TV-Auftritte. Und dann sagte er etwas Grundsätzliches: „Die Wähler sind generell misstrauisch und daher unberechenbarer geworden. Nach meiner Schätzung zählen 60 Prozent zu den ‚Floating Votes', die im Prinzip mal so oder so wählen können oder gar nicht. Da hilft Spin-Doktern nicht. Die glauben keinem mehr richtig. Den Politikern sowieso nicht, aber auch nicht den Wissenschaftlern und nicht einmal ihrem Hausarzt. Nur Taten zählen."[59] Solche Aussagen, die auch die heutigen Verhältnisse im Bereich der politischen Kommunikation beschreiben und erklären, sind damals wohl irgendwie untergegangen. Im Wahlkampf 1998 zählten für den Kandidaten und seine Umgebung offensichtlich nur die Fernseh-Taten, d. h., man registrierte seine TV-Auftritte bei ARD und ZDF sowie den privat-kommerziellen Sendern. Hier war er Mensch, hier durfte er's sein.

Im Goethe-Jahr 1999, nach der gewonnenen Wahl, legte Schröder bekanntlich hier dann noch ein wenig zu. Beim Umgang mit der Öffentlichkeit machte er – geplant, aber auch instinktiv – von Anfang an vieles anders als sein Vorgänger, der die Medien stets disziplinieren und sich nur so inszenieren wollte. Der „Kumpel Kanzlerkandidat" (*Süddeutsche Zeitung*) erschien den Journalisten nach 16 Jahren Kohl geradezu als „Messias fürs Medium" (*Der Tagesspiegel*). Im Rückblick steht Helmut Kohl für ein System der politischen Kommunikation, das sich in den 1990er Jahren auf jeden Fall endgültig überlebt zu haben schien. Es war noch geprägt von den Strukturen der ‚Bonner Republik', die es vergleichsweise einfach machten, die

Presse und vor allem den (öffentlich-rechtlichen) Rundfunk zumindest soweit unter Kontrolle zu halten, dass man viele Themen setzen und so manchen journalistischen Akteur steuern konnte. *FAZ* und *Bild* und zuletzt vor allem auch Privatsender wie *Sat.1* schienen im Imperium des Pfälzer Einheitskanzlers gehorsam mitzuspielen. Noch im Wahlkampf 1994 hatte Kohl ein Medienensemble mit ausgewählten Günstlingen beisammen gehabt, das wohlwollende Kampagnenbegleitung garantierte.[60]

Damals schon schwante Kennern der Szene wie dem langjährigen Hauptstadt-Korrespondenten der *Zeit*, Gunter Hofmann, dass sich Politik und Journalismus am Scheidewege befänden. Ein Teil der Medien, so schrieb er nach jener Wahl, habe ausgetestet, in welchem Ausmaß Politik als Stoff für die U-Branche tauge. Dies habe den Eindruck entstehen lassen, dass insbesondere das Fernsehen im Wahljahr Regie führte. Und er verknüpfte seine Situationsbeschreibung mit Hoffnungen und Befürchtungen: „Noch ist die Mediendemokratie keine Fernsehdemokratie, sie ist noch nicht einmal richtig Mediendemokratie. Nur ist eben der Eindruck entstanden, als würde das Medium Fernsehen tonangebend, bilderbesetzend, imageprägend." Er hoffe, es sei mehr als bloßes Wunschdenken, „dass die Mediendemokratie, deren Konturen sich abzeichnen, selbstreflexiv genug wird, um das komplizierte Wechselverhältnis zwischen Politik und Medien hell auszuleuchten." Dazu bedürfte es allerdings, so Hoffmann weiter, „einer intensiven Debatte über die Kommunikationsverhältnisse im Lande – und den Journalismus." Der Journalist prognostizierte, dass die Personalisierung noch weiter zunehmen werde: „In der Hinsicht war das Wahljahr 1994 bloß die Ouvertüre zu einem Stück, das man vorausahnen kann."[61]

Nach dem Wahlkampf 1998 kannten wir das Stück noch etwas besser. Eine Grundsatzdebatte über die Kommunikationsverhältnisse fand freilich nicht statt; das (Selbst-) Reflexionsniveau blieb nicht allzu hoch. Verändert haben sich in den Jahren danach die strukturellen Voraussetzungen der politischen Kommunikation. Eine wichtige Rolle spielte dabei, dass sich das Mediensystem strukturell weiter ausdifferenzierte und programmlich weiter kommerzialisierte – ehe dann die Sozialen Medien auch hier neue Verhältnisse schufen. Für die politischen Gladiatoren bedeuteten aber schon jene Jahre eine wesentliche Umstellung, denn unter den gewandelten (kommerziellen) Bedingungen konnten sie nicht mehr darauf setzen, dass ihnen die vertrauten Propagandisten aus den Massenmedien noch so bedingungslos folgten wie früher. Zu groß wären für sie bei fortgesetzter Hofberichterstattung die Gefahren einer Abwendung der eigenen Leser, Hörer oder Zuschauer geworden, denn diese liefen längst zu dem über, der die beste Show versprach. Die Medien glaubten deshalb, dass es ökonomisch desaströs sein könnte, wenn sie sich dem Unterhaltungs-Trend, der nun auch die politische Kommunikation erfasst hatte, entgegenstellen würden.

Dieser Trend schien – gerade nach den Eindrücken bei jener Wahl – unumkehrbar zu sein. Man war sich sicher: Das Publikum der ‚Mediengesellschaft' belohnt den Politik-Darsteller und befördert im Journalismus all das, was Infotainment genannt wird. Vielleicht hat man schon damals die Bürgerinnen und Bürger unterschätzt. Doch Umfragen zufolge wollte seinerzeit angeblich mehr als ein Drittel der Bevölkerung unterhaltsame Wahlkämpfer; dem besten Showman sollte die Stimme gehören. Nach dieser Logik konnte Bill Clinton 1992 den Vater Bush, der vier Jahre zuvor gegen den Demokraten Michael Dukakis einen ziemlich schmutzigen Wahlkampf geführt hatte, und Tony Blair später John Major beerben. Clinton („It's the economy, stupid") setzte dabei erfolgreich auf Slogans, Personalisierung und Entertainment – und wenn Schröder so wie er Saxophon spielen könnte, hätte auch er dies öffentlich getan. Gerhard Schröder, das „Medienphänomen" (*taz*), würde dauerhaft leichtes Spiel haben, wenn er dieses Rezept auf die deutschen Verhältnisse übertragen könnte. Das glaubten jedenfalls seine Wahlhelfer. Für die Zeit des Wahlkampfes stimmte die Diagnose; da war der Kandidat „virtuos an der Luftgitarre"[62]. Am liebsten wäre er immer Wahlkämpfer geblieben. Politiker, die sich in der Darsteller-Rolle am wohlsten fühlen, sind so.

Politische Kommunikation im Fernsehzeitalter – und danach

In offenen Gesellschaften bildet die politische Kommunikation das Kernelement der ‚checks and balances', der Austarierung von Macht und Einfluss. Strukturell soll diese sichergestellt werden durch die Trennung zwischen Exekutive, Legislative und Jurisdiktion. Meinungs- und Pressefreiheit gehören essentiell zu dieser Idee der Demokratie als Staatsform, die auf politischer Willensbildung als Ergebnis von Diskussion, Konflikt und gegenseitiger Kontrolle beruht. Auf den ersten Blick scheinen damit auch die Erwartungen gegenüber den Medien und ihren Journalisten klar abgesteckt zu sein. Sie sollen vor allem Informationsangebote für alle bereitstellen, die am Prozess der politischen Willensbildung teilhaben: für die Bevölkerung wie deren Repräsentanten, die politischen Akteure. Damit ist aber nicht geklärt, auf welche Weise die öffentlichen Bedürfnisse an die politischen Entscheidungsträger, die dem öffentlichen Wohl zu dienen haben, am besten übermittelt werden. Umgekehrt bleibt offen, wie politische Prozesse und ihre Ergebnisse für die Öffentlichkeit zugänglich werden und wo genau die Möglichkeiten und Grenzen von Vermittlung als zentraler Aufgabe der Massenmedien eigentlich liegen.

Die Institutionen der Politik und der Medien verfügen über beträchtlichen Einfluss, der jedoch auf ganz unterschiedlicher Legitimation beruht und deshalb unterschiedliche Reichweite besitzt. Die Macht politischer Institutionen erwächst z. B. aus der Gewalt der Exekutive auf der Grundlage der Verfassung. Die Macht der Medien beruht weniger auf eindeutigen Rechtsansprüchen, als vielmehr auf einer Mischung aus normativen, strukturellen und psychologischen Faktoren, die prinzipiell stets Anlass für kontroverse Diskussionen über ‚Rechte und Pflichten der Presse' geben. Normativ gründet sich der Medieneinfluss auf liberale und sozialstaatliche Prinzipien, strukturell basiert er auf der angesprochenen Vermittlungsfunktion in der modernen Gesellschaft, und psychologisch kann er im Falle einzelner Medien auf zum Teil über Jahrzehnte gewachsener Glaubwürdigkeit beruhen, die bestimmte Teile des Publikums bestimmten Medien entgegenbringen.[63]

Die Massenmedien können vor allem deshalb für politisch-persuasive Ziele instrumentalisiert und zu Steuerungsinstrumenten degradiert werden, weil sie auf Quellen aus der Politik angewiesen sind. Auf diese Situation haben sich alle politischen Institutionen und Akteure durch eine Professionalisierung politisch-kommunikativer Tätigkeiten eingestellt. Mit Hilfe gezielter Öffentlichkeitsarbeit werden die Medien so in das Kommunikations-Marketing der Politik eingebunden und zur Selbstdarstellung genutzt; gemeinsam kreieren Politik und Medien ‚Pseudo-Ereignisse'.[64] Aber nicht nur die politisch-kommunikativen Strategien verändern sich durch diese Situation, sondern auch die Inhalte der Politik. Mit Blick auf die Medien erschöpft sich Politik im Setzen von Themen und Themenrangfolgen in der Öffentlichkeit und im Lancieren von politisch-kommunikativen Formeln. Die Kenntnis der ‚Wahrnehmung der Medien' – der Regelhaftigkeiten bei der Konstruktion von Realität durch die Nachrichtenmedien – wird dabei für politische Zwecke gezielt eingesetzt.[65]

Zur wichtigsten Institution ‚kommunifizierter Politik' war das Fernsehen, dessen Präsentations- und Rezeptionsmerkmale den Mechanismen Symbolischer Politik offenbar besonders entgegenkommen, schon in den 1960er Jahren geworden. Vor allem auf dieses Medium richteten sich seither die politisch-kommunikativen Strategien der Parteien und der Regierungen; dabei überschätzten die Strategen wahrscheinlich die politischen Wirkungen des Bildmediums im Vergleich zu den Lesemedien der Presse.[66] Die Dauerpräsenz von Spitzenpolitikern in den Talkshows zeigt, dass sich daran bis heute wenig geändert hat. Schon kurz nach Schröders ‚amerikanischem Wahlkampf' war jedoch deutlich geworden, dass die lästigen Geister, die er einst gerufen hatte, bald gar nicht mehr aus dem Fernsehapparat, sondern aus dem Computer kommen würden, wenn dort die – bei aller Kritik doch bewährten – journalistischen Schleusen fehlen. Welche Zeitbombe auch für die ethischen Grenzen politischer Kommunikation seither im Internet tickt, hatte schon der Fall Clinton/Lewinsky hinreichend deutlich gemacht. Die Lehre daraus lautete u. a., dass im neuen Dreieck zwischen Politik, Netz und Öffentlichkeit die Intimsphäre der politischen Akteure vollends verloren gehen kann. Wie der Wahlkampf im Internet, wie Cyber-Campaigning aussieht, würde schon bald zu beobachten sein; die politische Kommunikation verändert sich dadurch, so viel war klar, erneut grundlegend.

Schröders mediale Nachwahl-Kampagne

Der Begriff der ‚Amerikanisierung', auf den der Wahlkampf 1998 schnell gebracht worden war, stimmte indessen nur dann voll und ganz, wenn man die Medienkampagne zum Maßstab nahm. Er stimmte schon weniger, wenn man die gesamte Wahlkampfführung der Parteien betrachtete. Und er stimmte natürlich überhaupt nicht, wenn man ihn auf den Prozess der Wahlentscheidung in zwei erheblich verschiedenen politischen Systemen bezog. Unter den Bedingungen von Parteiendemokratie und Förderalismus ist in Deutschland vieles anders als in Amerika. Hierzulande holen spätestens nach der Wahl Parteivolk und Provinzfürsten den kecken Programmverweigerer ein. Womöglich hat das der Kandidat Schröder damals nicht bedacht. Vielleicht glaubte er, nach einem erfolgreichen Medienwahlkampf à la USA könne er anschließend in eine Präsidentenrolle nach dem Muster des Weißen Hauses schlüpfen und als Großer Kommunikator regieren. Schnell musste er dann lernen, dass dies eine Fehleinschätzung war. Gleichzeitig machte er die neue Erfahrung, dass man als öffentlicher Held die Journalisten zweimal trifft – einmal, wenn sie einen hochjubeln, und dann, wenn sie einen niedermachen. Bei *Bild* lautet die Redaktions-Parole sinngemäß, dass man die Protagonisten im Lift begleitet – nach oben wie nach unten.

Man konnte damals den Eindruck gewinnen, als hätten der Kanzler und seine Getreuen vor lauter Bemühen um Medienpräsenz gar nicht daran gedacht, dass nach der Wahl politisches Handeln angesagt sein würde. Zweifellos zeigt sich das Publikum der ‚Mediengesellschaft' dankbar für eine gute TV-Performance im Wahlkampf. Ist es aber immer noch ‚amused', wenn die Show nach der Wahl weitergeht und statt der von allen erwarteten Reformen nur ein Medienzirkus vorgeführt wird? Wenn deutlich wird, dass die späteren Regierungsparteien nicht nur vorher nicht gesagt haben, was sie genau machen wollen, sondern, dass sie es wirklich nicht wussten; und wenn deutlich wird, dass der Kanzler und einige aus seiner Riege tatsächlich nur Wahlkämpfer sind, die taktieren, und keine Politiker, die agieren? Diese Fragen wurden auch nach der US-Präsidentschaftswahl 2016 aus guten Gründen ganz schnell gestellt.

Im Fall Gerhard Schröder wurden Antworten schon bald nach der Wahl 1998 gegeben; seine Regierung geriet unter Druck – lange, bevor die Schonzeit der ersten 100 Tage abgelaufen war. Gerhard Schröder reagierte auf diesen totalen Fehlstart dann geradezu mit einem Pawlow'schen Reflex: Einer medialen Nachwahl-Kampagne, die so übertrieben ausfiel, dass einer seiner Wahlkampf-Berater, ein Werbefachmann, sogar von einem „medialen Overkill" sprach; das Produkt sei „überworben" worden.[67] Der Kanzler drängte nun vor allem in die Unterhaltungssendungen des Fernsehens. Besondere Aufmerksamkeit erregte dabei sein Auftritt in „Wetten, dass...?" am 20. Februar 1999; geplant waren auch Besuche bei Harald Schmidt und in der Fußball-Show *ran*. Der allgegenwärtige TV-Mann Reinhold Beckmann, zu jener Zeit Chef der Sportsendung von *Sat.1*, berichtete Jahre später, Schröder habe „damals nicht nur am Zaun des Kanzleramts gerüttelt, sondern auch an der Tür unseres Studios. Er wollte unbedingt ‚ran' moderieren. Das haben wir verhindern können."[68]

Mit besonderem Erstaunen wurde registriert, wie sich Schröder zum Start der Zeitschrift *Life & Style* von dem Star-Fotografen Peter Lindbergh ‚ins Bild setzen' ließ. Das Heft zeigte den Kanzler seitenlang als Model für modische Accessoires: im Brioni-Anzug, im teuren Cashmere-Mantel, mit der Cohiba-Zigarre – ganz der Genussmensch: „Er ist der Lifestyle-Kanzler. Mit ihm ist auch die Mode an die Macht gekommen. Die deutsche Politik sah lange nicht mehr so gut aus wie heute."[69] Das kann nur optisch gemeint gewesen sein, denn als der ‚Life-Style-Kanzler' gekürt wurde, blies dem Politiker Schröder der öffentliche Wind schon kräftig in Gesicht. „Der ganze Kanzler ist ein Quiz" titelte *Die Welt* nach seiner „Wetten, dass...?"-Mitwirkung und gab damit den Kammerton A für die Behandlung des U-Kanzlers in den Medien vor.[70] Die *Süddeutsche Zeitung* zieh ihn der „Lässigkeit im Amt" und analysierte, „wie der Bundeskanzler immer noch Herr Schröder sein möchte".[71] Vor allem die Boulevardblätter thematisierten nun in immer neuen Variationen die Frage, ob sich das Verhalten des „Medien-Kanzlers",[72] der im Fernsehen immer dabei sei, mit der Würde des Amtes vereinbaren lasse. Dabei ging die *Bild am Sonntag*, welche sich im Wahlkampf 1998 durch ‚Editorial Endorsement' des Kandidaten Schröder den geballten Zorn der CDU zugezogen hatte,[73] nun deutlich auf Distanz. „Wird Schröder zur Ulknudel?" fragte das Blatt nach dem Auftritt bei Thomas Gottschalk in großen Lettern auf der Titelseite und interviewte dazu zahlreiche Prominente.[74]

Vom U-Kanzler zum E-Kanzler

Der Wahlsieger Schröder trug öffentlich eine Maske zur Schau, die einst unter dem Begriff ‚Sprezzatura' charakteristisch war für das Kommunikationsverhalten von Renaissancepolitikern: eine mit Lässigkeit vorgetragene Selbstsicherheit nach dem Motto ‚Mir kann keiner', die dem politischen Gegner – aber auch Rivalen wie Oskar Lafontaine – das Gefühl der Inferiorität vermitteln sollte.[75] Schröder, der Italienurlauber, beherrschte diese Attitüde perfekt. Doch schon bald war plötzlich Schluss mit lustig: La comedia è finita. Nach dem Rücktritt von Oskar Lafontaine am 11. März 1999 – um 17.47, wie *Bild* genau zu berichten wusste[76] – und spätestens seit Beginn des Kosovo-Krieges am 24. März wurde Schröder nach und nach vom U-Kanzler zum E-Kanzler, eine neue Rolle. Inzwischen war öffentlich viel über seine Amtsführung kommuniziert worden: über die Substitution von Machtausübung durch Wortgeklingel, also über die neue Phase Symbolischer Politik in Deutschland, aber auch über Stilfragen. In den Medien meldeten sich dazu auch Personen wie der einstige DDR-Bürgerrechtler Konrad Weiss zu Wort und fragten, ob die Deutschen einen Parvenu zum Kanzler gewählt hätten. Bundeskanzler Schröder habe Probleme mit dem guten Stil, kritisierte Weiss: „Auch in einer Mediengesellschaft hat es ein Regierungschef nicht nötig, durch alle möglichen Talk- und Game-Shows zu gockeln. Ebenso stillos ist es, wenn sich der Kanzler eines Landes mit viereinhalb Millionen Arbeitslosen in sündhaft teuren Klamotten ablichten läßt. In Klamotten, die mehr gekostet haben, als mancher Erwerbslose im ganzen Jahr erhält."[77] Nun wurde es ernst für den „Kanzler im Krieg", bei dem z. B. *Die Welt* einen plötzlichen Persönlichkeitswandel ausgemacht haben wollte: „Der Krieg hat ihn verändert. Sein ausdauerndes, abweisendes Lächeln ist verschwunden, dieses bei aller Strahlkraft unterschwellig drohende Geräusch. Schröder konnte lachen, dass ihm der Kragen platzte, besonders wenn er öffentlich angegangen wurde, beispielsweise im Bundestag. Vorbei. Gerhard Schröder ist ernst geworden, er spricht schneller als früher – engagiert, auf den Punkt."[78]

In Kriegszeiten neigen auch Journalisten zu staatstragender Attitüde und zum schnellen Gesinnungswechsel. Dann verleihen sie den Orden ‚Staatsmann' auch an jene, die sie noch kurz zuvor als Leichtgewichte verspottet hatten. Insofern verrät die „Prosa, der zufolge Bruder Leichtfuß Schröder oder der spröde Rudolf Scharping über Nacht zum Staatsmann heranreifen, Erwachsene in einer endlich erwachsenen Republik, [...] letztlich nur etwas über die Sehnsüchte von Journalisten."[79] Die gaben sich nun in der Mehrzahl alle Mühe, Schröders öffentliches Image zur korrigieren: vom Strahlemann zum auch optisch Angeschlagenen, der nicht mehr ein noch aus weiß: „Matt ist Schröders Teint geworden, verkrampft der Gesichtsausdruck – schon sind auch erste leichte Nachlässigkeiten im äußeren Erscheinungsbild des ehemaligen Cashmere-Kanzlers zu beobachten."[80] Des Kanzlers einstiges Lieblingsblatt *Bild am Sonntag* präsentierte „Die Bonner Horrorliste" zur Haushaltssanierung, leitartikelte, dass „Schröders Kanzlerschaft zur traurigen Episode werden" könne und titelte: „Was ist mit Schröder los? – Er verliert immer häufiger die Nerven – Die SPD tanzt ihm auf der Nase herum – Er ist fast nur noch schlecht gelaunt". Doch in derselben Ausgabe und auf derselben Seite kam es noch schlimmer. *BamS* fragte „Kriegt der Kanzler eine Glatze?" und gab die Antwort selbst mit einem Zoom-Foto auf Schröders Hinterkopf.[81] Nun fing die ‚Mediengesellschaft' an, eines ihrer liebsten Kinder zu fressen. Später mahnte ein anderes Boulevardblatt, illustriert durch ein Foto vom ganzen Manne: „Kanzler, wenn du so weiter isst…"[82]

Als der Kanzler dann aus dem Sommerurlaub im süditalienischen Positano heimkehrte, wo die Gattin unter den Augen der Medienöffentlichkeit das ‚kleine Schwarze' erstanden hatte, war „Schröders Machtwort" angesagt – in *Bild am Sonntag*.[83] Von Journalisten dieser Zeitung hatte sich der Regierungschef zum Ende des Sommertheaters exklusiv vernehmen lassen. Gerhard Schröder machte in dem Interview nur knappe staatsmännische Aussagen; ein richtiges Machtwort sprach er nicht in Richtung profilierungsfreudiger Regierungsmitglieder und Parteigenossen, sondern gegenüber dem Fernsehsender *RTL*. Dem wurde das obligatorische Sommerinterview verweigert, weil er eine Kanzler-Comedy mit dem Titel ‚Wie war ich, Doris?' angekündigt hatte. Hier werde „eine Grenze überschritten", ließ Schröder ausrichten. Der *RTL*-Chefredakteur indessen schien nicht geschockt: „Wir werden's überleben."[84] Er konnte sich da deshalb so sicher sein, weil die politische Kommunikation in Deutschland seit dem Wahlkampf 1998 immer mehr nach den Regeln von Soaps ablief, welche die Privatsender bekanntlich besonders gut beherrschen. Sie folgten dabei – wie der Politiker Schröder – angelsächsischen Vorbildern. Dass er als Wahlmatador Bill Clinton und Tony Blair nachgeeifert hatte, war – zumal im Vergleich mit seinem biederen Amtsvorgänger – von vielen Journalisten lange Zeit als erfrischend empfunden worden.

Im Spätsommer 1999, knapp ein Jahr nach dem Wahlsieg, war Schröders Popularität bei der Bevölkerung – einer Umfrage des Instituts für Demoskopie in Allensbach zufolge – von 54 auf 23 Prozent gesunken.[85] Beim Beliebtheitswert war der Kanzler hinter Joschka Fischer, Rudolf Scharping und sogar hinter Helmut Kohl auf den sechsten Rang zurückgefallen.[86] So schnell vergeht der Ruhm der Welt in dieser ‚Mediengesellschaft'. Der *Spiegel* stimmte deshalb schon mal vorsichtshalber die ‚Götterdämmerung' an: „Er hat kein Konzept, wenig Zeit, kaum loyale Mitstreiter und keine Wahl – er muss weitermachen, ohne zu wackeln. […] Weiter hetzt ihn sein Programm im Stundentakt fernsehwirksam quer durch die Republik."[87] Im Wahljahr hatte es an gleicher Stelle noch ganz anders geklungen – allerdings war die Selbstreferenz des Systems politischer Kommunikation als salvatorische Klausel vom *Spiegel*-Autor gleich mitgeliefert worden: „Wer sich in dieser Medienlandschaft durchsetzen will, braucht Ministerkandidaten, die auch in einer Daily Soap auftreten können, braucht eine Politik, die man in einem 30-Sekunden-Spot erklären kann, und braucht Regisseure, die etwas von Inszenierung verstehen." Zur Inszenierung einer modernen Wahlkampfschlacht gehörten „kritische Journalisten, die das ganze Theater als Inszenierung geißeln, ebenso wie kritische Kandidaten, die Distanz demonstrieren, zum Politiktheater."[88]

Die Trivialisierung der politischen Kommunikation

Mit Schlagworten wie ‚Soap' und ‚Inszenierung' lässt sich das Politik-Theater freilich nicht hinreichend analysieren; es ist Resultat eines komplexen Wechselwirkungsprozesses im Dreieck zwischen Politik, Medien und Öffentlichkeit. Beobachter entwerfen hierzu seit Jahren das Bild vom ‚Bermuda-Dreieck', in dem bewährte Maßstäbe für politische Kultur verloren gingen. Strukturell bedeutet die Entwicklung auf jeden Fall einen zunehmenden Druck auf die Akteure sowohl im Bereich der Politik als auch im Bereich der Medien. Natürlich lässt sich dabei der Schwarze Peter hin und her schieben. Der Politik wird – nicht zuletzt von den Medien – eine schleichende Entpolitisierung, die zunehmende Zerstörung eines diskursiven Raumes und die radikale Reduzierung von Programmen auf Personen vorgeworfen. Die Medien und ihre Journalisten scheinen in die Rolle von Zirkusdirektoren geraten zu sein, die nur noch bereit sind, publikumsattraktive Akrobaten zu verpflichten und sich daran zu weiden, wenn diese vom Seil fallen. Und dem Publikum (den Wählerinnen und Wählern) wird – vielleicht etwas voreilig und auf jeden Fall zu pauschal – unterstellt, dass es sich überhaupt nicht mehr ernsthaft für politische Inhalte interessiere, sondern nur noch für Aufgeregtheiten und zirzensische Attraktionen auch im Bereich der Politik. Man beklagt also gleichermaßen die Inszenierung von Politik in den Medien wie die Instrumentalisierung der Medien durch die Politiker.

Diese ‚Amerikanisierung' der Wahlkampagne führte zwangsläufig zur Verdrängung von relevanten Themen, zur Abwertung der Funktion der Parteien und zur Trivialisierung der politischen Kommunikation – mit Folgen, die erst ernsthaft diskutiert wurden, als die ökonomische Krise der Medien spürbar geworden war und Bürger auf die Straße zogen, um gegen diese Medien Stimmung zu machen. Inzwischen ist die Qualität der politischen Kommunikation (nicht nur) in Deutschland zum öffentlichen Thema geworden. In den USA – dem Land der Pressefreiheit, aber auch der kommerziellen Medien – haben den Preis für die Trivialisierung insbesondere die Journalisten gezahlt, deren Gewerbe immer mehr an Prestige einbüßte. Und jene Bürgerinnen und Bürger, die sich schon seit Jahren der politischen Partizipation durch Wahlboykott verweigern; das ist die Mehrheit. Wie fragil dort das System der politischen Kommunikation geworden ist, wurde dann erst im Präsidentschafts-Wahlkampf 2016 und nach der Wahl von Donald Trump so richtig deutlich.

Eine zentrale Ursache für diese Verhältnisse sehen kritische Beobachter schon seit langem im Niedergang des Journalismus, der zu einem Teil der ‚Commercial Culture' geworden sei. Wie wir schon gesehen haben, beschreiben sie als ‚amerikanische Krankheit', was – auch bei der politischen Kommunikation – durch die Entwicklung weg von der Information hin zur fiktionalen Unterhaltung gekennzeichnet sei. Dieser Prozess habe die Politiker abhängig, die Medien reich und die

Demokratie arm gemacht.⁸⁹ Der frühere Präsidentschaftskandidat Gary Hart sieht in den „Metamorphosen von Politikern und Journalisten zu Medienstars" eines der größten Probleme amerikanischer Politik der vergangenen Jahre. Hart, dessen viel versprechende politische Karriere nach der Enthüllung einer außerehelichen Beziehung durch die Medien zu Ende war, glaubt, dass die Politiker diesem Trend – wie er selbst mit Hilfe der ganzen Familie – dadurch Vorschub geleistet hätten, dass sie eine Privatisierung und Entertainisierung des Politischen aktiv betrieben. Und wörtlich: „[…] ein solcher Handel gleicht Fausts Pakt mit dem Teufel: Um den Preis von Würde, Achtung und Anstand erkauft sich der Politiker Popularität, Aufmerksamkeit und Ruhm. Man versuche, sich einen Charles de Gaulle oder Konrad Adenauer als Musiker in einer Fernsehshow vorzustellen."⁹⁰

Beim Wahlkämpfer Schröder konnte man sich dies und manches andere vorstellen. Mit Hilfe seiner damals neuen Ehefrau (der gelernten Journalistin) verstand er es eine Zeitlang in geradezu atemberaubender Weise, die Journaille zu mobilisieren. Doch der Mann, der dem Affen Zucker gab, musste sich – ebenfalls mit Goethe – gleich nach der Wahl fragen lassen, wie er demnächst die Geister, die er gerufen hatte, wieder loswerden wollte. In der ‚Bonner Republik' hatte es insofern keine amerikanischen Verhältnisse gegeben, als die Privatisierung des Politischen auf der Höhe der Gürtellinie und an der Schwelle des Schlaf- bzw. Arbeitszimmers halt machte. Ob dies auch in der ‚Berliner Republik' noch gelten würde, müsste sich zeigen. Gerhard Schröder würde sich dann nicht beklagen dürfen. Auf jeden Fall durfte sich der Kleindarsteller im ‚Großen Bellheim' und der Selbstdarsteller in ‚Gute Zeiten, schlechte Zeiten' eigentlich nicht kleinlich zeigen, als er und seine Doris unfreiwillig zu Stars einer eigenen Soap wurden. Und er durfte sich auch nicht beklagen, als er nun zusammen mit Clinton und Blair in die Ecke eines „meta-liberalen Politikstils" gestellt wurde, dessen Spezialität eine „Inszenierung des Diffusen" sei.⁹¹

Das ist eine Grundsatzkritik, die in dem Vorwurf gipfelte, Politik sei überhaupt inzwischen zum „Gemischtwarenladen für Opportunisten" geworden: „Irgendwo zwischen Day Tradern und Taubenzüchtern finden die Machtmanager – früher einmal Politiker genannt – ihre Lücke für Maskarade. Eklektiker und Schauspieler sind die Prototypen postmoderner Demokratie. Sie leben im ideologischen Doppelklick ihrer Überzeugungen."⁹² Wenn diese Beschreibung zuträfe, wäre es um die Zukunft der politischen Verhältnisse schon vor Jahren schlecht bestellt gewesen. Wenn sie nicht stimmte, hätte man sich um den öffentlichen Diskurs über Politik und Politiker, also um die politische Kultur, Sorgen machen müssen, denn die Demontage von politischen Akteuren und die Gleichstellung von Politik mit Soap erfasst das demokratische System im Kern. Auf jeden Fall leisteten Gerhard Schröder und die Sozialdemokratische Partei Deutschlands durch ihre Version der ‚Amerikanisierung' einen Beitrag, auf den wir gerne verzichtet hätten. Der Ex-Kanzler sorgte dann einige Zeit nach seiner Abwahl noch einmal für Verwirrung – mit der Diagnose, dass Wladimir Putin „ein lupenreiner Demokrat" sei. Dennoch erinnert sich seine Partei bis heute immer wieder gerne an ihn – zumindest als Wahlkämpfer. Als im Bundestagswahlkampf 2017 die Umfragewerte für den Kandidaten Martin Schulz immer mehr in den Keller gingen, hätte die SPD deshalb zu gerne die ‚amerikanische Kampagne' wiederholt, mit deren Hilfe Schröder 1998 den amtierenden CDU-Kanzler gestürzt hatte. Die Renaissance einer solchen Wahlkampfstrategie könnte die Rettung bringen, meinten Berater.[93]

Legitimation durch Kommunikation?

Der typisch postmoderne Prozess der Hybridisierung konnte natürlich auch vor der politischen Kommunikation nicht haltmachen: Inhalte und Formen, Bezugssysteme und Rollen – alles geht auch hier inzwischen fließend ineinander über. Grenzverletzungen werden nicht beklagt, sondern als kreativ gefeiert. So bemächtigten sich die Markenartikel-Werber des Wahlkampfs und plakatierten doppelsinnige Aktionen wie die „Burger-Initiative" von McDonalds oder „Diäten runter" der Firma Burger King. Camel warnte „Die Roten kommen!" – womit freilich auch der Konkurrent Marlboro gemeint sein konnte. Und Mercedes forderte „Wählen Gehen!" und meinte eine Telefonaktion im Zusammenhang mit der Einführung der A-Klasse. Es waren solche Vermischungen, die eine Reihe von grundlegenden Fragen für die politischen Kommunikation in Deutschland aufgeworfen haben: Droht ein Zerfall des politischen Diskurses oder gar das Ende der demokratischen Öffentlichkeit? Oder müssen wir nur Merkmale einer neuen politischen Praxis registrieren – wozu zum Beispiel die Dauerpräsenz von Politikern in allen Genres des Fernsehens und auf allen Portalen des Internet gehört? Vor allem aber: Wenn öffentliche Auftritte von Politikern (im Fernsehen und in den Sozialen Medien) als beliebige Wanderung zwischen Fakten und Fiktionen vorgeführt werden, kann dann überhaupt noch ernsthaft jemand auf Rollentrennungen in den Bereichen Politik, Journalismus, PR, Werbung und Wissenschaft beharren? Und vor allem: auf der klaren Unterscheidung zwischen geprüften Tatsachen und irgendwelchem Unsinn, den sich ein Akteur ausdenkt, weil ihm gerade danach ist und weil sich heutzutage sowieso alles versendet – irgendwie?

Dass die ‚Spin-Doctors'[94] als professionelle Berater und Kommunikatoren inzwischen eine so dominante Rolle spielen, ist darauf zurückzuführen, dass wegen der Zunahme von Symbolischer Politik die journalistisch-professionelle Politikvermittlungs-Kapazität erheblich ausgebaut werden musste.[95] Im Wahlkampf 1998 war dieser Terminus ‚Spin-Doctor' zum neudeutschen Schlüsselwort geworden. Die damit formelhaft beschriebenen Consultants bilden in den USA eine Berufsgruppe, die angeblich schon größer ist als der Stand der politischen Redakteure. Der erfahrene CDU-Wahlkämpfer Peter Radunski sah seinerzeit in Deutschland zunächst noch keinen Platz für solche Strategen. Aber er schrieb schon von der bevorstehenden Revolution: Dieser „letzte Schritt der Amerikanisierung"⁹⁶ im personellen Bereich des Kommunikationsmanagements werde auch noch erfolgen. Inzwischen haben Spin-Doctors, die als Imageberater verpflichtet werden, in den Vereinigten Staaten aber selbst ein Imageproblem. Denn die allzu offensichtliche Tendenz, dass sich die Medienberater als Manipulatoren erweisen, zu deren Handwerkszeug die Täuschung und die gezielte Desinformation gehören, hat dazu geführt, dass im Dreieck zwischen Politik, Medien und Öffentlichkeit die Glaubwürdigkeit weiter gesunken ist. Das, was in den USA ‚Push Spin' genannt wird, hat nach Ansicht von Öffentlichkeitsarbeitern, die auf Vertrauen angewiesen sind, mit PR so viel zu tun wie Kunst mit Pornographie oder wie Medizin mit Quacksalberei.⁹⁷

In den USA ist die Sensibilität für das Wirken der ‚Desinformationsmaschinerie Spin' gewachsen, seit bezweifelt wird, dass es sich bei der imagebildenden Kraftmeierei auf Dauer um eine effektive Kommunikationstechnik handelt. Diese Zweifel waren schon während des Kosovo-Krieges im Frühjahr 1999 durch die Entscheidung der NATO genährt worden, ihrem Sprecher Jamie Shea eine ‚Media Strategy Group' um Alastair Campbell an die Seite zu stellen.⁹⁸ Campbell hatte den zweifelhaften Ruf, Tony Blairs Medienbulldogge zu sein, die missliebigen Journalisten die Zähne zeigte und als Spin-Doctor einen überaus problematischen Einfluss auf die britische Regierungspolitik ausübte. Ein solcher Einfluss kann – wie in Deutschland auch der Fall von Schröders Spin-Doctor Bodo Hombach gezeigt hat – allein aufgrund erfolgreicher Wahlkampagnen ohne formelle Legitimation entstehen.

Gerhard Schröder führte bei der Bundestagswahl 1998 noch einmal vor, wie ein erfolgreicher Wahlkampf in und mit den Massenmedien geführt werden kann. Danach zeigte er, welche Probleme sich ein Politiker einhandelt, wenn seine Aktionen nur aus Kommunikationen bestehen und wenn die Machtworte keine politische Substanz haben. Bei jener Wahl hatte sich Schröder erfolgreich auf das gestützt, was man als ‚Legitimation durch Kommunikation' bezeichnen kann. Aber diese Legitimation war schon zu Zeiten der ‚alten Medien' riskant, weil sie letztlich von den Thematisierungs- und Personalisierungsstrategien abhing, über die Journalisten verfügen. Und die waren und sind sachlich, zeitlich und sozial total verschieden vom Orientierungsrahmen der Politik. *Sachlich* sind die Politiker (bis auf weiteres) an politische Ziele und Parteiprogramme gebunden und die Journalisten an Nachrichtenwerte, mit deren Hilfe aus Ereignissen Berichte für Presse und Rundfunk gemacht werden. *Zeitlich* unterliegen die Politiker den Vier- bzw. Fünfjahreszyklen von Wahlen, die sich von den Aktualitätsrhythmen der Medien erheblich unterscheiden. *Sozial* müssen sich die Politiker an den Bedingungen des politischen Systems und dessen Wahlmodus orientieren, während die Medien vom Markt abhängig sind.

Gary Hart meinte nicht Schröder (aber er hätte ihn meinen können), als er in seinem luziden Aufsatz folgendes schrieb: „Die neue, komplexe Multimediawelt [...] wird weiter die Herausbildung des Typus des medienversierten politischen Führers begünstigen, der statt über menschliche Qualitäten wie Weisheit, Urteilsvermögen und visionäre Kraft womöglich nur noch über Kommunikationsgeschick verfügt. Die Spin-Doctors von heute, Meister der Kunst, Politiker mediengerecht zu präsentieren, werden die ‚techno-doctors' von morgen sein und Politiker anleiten, wie die neuen Digitaltechniken am besten vor den Karren der eigenen Karriere und Interessensverwaltung zu spannen sind."[99] Es dauerte dann immerhin zwei Jahrzehnte, bis diese Prophezeiung in vollem Umfang Wirklichkeit wurde.

Immer noch macht der Journalismus aus allem – Journalismus, und die Unterhaltungsabteilungen der Medien, welche immer größer geworden sind, wollen wie zu Schröders Zeiten aus allem Stoffe weben, die sich im Zweifelsfall für eine Soap-Opera eignen. Insofern unterscheidet sich die kommerzielle Logik, der die Medien immer mehr unterworfen sind, immer noch grundsätzlich von der Logik politischen Handelns – ‚Amerikanisierung' hin oder her. Und gewiss auch von den Kommunikationserwartungen im Internet, die so volatil, verwirrend und widersprüchlich sind, dass es schwer fällt, sich dafür dauerhaft erfolgreiche Strategien auszudenken. Dem Politiker droht – egal, auf welches Medien-Pferd er setzt – die ‚Legitimation durch Kommunikation' vollends verloren zu gehen, wenn er nicht begreift, dass er nach einer gewonnen Wahl mit Rollenerwartungen konfrontiert ist, die sich vom Medienrummel der Kampagne deutlich unterscheiden. Und der (Elite-) Journalist büßt seine Glaubwürdigkeit ein, wenn er – wie bei der Bundestagswahl 2005 – aus der Rolle fällt oder allzu offensichtlich mit Kollegen kungelt. Jener Wahlkampf stellte einen Tiefpunkt der politischen Kommunikation in Deutschland dar. Und dies war nicht zuletzt die Schuld der beteiligten Journalisten.

3 Wie ‚Elite-Journalisten' kungeln und aus der Rolle fallen

Der frühere Bundeswirtschaftsminister und NRW-Ministerpräsident Wolfgang Clement ist von Haus aus Journalist. Kollegen, die ihn noch aus gemeinsamen Zeiten bei der *Westfälischen Rundschau* kennen, erzählen, dass er als Redakteur sehr konsequent und manchmal auch rigoros gewesen sei. Allerdings habe er ziemlich spröde geschrieben. Als Chefredakteur der Boulevardzeitung *Hambur-*

ger Morgenpost schien er eine Zeit lang in seinem Element zu sein. So ließ er 1988 mangels anderer Stories Uwe Barschel ein Dreivierteljahr nach dessen Suizid im Sommerloch ermorden. Das stimmte zwar nicht, füllte aber das Blatt und brachte Aufmerksamkeit.[100] Auch der frühere CDU-Bundestagsabgeordnete und heutige DFB-Präsident Reinhard Grindel ist ein erfahrener Journalist. Als er noch Leiter des *ZDF*-Studios Brüssel war, ärgerte er sich über einen Kommentar des damaligen Bundesvorsitzenden des Deutschen Journalisten-Verbandes so sehr, dass er dem einen geharnischten langen Brief schrieb und darin seinen Austritt androhte. In leichter Überschätzung seiner Bedeutung schlug er dann einen Deal vor: Wenn der DJV-Chef sofort von seinem Amt zurücktrete, werde er Verbandsmitglied bleiben. Grindel, der im Visa-Untersuchungsausschuss als Inquisitor des damaligen Außenministers Joschka Fischer ein bisschen bekannt und später als Fußball-Funktionär sogar ziemlich prominent wurde, ist wahrscheinlich immer schon Politiker (oder Sportfunktionär) gewesen und hat sich nur eine Zeit lang als Journalist getarnt – was man in öffentlich-rechtlichen Sendeanstalten mit dem richtigen Parteibuch ja durchaus tun kann. Clement dagegen ist womöglich – wie sein bisweilen sprunghaftes politisches Handeln zeigte – stets Journalist geblieben. Er dachte immer in Schlagzeilen und Aktualitäten; Nachhaltigkeit schien ihm nicht so recht zu liegen.

Clement und Grindel sind zwei Protagonisten einer langen Tradition des komplizierten und widersprüchlichen Verhältnisses zwischen Politik und Medien, das zu Wahlzeiten stets eine eigenwillige Aktualisierung erfährt. Rollenwechsel – die Politiker und früheren Journalisten Markus Söder und Armin Laschet können als zwei weitere von vielen Beispielen dienen – sind dabei bisweilen irritierender Ausdruck der ‚Beziehungskiste', wobei die Welt der Politik immer noch als Karriereziel für Medienakteure gilt – desaströse Selbstversuche (Rudolf Augstein) eingeschlossen. Im Binnenverhältnis der beiden Bereiche sorgen Journalisten und Politiker mal für blaue Flecken, mal für Knutschflecken. Mal befinden sie sich in einem Boot, dann sitzen sie in zwei Zügen, die aufeinander losrasen. Und dann gibt es auch noch die schönen Fälle einer altersmilden Versöhnung von einstigen Journalistenfressern mit den Medien (Otto von Bismarck, Helmut Schmidt).

Der Politiker und sein Vorwurf der ‚Medienmanipulation'

Bei der Bundestagswahl 2005 saßen Gerhard Schröder, der als ‚Medien-Kanzler' längst entzaubert war, und die Journalisten gewiss nicht (mehr) in einem Boot. Am Wahlabend hatte man sogar den Eindruck, dass die Metapher der aufeinander zurasenden Züge eher zutreffend wäre. Schröder betrieb da, natürlich im Fernsehen, eine pauschale Medienschelte, die einen Sturm der Entrüstung auslöste. Die Moderatoren der traditionellen Sendung mit den Parteivorsitzenden setzten sich dagegen mit Recht fulminant zu Wehr; den einen der beiden, Nikolaus Brender vom ZDF, kostete (auch) dies später seinen Job als Chefredakteur. Ob Motiv für Schröders Auftritt war, das wegen des knappen Ausgangs scheinbar entstandene Machtvakuum auf erprobte Art als Platzhirsch zu füllen, oder ob er bei der ‚Elefantenrunde' das Fernsehstudio mit einem Porzellanladen verwechselt hat – wer mag das entscheiden? Jedenfalls schien die auftrumpfende Attitüde (zunächst) zu funktionieren – zur Einschüchterung der Gegenkandidatin und künftigen Kanzlerin Angela Merkel, zur Disziplinierung der eigenen Genossen und auch zur Provokation der Moderatoren.[101] Im Prinzip machte Schröder dabei nur, was stets Teil seines Politikstils war: mit Hilfe der Massenmedien beliebige Wirklichkeiten zu konstruieren; heute würde er dies gewiss mit Hilfe von *Twitter* tun. Die (Groß-) Journalisten, anfangs seine Freunde, hatten da lange mitgespielt. Erst, als es gegen sie selber ging, taten sie plötzlich entsetzt. Kritik hat damals angeblich sogar Schröders Frau geübt, die nach allem, was man hören konnte, stets der Pferdeflüsterer für seine erratische ‚Medienpolitik' (mal charming boy, mal Prozesshansel) war.[102] Natürlich konnte man keiner Zeitung das ‚Editorial Endorsement' für Schwarz-Gelb verbieten, und natürlich erwies sich sein pauschaler Vorwurf der ‚Medienmanipulation' als unbegründet. Wer aber wie Schröder und die SPD damals Wahlkampf führen musste gegen eine Phalanx von Leuten (Journalisten, Demoskopen, Politologen), die alle schon das Ergebnis zu kennen glaubten, konnte schon paranoide Vorstellungen entwickeln.

Während der Kampagne hatten sich Vertreter eines neoliberalen Journalismus geoutet, die mit ihrem Kreuzzug für den totalen Markt genauso in die Missionar-Rolle geschlüpft waren wie einst Angehörige der 68er-Generation insbesondere unter den Rundfunkmitarbeitern; vorher hatten sie den Kanzler mit der Forderung nach radikalen Zumutungen vor sich her getrieben, bis es dann zur ‚Agenda 2010' kam.[103] Angesichts der Diskussion über Schröders Formfehler trat der zentrale Vorwurf – dass die rot-grüne Regierung Wahlkampf gegen eine mehr oder weniger geschlossene Medienfront habe führen müssen und dass es dabei zu kampagnenartigen Manipulationen gekommen sei – zunächst etwas in den Hintergrund. Der TV-Auftritt bedeutete jedenfalls das (vorläufige) Ende des Weges, den der einstige Darling der Medien beim Umgang mit den Journalisten zurückgelegt hatte. Am Abend des 18. September 2005 war er da angekommen, wo Helmut Kohl immer gewesen war: im humorfreien Clinch mit den Berichterstattern.

Der ‚Medienkanzler' Schröder hatte in beispielloser Weise eine Rolle ausgefüllt, die sich als Mischung aus ‚Gladiator' und ‚Darsteller' beschreiben lässt. Eine Zeitlang spielten seine alten Medienkumpel die Rolle der Propagandisten in einem Deutschland, das sich zur ‚Mediokratie' wandelte – mit allen Risiken und Nebenwirkungen.[104] Die Wähler schienen zunächst fasziniert von den Zirkusnummern, die da vorgeführt wurden. Zuletzt freilich provozierte Schröders Politik dann eine

Reihe von ‚Alphatieren' des Journalismus, für eine wirtschaftsliberale Reformation zu missionieren. Wie immer beim Zerbrechen von Liebesbeziehungen kam es zu eruptiven Aktionen auf beiden Seiten.[105] Die Bürgerinnen und Bürger nahmen sich dann am Wahltag die Freiheit, ihr eigenes Ding zu machen. Und das tun sie seither immer mal wieder.

Im Rückblick lassen sich alle Wahlkämpfe in der Geschichte der Bundesrepublik jeweils auf eine knappe, charakterisierende Formel bringen. 1986/87 zum Beispiel, als Johannes Rau den Kanzler Helmut Kohl herausforderte, startete ein Teil der öffentlich-rechtlichen TV-Journalisten als Diener der Demokratie und endete als Bediensteter des politischen Systems, was in den damaligen Fernsehrunden der Parteien besonders sichtbar wurde. 1994, als Helmut Kohl mit Rudolf Scharping recht leichtes Spiel hatte, sortierte sich, vier Jahre nach der Wiedervereinigung, die politische Kommunikation neu. In jenem ‚Superwahljahr' mit sage und schreibe 19 Urnengängen wurde uns die politische Kommunikation erstmals so richtig als selbstreferentielles System vorgeführt – in einer Medienlandschaft, die sich im Jahrzehnt zuvor immer mehr kommerzialisiert hatte. Die Folgen für den Journalismus wurden damals so beschrieben: „Auch der Journalist verändert sich in diesem System zu einem neuen Typus des Unseriösen. Er wird der Journalistendarsteller, der in getürkten Redaktionskonferenzen auf den Tisch haut oder als rasender Reporter seinem Anspruch hinterherhechelt."[106] Vor der Wahl 1998 hatte der Altkanzler dann eine massive Wechselstimmung in der Bevölkerung provoziert und musste folgerichtig Platz machen für den ‚Medienkanzler' Schröder, der vieles anders machen wollte und dabei zumindest anfangs TV-Schaunummern mit politischem Handeln verwechselte. Vier Jahre später kam er noch einmal davon, weil die äußeren Ereignisse (Frieden und Flut) im ersten richtigen Wahlkampf der ‚Berliner Republik' die Bundestagswahl zur Kanzlerwahl werden ließen.

Nach der ‚Wechselwahl' 1998, bei der erstmals in der Geschichte der Bundesrepublik durch Wählervotum die alte von einer neuen Regierung abgelöst worden war, und der ‚Ereigniswahl' 2002, die uns erstmals die Folterwerkzeuge der hysterischen Berliner Verhältnisse vorführte, hatten wir es 2005 mit einer ‚Wirklichkeitswahl' zu tun. Angeführt vom Kanzler fragten nachher Politiker und auch Journalisten selbst, was uns die Medien eigentlich vorgeführt hatten, wenn sie doch erkennbar am Realitätstest einer Wahl gescheitert waren. Wirklichkeit aber auch als ‚Wirklichkeit des Journalismus', also die Frage, was das eigentlich heutzutage für Leute sind, die in und für die Medien das Geschäft der Information und Orientierung über die Politik betreiben sollen.[107] Vier Jahre später, beim Bundestagswahlkampf 2009, ging es wesentlich friedlicher zu – jedenfalls im Fernsehstudio. Da gab es eine Kandidaten-Kür, die gleich von vier TV-Journalisten gestaltet wurde. Kurt Kister (*Süddeutsche Zeitung*) schrieb danach bissig: „Vor mehr als einer Stunde ist das TV-Duell der Moderatoren Plasberg, Limbourg, Illner und Kloeppel zu Ende gegangen, an dem auch die Bundeskanzlerin und ihr Vizekanzler teilnahmen. Vorher hatten ganz viele gesagt, dies sei der Höhepunkt des Wahlkampfs. Hinterher sagt das keiner mehr." So ähnlich haben das wohl auch viele Zuschauer empfunden. Merkel und Steinmeier, die beiden Kandidaten, hätten einen guten Eindruck hinterlassen, meinte der Kritiker – wer also habe verloren? „In erster Linie wohl die anderen vier Teilnehmer. Und mit ihnen das deutsche Fernsehen." Kister störten insbesondere solche Moderatorenkniffe, Politiker nach dem Preis für einen Liter Milch zu fragen, um so deren Alltagsuntauglichkeit nachzuweisen. Sein ironischer Vorschlag lautete, man solle sich für 2013 bei dieser Art von TV-Runde „darauf einigen, dass man vier Moderatoren nimmt, von denen jeder zwei Einspielfilme und außerdem noch einen Überraschungsgast mitbringen darf."[108]

Der ‚Überraschungsgast' war dann vier Jahre später die Kanzlerin selbst: „Sie hätte vieles sagen können. ‚Sie kennen mein Engagement in der Euro-Krise.' ‚Sie kennen meine Meinung.' Sicher auch: ‚Sie kennen meine Politik.' Doch im Wahlkampf sagte Angela Merkel einen Satz besonders häufig, u. a. am Ende des TV-Duells mit Peer Steinbrück: ‚Sie kennen mich.' Einen solchen Satz muss sich ein politischer Akteur leisten können."[109] Ob sich die Kanzlerin diesen lakonischen Satz – nach allem, was war – heute noch einmal leisten könnte? Die Frau, die sich bis dahin durch ‚Nichtinszenierung' inszeniert und den Verlockungen der Hyper-Personalisierung von Politikern, die heute üblich geworden ist, tapfer widerstanden hatte? Dieser Bundestagswahlkampf 2013 fand noch (letztmalig?) unter konventionellen Bedingungen statt. Das (öffentlich-rechtliche) Fernsehen dominierte als Informationsmedium. Soziale Medien spielten keine bedeutendere Rolle als vier Jahre zuvor: Nur acht Prozent der derjenigen, die sich im Internet über den Wahlkampf informierten, nutzten dafür lt. einer Repräsentativbefragung *Facebook* oder *Twitter*. Das TV-Duell zwischen Merkel und Steinbrück am 1. September 2013 war – nach dem Finale der Fußball-Champions-League – die meistgesehene TV-Sendung des Jahres.[110]

Die Journalisten und ihre (späten) Einsichten

Als die Große Koalition im Herbst 2005 startete, blieben die, welche vorher so meinungsstark aufgetrumpft hatten, eine Zeit lang lieb und stumm – oder gefielen sich gar als Hofsänger der ersten deutschen Bundeskanzlerin.[111] In der Nachbereitung der Berichterstattungs-Qualität im Wahlkampf brach aber die vorher so geschlossen wirkende Medienfront. Insbesondere eine Reihe renommierter Zeitungen und bekannter Journalisten sorgten mit unterschiedlichen Argumenten, aber deutlichen Worten für eine engagierte Debatte – die zum Teil zu heftigen Gegenreaktionen von selbst-unkritischen Journalisten führte.[112] Im Zentrum des professionellen Diskurses stand die Frage, ob nicht ein Teil der Berufsvertreter durch Gesinnungsjournalismus „aus der Rolle gefallen" sei – so Giovanni di Lorenzo in der Wochenzeitung *Die Zeit*.[113] „Die Medien haben sich in diesem Wahlkampf so stark wie kaum zuvor als Macher statt Mittler verstanden", hieß es in der *Tageszeitung*."[114] Nach Auffassung des Berliner *Tagesspiegel* gab es auf jeden Fall eine Grenzüberschreitung: „Wir haben uns eine Rolle angemaßt, die über das hinausgeht, was den Medien zusteht."[115] Und die *Rheinische Post* richtete ihre Kritik direkt auf ein bestimmtes Akteurs-Segment: „Wenn Großjournalisten Politik machen wollen, ist das weder gut für den Journalismus noch für die Politik. Also sollte ab sofort gelten: Mehr Distanz halten."[116]

Moniert wurde von den Selbstkritikern auch, dass es einen medialen Mainstream gegeben habe, der geschlossen für mehr Markt und weniger Staat gekämpft habe – und gleichzeitig der Regierung die Kritik der kleinen Leute an den Reformen wegen angeblicher handwerklicher Mängel um die Ohren gehauen habe. Zahlreiche Kommentatoren seien zu Oberlehrern und sogar Agitatoren geworden. Dadurch sei man nicht mehr offen gewesen für die Wirklichkeit; im blinden Fleck der Beobachtung seien die Wählerinnen und Wähler verschwunden. Reicht das nicht eigentlich schon, wenn man im Jahre 2017 nach Gründen dafür sucht, warum der Journalismus bei einem Teil der Bevölkerung Wut auslöst – und das offenbar seit Jahren?

Schon vor der Wahl 2005 hatte Susanne Gaschke in der *Zeit* einen grundlegenden Zusammenhang zwischen den aktuellen Bedingungen des Journalismus und seinem ‚Wirklichkeitsverlust' postuliert: „Es gibt nun einmal seit zehn, fünfzehn Jahren eine konkurrenzbedingte, mörderische Beschleunigung der Berichterstattung. Gedanklich spielen Redakteure die politischen Entwicklungen oft schon so früh durch, dass sie gelangweilt sind, wenn die Dinge tatsächlich geschehen. Und geradezu beleidigt, wenn die Wirklichkeit es wagt, unter ihren vorauseilenden Deutungen wegzurobben." Eine solch „wählervergessene Berichterstattung" sei dann in der Tat genau das gewesen, was *Bild* in unfreiwilliger Offenheit „über die Konterfeis jener Chefredakteure geschrieben hat, die nach dem TV-Duell in ihrer Mehrheit die CDU-Chefin bejubelten: ‚Meinungsmache von den ‚Meinungs-Machern'."[117]

Zu den ‚Großjournalisten', die sich vor der Wahl exponiert hatten (er ist vom Fernsehen her nicht so bekannt), gehörte auch der damalige Chef des Berliner *Spiegel*-Büros und heutige *Handelsblatt*-Herausgeber Gabor Steingart. In der *Tageszeitung* wurde er mit den Sätzen zitiert: „Wir sind nicht nur Zaungäste." Und: „Journalismus braucht zuweilen Wirtstiere." Die Medienredakteurin der *taz* erschrak: „Journalisten als Medialschmarotzer statt um Objektivität bemühte Berichterstatter – was für ein Selbstbild."[118] Vorgeführt wurde nach der Wahl dann auch, dass ein Teil der Großjournalisten, die schwere Schläge austeilen, selbst ein Glaskinn haben. Der Medienkritik folgten zum Teil extrem dünnhäutige Reaktio-

3 Wie ‚Elite-Journalisten' kungeln und aus der Rolle fallen

nen: Informelle Beschwerden, Briefe, aber auch Editorials, die mit Schaum vor dem Mund geschrieben schienen. Und dann gab es sogar eine Unterlassungsklage (dazu später mehr) – ausgerechnet von dem, dessen Blatt jeden Tag die Pressefreiheit bis zur Grenze und darüber hinaus ausreizt.

Auf Dauer haben die damaligen Erfahrungen einen Teil der besonders einflussreichen und erfolgsabhängigen Journalisten aber offenbar nicht unbeeindruckt gelassen. Diese Einschätzung legt auch ein sehr langes Dreier-Gespräch nahe, das *Die Zeit* Jahre später als ‚Dossier' publizierte; dabei waren der eigene Chefredakteur und *FAZ*-Herausgeber Schirrmacher sowie – in der Rolle der Moderatorin (!) – die führende Grünen-Politikerin Katrin Göring-Eckardt.[119] Da wurde von den Journalisten selbstkritisch beklagt, dass man angeblich „kein Gespür mehr dafür" habe, „ob etwas relevant ist, ob etwas repräsentativ ist. Damit können wir alle nicht umgehen." Es gebe „einen besorgniserregenden Hang zum Gleichklang" in den deutschen Medien. Als die Politikerin einwarf, dass doch problematische Absprachen zwischen den Meinungsmachern stattfänden, die zur Konformität und zu Kampagnen führten, wurde das – zumindest für das Beispiel ‚Kampf gegen die Rechtschreibreform' – nicht geleugnet, aber eingewendet, dass es heute eher „die Angst vieler Kollegen vor dem Pranger" gebe, „die zur Anpassung an den Mainstream führt".

Immer wieder kam – durchaus reumütig – die Sprache auf die problematische Rolle der Medien bei der Affäre um den damaligen Bundespräsidenten Christian Wulff, die zu seinem Rücktritt geführt hatte. Thema (das lag der Grünen-Politikerin besonders am Herzen) war auch der geringe Frauenanteil in den wichtigen Medien und dort insbesondere in den höheren Rängen; dies sei „ein Witz und durch nichts zu rechtfertigen", sagte der *Zeit*-Chefredakteur dazu. Auch hier gab es das Eingeständnis der jahrelangen Ignoranz – zumal die Wissenschaft ja immer wieder mit exakten Daten auf diese Schieflage aufmerksam gemacht hatte. Dann ging es um die Folgen der Internet-Kommunikation. Hier glaubte einer der Gesprächsteilnehmer „heute in digitaler Form einen Typus auferstehen" zu sehen, „von dem wir annahmen, dass er mit unserer Generation" – den ‚Baby-Boomern' – „untergegangen wäre: der deutsche Hauswart, der schimpft, maßregelt, denunziert." Immerhin, so hieß es, gebe es „auch positive Effekte" der technologischen Entwicklung für den Journalismus: „Die Arroganz ist weg, jedenfalls bei den meisten; wir lernen selber ja auch dazu." Die Gegenstimme: „Ich glaube, die Tonlage in den klassischen Medien ist immer noch sehr selbstgerecht, die Fehler machen immer nur die anderen. Das geht den Leuten auf den Geist." Da war – sieben Jahre nach dem Bundestags-Wahlkampf 2005 – immerhin ein gewisser Lerneffekt erkennbar.

Selbstreferenz als ‚natürlicher Algorithmus'

Es gibt Journalisten, über deren Merkmale und Einstellungen wir recht gut Bescheid wissen. Das sind vor allem Personen, deren Gesichter vom Fernsehen her bekannt sind: Leute, die moderieren, mit dem Mikrofon in der Hand vor offiziellen Gebäuden Aufsager produzieren – oder in Talkshows prononcierte Meinungen vertreten. Am besten glauben wir die Leute zu kennen, welche sich in der Grauzone zwischen Journalismus und Unterhaltung bewegen und so einem Massenpublikum vertraut werden. Das hat zur Folge, dass sie fast so populär sind wie glamouröse Filmschauspieler oder politische Elefanten. Einige von ihnen schlachten diesen Bekanntheitsgrad aus, indem sie für Lotterien, Fluggesellschaften, Versicherungen, Mineralwasser oder Pils Reklame machen – was immer wieder Anlass für berufsethische Kritik geboten hat. Oder sie stellen sich – Seite an Seite mit Entertainern und anderen Prominenten – für mehr oder weniger sinnfreie Aktionen wie die Kampagne ‚Du bist Deutschland' zur Verfügung, an die sich mit Recht kaum noch jemand erinnert.[120] Daneben gibt es Journalisten, die – sei es als hartnäckige Rechercheure, als ‚Edelfedern', als Chefredakteure oder gar als oberste Hierarchen von Medienorganisationen – erheblichen Einfluss besitzen, aber nur innerhalb der Branche gut bekannt sind und von der Öffentlichkeit eher marginal wahrgenommen werden. Dies sind die eigentlichen ‚Alphatiere' der Medienwelt.

Im Vergleich zu früher fällt insbesondere die forcierte Eigenorientierung im Journalismus auf, von der hier schon mehrfach die Rede war. Der sichtbarste Ausdruck dieser ‚Selbstreferenz' ist, wenn Journalisten andere Journalisten interviewen oder der Journalismus selbst zum Thema der Berichterstattung wird.[121] Was aber in Form von medialer Selbstkritik reinigende Wirkungen haben kann, bekommt autistische Züge, wenn sich die Journalisten bei ihrer Arbeit hauptsächlich an Kollegen orientieren und sich statt an das ‚wahre Leben' und an ‚normale Menschen' lieber an ihren eigenen Berufsstand halten und ihm einen Teil ihrer Aufmerksamkeit widmen. Besonders deutlich schien auch dies bei der Bundestagswahl 2005 geworden zu sein. Damals klafften die veröffentlichte Meinung von Journalisten über den Ausgang der Wahl und die dann vom Wähler getroffene Entscheidung weit auseinander. „Sind die Journalisten, speziell in der Hauptstadt, abgehoben?", fragte deshalb Bernd Ulrich in der Zeit: „Zumindest tragen erhöhtes Tempo und zunehmender Konkurrenzdruck dazu bei, dass sich Berlin-Korrespondenten viele Stunden am Tag und viele Tage in der Woche ausschließlich mit ihrem Gegenstand – Politikern, Lobbyisten und anderen Journalisten – beschäftigen. Die dabei entstehende überhitzte Hermetik führt zuweilen dazu, dass die Außenwelt nur noch in Umrissen wahrgenommen wird."[122]

Welche Bedingungen in der ‚Berliner Republik' herrschen, bekommen wir gerade vor Wahlen in zugespitzter Form vorgeführt – von angeblich mehr als

3.000 Berichterstattern, die in der Hauptstadt unterwegs sind. Insofern haben die letzten Wahlkämpfe wie in einem Brennglas gezeigt, welche Verhältnisse heute bei der politischen Kommunikation in Deutschland herrschen und welche Rolle die Journalisten dabei spielen. Die erfahrenen Mitglieder der Bundespressekonferenz,[123] die zwischen den Verhältnissen in Bonn und Berlin noch vergleichen können, beobachten kritisch, dass die einst in Bonn nur in ‚Hintergrundkreisen' Zusammengeschlossenen in Berlin zur ‚Meute'[124] geworden sind, in der mit spitzen Ellenbogen dann um das gekämpft werden muss, was an Info-Happen vom Tisch der Politiker herunterfällt; notfalls wird mit dem Mittel der Personalisierung von kurzlebigen Aufgeregtheiten nachgeholfen. Seit dem Umzug von Exekutive und Legislative nach Berlin Ende der 1990er Jahre dreht sich das Karussell der Medien immer schneller; der Konkurrenzkampf ist immer härter geworden. „In Berlin gibt es, immer noch, Tausende Journalisten, von denen viele nicht wegen der Politik, sondern wegen der Großstadt im weitesten Sinne da sind", kritisierte Kurt Kister, langjähriger Hauptstadt-Korrespondent der *Süddeutschen Zeitung* und inzwischen deren Chefredakteur. „Es gibt drei Boulevardzeitungen, und, gefühlt, 117 Radiostationen sowie etliche Dutzend Fernsehstudios nebst zugehörigen Mikrofonhaltern und Kameraschwenkern. Die Rudelführer dieser Meute [...] bewegen sich manchmal auf einem sehr schmalen Grat zwischen Journalismus und Politik."[125]

Bonn war intim, sein politischer Journalismus gewiss oft zu angepasst; Berlin ist exhibitionistisch, enttabuisierend und immer stärker personalisierend. Einer der Effekte ist, dass der aktuelle ‚Wert' von Politikern offenbar daran gemessen wird, wie viele Kameraleute hinter ihnen herlaufen – auch dies ist inzwischen eine Form von Medienbeobachtung. Verstärkt hat sich in der ‚Berliner Republik' weiter der Inszenierungscharakter von politischer Kommunikation. „Berlin ist ein einziger Kommunikationsraum, hier ist alles eins." Das postuliert Gunter Hofmann, der als erfahrener Korrespondent der *Zeit* – früher in Bonn und dann bis zu seiner Pensionierung in Berlin – besonders gut vergleichen konnte. In Berlin habe auch eine Revolution in den Kommunikationsverhältnissen stattgefunden. Hofmann fand schon vor Jahren nicht, dass die Medien „noch die kritische Institution sind, die sie einmal waren. Das ist hier eher so ein selbstreferenzieller Betrieb."[126] Gerade für die Verhältnisse in der Hauptstadt gilt, dass die Politiker wie die Journalisten in einer Blase leben, und das hatte zunächst gar nichts mit den Sozialen Medien zu tun. Jetzt, unter den neuen Bedingungen der Digitalisierung, hat die Bevölkerung also nur nachgezogen, wenn sie sich ebenso gerne mit ihresgleichen und deren passenden Meinungen umgibt. Was bei ihr der Algorithmus z.B. von *Facebook* macht, erledigt bei Politikern und Journalisten traditionell das soziale Umfeld; das ist deren ‚natürlicher Algorithmus'.

Im Fall des Journalismus haben die Formen der Selbstorientierung immer wieder insbesondere auf eine Gefahr aufmerksam gemacht: Dass sich Medien auf Themen und Positionen konzentrieren, welche (nur) die Lebenswelt der Journalisten berühren, Anerkennung durch Kollegen bringen oder der Demonstration der eigenen Macht dienen – und dabei Ereignisse und Entwicklungen übersehen, die erheblich größere Relevanz für die Gesellschaft und für ihr Publikum besitzen. Journalisten sollen und wollen, so zeigen die Forschungsbefunde, vor allem informieren und orientieren. Dabei versperren offenbar die eigenen Kollegen und die anderen Medien mit ihrer Eigenlogik den Blick auf die Welt. Hinzu kommt, dass die nervöse Berliner Luft und das rote Licht der Fernsehkameras eine journalistische Pseudo-Elite hervorgebracht haben, die durch Stimmungsmache immer mal wieder aus der Rolle zu fallen droht und so dazu beiträgt, dass die politische Kommunikation zum Gemischtwarenladen von Opportunisten verkommt.

Die Wechselstimmung – und der Jobwechsel

Die Selbstkritischen unter den Journalisten hatten – nach der Wahl 2005 und zum Teil sogar schon vorher – gemerkt, dass sich die Medien im Laufe dieses Jahres in eine Wechselstimmung hineingeschrieben und -geredet hatten. Keine Frage: Am Anfang stand die persönliche Wechselstimmung des Kanzlers. Aber danach hatte ein Teil der Journalisten kräftig nachgeholfen. Nachdem Schröder Neuwahlen angekündigt hatte und in den Wahlkampf gezogen war, wurden nur noch seine Schwachstellen beobachtet. So fiel durch den Rost, dass er – wie immer in Wahlkämpfen – noch einmal zum großen Zampano der politischen Kommunikation geworden war, während seine Widersacherin schwächelte und einen Fehler nach dem anderen machte. Die Journalisten verpassten dann, dass sich die Stimmung wendete. Zumindest die unter ihnen mit den hohen Einkommen wollten offensichtlich noch radikalere Reformen; ihr Publikum, dem es zum Teil deutlich schlechter ging, wollte dies nicht. Dass hinter dem Herbeireden und Herbeischreiben der Wende ein ideologisches Konzept steckt, hat z.B. Christoph Keese, damals Chefredakteur der *Welt am Sonntag*, unverhohlen ausgeplaudert. Er als Neoliberaler schreibe schon „seit Jahren gegen eine Mehrheit von Menschen an, die vehement gegen Kapitalismus und freie Marktwirtschaft eintreten."[127]

In der Wahlkampfberichterstattung wurden zudem die Folgen der ökonomischen Krise der Medien deutlich. Insbesondere die Tageszeitungen hatten nach der Jahrtausendwende immer mehr die redaktionellen Kapazitäten reduziert und damit die Qualität heruntergefahren. Gerne übernahm man deshalb Fremdmaterial. Dies öffnete den Interessengruppen und ihren PR-Strategien Tür und Tor – allen voran der ‚Initiative Neue Soziale Marktwirtschaft'. Sie stellte kostenlos scheinbar gut recherchierte und auf jeden Fall professionell aufgemachte Geschichten zur

3 Wie ‚Elite-Journalisten' kungeln und aus der Rolle fallen

Verfügung und nahm andererseits erfolgreich direkten Einfluss auf die politischen Protagonisten und ihre Botschaften. Der vielstimmig von der CDU verbreitete Slogan „Sozial ist, was Arbeit schafft" war von der Initiative geprägt worden.[128]

Im Sommer 2006 verhandelte dann die Zivilkammer 24 des Hamburger Landgerichts über eine Klage des Chefredakteurs der größten Zeitung Europas gegen einen Kommunikationswissenschaftler. Der Prozess war (soweit bekannt) der letzte Ausläufer der politischen Kommunikation im Zusammenhang mit der Bundestagswahl 2005. Denn es ging dabei um das Verhalten von diversen Journalisten, die sich nach Ansicht von Beobachtern die Rolle als ‚Hilfspolitiker' angemaßt hatten, als sie die rot-grüne Regierung und ihren Kanzler wegschreiben oder wegreden wollten. Darüber hatte der Wissenschaftler in einem Beitrag für die Wochenzeitung *Die Zeit* referiert, darin auch die heftige Kritik an Deutschlands ‚Großjournalisten' erwähnt und einige pars pro toto beim Namen genannt.[129]

Die Reaktion der Erwähnten fiel äußerst dünnhäutig aus.[130] Einer beschwerte sich erregt bei einem Herausgeber des Blatts, einer schickte ein Beschwerde-Fax an den Autor – und einer klagte auf Unterlassung: *Bild*-Chefredakteur Kai Diekmann. Er sei in dem Beitrag, so ließ er vortragen, bezichtigt worden, dass er – wie andere gut bekannte Vertreter der Presse – permanent in TV-Talkshows auftrete. Das stimmte nun wirklich nicht, denn Diekmann, der ‚Alphajournalist', scheute, wie bekannt war, öffentliche Diskussionen wie der Teufel das Weihwasser. Allerdings stand die Behauptung gar nicht in dem Artikel, den die *Zeit* in Auftrag gegeben hatte. Dennoch nahm deren Chefredakteur – der behauptet hatte, er sei mit dem *Bild*-Chef „not on speaking terms" – Diekmanns Namen ganz schnell aus der Internetfassung des Artikels heraus.[131] Doch Diekmann wollte seinem schlechten Ruf weiter schaden und forderte eine Unterlassungserklärung vom Autor persönlich. Er bezog sich dabei merkwürdigerweise auf die umstrittene ‚Stolpe-Entscheidung' des Bundesverfassungsgerichts (in der es nicht um die Mitwirkung in TV-Talkshows, sondern bei der Stasi ging) und riskierte damit im Falle des Erfolges eine Einschränkung der Pressefreiheit im Fall von mehrdeutigen Aussagen – gerade auch für seine hier chronisch gefährdete *Bild*-Zeitung. Bei Gericht legte er dann ein Fax des *Zeit*-Chefredakteurs vor, in dem sich dieser von dem Artikel distanziert und sein Bedauern ausgedrückt hatte. „Ich gehe davon aus, dass dies ein persönliches Fax an Dich ist", hatte er hinzugefügt. Das Hamburger Landgericht wies die Klage am 1. September 2006 ab.[132] Diekmann scheiterte dann auch mit seiner Berufung vor dem Hanseatischen Oberlandesgericht; eine Revision wurde nicht zugelassen.[133] Später kam das Thema dann noch einmal auf, als nämlich Diekmann einen privaten Anruf von Christian Wulff in die Medien lanciert hatte – und den da noch amtierenden Bundespräsidenten dadurch zu Fall brachte.[134] Wenn die Medien, dem *Bild*-Chef kollegial verbunden, vorher nicht so spärlich über die Gerichtsposse berichtet hätten, wäre Wulff vielleicht rechtzeitig gewarnt worden und hätte darauf verzichtet, Diekmann seine Beschwerde vertrauensvoll auf die Mailbox zu sprechen. Dieser ist dem Journalismus inzwischen verloren gegangen. Im Januar 2017 trennte sich der Springer-Konzern vom längjährigen Protagonisten der *Bild*-Gruppe – nachdem dieser noch einige Zeit zuvor monatelang im Silicon Valley auf Konzernkosten die Großkopfeten der Digitalisierung, darunter natürlich auch *Google*, eifrig hatte studieren dürfen. Über die Gründe der Trennung wurde zunächst nichts Konkretes bekannt. Der *Spiegel* meldete aber, dass die Staatsanwaltschaft gegen ihn ein Ermittlungsverfahren wegen sexueller Belästigung einer Mitarbeiterin eröffnet habe.[135] Künftig will Diekmann offenbar den Job wechseln und u. a. als ‚Ratgeber in politischen Fragen' für den umstrittenen, in Kalifornien beheimateten Fahrdienst-Vermittler *Uber* tätig werden. Der war zuletzt in den Mittelpunkt mehrerer Kontroversen geraten, wie berichtet wurde. „Eine ehemalige Software-Entwicklerin beschrieb in einem Blogeintrag eine Unternehmenskultur, die von Frauen-Diskriminierung geprägt sei."[136] *Springer*-Chef Döpfner sagte zum Abschied seines Mitarbeiters: „Wir sind traurig über sein Ausscheiden." Es sei vor allem Kai Diekmann zu verdanken, dass „‚Bild' heute Trendsetter des digitalen Journalismus ist und eine hochprofitable Multimediamarke."[137]

Quellen/Anmerkungen

1 Barbara Hans: Demokratie braucht Irritation, in: Spiegel Online v. 19.4.2017.
2 Ulrich Sarcinelli: Symbolische Politik, Opladen 1987, S. 221.
3 Hans: Demokratie braucht Irritation, a. a. O.
4 Vgl. Kees Brants: The social construction of the information revolution, in: European Journal of Communication, Vol. 4, 1989/1, S. 79-98.
5 Marshall McLuhan/Quentin Fiore: Das Medium ist Massage, Frankfurt a. M./Berlin/Wien 1984, S. 63.
6 Vgl. Niklas Luhmann: Soziologische Aufklärung 2, Opladen, 3. Aufl. 1986.
7 Michael Gurevitch: The Globalization of Electronic Journalism, in: J. Curran/M. Gurevitch (eds.): Mass Media and Society, London/New York 1991, S. 178-193.
8 Vgl. Hans J. Kleinsteuber: Zeit und Raum in der Kommunikationstechnik: Harold A. Innis' Theorie des technologischen Realismus, in: W. Hömberg/M. Schmolke (Hrsg.): Zeit, Raum, Kommunikation, München 1992, S. 319-336.
9 Harold A. Innis: The Bias of Communication, Toronto 1951.
10 Herbert J. Schiller: Die Verteilung des Wissens, Frankfurt a. M./New York 1984.
11 Ebd., S. 13.
12 Vgl. Michael Gurevitch/Jay Blumler: Linkages Between the Mass Media and Politics: a model for the analysis of political communications systems, in: J. Curran et al. (eds.): Mass Communication and Society, London 1977, S. 270-290.

13 Vgl. dazu versch. Beiträge in: Rolf Ebbighausen/Sighard Neckel (Hrsg.): Anatomie des politischen Skandals, Frankfurt 1989.
14 Vgl. Niklas Luhmann: Öffentliche Meinung, in: W. R. Langenbucher (Hrsg.): Politik und Kommunikation, München, Zürich 1979, S. 29-61, den frühen Überblick von Maxwell E. McCombs: Agenda-Setting Research: A Bibliographic Essay, in: Political Communication Review 1, 1976/3, S. 1-7 sowie Patrick Rössler: Agenda-Setting, Opladen 1997.
15 Vgl. zum Problem der Public Relations in diesem Zusammenhang: Barbara Baerns: Öffentlichkeitsarbeit oder Journalismus?, Köln 1985.
16 Vgl. zum Folgenden William Horsley: The Press as Loyal Opposition in Japan, in: A. Smith (ed.): Newspapers and Democracy, Cambridge, Mass. 1980, S. 200-227; Jürg Gassmann: Geheimnisschutz, Informationsfreiheit und Medien im japanischen Recht, Köln/Berlin 1990; Kaitlin Stainbrook: The Secret World of Kisha Clubs and Japanese Newspapers, in: Tofugu v. 11.2.2014. (www.tofugu.com/japan/kisha-clubs-and-japanese-newspapers/).
17 Vgl. journalist 1993/7, S. 47-57.
18 Vgl. Reporter ohne Grenzen: Medienfreiheit in Demokratien bedroht (Rangliste der Pressefreiheit 2017); www.reporter-ohne-grenzen.de/presse/pressemitteilungen/meldung/medienfreiheit-in-demokratien-bedroht/.
19 Vgl. zum Folgenden: Siegfried Weischenberg et al.: Konstellationen der Aussagenentstehung, in: M. Kaase/W. Schulz (Hrsg.): Massenkommunikation, Kölner Zeitschrift für Soziologie und Sozialpsychologie, Sonderheft 30/1989, S. 280-300; Siegfried Weischenberg: Der enttarnte Elefant. Journalismus in der Bundesrepublik – und die Forschung, die sich ihm widmet, in: Media Perspektiven 1989/4, S. 227-239.
20 Vgl. Morris Janowitz: Professional Models in Journalism: the Gatekeeper and the Advocate, in: Journalism Quarterly 52, 1975, S. 618-626+662; John W. C. Johnstone et al.: The News People, Urbana/Chicago/London 1976, S. 113 ff.; Hans Jürgen Weiß et al.: Synopse Journalismus als Beruf. München 1977 (Masch.-Schr.-Man.); David Weaver/G. Cleveland Wilhoit: The American Journalist, Bloomington 1986, S. 112 ff.
21 Vgl. Klaus Berg/Marie-Luise Kiefer (Hrsg.): Massenkommunikation III, Frankfurt a. M. 1987, insbes. S. 46 ff.; Richard Maisel: The Decline of Mass Media, in: Public Opinion Quarterly 37, 1973/2, S. 159-170; Ronald Inglehart: Die stille Revolution, Königstein 1979; Holger Rust: Hintergründe, Strategien und Ziele des gesellschaftsorientierten Marketing, in: Media Perspektiven 1987/10, S. 657-666.
22 Vgl. Weischenberg et al.: Konstellationen der Aussagenentstehung, a. a. O.; Siegfried Weischenberg/Armin Scholl: Kommunikationserwartungen und Medieneffekte, in: Rundfunk und Fernsehen 1989/4, S. 421-434.
23 Vgl. Wolfgang Schweiger: Der (des)informierte Bürger im Netz, Wiesbaden 2017.
24 Vgl. Klaus Berg/Marie-Luise Kiefer (Hrsg.): Massenkommunikation V, Baden-Baden 1996, S. 251 ff.
25 Vgl. Günter Bentele: Der Faktor Glaubwürdigkeit, in: Publizistik 1988/2-3, S. 406-426 (hier: insbes. 407).
26 Vgl. Siegfried Weischenberg: Die Glaubwürdigkeit des Fernsehjournalisten, in: D. Schmidt-Sinns (Red.): Politische Gesprächskultur im Fernsehen, Bonn 1989, S. 37-48.
27 Sarcinelli: Symbolische Politik, a. a. O., S. 243.

28 Vgl. Klaus Merten/Joachim Westerbarkey: Public Opinion und Public Relations, in: K. Merten et al. (Hrsg.): Die Wirklichkeit der Medien, Opladen 1994, S. 188-211 (hier: 198 f.).
29 Vgl. Klaus Schönbach: Journalisten, Medien und Publikum in Wahlkämpfen der Bundesrepublik Deutschland, in: H. Wagner (Hrsg.): Idee und Wirklichkeit des Journalismus, München 1988, S. 113-127 (hier: 123 ff.).
30 Vgl. Schweiger: Der (des)informierte Bürger im Netz, a. a. O., S. 116 ff., S. 143.
31 Vgl. Die Woche v. 7.10.1994, S. 54.
32 Merten/Westerbarkey: Public Opinion und Public Relations, a. a. O., S. 208 f.
33 Vgl. Armin Scholl/Siegfried Weischenberg: Journalismus in der Gesellschaft, Opladen/Wiesbaden 1998, S. 123 ff.; Siegfried Weischenberg/Armin Scholl/Maja Malik: Die Souffleure der Mediengesellschaft. Report über die Journalisten in Deutschland, Konstanz 2006, S. 121 ff.
34 Baerns: Öffentlichkeitsarbeit oder Journalismus?, a. a. O., S. 98 f.
35 Vgl. Thomas Schnedler: Eine notwendige Auseinandersetzung. Das Verhältnis von Journalismus und Public Relations, in: B. Dernbach/W. Loosen (Hrsg.): Didiaktik der Journalistik, Wiesbaden 2012, S. 165-179 (hier: 167 ff.).
36 Vgl. Romy Fröhlich: Qualitativer Einfluß von Pressearbeit auf die Berichterstattung: Die geheime Verführung der Presse?, in: Publizistik, 37. Jg., 1992/1, S. 37-49; Henrike Barth/Wolfgang Donsbach: Aktivität und Passivität von Journalisten gegenüber Public Relations, in: Publizistik, 37. Jg., 1992/2, S. 151-196; Claudia Schweda/Rainer Opherden: Journalismus und Public Relations, Wiesbaden 1995.
37 Vgl. Michael Kunczik et al.: Krisen-PR, Köln/Weimar/Wien 1995.
38 Vgl. Gurevitch/Blumler: Linkages Between the Mass Media and Politics: a model for the analysis of political communications systems, a. a. O.
39 Vgl. Eric Ertl: Sport-Journalismus: Wie der Leistungssport auf den Begriff kommt, in: G. Vinnai (Hrsg.): Sport in der Klassengesellschaft, Frankfurt 1972: 128-152 (hier: S. 133). Ertl meinte mit ‚Propagandisten' damals die Sportredakteure; später wurde immer deutlicher, dass politische Redakteure ein ähnliches Innenverhältnis zu Spitzenpolitikern unterhalten wie Sportredakteure zu Spitzensportlern.
40 Vgl. Glayds Engel Lang/Kurt Lang: The Battle for Public Opinion, New York 1983; Bob Woodward: The Secret Man. The Story of Watergate's Deep Throat, London 2005.
41 Vgl. John B. Thompson: The Political Scandal, Cambridge 2000.
42 Rolf Ebbighausen: Skandal und Krise, in: ders./S. Nickel (Hrsg.): Anatomie des politischen Skandals, Frankfurt a. M. 1989, S. 171-199 (hier: 173).
43 Vgl. Richard Münch: Dialektik der Kommunikationsgesellschaft, Frankfurt a. M. 1991, S. 89 f.
44 Schweiger: Der (des)informierte Bürger im Netz, a. a. O., S. 55.
45 Vgl. Volker Lilienthal et al.: Digitaler Journalismus. Dynamik – Teilhabe – Technik, Leipzig 2014, S. 38 f., 168, 175 f.
46 Ebd., S. 343 ff.
47 Mareike Scheler: Vom ‚missachteten Leser' zum vielbeachteten User: Publikumsinklusion im Journalismus durch Anschlusskommunikation im Internet, M.A.-Arbeit, Universität Hamburg 2013, S. 9 ff., S. 97.
48 Ein Beispiel dafür ist der HSV-Blog *Matz ab* des *Hamburger Abendblatt*, wo die eigene Langzeitbeobachtung zeigt, dass immer mehr Leser, die eine scharfe Klinge führen und den Blog-Autoren allzu sehr zusetzen, gesperrt werden. Der ‚private' Konkurrenzblog

HSV-Arena lässt vom Tenor des Bloggers Abweichendes nur in Ausnahmefällen zu und versieht es dann meist mit geharnischter Kritik.
49 Götz Hamann: Alles Lügen? Der Journalismus steckt in einer Glaubwürdigkeitskrise, in: Die Zeit Nr. 26 v. 25.6.2015, S. 8 f. (hier: 9).
50 Vgl. Siegfried Weischenberg: Max Weber und die Entzauberung der Medienwelt, Wiesbaden 2012, S. 100, 125 ff.
51 Burkhard Spinnen: Wilder Westen im Netz, in: Die Welt v. 19.5.2012.
52 Jillian C. York: Lieber anonym verfolgt, in: Die Zeit Nr. 32 v. 4.8.2011, S. 9.
53 Norbert Bolz: Hatebook – die Pöbel-Demokratie, in: Cicero 2017/3, S. 17-22 (hier: 20 f.).
54 Vgl. dazu den Facebook-Selbstversuch von Jan Fleischhauer: In der Echokammer, in: Der Spiegel 2017/47, S. 52 f.
55 Vgl. Albrecht Müller: Von der Parteiendemokratie zur Mediendemokratie, Opladen 1999.
56 Vgl. Peter Radunski: Wahlkämpfe, München/Wien 1980.
57 Peter Glotz: Politisches Wresling – eine Schlachtbeschreibung, in: Bertelsmann Stiftung (Hrsg.): Politik überzeugend vermitteln, Gütersloh 1996, S. 25-32 (hier: 28 ff.; kurs. im Original).
58 Vgl. z. B. Klaus Schönbach: Das unterschätzte Medium, München/New York 1983.
59 „Die Wähler sind unberechenbar". Die Wahlkampfberater Dee Myers, Peter Boenisch und Bodo Hombach über die Inszenierung von Politik und Strategien gegen Rechtsextreme (Spiegel-Gespräch), in: Der Spiegel 1998/26, S. 42-45 (hier: 45).
60 Vgl. Kanzlers Machtkartell, in: Der Spiegel 1994/31, S. 30-37.
61 Gunter Hoffmann: Wahl 1994: Politik und Medien, in: Bertelsmann Stiftung (Hrsg.): Politik überzeugend vermitteln, Gütersloh 1996, S. 53-64 (hier: 57 ff.).
62 Cordt Schnibben: Virtuos an der Luftgitarre, in: Der Spiegel 1998/32, S. 22-27.
63 Vgl. z. B. Berg/Kiefer (Hrsg.): Massenkommunikation V, a. a. O., S. 251 ff.
64 Vgl. Radunski: Wahlkämpfe, a. a. O.; Daniel J. Boorstin: Das Image, Reinbek bei Hamburg 1987.
65 Vgl. Johan Galtung/Mari Holmboe Ruge: The Structure of Foreign News, in: J. Tunstall (ed.): Media Sociology, Urbana/Chicago/London 1970, S. 259-298; Winfried Schulz: Die Konstruktion von Realität in den Nachrichtenmedien, Freiburg/München 1976.
66 Vgl. Schönbach: Das unterschätzte Medium, a. a. O.; Radunski: Wahlkämpfe, a. a. O.
67 Ulrich Becker, zit. n.: Brigitte Baetz: Theaterwissenschaft. Politik und Inszenierung: noch eine Runde, in: epd medien Nr. 24/25 v. 31.3.1999, S. 11-13 (hier: 12).
68 „Es kribbelt nicht mehr". ‚Sportschau'-Moderator Reinhold Beckmann, 61, über die Macht des Fußballs und die Ohnmacht seiner jungen Kollegen, in: Der Spiegel 2017/19, S. 94-96 (hier: 96).
69 Der Lifestyle-Kanzler, in: Life & Style, Nr. 1, April 1999, S. 62-71 (Zitat: 63).
70 Die Welt v. 22.2.1999, S. 3.
71 Nils Minkmar: Lässigkeit im Amt, in: Süddeutsche Zeitung v. 24.2.1999, S. 17.
72 Hamburger Morgenpost v. 20.2.1999, S. 5.
73 Vgl. Hans Leyendecker: Hoppla, wo sind wir Freunde?, in: Süddeutsche Zeitung v. 22./23.8.1998, S. 20.
74 Bild am Sonntag v. 28.2.1999, S. 1 ff.
75 Vgl. Minkmar: Lässigkeit im Amt, a. a. O.
76 Lafontaine Aus!, in Bild v. 12.3.1999, S. 1.

77 Konrad Weiss: Der Verlierer als Sieger, in: Frankfurter Allgemeine Zeitung v. 25.3.1999, S. 51.
78 Thorsten Krauel: Kanzler im Krieg, in: Die Welt v. 12.4.1999, S. 3.
79 Gunter Hofmann: Chef Schnörkellos, in: Die Zeit v. 15.4.1999, S. 16.
80 Peter Siebenmorgen: Weiß der Kanzler wirklich noch weiter?, in: Welt am Sonntag v. 23.5.1999, S. 4.
81 Bild am Sonntag v. 9.5.1999, S. ff.
82 Hamburger Morgenpost v. 20.7.1999, S. 3.
83 Schröders Machtwort, in: Bild am Sonntag v. 22.8.1999, S. 1 ff.
84 Zit. n. Willi Winkler: Das war die Doris!, in: Süddeutsche Zeitung v. 20.8.1999.
85 Vgl. Der Spiegel 1999/34, S. 22.
86 Vgl. Süddeutsche Zeitung v. 20./21.8.1999.
87 Jürgen Leinemann: „Noch ist ja nichts kaputt", in: Der Spiegel 1999/34, S. 22-25 (hier: 23).
88 Schnibben: Virtuos an der Luftgitarre, a. a. O., S. 26.
89 Vgl. Leo Bogart: Commercial Culture, New York/Oxford 1995; Robert W. McChesney: Rich Media, Poor Democracy, Urbana/Chicago 1999.
90 Gary Hart: Medien und Politik im Amerika des ausgehenden zwanzigsten Jahrhunderts, in: Bertelsmann Stiftung (Hrsg.): Politik überzeugend vermitteln, Gütersloh 1996, S. 149-162 (hier: 152).
91 Wolfram Weimer: Politik als Soap, in: Die Welt v. 30.8.1999, S. 1.
92 Ebd.
93 Vgl. Ralph Bollmann: Geht noch was für Martin Schulz?, in: Frankfurter Allgemeine Sonntagszeitung v. 21.5.2017, S. 21.
94 Von ‚Spin' war im Zusammenhang mit politischem Kommunikationsmanagement wohl zuerst 1988 im Nachrichtenmagazin *Time* die Rede gewesen; kurz danach erfolgte die Gründung der Studentenband ‚Spin Doctors' an der New Yorker Columbia University. Ein Jahrzehnt später war diese Gruppe von Leuten, die mit dem Drehen am Image von politischen und wirtschaftlichen Institutionen und Personen und mit dem Herumdoktern an Zielen und Programmen viel Geld verdienen, nicht nur groß, sondern auch äußerst umstritten geworden. Nicht nur die PR-Branche, welche zu dieser Art von Konkurrenz aus Prinzip auf Distanz geht, warnte seither vor den Folgen.
95 Vgl. Sarcinelli: Symbolische Politik, a. a. O., S. 221.
96 Peter Radunski: Politisches Kommunikationsmanagement, in: Bertelsmann Stiftung (Hrsg.): Politik überzeugend vermitteln, Gütersloh 1996: 33-52 (hier: 52).
97 Vgl. Robert L. Dilenschneider: 'Spin Doctors' Practice Public Relations Quackery, in: Wallstreet Journal v. 1.6.1998.
98 Vgl. Dr. Jekyll und Mister Hyde, in: Der Spiegel 1999/20, S. 78-80.
99 Hart: Medien und Politik im Amerika des ausgehenden zwanzigsten Jahrhunderts, a. a. O., S. 152.
100 Vgl. auch Hans Leyendecker: Kollege Bundeschefredakteur. Ein Besuch bei Wolfgang Clement – der mal Journalist war und jetzt an den Journalisten zu verzweifeln droht, in: Süddeutsche Zeitung v. 26.2.2000, S. 22.
101 Vgl. Hans Leyendecker. Die Flat-Tax-Presse, in: Süddeutsche Zeitung v. 20.9.2005.; Romanus Otte: Abschied von ‚Da Lello'. Nach der Wahl tobt ein Streit über die Rolle der Journalisten, in: Welt am Sonntag Nr. 40 v. 2.10.2005, S. 13.

Quellen/Anmerkungen

102 Vgl. z. B. Elefantenrunde: Schröder bedauert TV-Auftritt am Wahlabend, in: Spiegel Online, 22.9.2005; Stephan Hebel: Medienfalle, in: Frankfurter Rundschau v. 20.9.2005. sowie Dirk Kurbjuweit: Putsch gegen die Wirklichkeit, in: Der Spiegel Nr. 39 v. 26.9.2005. (www.spiegel.de/spiegel/0,1518,376500,00.html).
103 Vgl. z. B. Gunter Hofmann: Der Wähler, dieser Lümmel, in: Die Zeit Nr. 39 v. 22.9.2005, S. 5; Diedrich Diederichsen: Neoliberal ist cool. Wie eine Wende herbeigeredet wird, in: Süddeutsche Zeitung v. 21.10.2005, S. 13; Patrick Schwarz: Frohsinn im Café Ratlos, in: Die Zeit Nr. 40 v. 29.9.2005, S. 4.
104 Vgl. Frank A. Meyer. Mediokratie, in: Sonntagsblick Nr. 39 v. 25.9.2005, S. 13 sowie N.N.: Medienschelte als Teil der Selbstinszenierung, in: Neue Zürcher Zeitung v. 23.9.2005.
105 Vgl. Hans-Jürgen Jakobs: Eine verlorene Liebe. Der Medienkanzler Gerhard Schröder entzaubert sich selbst – er bekämpft das System, das ihn groß gemacht hat, in: Süddeutsche Zeitung v. 6./7.3.2004, S. 20.
106 Michael Allmaier: Es kommt darauf an. Qualität, Qualität: Wem gehört die Medienzukunft?, in: Frankfurter Allgemeine Zeitung v. 14.9.1996, S. 34.
107 Vgl. Knut Pries: Im Sog des Star-Treks, in: Frankfurter Rundschau v. 7.10.2005. sowie Roland Tichy: Die kalte Wut der Campaneros, in: Handelsblatt v. 29.9.2005.
108 Kurt Kister: Ausweitung der Kampfzone, in: Süddeutsche Zeitung v. 15.9.2009, S. 3.
109 Barbara Hans: Inszenierung von Politik. Zur Funktion von Privatheit, Authentizität, Personalisierung und Vertrauen, Wiesbaden 2017, S. 21.
110 Vgl. Claudia Gscheidle/Heinz Gerhard: Berichterstattung zur Bundestagswahl 2013 aus Sicht der Zuschauer, in: Media Perspektiven 2013/12, S. 558-573 (hier: insbes. 558 ff.).
111 Vgl. David Böcking: Alles wird gut, in: Der Spiegel v. 25.2.2006, S. 66-68 sowie z. B. Ulrich Jörges: Die Magma-Köchin, in: Stern v. 11.5.2006, S. 48.
112 Vgl. „Zu wenig hinterfragt". Wie selbstkritisch sind die Journalisten?, in: medium magazin 2005/10, S. 28-33 (insbes.: 29).
113 Giovanni di Lorenzo: Aus der Rolle gefallen, in: Die Zeit v. 29.9.2005, S. 1.
114 Hannah Pilarczyk: Das Medialdebakel, in: taz v. 20.9.2005, S. 26.
115 Interview mit Tissy Bruns, Leiterin der Parlamentsredaktion ‚Tagesspiegel', in: Morgenecho (WDR 5) v. 20.9.2005.
116 Sven Gösmann, Chefredakteur der Rheinischen Post, in: medium magazin 2005/10, S. 29.
117 Susanne Gaschke: Die Relativitätstheorie, in: Die Zeit v. 8.9.2005, S. 1.
118 Hannah Pilarczyk: Das Medialdebakel, in: taz v. 20.9.2005, S. 26.
119 Am Medienpranger, in: Die Zeit Nr. 22 v. 2.5.2012, S. 15-17.
120 Vgl. Weischenberg et al.: Die Souffleure der Mediengesellschaft, a.a.O., S. 52 f.
121 Vgl. Maja Malik: Journalismusjournalismus, Wiesbaden 2004.
122 Bernd Ulrich: Verstehen oder verachten, in: Die Zeit v. 26.1.2006.
123 Inzwischen sind darin mehr als 900 Journalisten organisiert (www.bundespressekonferenz.de).
124 Herlinde Koelbl: Die Meute, München 2001.
125 Kurt Kister: Macht, umwölkt von Wahlium, in: Süddeutsche Zeitung v. 17./18.9.2005.
126 Koelbl: Die Meute, a.a.O., S. 121 f.
127 Vgl. Marcus Jauer: Deutschland im Existenzialismus, in: Süddeutsche Zeitung v. 1./2./3.10.2005, S. I.

128 Vgl. z. B. Die Macht über die Köpfe: Wie die Initiative Neue Soziale Marktwirtschaft Meinung macht, in: Monitor, 13.10.2005. (https://web.archive.org/web/20060107131833/http://www.wdr.de/tv/monitor/beitrag.phtml?bid=740&sid=136).
129 Vgl. Der Schein trügt, in: Die Zeit v. 6.10.2005, S. 54.
130 Vgl. Weischenberg et al.: Die Souffleure der Mediengesellschaft, a. a. O., S. 7.
131 Vgl.: Der Schein trügt, in: ZEIT Online (www.zeit.de/2005/41/Journalisten, 1.1.2006.).
132 Aktenzeichen 324 O 91/06; vgl. dazu auch Steffen Grimberg: Öffentlich vorgeführt, in: tageszeitung v. 2./3.9.2006, S. 18; René Martens: Fall mit Eindruck. ‚Bild'-Chef verliert Klage, in: Süddeutsche Zeitung v. 2./3.9.2006, S. 21 (https://netzwerkrecherche.org/wp-content/uploads/2014/09/nnr_36_060928.txt) sowie Steffen Grimberg: diese Woche wir wichtig für …. Kai Diekmann, in: tageszeitung v. 28.8.2006, S. 17.
133 Gschz. 7 U 122/08 324 O 91/06; vgl. dazu auch tageszeitung v. 16.3.2007.
134 Vgl. Steffen Grimberg: Als Diekmann noch wie Wulff war, in: tageszeitung v. 15.1.2012. (www.taz.de/!5103126/).
135 Vgl. Georg Altrogge: Kai Diekmann und der Sex-Vorwurf: Mit Bild im Fahrstuhl nach oben, mit dem Spiegel wieder nach unten, in: Meedia v. 6.1.2017.
136 „Kulturelle Übersetzungsarbeit" für umstrittenen Fahrdienst: Kai Diekmann steigt bei Uber als Berater ein, in: Meedia v. 14.4.2017.
137 Zit. n.: Kai Diekmann verlässt Springer-Verlag, in: Spiegel Online v. 30.12.2016.

Die Medienethik und die Medienkritik IV

1 Wie bei der Medienmoral Verantwortung auf Wirklichkeit trifft

Einer Agenturmeldung zufolge quittierte einmal ein Sprecher des staatlichen nigerianischen Fernsehens mitten in einer Sendung den Dienst – aus Protest gegen den Inhalt der Meldungen, die er verlesen musste. „Ich habe genug von diesen falschen Nachrichten. Hiermit kündige ich; ich kann dieses Zeug nicht weitermachen", habe der Mann gesagt und dann seine Manuskripte hingeworfen. Die Kameras zeigten noch, so wurde weiter berichtet, wie er das Studio in der ostnigerianischen Stadt Enugu verließ. Nach welchen Kriterien der Sprecher die Meldungen als ‚Fake News' bewertet hatte, hinterließ er nicht.[1] Man sollte sich hüten, das Verhalten dieses Nachrichtensprechers als ‚exotisch' zu qualifizieren, denn es steht ganz in der Tradition von Maßstäben, die in Mediensystemen westlichen Typs Gültigkeit besitzen. Demnach geht es im Journalismus um wahre Aussagen über die wirkliche Welt. Aus dieser Perspektive werden die Leistungen der Massenmedien bewertet – und kommt auch die Enttäuschung, ja Wut über eine Berichterstattung zustande, die von einem Teil des Publikums als ‚verzerrt' wahrgenommen wird. Dass es hier um das hohe Gut der ‚Wahrheit' geht, erklärt, warum die Debatte so emotional geführt wird.

Der Anspruch, den Journalismus an absoluten Kriterien messen zu können, erhält freilich auch aus der professionellen Sphäre eine Menge Unterstützung. Da gibt es die Medienschaffenden, denen es ja schmeichelt, wenn ihnen die *Verantwortung* für eine Beobachtung der Verhältnisse übertragen wird, die zutreffend ist. Sie behaupten mit reiner Seele, dass es beweisbar wahre Nachrichten gebe und dass der gute Journalist durchaus in der Lage sei, die *Wirklichkeit* originalgetreu abzubilden. Und da gibt es Wissenschaftler, die nicht minder ernsthaft immer wieder den Gegenbeweis führen wollen: Dass die Journalisten mit ihrer Verantwortung für die Wahrheit der Berichterstattung verantwortungslos umgingen, dass sie nicht die Wirklichkeit abbildeten und dass ihre Manipulationen direkt zu verheerenden Wirkungen führten. Diese Forscher können nicht nur mit Daten, sondern auch mit einer starken Anhängerschaft aufwarten; traditionell gehören dazu politische und wirtschaftliche Führer, und aktuell hat sich nun eine Menge von Bürgerinnen und Bürger angeschlossen.

‚Verantwortung' und ‚Wirklichkeit' – das sind die beiden Kernbegriffe, wenn es um Diskurse über den Wahrheitsgehalt von Nachrichten im ‚postfaktischen Zeitalter' geht – und damit letztlich um die Moral der Medien und ihrer Journalisten. Dazu haben ‚Konstruktivisten' einen Beitrag geleistet, der ziemlich verwirrend, ja, für manchen sogar empörend wirkt. Denn diese Leute bestreiten allen Ernstes die Möglichkeit von Wahrheitsbeweisen und entwerfen ‚Wirklichkeit' als etwas, das sozusagen auf interaktiven Vereinbarungen beruht. Das verstört aus aktuellem Anlass ganz besonders: Öffnet ein solcher Relativismus nicht denen Tür und Tor, die (im Internet) durch die Anzahl von ‚Klicks', ‚Likes' und ‚Links' entscheiden lassen wollen, was richtig und falsch ist und wer Recht hat?

Auf den Eindruck kommt es an

Die Erkenntnistheorie des Konstruktivismus propagiert kategorisch, dass man sich mit absoluten Maßstäben wie ‚Wahrheit' und ‚Objektivität' auf den Holzweg begibt – und das gilt gerade für den Umgang mit den Massenmedien.[2] Denn der Anspruch, mit den Mitteln des Journalismus ‚die Wirklichkeit' abzubilden, ist gemäß konstruktivistischer Logik überhaupt nicht zu vereinbaren mit den empirisch gewonnenen Erkenntnissen zur menschlichen Wahrnehmung und Kommunikation, die Biologen, Psychologen, Hirnforscher und Kybernetiker anbieten. Sie machen darauf aufmerksam, dass wir nicht in der Lage seien, mit Hilfe unserer Sinnesorgane direkt auf ‚die Welt' zuzugreifen – wobei man über die Notwendigkeit streiten mag, ‚Realität' als Referenzinstanz völlig aufzugeben, wie dies *Radikale* Konstruktivisten tun.[3] Gemäß konstruktivistischer Erkenntnis ist das Nervensystem als geschlossenes System zu verstehen, das zur Umwelt keine direkten Verbindungen unterhält und nur Anregungen aufnimmt; diese Anregungen verarbeitet es in seiner eigenen Sprache. Unser Bewusstsein, mit dessen Hilfe wir Kommunikation betreiben, ist somit nichts anderes als das Ergebnis von Verarbeitungsprozessen im Gehirn. Bei diesen Verarbeitungsprozessen wird dem, was das Nervensystem an Informationen anbietet, erst Bedeutung zugeordnet. Dabei spielen gewiss nicht nur die biologischen Voraussetzungen des Gehirns eine Rolle, sondern insbesondere Erfahrungen, die seit der Geburt gemacht werden.

Das Ergebnis solcher Prozesse im Kopf, lehrt der Konstruktivismus, können keine Repräsentationen von Realität sein, die sich an absoluten Maßstäben wie ‚wahr' oder ‚objektiv' messen lassen; vielmehr handelt es sich um Konstruktionen von Wirklichkeit. Kommunikation ist demnach kein Transport oder Austausch von Irgendetwas, sondern ein letztlich vom Individuum bestimmter Prozess der Sinngebung. Dabei orientieren sich die Menschen eben nicht an den Maßstäben absoluter Erkenntnis, sondern an relativen Maßstäben, die es ihnen erlauben, in der Umwelt klarzukommen. Was sich in den Köpfen abspielt, ist ganz pragmatisch ausgerichtet an den Anforderungen von Lebenssituationen, in denen man sich bewegt. Die Konstruktionen von Wirklichkeit machen handlungsfähig, wobei die Massenmedien – nach wie vor – eine zentrale Rolle spielen. Diese Konstruktionen sind subjektabhängig, aber deshalb nicht willkürlich; sie müssen mit anderen abgestimmt werden.[4]

Ein solcher, abstrakt wirkender Ansatz ist freilich gar nicht so weit weg von unserer Alltagspraxis, denn wir alle leben und handeln eigentlich eher ‚konstruktivistisch' als ‚realistisch'. Normalerweise verlassen wir nicht gleich den Ort des Geschehens, wenn uns Ungereimtheiten auffallen, wenn das, was uns als Kommunikation angeboten wird, nicht mit unserer Erfahrung übereinstimmt. Vielmehr haben wir – Leser, Hörer, Zuschauer, Nachrichtenmacher und Nachrichtensprecher – gelernt, mit widerstreitenden Wahrheitsbehauptungen zu leben. Auf die meisten Informations-Angebote machen wir uns irgendwie einen Reim. Diese Fähigkeit zu vermitteln, gehört schließlich zu den Sozialisationsanstrengungen in einer pluralistischen Demokratie. Wie wir mit der unsicheren Nachrichtenlage umgehen, entscheiden also am Ende doch wir selbst. Sprecher, die das Studio verlassen, und Leser, die das Abonnement kündigen, weil ihnen die ‚Medienwirklichkeit' nicht gefällt, sind gewiss die Ausnahme. Üblicherweise sorgen wir vielmehr dafür, dass die Rechnung mit der Wirklichkeit irgendwie aufgeht. Jedenfalls galt dies unter den Bedingungen konventioneller Massenmedien. Doch inzwischen ist es nicht mehr so schwierig, sich nur solche Kommunikationsangebote zu verschaffen, deren Wirklichkeit einem in den Kram passt.

Im Prinzip haben alle, Publikum und Macher, die Spielregeln einer ‚Mediengesellschaft', in der alles – von den Nachrichten bis zur Unterhaltung – auf eigenwillige Weise konstruiert erscheint, akzeptiert und verinnerlicht. Und natürlich machen sich auch die Interessenvertreter außerhalb der Medien diese Spielregeln zunutze. Wenn der Rock-Star Sting zu den Indios am Amazonas fährt, um den Regenwald zu retten, sind die Medien dabei – und alles hat ihren Gesetzen zu folgen. Der Meister aller Klassen ist hier aber schon seit sehr langer Zeit Donald Trump – wir hätten es wissen können. Es ist schon fast drei Jahrzehnte her, als eine Maschine seiner Fluglinie fast vom Himmel fiel, und er dies nutzte, um etwas ganz anderes zu kommunizieren: seine möglichen Ambitionen, erster Mann im Staate zu werden. „Ich bin mir selbst noch nicht ganz sicher, ob ich Präsident werden will", sagte er damals, im September 1989, „aber wenn ich es will, dann werde ich es auch..." Mit dieser Ankündigung lenkte er die Journalisten erfolgreich ab von der Berichterstattung über den Luftzwischenfall und seine Folgen – aber auch von der Beschäftigung mit der anstehenden Scheidung von seiner Frau Ivana. Die *New York Times* nannte ihn damals den „Mann mit der Midasfaust".[5]

Die Bergpredigt in der ‚Mediengesellschaft'

Mehr denn je gilt heute, dass es auf den Eindruck ankommt und nicht auf ‚die Wirklichkeit'. Diesem Prinzip folgen im Fall der Medien gerade Unterhaltungsprogramme, die unter ‚Live-Bedingungen' aufgezeichnet werden. Wer einmal dabei war, weiß, dass auch das für die Aufzeichnung eingeladene Publikum in die Inszenierung voll integriert ist. Es wird animiert, vor Begeisterung zu toben, wobei dem Fernsehpublikum später der Inszenierungscharakter, ja, sogar die Tatsache der zeitversetzten Ausstrahlung, im Allgemeinen verschwiegen wird. Darüber regt sich niemand mehr auf. Wer vertraut heutzutage noch der Durchsetzungskraft der Wahrheit allein?

Selbst Jesus müsste sich im Zeitalter der modernen Medien wohl umstellen. Unsere Eindrücke von der ‚Mediengesellschaft' legen die Vermutung nahe, dass sich bei seinem Auftreten heute alles ganz anders abspielen müsste als damals, am Anfang unserer Zeitrechnung. Nehmen wir nur die Bergpredigt: Wäre es denkbar, dass die Geschichte heute noch so ablaufen könnte, wie im Matthäus-Evangelium beschrieben? Salopp ausgedrückt, war das doch wohl so: Jesus wanderte nach Galiläa und zog dann einfach vom Leder – ohne Planung und offenbar auch ohne Rücksicht auf die Wirkungen („Selig die Armen im Geiste! Ihrer ist das Himmelreich!"). Das sind Einschätzungen, die das in den USA erscheinende *Harper's Magazine* nach intensiven Recherchen zum Thema ‚Jesus im Zeitalter der Postmoderne' verbreitet hat.[6]

Jesus würde heutzutage, da ist sich die Zeitschrift ganz sicher, erst einmal einen Medienberater engagieren und von dem ein Strategiepapier für die Öffentlichkeitsarbeit entwerfen lassen. Der würde ihm, so glaubt die Zeitschrift, vorhalten, dass Unklarheit darüber herrsche, wo er bei verschiedenen Sachfragen konkret stehe. Dann würde dieser Medienberater eine Reiseroute ausarbeiten und darin verschiedene ‚miracle opportunities' vorsehen – und gleichzeitig vor der Gefahr des ‚overexposure' warnen: Allzu viel ist auch beim Medienspektakel ungesund. Die Zeitschrift erinnerte in diesem Zusammenhang an den Besuch des damaligen Papstes in den USA. Der sei ein gutes Beispiel für das Risiko allzu intensiver Vorab-Berichterstattung gewesen; denn am sechsten Reisetag habe sich der Heilige Vater auf den hinteren Seiten der *New York Times* wiedergefunden. Dem Stellvertreter auf Erden hätte sich Jesus in Sachen Umgang mit den Medien ansonsten bedenkenlos anvertrauen können. Seine Reisen um die Welt waren, wie wir alle jahrelang staunend registrieren, höchst professionell geplante Medienereignisse.

1 Wie bei der Medienmoral Verantwortung auf Wirklichkeit trifft

Und auch auf dem Klavier normaler Thematisierungsstrategien wusste Johannes Paul II., um den es hier geht, virtuos zu spielen – mehr denn je seit dem 17. Januar 1988, als er, immerhin aber 55 Jahre nach dem amerikanischen Präsidenten, als erster Papst auch den journalistischen Ereignistyp ‚Pressekonferenz' in sein Medienrepertoire aufnahm.

An ein solches Medienrepertoire haben sich die normalen Bürgerinnen und Bürger längst gewöhnt. Denn es ist ja allzu offensichtlich, dass vieles von dem, was an ihre Augen, Ohren und Herzen dringt, eigens zu diesem Zwecke produziert worden ist. Vorgefertigt auf der Basis von raffinierten Kommunikationsstrategien und -taktiken, die sich natürlich nicht an Wahrheitspostulaten orientieren, die längst als altbacken gelten; produziert von Medien, die zwar behaupten, nur zu informieren und zu transportieren, die aber inszenieren und vor allem aber: konstruieren. PR-Leute und Politiker, aber auch viele Medienschaffende, handeln erfolgreich nach dem Motto: Wahr ist, was als wahr gilt, was wahr wirkt – Hauptsache, es bringt den erwünschten Effekt.

Der in diesem Sinne erste ‚moderne' Politiker war – lange vor Bill Clinton, Barack Obama und Donald Trump, den Wahlkämpfern im Internetzeitalter – der amerikanische Präsident John F. Kennedy. Es wird berichtet, dass er sich durch nichts und niemanden stören ließ, wenn der einflussreiche Anchorman Walter Cronkite seine abendliche Newsshow im Fernsehsender *CBS* zelebrierte. Der Journalist und Pulitzer-Preisträger David Halberstamm berichtete: „Kennedy hielt das, was er da sah, für schrecklich wichtig. Vielleicht war es nicht die Realität. Möglicherweise war es nicht einmal guter Journalismus. Aber es war das, was das ganze Land für die Wirklichkeit hielt."[7] Seither hat diese Einsicht, dass es letztlich nur darauf ankommt, was – vom Publikum wie von den Journalisten – für die Wirklichkeit gehalten wird, in der Medienpraxis zu verfeinerten Methoden geführt. Zu denken ist dabei vor allem an die bekannt gewordenen Fälle von nachgestellten Szenen in der Fernsehberichterstattung: zuerst im Vietnam-Krieg, später immer wieder auch einmal im Fernsehalltag, dann sogar als Gestaltungsprinzip in Nachrichtenprogrammen von US-Sendern.

Der alltägliche Umgang der Menschen mit den Medien ist also schon lange, bevor es die Sozialen Medien mit ihrer Verwirr-Kommunikation gegeben hat, durch Widersprüche gekennzeichnet gewesen: Einerseits werden absolute Wahrheitsansprüche geltend gemacht; man will von den Medien Richtiges, Wahres, Wirkliches vorgesetzt bekommen. Andererseits geht man doch recht ‚emanzipiert' mit der konstruierten Medienwirklichkeit um, akzeptiert – meist, ohne Rechenschaft darüber abzulegen – die Notwendigkeit der eigenen Konstruktionsleistung, durch die man sich ‚ein Bild macht' – und auf alles einen Reim. Eher instinktiv haben wir alle bei unserem kommunikativen Handeln die absoluten Maßstäbe

‚Wirklichkeit' und ‚Wahrheit' durch relative Maßstäbe wie ‚Nützlichkeit' und ‚Glaubwürdigkeit' ersetzt. Sie treten an die Stelle von Realitätstests, die sich immer mehr als unmöglich erweisen.[8]

Medien als ‚Weltbildapparate'

Eine kommunikationswissenschaftliche Basis findet die konstruktivistische Perspektive bei der Nachrichtenforschung. Die Tradition reicht hier zurück bis in das Jahr 1922, als Walter Lippmann sein Buch ‚Public Opinion' veröffentlichte. Der Autor, berühmter amerikanischer Publizist, geschätzter Gesprächspartner oder sogar Berater der Präsidenten Roosevelt, Wilson, Eisenhower, Kennedy und Johnson,[9] beschrieb darin das Verhältnis zwischen Ereignis und Nachricht als Problem einer ‚Kommunikationsökologie'. Die Umwelt werde „in mancherlei Weise gebrochen, von der Zensur und der Geheimhaltung an der Quelle, von physischen und sozialen Schranken am anderen Ende, von ungenügender Aufmerksamkeit, von Spracharmut, Ablenkungen, unbewußten Gefühlskonstellationen, natürlicher Abnutzung, Gewalt und Monotonie. Diese Begrenzungen unseres Zugangs zu dieser Umwelt verbinden sich mit der Dunkelheit und Komplexität der Tatsachen selbst und beeinträchtigen so Klarheit und Richtigkeit der Wahrnehmung, lassen irreführende Fiktionen als vernünftige Gedanken gelten und berauben uns der adäquaten Kontrollen derjenigen, die uns bewußt irreführen wollen." Unter bestimmten Bedingungen würden die Menschen auf Fiktionen genauso stark eingehen wie auf Wirklichkeiten, ja, in vielen Fällen sorgten sie erst dafür, die Fiktionen zu schaffen, auf die sie eingehen. Mit ‚Fiktionen' meine er nicht etwa Lügen, stellte Lippmann klar: „Ich verstehe darunter ein Bild der Umwelt, wie es sich der Mensch mehr oder weniger selbst schafft." Es geht ihm in besonderem Maße um die ‚pictures inside the heads' (eine berühmt gewordene Formulierung); diese „Bilder in den Köpfen [...], von sich selbst, von anderen, von ihren Bedürfnissen, Zielen und Beziehungen zueinander sind ihre öffentlichen Meinungen. Diejenigen Bilder, nach denen ganze Gruppen von Menschen oder Individuen im Namen von Gruppen handeln, sind die *öffentliche Meinung*." Diese inneren Bilder stünden den Menschen beim Umgang mit der Umwelt im Wege und verleiteten sie häufig zu Fehleinschätzungen.[10]

Das alles wies durch eine Fülle von Hinweisen in die Richtung des Konstruktivismus: durch die Empfehlung, zwischen Nachricht und Wahrheit als Elementen verschiedener Bedeutungssysteme strikt zu unterscheiden, und durch die Einführung des Begriffs ‚Stereotyp' für Schubladen, die beim individuellen Konstruktionsprozess eine zentrale Rolle spielen.[11] Ob Lippmann später auch Kennedys weitergehendes Desinteresse an einer Realität außerhalb der ‚Medienrealität' beeinflusst hat, wissen wir nicht genau; es ist aber denkbar. ‚Realität' ist in Lippmanns Verständnis nur noch eine Hypothese, die von den Journalisten permanent formuliert wird.

1 Wie bei der Medienmoral Verantwortung auf Wirklichkeit trifft

Die Medien entwerfen nach dieser Vorstellung bestimmte Weltbilder. Und dies funktioniert analog zu den Regeln der menschlichen Wahrnehmung. Menschliche Informationsverarbeitung ist schon bei Lippmann, der sich mit Kognitionspsychologie beschäftigt hatte, ein aktiver Prozess: Umweltreize würden nicht einfach abgebildet, sondern neue Wirklichkeiten im Kopf produktiv hergestellt; der Mensch wähle aus den auf ihn einströmenden Informationsangeboten kleine Bereiche aus und baue sie zu zusammenhängenden Vorstellungen aus. Dabei spielen die schon angesprochenen Stereotype eine zentrale Rolle: Standardisierungen der öffentlichen Wahrnehmung und der Definition sozialer Situationen, Vorurteile, wenn man so will. Dies ist übertragbar auf kollektive Informationsverarbeitung. Auch die Analogie zwischen individuellen und kollektiven Informationsverarbeitungs-Prozessen und den Medien als ‚Weltbildapparaten' für die Gesellschaft ist von Lippmann zuerst hergestellt worden. Sie wird u. a. damit begründet, dass ja auch die Produktionsprozesse in den Medien von ‚wahrnehmenden' Personen und Gruppen vorgenommen werden.

Auf Lippmanns Pionierleistung ist auch zurückzuführen, dass – wenn auch Jahrzehnte später – Nachrichtenforscher mit den ‚Falsifikationsversuchen' Schluss gemacht haben, also dem Versuch des Nachweises, dass die von den Medien vermittelte Realität mit der ‚faktischen' Realität nicht übereinstimme. Die ‚Wahrnehmung der Medien' beruht, so haben zahlreiche Studien der Nachrichtenforschung seither gezeigt, auf konsensuellen Bereichen, welche die Journalisten herausgebildet haben. Aussagenentstehung ist vor allem deshalb ein Prozess mit konsonanten oder sogar uniformen Ergebnissen. Sie beruhen auf dem Abgleich von Nachrichtenfaktoren, die, gebündelt zum ‚Nachrichtenwert' von Ereignissen, den Selektionsentscheidungen in den Redaktionen zugrunde liegen.[12] Was Nachrichten von Wahrheit unterscheidet, hat Lippmann so beschrieben: „ Die Funktion der Nachricht besteht darin, ein Ereignis anzuzeigen; die Funktion der Wahrheit ist es dagegen, Licht in verborgene Tatsachen zu bringen, sie miteinander in Beziehung zu setzen und ein Bild der Wirklichkeit zu entwerfen, nach dem die Leute handeln können. Nur in den Punkten, wo soziale Bedingungen erkennbare und meßbare Gestalt annehmen, fällt der Kern der Wahrheit mit dem Kern der Nachricht zusammen. Das ist ein verhältnismäßig kleiner Teil des gesamten Bereiches menschlichen Interesses."[13]

(Objektivität) und Verantwortung

Auch die ‚Objektivität', welche den Journalisten – gerade in diesen Zeiten und gerade im Internet – abverlangt wird, ist ein relativer Maßstab. Die Forschung ist hier längst davon abgerückt, diesen Begriff im Sinne von ‚wahr' oder ‚mit der Wirklichkeit übereinstimmend' zu verstehen, sondern beschreibt damit bewährte Prozeduren, über die es unter den Journalisten einen weitgehenden Konsens gibt.

Sie orientieren sich gerade hier an pragmatischen Kriterien; Objektivität wird als ‚strategisches Ritual' beschrieben, das zu den Routinen und Geschäftspraktiken der Medien passt.[14] Konstruktivisten sind da noch einen Schritt weitergegangen. Im Lichte ihres Ansatzes sind Journalisten nur Beobachter, die nicht Aussagen über Dinge, Eigenschaften oder Beziehungen in der ‚Welt-an-sich' machen, sondern über Ergebnisse von Unterscheidungen. Dies hat dann auch Konsequenzen für das Verständnis von Objektivität.

Die Figur des ‚Beobachters' ist das zentrale Konstrukt einer konstruktivistischen Erkenntnistheorie. Pioniere dieses Ansatzes wie Heinz von Foerster haben von ihr direkt auf die Qualität geschlossen, die Aussagen über die Welt besitzen können: ‚Objektivität' sei, verkündete von Foerster, die Illusion, dass Beobachtungen ohne jemanden möglich seien, der beobachtet. Wenn es Beobachter sind, die beobachten, dann habe jede Beobachtung sozusagen einen Eigenwert: Das, was der Beobachter von seinem Standpunkt aus aufgrund der Unterscheidungen, die er trifft, sehen kann und was nicht; dieses nicht Sichtbare ist der blinde Fleck jeder Beobachtung.[15] Damit ist eine Grundbedingung jeder Wahrnehmung beschrieben, die zu reflektieren den journalistischen Alltag nicht gerade erleichtert. Praktischer ist es zu postulieren, dass Berichterstattung eine möglichst weitgehende Annäherung an die Ereignisse und damit an ‚die Realität' zum Ziel hat. Als ideales Rollenbild der Journalisten gilt deshalb der ‚Vermittler' – und damit wird der Erwartungshorizont für die Primärfunktion der Medien beschrieben.

Etwas anderes als ‚Objektivität' soll ‚Ausgewogenheit' bedeuten, nämlich das Verhältnis journalistischer Aussagen zueinander – etwa im Rahmen des Gesamtprogramms eines Radio- oder Fernsehsenders. Darüber wird in Deutschland traditionell gestritten, wenn es um den öffentlich-rechtlichen Rundfunk geht. Das darin steckende Problem hat Dean Baquet, Chefredakteur der *New York Times*, auf den Umgang mit dem US-Präsidenten Donald Trump und seiner Politik bezogen. Ausgewogenheit könne hier nicht das Ziel sein – auch wenn sie zu den journalistischen Standards gehöre. Denn das hieße: „Wenn wir 25 Leute zitieren, die gegen Trump sind, müssen wir 25 finden, die für ihn sind. Das wäre falsch."[16] Was Verantwortliche des öffentlich-rechtlichen Rundfunks (immer noch) unter ‚Ausgewogenheit' verstehen, hat der Intendant und frühere Regierungssprecher Ulrich Wilhelm gleichfalls am Beispiel Trump erläutert. „Wenn uns alle finanzieren, dürfen wir nicht nur für einen Teil der Bevölkerung Programm machen", sagte er in einem *Spiegel*-Gespräch. Jeder müsse für sich etwas von Wert finden. Innerhalb des gesellschaftlichen Diskurses müssten die Sender deshalb bei allen relevanten Fragen eine ernsthafte Meinungsbildung zu allem ermöglichen, was vertreten werde: „Hat jemand recht, wenn er sagt, es gebe den Klimawandel nicht? Oder hat jemand gute Gründe, der sagt, Trump sei prima für die Weltwirtschaft?"[17]

1 Wie bei der Medienmoral Verantwortung auf Wirklichkeit trifft

Die Vorstellung von einer Realität außerhalb des Beobachters mag im Journalismus ungebrochen sein; vermutlich ist aber vielen Journalisten heute durchaus bewusst, dass ihre Beobachtungen auf Unterscheidungen beruhen und dass es für sie unmöglich ist, Abbilder der Welt zu liefern. Dies bedeutet keineswegs, der ‚Objektiven Berichterstattung' abzuschwören, alle bewährten beruflichen Methoden aufzugeben, nicht mehr zwischen ‚richtig' und ‚falsch' unterscheiden zu wollen und ihre Informationsangebote als ‚Erfindungen' zu begreifen. Das zumindest intuitive Wissen um den ‚blinden Fleck' sensibilisiert aber für die Grenzen der eigenen Wahrnehmung und die Probleme von Wirklichkeitskonstruktionen im Journalismus. Jede Beobachtung geschieht notwendigerweise mit Hilfe einer Unterscheidung zwischen einem Beobachtungsobjekt und sozusagen ‚dem Rest der Welt'. Journalisten stellen auf dieser Grundlage dann Beziehungen und damit am Ende eigene Konstruktionen her, sagen Konstruktivisten. Auch die einzelnen Journalisten seien bei ihren Medienaussagen im Prinzip autonom; schließlich träfen sie die Entscheidung, in welcher Weise welchen Beobachtungsobjekten (Ereignissen) welche Bedeutung zugewiesen wird und könnten sich deshalb nicht hinter der ‚Objektivität' verstecken.

Der chilenische Biologe Humberto Maturana, einer der Pioniere des Konstruktivismus, hat zwischen Objektivität mit und Objektivität ohne Klammern unterschieden. Objektivität ohne Klammern, absolute Objektivität, bedeutet in seinem Verständnis, die ‚Welt-an-sich' darstellen zu wollen. Das heißt, den seiner Meinung nach nicht einlösbaren Anspruch zu erheben, dass Erkenntnis unabhängig vom Beobachter die ‚objektive Realität' erfassen und Sprache sie bezeichnen könne. ‚Objektivität in Klammern' nennt er die relative Objektivität des Beobachters, der Wirklichkeit konstruiert;[18] diese (Objektivität) ist die Objektivität des Journalisten. Als Konsequenz daraus trägt jeder für seine Wirklichkeitsentwürfe die Verantwortung. Dies gilt auch für die Journalisten, welche die Verantwortung für ihre Aussagen aber gern an die Institutionen abgeben wollen, in denen sie arbeiten. Und an ‚die Realität', die sie abzubilden vorgeben – und somit an absolute Maßstäbe wie eben ‚die Objektivität' und ‚die Wahrheit'. Gewiss werden die Wirklichkeitsentwürfe der Journalisten durch professionelle Regeln und Schemata geleitet und durch die Strukturen der Medienbetriebe, in denen Journalisten arbeiten; sie werden durch ökonomische, politische und technische Bedingungen in erheblichem Maße beeinflusst. Doch letztlich bestimmen einzelne Journalisten, welche Weltbilder die Medien anbieten. Ein solches Verständnis von Kommunikation, von Verantwortung für Kommunikation und von der Wirklichkeit der Kommunikation hat direkte Konsequenzen für eine ‚Ethik des Journalismus'.

Sozialverantwortung als Pakt auf Gegenseitigkeit

Ethik will auf die Kant-Frage ‚Was soll ich tun?' dadurch Antworten geben, dass sie Verhaltensempfehlungen zur Veränderung der Welt formuliert. Auf diese Weise soll als ‚Theorie der Moral' sozial wünschenswertes Verhalten beschrieben werden, soweit juristisch fixierte Normen als nicht ausreichend gelten. Auch beim Diskurs über ‚Medienethik' sind insofern Absolutheitsansprüche und Wahrheitspostulate zugunsten einer Diskussion über Maßstäbe für Verantwortung im Rahmen der Medienproduktion längst aufgegeben worden. ‚Verantwortung' ist „zum modernen ethischen Grundbegriff geworden"[19]. Im Journalismus hat er – in der Logik der ‚eingebauten Schizophrenie' – eine doppelte Bedeutung. Hier geht es sowohl um Verpflichtungen gegenüber der Gesellschaft als auch um Verpflichtungen gegenüber dem eigenen Medium.

Nicht zuletzt deshalb gibt es nach wie vor auf Fragen nach der journalistischen Verantwortung ganz unterschiedliche Antworten. Die einen appellieren an die individuelle Verantwortung der Journalisten, wieder andere glauben an die Möglichkeit, Handlungsnormen für den Journalismus fixieren zu können, wieder andere orientieren sich an den sozialen Funktionen der Berichterstattung und postulieren allgemeiner eine ‚Sozialverantwortung' der Medien und des Journalismus.[20] In der journalistischen Praxis ist in vielen Fällen unklar geblieben, welcher Verantwortungsbegriff den Bewertungen journalistischen Handelns eigentlich zugrunde gelegt werden soll, und was mit dem häufig erhobenen Vorwurf der Verantwortungslosigkeit gemeint war. Gemeint ist mit ‚journalistischer Verantwortung' ja gewiss nicht eine kausale ‚Handlungsverantwortung' im Sinne etwa der Verursachung eines Unfalls. Auf der anderen Seite wird aber wohl mehr verlangt als nur eine ‚Fähigkeitsverantwortung' im Sinne beruflicher Kompetenz. Denn es ist ja selbstverständlich, dass auch Journalisten ihren Beruf nach allen Regeln der Kunst ausüben sollten – wobei je nach Medium diese Kunstregeln durchaus mit den allgemeinen Moralvorstellungen kollidieren können.[21]

Im Prinzip unterstellt Ethik – wie auch formalisiertes Recht – in jedem Fall die Verantwortlichkeit einer einzelnen Person. Davon geht jedenfalls eine ‚Haftbarkeitsverantwortung' aus, die sich an Max Webers Ethik professionellen Handelns orientiert. Weber beschrieb dieses professionelle Handeln als zweckrational und verantwortungsethisch. ‚Zweckrational' bedeutet die Bereitschaft, Handlungen an den möglichen Folgen auszurichten – ‚verantwortungsethisch', für diese Folgen geradestehen zu wollen. Die Gegenbegriffe sind wertrational und gesinnungsethisch: Das Handeln ist ausschließlich an Werten und ethischen Zielen orientiert; Verantwortung für die Folgen des Handelns wird hier grundsätzlich abgelehnt.[22] Journalisten müssten im Sinne dieser professionellen Ethik bei der Produktion von Medienaussagen die möglichen Folgen für Berichterstattungsobjekte wie für

Unbeteiligte bedenken und bereit sein, dafür gegebenenfalls die Verantwortung zu übernehmen. Eine Reihe von Wissenschaftlern fordert eine solche journalistische Verantwortung für Konsequenzen aus den von den Medien initiierten Kommunikationsprozessen.[23]

Das Sozialverantwortungs-Konzept begreift nun das Verhältnis von Medien und Gesellschaft als Pakt auf Gegenseitigkeit, der nicht zulässt, dass sich die Institutionen und ihre Journalisten aus ihrer Verantwortung für das Funktionieren der ‚Mediengesellschaft' zurückziehen.[24] Eine Renaissance erlebt ein solcher Appell an die Sozialverantwortung der Medien immer dann, wenn aktuelle Begründungen vorliegen. Diese liefern zum einen Medienaffären, die öffentliches Aufsehen erregen und Gegenstand einer ethischen Kasuistik werden. Zum anderen gibt es allgemeinere kritische Auseinandersetzungen mit den Medien, die ethische Probleme im Zusammenhang mit der Kommerzialisierung der Mediensysteme, mit der Struktur von Medien-Großbetrieben und mit Überforderungen journalistischer Kompetenz thematisieren und dabei auf Daten zur Mediennutzung und Medienbewertung zurückgreifen können.

In den USA ist die öffentliche Debatte über die Ethik der Medien und des Journalismus nie völlig von der Tagesordnung verschwunden; in der Journalistenausbildung, der Literatur zum Journalismus und bei Medienkongressen spielt das Thema traditionell eine wichtige Rolle. Im Zentrum stand dabei stets die ‚soziale Verantwortung' der Medien. „Press Responsibility: What Does Society Need From Us?" fragte z. B. die Organisation der Journalistik-Dozenten AEJMC bei einer ihrer Konferenzen.[25] Die Referenten vertraten dort die These, dass die Journalisten angesichts ihrer sozialen und rechtlichen Privilegien und der Macht, die sie besäßen, auch Verantwortung für die Nachrichten, welche die Bevölkerung braucht, übernehmen müssten, und zwar in einer wohlüberlegten und klugen Weise. Bei derselben Veranstaltung gab Louis D. Boccardi, damals Präsident der Nachrichtenagentur *Associated Press*, zu bedenken, dass Journalisten ihre Verantwortung nach wie vor in erster Linie an recht allgemeinen berufspraktischen Maßstäben ausrichteten; Verantwortung sei aber eine Frage des Lernens und Könnens: „We have a responsibility to learn to do our jobs better, to field informed and more astute reporters, guided by better trained editors, who will fashion publications that enlighten rather than confuse."[26] Praktiker reduzieren Fragen journalistischer Ethik gern auf professionell-technische Bereiche wie etwa bestimmte Recherchemethoden oder auf Rechts- und Marktprobleme, denn ethische Probleme stellen sich ihnen im Alltag sehr konkret. Über ihre allgemeine soziale Verantwortung machen sie sich deshalb weniger Gedanken – oder sie betrachten dies gar nicht als spezifisches Berufsproblem, weil sie grundsätzlich bestreiten, dass es für die Medien eigene moralische Regeln geben könne.

Moralisches Handeln ist stets auch abhängig von der Situation des Handelnden. Politiker, die später als Journalisten arbeiteten, und Journalisten, die Politiker wurden, können Erfahrungen zu den daraus resultierenden Problemen beisteuern (s. dazu Kapitel III/3). Der ehemalige polnische Ministerpräsident Tadeusz Mazowiecki, von Haus aus Journalist, beschrieb in einem Rückblick auf sein politisches Amt den Rollentausch als Wechsel zwischen praktischer Verantwortungsethik und reiner Gesinnungsethik: „Ich habe diesen Wechsel am eigenen Leib erfahren und ihn mitgemacht. Das Gefühl der Verantwortung für den Staat, also für das gesamte Gemeinwesen, schafft sofort eine ganz andere Perspektive."[27] Auch wer heute in einem Medienunternehmen Verantwortung trägt, denkt nicht in erster Linie an die allgemeine Moral, sondern ans Budget und ans Image der Firma. Und er spricht von Verantwortung für das Unternehmen und seine Beschäftigten, wohl wissend, „dass die Organisationsrationalität keine Organisationsethik aufkommen lässt."[28] Die ökonomische Perspektive steuert sein Verantwortungsgefühl; in dieser Logik haben *Gruner & Jahr* und *Bertelsmann* die Affäre um die ‚Hitler-Tagebücher' abgehandelt.[29]

Diese ‚Hitler-Tagebücher' gehören zu den spektakulärsten Fälschungs-Fällen in der Geschichte der Medien. Davor und danach gab es viele weitere Beispiele für eine stattliche Märchen-Tradition im Journalismus. An ihrem (vorläufigen) Ende stehen Protagonisten wie die schon erwähnten Janet Cooke, Stephen Glass, Jayson Blair, Jack Kelley und Thomas Kummer, der Interviews mit Courtney Love, Pamela Anderson, Johnny Depp, Christina Ricci, Kim Basinger, Brad Pitt und anderen Stars erfand, sowie Michael Born, der u. a. *Stern TV* diverse gefälschte Filme andrehte, dafür uns Gefängnis musste und später seine Memoiren schrieb.[30] „Die Kummer-Fälschungen: Einzelfall oder Symptom?" überschrieb *Die Zeit* später ein Streitgespräch mit Ex-Tempo-Chefredakteur Markus Peichl, einem der ‚Erfinder' des ‚Zeitgeist-Journalismus'.[31]

Die Märchen-Tradition des Journalismus

Am Anfang dieser Märchen-Tradition stehen solch illustre Namen wie Edgar Allan Poe, Mark Twain und Egon Erwin Kisch. Kisch, der berühmteste aller Reporter, lernte den Unterschied zwischen Journalismus und Fiktion schon bei seinem missglückten ‚Debüt beim Mühlenfeuer' kennen, als er wegen mangelhafter Recherche statt einer Reportage ein fiktionales Stück absonderte. Immerhin wusste er aber schon, wie schwer dem Publikum hinterher die Unterscheidung fällt, so dass der Journalist die Verantwortung für seine Produkte redlicherweise auf niemanden abwälzen kann. Kisch schrieb: „Der Stein der Wahrheit, der nur um hohen Preis zu erwerben ist, ist von seiner billigen Imitation nicht zu unterscheiden."[32] Als er dies publizierte, hatte der gelernte Journalist Erich Kästner in seinem Roman ‚Fabian' mit einem Redakteur namens Münzer schon den Prototyp des professionellen Fälschers präsentiert, der keine Skrupel kennt. „Merken Sie sich folgendes", rät er dem Redaktions-Eleven Fabian: „Meldungen, deren Unwahrheit nicht oder erst nach zwei Wochen festgestellt werden kann, sind wahr."[33]

Zur Märchen-Tradition im Journalismus gehören auch manch lustige Einsprengsel (worauf schon der Begriff ‚Zeitungsente' hindeutet). Da gab es den berühmten ‚Grubenhund', den ein Ingenieur namens Arthur Schütz 1911 der *Wiener Neuen Freien Presse* in einem pseudowissenschaftlichen Text unterjubelte; dieser Schnüffler hatte angeblich ein Erdbeben frühzeitig wahrgenommen. Dass Grubenhunde flache Rollwagen sind, die im Bergbau den Abraum auf Schienen abtransportieren, wusste der zuständige Redakteur nicht.[34] Schabernack mit einem Erdbeben trieb auch Ben Hecht, nach dem Ersten Weltkrieg Reporter in Deutschland und später Mitschöpfer der witzigsten Journalisten-Komödie ‚The Front Page' sowie Drehbuchautor in Hollywood. Ihm gelang mit einem Fotographen eine so perfekte Inszenierung, dass das *Chicago Daily Journal* die erfundene Bilderstory vom Beben am Lincoln Palm Beach druckte.[35]

Was aber machte dann Jahrzehnte später den Kummer-Skandal in Deutschland zum ‚Symptom' für *aktuelle* Fehlentwicklungen im Journalismus – wo doch Lug und Trug offenbar schon immer zum Geschäft gehörten? Warum sollte der Spaß plötzlich aufhören? Nach Ansicht von Peichl wurde hier das Versagen eines Einzelnen zum Vorwand genommen, um mit dem ganzen ‚Autoren-Journalismus' in der Tradition von Kisch, Kurt Tucholsky und Karl Kraus abzurechnen, der mit Subjektivierung und Ästhetisierung die blutleere ‚objektive Berichterstattung' herausgefordert habe. Das sei ein „Kulturkampf". Auf derselben Seite der Barrikade kämpften dann einige Medienwissenschaftler und Gender-Forscherinnen, welche die Mauer zwischen Journalismus und Unterhaltung, Fakten und Fiktionen, Information und Unterhaltung ein für alle Mal schleifen wollten – strikt nach dem Motto: Erlaubt ist, was gefällt (s. dazu Kapitel I/3). Aus so legitimierbaren Unschärfen haben jene Geschichten-Erfinder mit „Borderline-Personality" (Peichl) ein journalistisches Programm gemacht.

Wer später Interviews mit den Märchenonkels Blair, Born oder Kummer las, konnte bei den Protagonisten der spektakulären Fälschungs-Fälle auch deshalb kaum Schuldbewusstsein erkennen. Sie fühlten sich ungerecht behandelt, weil sie glaubten, als Sündenböcke herhalten zu müssen für ein System, in dem systematisch belogen und betrogen werde. In all diesen Fällen trifft zwar wohl zu, was Peichl, gemünzt auf Tom Kummer, der sich später als ‚Konstruktivist' gerierte, gesagt hat: „großes Talent mit großen persönlichen Problemen und großen charakterlichen Defiziten". Zum großen Desaster aber kommt es, wenn man solche Leute gewähren lässt – oder ihr Handeln sogar billigend in Kauf nimmt.

Auf den ersten Blick sprach einiges dafür, dass aus dem Journalismus um die Jahrtausendwende ein globales Fälschungssystem geworden war: USA, England, Frankreich, Deutschland – überall die gleichen Probleme. Selbst die Schweiz, noch eine Insel der Glückseligen im globalen Diamantenfieber der Medien, durfte sich in jenen Jahren gleich zweimal aufregen: Erst gab es den peinlichen Vorgang um den Botschafter in Berlin, Thomas Borer, der angeblich seine Frau betrogen hatte, dann ein erfundenes ‚Exklusiv-Interview' mit dem Rolling Stone Mick Jagger – zwei Volltreffer der Boulevardzeitung *Blick*. Doch es ging hier nicht nur um den prinzipiell für Fakes anfälligen Boulevard, sondern auch um solch seriöse Unternehmen wie eben die *New York Times* und die *Süddeutsche Zeitung*, *BBC* und *Le Monde*. Sie alle haben oder hatten in Einzelfällen Probleme mit der Wahrheit. Die Zahl der Fakes hat immer mehr zugenommen, auf jeden Fall aber die Zahl der spektakulären Enttarnungen. Kein Wunder, dass die Leute den Medien und ihren Journalisten seither noch weniger vertrauen als früher.

Die großen Fälschungs-Affären irritierten das Medienpublikum natürlich am meisten. Daneben ließen sich aber auch die weniger spektakulären Verstöße gegen die Sorgfaltspflicht nachweisen, deren Ursachen sozusagen in der Natur der Sache liegen: Zeitdruck, mangelhafte Recherche, auch Faulheit der Akteure. Hier lässt man es meist (wenn überhaupt) mit der späteren Korrektur bewenden – wofür ja die *New York Times* traditionell eigens eine Spalte auf S. 2 bereithält. Oft ist es schwierig, bei falschen Nachrichten professionelles Versagen, moralische Verfehlungen und – wie im Falle eines von *Bild* manipulierten Fotos des Grünen-Politikers Jürgen Trittin – politisch-ideologische Eintrübungen auseinander zu halten. Völlig im Dunkeln bleiben meist die kleinen Schummeleien im journalistischen Alltag. Da sitzt der politische Korrrespondent vor dem Fernsehapparat und schaut *Phoenix*, statt ‚vor Ort' zu sein. Da wird breit aus Radio-Interviews zitiert und großmäulig die Aussage seziert, obwohl man nur eine karge Agenturfassung kennt. Da werden Zitate aus anderen Medien übernommen – ungeprüft und ohne die Quelle zu nennen. Da werden Erträge aus Pressekonferenzen und journalistischen Massenabfertigungen als ‚Exklusiv-Interviews' präsentiert, und da sind ‚Reportagen' das Ergebnis von ‚Google-Recherchen'.

Fehler passieren im Nachrichten-Journalismus ansonsten vor allem durch Zeitdruck. Deshalb sind die Agenturen traditionell besonders anfällig für Falschmeldungen. Zu den bekanntesten gehört die Nachricht über den angeblichen Tod des damaligen sowjetischen Staats- und Parteichefs Chruschtschow, die Ravensburger Depesche (eine in Teilen falsche Wiedergabe einer Rede des damaligen Außenministers Willy Brandt) und bei der CDU-Parteispendenaffäre die Verbreitung eines gefälschten Fax, das angeblich vom früheren Bundeskanzler Helmut Kohl stammte.

An dieser Stelle müssen wir nun den Scheinwerfer noch auf eine weitere Person richten, die für den Journalismus im digitalen Zeitalter zentraler war als jene ertappten Sünder. Sie heißt Matt Drudge und ist bestens bekannt seit der Clinton/Lewinsky-Affäre. Damals publizierte Drudge in seinem Blog, was die etablierten Medien zunächst zurückhielten: die Enthüllungen über einen Präsidenten, der es im Büro mit einer Praktikantin getrieben hatte. Seither wissen wir, dass Fakes nur eine Facette eines umfassenderen Entgrenzungsproblems sind, das den Journalismus im Kern betrifft. Es geht dabei um die Frage, wer dazugehört und wer nicht, welche Regeln gelten und an welchen Maßstäben man sich orientiert. Hier bewegt man sich mehr denn je in einer Grauzone. Matt Drudge wurde zur personifizierten Grauzone. Mit seinem *Drudge Report* radikalisierte er die angebliche Orientierung von Medien an den Publikumsinteressen und ordnete ihnen alles andere unter. Erlaubt schien nun alles zu sein, was irgendwie der Information und auch der Unterhaltung dient. Journalismus ließe sich demnach nicht mehr abgrenzen oder auf ‚journalistische Medien' reduzieren; prinzipiell ist eben jeder ein Journalist. Richtigkeit und Genauigkeit werden zur statistischen Größe – wie bei der Zeitschrift *Gala*, wo Gerüchte nach Wahrscheinlichkeitsgrad mit Prozentangaben versehen wurden. 80 Prozent müssten bei seinem Internet-Report stimmen, hat Drudge angeblich gesagt, aber das sei bei den Mainstream-Medien nicht anders. Der anfangs prominenteste ‚Internet-Journalist', der seit den Netz-Gründerjahren den etablierten Nachrichten-Journalismus zu irritieren versuchte, teilte mit einem Teil der großen Fälscher, dass er nie eine journalistische Ausbildung erhalten hatte. Für die Karriere als Kommunikator bereitete er sich im Souvenirladen des Fernsehsenders *CBS* in Hollywood vor...

Als der Blogger einige Zeit nach seiner Enthüllung ins Heiligtum der US-Presse, den Washingtoner National Press Club, geladen war, um sein Credo als Außenseiter und Konterpart der Medienindustrie zu verkünden, erhielt er von den anwesenden Journalisten eine Menge Applaus und zustimmende Lacher. Etwa, als er darauf verwies, dass die Watergate-Enthüller auch nur mit einer – noch dazu anonymen – Quelle gearbeitet hätten. Und dass er auf ‚Washington Whispers' völlig verzichte und alles mit seinem Autorennamen unterschreibe. Matt Drudge und die vielen Weblogger in aller Welt sind von Beginn an davon überzeugt gewesen, dass die Leute nach Informationen und Meinungen gieren, die nicht durch die redaktionellen Schleusen gelaufen sind. Wie im 18. Jahrhundert müsse sich das Nachrichtenwesen wieder auf die Partizipation von nicht-professionellen Reportern stützen; die Pressefreiheit gehöre allen Bürgern. So was kommt gut an. Leuten, die so denken und handeln (es werden immer mehr), kann der Journalismus nur dann etwas entgegensetzen, wenn er die besondere Qualität seiner professionellen Informationsleistungen immer wieder unter Beweis stellt. Bei diesem ‚Kulturkampf' ist es wie beim Doping im Profisport: Jede Aufdeckung eines Betrugs schadet der Glaubwürdigkeit der ganzen Veranstaltung.

Die Fiktionalisierung von Nachrichten als ethisches Problem

Wenn wir moralisches Handeln als verantwortlichen Umgang mit der Wirklichkeit begreifen, müssen wir im Fall des Journalismus ganz besonders vorsichtig sein. Für die Wirklichkeit gibt es keine Referenzinstanz – solche Bezüge, auf denen Pressekodizes aufbauen, sind Ideologie. Es gibt freilich einen Konsens über Wirklichkeits*bezüge* des Journalismus, denn diesem Konsens verdankt er seine Existenz. Durch diese Wirklichkeitsbezüge und ihre Referenzmechanismen wird Journalismus von anderen Kommunikationssystemen der Gesellschaft unterschieden; wir nennen diese zum Beispiel ‚Literatur'. Die Referenz wird dabei selbst wieder konstruiert, etwa mit Hilfe der Glaubwürdigkeit von Medien und Journalisten, auf Grund bestimmter Darstellungsformen wie Bericht und Kommentar oder in Hinblick auf die Nützlichkeit von Medienangeboten etwa als Orientierungshilfen für den Alltag. Ein solcher Konsens über die Wirklichkeitsbezüge wird durch die Fiktionalisierung von Nachrichten in Frage gestellt; wer vorsätzlich Fake News in die Welt setzt, handelt verantwortungslos. Darauf wird man sich wohl immer noch einigen können.

Doch in der Praxis sind die Verhältnisse oft kompliziert, und es ist deshalb auch nicht so leicht zu entscheiden, wie die moralischen Maßstäbe, welche für die Medien gelten (sollen), anzuwenden sind. Über diese Maßstäbe wurde in den letzten Jahrzehnten immer wieder diskutiert, und zwar insbesondere in den angelsächsischen Ländern, aus denen die offenen Mediensysteme westlichen Typs stammen. Dies geschah vor allem dann, wenn der Journalismus ‚unter Feuer' geriet. „Journalism under Fire. A growing perception of arrogance threatens the American press" lautete vor mehr als drei Jahrzehnten die Überschrift einer Titelgeschichte des Nachrichtenmagazins *Time*. Sie handelten völlig verantwortungslos, hieß es in den darin zusammengetragenen Statements über die Journalisten in den USA; sie seien unverschämt und aggressiv, mischten sich in die Politik ein, schikanierten die Geschäftswelt und verletzten ohne Rücksicht auf Verluste die Privatsphäre vor allem bekannter Persönlichkeiten. Ein zentraler Vorwurf lautete – schon damals: Die amerikanischen Medien verdrehen Fakten! Zusätzlich ließ das Magazin unter der Überschrift „Your Story, but My Life" acht prominente Mediengeschädigte zu Wort kommen, darunter die wegen Alkoholproblemen in die Schlagzeilen geratene ehemalige Frau des Senators Edward Kennedy.[36]

Dieser Umgang mit Prominenten ist bis heute ein zentrales Thema, wenn es um Medienethik und insbesondere die Missachtung moralischer Regeln durch den Boulevardjournalismus geht. Auch hier sind jedoch im Laufe der Jahre die Verhältnisse unübersichtlicher geworden. Das unter dem Titel ‚Was wir Journalisten anrichten' erschienene Schwerpunkt-Heft des *Zeit Magazins* enthielt dazu einen instruktiven Beitrag, der um die Frage kreiste: „Sind Prominente dem Boulevard noch auf Gedeih und Verderb ausgeliefert – oder ist es heute eher umgekehrt?" Wie seinerzeit in *Time* wurden auch hier zunächst Beispiele für die ‚Schlachtung' von Prominenten präsentiert, die den (Boulevard-) Journalismus von seiner schlechtesten Seite zeigten. Doch angesichts der Verträge, die den Medien heute oft oktroyiert werden, um Stars zu ‚schminken' und Hofberichterstattung zu garantieren, wurden dann auch folgende Fragen gestellt: „Ist aus dem Schlachthof ein Marktplatz geworden, eine Art Börse, in der mit Aufmerksamkeit, Berichterstattung und Zuneigung gehandelt wird? Oder gibt es etwa beides nebeneinander, Schlachthof und Marktplatz?"[37]

Merkmal dieser Börse ist, dass um die Berichterstattung gedealt wird; dabei geht es am wenigsten um den zentralen journalistischen Maßstab der Relevanz von Nachrichten. Hier werden Interviews zu neuen Filmen und neuen Musikproduktionen ausgekungelt. Insgesamt wird ein Einfluss auf die Inhalte ausgeübt, der im Ergebnis zu einer Fiktionalisierung führt – zu Inszenierungen, die wenig mit Journalismus zu tun haben. Das Publikum merkt davon so gut wie nichts. Journalisten, die seriös arbeiten wollen, beschweren sich darüber, dass sie immer öfter vertraglich gezwungen werden, ihre Unabhängigkeit aufzugeben, wenn sie nahe an die Stars herankommen wollen. Auf diesem Marktplatz sind heutzutage spezialisierte Juristen unterwegs, die es sogar schaffen, *Bild* in die Schranken zu verweisen, wenn es um ihre prominenten Mandanten geht. Dass dazu inzwischen auch bekannte Journalisten gehören, die auf diese Weise ihr Privatleben schützen wollen, erwähnte der *Zeit*-Beitrag nicht.

Die Fiktionalisierung von Nachrichten wird insbesondere dem Fernsehen seit dem Zweiten Golfkrieg im Januar 1991 vorgeworfen (s. dazu Kapitel V/1). Dieser Krieg demonstrierte zusammen mit der Berichterstattung über die Umwälzungen in Osteuropa und in der DDR die Ambivalenz der Eigenschaften einer globalen ‚Mediengesellschaft' und die Doppelbödigkeit von ‚Medienwirklichkeit'.[38] Hatte dort die TV-Präsenz zum Erfolg der friedlichen Revolutionen wesentlich beigetragen, so wurde im Falle des Golfkrieges die Instrumentalisierung des Mediums Quelle einer Orientierungslosigkeit der Bevölkerung, die als zentrales Problem einer ‚Fernsehgesellschaft' beschrieben wurde, in der es „No Sense of Place" gibt.[39] Diese Orientierungslosigkeit würde sich verstärken, wenn immer mehr Menschen bei ihrem Medienkonsum nur noch in der eigenen ‚Filterblase' leben und ignorieren, was außerhalb in der Welt passiert und wie unterschiedlich die Beschreibungen der dort beobachteten Wirklichkeiten ausfallen.

Die Sozialen Medien werden heute längst nicht mehr nur von ‚normalen' Bürgerinnen und Bürgern bedient, die sich mit mehr oder weniger Privatem an der globalen Kommunikation beteiligen, sondern auch von allen möglichen Institutionen und

Akteuren mit strikt Interessen geleiteten Konstruktionen von Wirklichkeit. Deren Propaganda – und dies gilt insbesondere für die Regierungen bestimmter Staaten – hat inzwischen nicht mehr wie früher primär das Ziel, den eigenen Standpunkt durchzusetzen. Vielmehr geht es darum, mit Hilfe von sozialen Netzwerken und ihren Emotions-Mechanismen die Informationslage völlig zu verwirren und die Menschen so zu irritieren, dass sie gar nichts mehr glauben. Dies bezeichnet man als ‚Social Propaganda', die z. B. im Syrienkrieg von den Kriegsparteien ganz gezielt eingesetzt wird. Ihr Ziel ist es auch, dass niemand mehr durchschauen kann, wer für irgendetwas verantwortlich ist. Wenn Journalisten und ihre Redaktionen fehlen, wie es im Fall von *Twitter*, *Facebook* et al. der Fall ist, geht paradoxerweise gerade das verloren, was im Zentrum der Kritik an den Massenmedien steht: Glaubwürdigkeit. Stattdessen dominiert der Zweifel – an allem und an jedem.[40]

2 Wie es ist, wenn Journalisten ‚mittendrin statt nur dabei' sind

Im Journalismus haben alle Akteure, wo auch immer sie arbeiten, ein Problem gemeinsam: das angemessene Verhältnis zwischen Nähe und Distanz zu den Berichterstattungsobjekten herzustellen und aufrecht zu erhalten. Dies bedeutet, Haltung zu beweisen – gerade auch gegenüber Personen, mit denen man in permanentem Kontakt steht, um von ihnen Informationen zu erhalten. So manchem politischen Journalisten gelingt dies nicht, zumal in der ‚Berliner Republik' mit ihren bisweilen obskuren ‚Hintergrundkreisen' und den Cafés und Restaurants, wo ‚man' sich trifft. „Man sieht sich immer zweimal im Leben, heißt es, aber in Berlin sehen sich Journalisten und Politiker oft zweimal am Tag", bekennt ein Hauptstadt-Berichterstatter.[41] Viele Wirtschafts- und Finanzjournalisten sind Firmen-nah und Börsen-hörig. Da sie sich zu den dort anzutreffenden Führungskräften hingezogen fühlen, haben sie oft keine Antennen für aufkommende Verwerfungen, die das ganze System erschüttern. Die Finanzkrise 2008 zeigte, wohin das führen kann. Feuilletonjournalisten pflegen engen Umgang mit Künstlern, die sie meist aus guten Gründen bewundern, und tun sich deshalb oft schwer mit kritischer Berichterstattung.

Sie alle missachten häufig eine Maxime, die immer auf den als *Tagesthemen*-Moderator bekannt gewordenen Hanns Joachim Friedrichs zurückgeführt und geradezu gebetsmühlenartig zitiert wird, wenn es um die richtige Einstellung zum Beruf geht: „Einen guten Journalisten erkennt man daran, daß er sich nicht gemein macht mit einer Sache, auch nicht mit einer guten Sache; daß er immer dabei ist, aber nie dazugehört." Der Satz steht so hinten auf dem Schutzumschlag von Friedrichs' Erinnerungen ‚Journalistenleben'. Wer das Buch tatsächlich liest, lernt, dass es sich dabei um komprimiert wiedergegebene Ratschläge seines journalistischen Lehrmeisters Charles Wheeler, damals Nachrichten-Chef bei der *BBC*, handelt, die von ihm vorne im Text detailliert zitiert werden; darin lautet die zentrale Aussage, dass „ein seriöser Journalist ‚Distanz zum Gegenstand seiner Betrachtung'" halte.[42]

Damit tun sich vor allem Sportjournalisten schwer. Unter ihnen gibt es zu viele, die gar nicht zu wissen scheinen, dass es im Journalismus prinzipiell um Information, Kritik und Kontrolle geht – und nicht um Gefühlsduselei, weil man mit den Sportlern angeblich in einem Boot sitzt. Wo gibt es das sonst, dass Journalisten mit denen, über die sie berichten, grundsätzlich ‚per Du' sind? „Insbesondere auf den Pressetribünen in den Fußball-Stadien sitzen eine Menge Jubler, die es, anders als die anderen Fans, über die Absperrung geschafft haben – so berichten sie denn auch."[43] Friedrichs, der auch von 1973 bis 1981 Sportchef des *ZDF* war, schuf Distanz durch Sachkenntnis, natürliche Autorität und langjährige Berufserfahrung. Seit seinem Tod 1995 wird jährlich der nach ihm benannte Preis für Fernsehjournalismus verliehen. Meist trifft es dabei die Richtigen – wie den Sportjournalisten Hajo Seppelt, der 2016 für seine hartnäckige Doping-Berichterstattung ausgezeichnet wurde.

Paradoxien des Sportjournalismus

Im Fall des Sportjournalismus führt das Internet die Extreme besonders deutlich vor. Da gibt es die Fußball-Blogs, in denen ‚gelernte' Sportjournalisten zeigen, dass sie die Funktion des Journalismus nicht begriffen haben. Sie wollen hier stets und ständig mittendrin sein und merken nicht, dass sie damit ihrer Sache und ihrem Ruf schaden. In ihrer Vereinsmeierei sind sie kaum von den ‚Hüpfern' zu unterscheiden, die sich in den Nord- und Südkurven der Bundesliga-Arenen tummeln. Dafür gibt es nicht einmal den Dank der Fans. So sah sich der Gründer des seit 2009 vom *Hamburger Abendblatt* betriebenen HSV-Blogs ‚Matz ab' nach eigenen Angaben einem massiven ‚Cyber-Mobbing' ausgesetzt. Man könne sich nicht vorstellen, was er alles an Beleidigungen und Drohungen habe aushalten müssen, berichtete er in einer Fernsehsendung. In einer gestellten Schluss-Szene wurde suggeriert, er sei kurz davor gewesen, aus einem Fenster der Redaktionsräume in den Abgrund zu springen.[44] Am 8. August 2015 rief der Blogvater ‚in eigener Sache' seine ‚Matzabber' dazu auf, durch ‚Crowdfunding' den Fortbestand des Blogs zu sichern; bis zum Jahresende müssten 99.999 Euro zusammenkommen. Gespendet wurde dann nur rund ein Drittel der Summe; was mit dem Geld passiert ist, blieb trotz hartnäckiger Rückfragen der ‚User' ungeklärt.

Es gibt andere Weblogs, in denen Leute, die beruflich gar nicht im Sportjournalismus unterwegs sind, nicht nur unter Beweis stellen, dass sie besser schreiben können als so mancher ‚Profi', sondern auch den Auftrag ernst nehmen, mit der nötigen Distanz zu informieren und zu kommentieren. Die auch imstande sind, über das, was sie tun, zu reflektieren. Da kann man dann z. B. unter der Überschrift „Die Roboter-Reporter" Folgendes über die Branche lesen: „In Zeiten der Selbstvermarktung der Vereins-Informationen via eigene Web-Site, Facebook-Kanal, Twitter oder Instagram versucht der engagierte Schreiber, noch dichter an den Sportler oder den Funktionär heran zu rücken als zuvor und bemerkt dabei nicht, dass ihm genau damit die notwendige Distanz abhandenkommt. Wer schreibt schon gern über jemanden, der einen gestern zum Essen eingeladen hat?"[45] Der TV-Sender *Sport1* drehte – als er sich noch *DSF* nannte – das Problem zu großer Nähe indessen ins Positive; sein Werbeslogan lautete: „Mittendrin statt nur dabei".[46]

Diese Nähe verlangen die Sportjournalisten – zumal beim Fernsehen, das viel Geld für Übertragungsrechte bezahlt – auch den Sportlern ab. Selbstverständlich sollen die für Auskünfte zur Verfügung stehen, denn das Publikum will ja erfahren, warum sie gewonnen oder verloren haben. Bei den Olympischen Spielen 2016 kam es deshalb zu aufgeregten Reaktionen, als der Diskuswerfer Christoph Harting nach seinem überraschenden Sieg dieser Erwartungshaltung nicht entsprechen wollte. Er sei Sportler und kein PR-Mensch und habe sich deshalb Fragen der bereitstehenden Interviewer entzogen, erklärte er später. Da hatten die ZDF-Reporter, die ihn vernehmen wollten, schon ihr Unverständnis über den Sender geschickt. Vielleicht hatte Harting aber auch Angst vor der Frage gehabt, die in solchen Situationen immer noch gerne gestellt wird: „Was war das für ein Gefühl...?"[47]

Die besondere Nähe, welche die sportbegeisterten Sportjournalisten zu den Sportakteuren pflegen und auch umgekehrt erwarten, ist gewiss kein exklusives Problem dieser Berufsgruppe; es wird im Sportjournalismus aber immer wieder besonders deutlich. Hier gibt es „ambivalente und mitunter unvereinbare Rollenerwartungen: Sportjournalisten sollen Informationen über die Bewegungs- und Sportkultur in ihrer ganzen Breite vermitteln, dabei aus der Datenflut eine begründete Auswahl treffen, Skandale aufdecken, ihrem Publikum die Schönheit des Sports nahebringen, unparteiisch über die Wettkämpfe berichten, die Geschichte hinter der Geschichte recherchieren, sich für die Leistungen der Athleten oder Mannschaft begeistern, das Sportgeschäft kritisch begleiten, ein Sprachrohr der Fans sein, den Wert der ‚Ware' Spitzensport steigern, den Athleten ganz nah sein, charmant unterhalten und vieles andere mehr."[48]

Keiner anderen Journalistengruppe würde man so viel auf einmal aufbürden. Und wohl keine andere Gruppe ist so verstrickt in Abhängigkeiten von Institutionen und Personen, die beinhart eigene Interessen verfolgen, und muss gleichzeitig so viele Kämpfe austragen: „Mit Sponsoren, Geschäfts-Machern, die Lizenzen verkaufen, mit Funktionären, die sich die Macht über die Bilder und die Gewalt über die Sportler gesichert haben. Nicht nur Bayern München hat einen eigenen TV-Kanal und filmt nur, was genehm ist – und verkauft die Bilder. Die Fußball-Profis unterschreiben Verträge, dass ihre Meinung immer nur die Meinung der Vereinsführung ist; wem man so die Kandare anzieht, der darf nichts mehr sagen, was nicht die Pressestelle autorisiert hat."[49] Kann es unter diesen Bedingungen überhaupt noch kritische Berichterstattung geben? „Wer zu kritisch mit manchen Dingen umgeht, der bekommt keine Informationen mehr", räumt der Präsident des Verbandes Deutscher Sportjournalisten ein. Beim FC Schalke 04 z. B. pflege deren Aufsichtsratsvorsitzender Kollegen, die nicht im Sinne des Vereins spurten, schlicht zu fragen: „Sind Sie eigentlich Schalker?"[50]

Großbritannien liefert offenbar das Modell: Hier wird ein unliebsamer Journalist schon mal von den Proficlubs ausgesperrt, die Berichterstattung streng kontrolliert und am liebsten selbst produziert und für Interviews mit Spielern kassiert; die Club-PR dominiert gegenüber journalistischen Angeboten.[51] Fest im Griff hat der europäische Fußballverband UEFA die Bild-Berichterstattung über ‚seine' Spiele. Als es bei der Europameisterschaft 2016 in Frankreich auf den Tribünen zu Krawallen kam, war davon bei der TV-Übertragung nichts zu sehen; das teure Produkt sollte nicht in Misskredit gebracht werden. Auf dem Index standen auch Flitzer, Bengalos und politische Plakate.[52] Die Handball-WM im Januar 2017 wurde in Deutschland gar nicht mehr von einem Fernsehsender übertragen, sondern von der Deutschen Kreditbank im Internet ‚gestreamt' – eine Bank als (nicht lizensiertes) Medienunternehmen.[53] Das sind die Rahmenbedingungen, unter denen der Sportjournalismus heutzutage antritt.

Deshalb gibt es grundsätzlichen Klärungsbedarf: Handelt es sich hier überhaupt noch um eine von diversen journalistischen Sparten, die den gleichen Regeln folgen? Ist er ein besonderes Feld des Journalismus, eher dem Showbusiness zugeneigt, als der ‚öffentlichen Aufgabe' von Medien verpflichtet? Oder ist er vor allem ein zuverlässiger Auflagen- und Quotenbringer, der deshalb Narrenfreiheit genießt? Der Sportjournalismus ist all das – und noch ein bisschen mehr. Wie in einem Brennglas zeigen sich in dieser Sparte Probleme des ganzen Journalismus – insofern steckt er mittendrin im System: ökonomische Abhängigkeiten und (im weitesten Sinne) ethische Verwerfungen.[54] Der Sportjournalismus stellt dabei aber so etwas wie einen Seismographen dar: ein Frühwarnsystem für die Medien und die darin Tätigen. Das ist in Deutschland so, in ganz Europa (mit bestimmten nationalen Eigenheiten) und bis zu einem gewissen Grade auch in den USA.

Das, worum es hier geht, kann man vielleicht am besten mit dem Begriff ‚Paradoxien' beschreiben. Davon ist der gesamte Journalismus gekennzeichnet; sie sind auch eine Ursache für die heftige Dauer-Debatten über die ‚Media Performance'.[55] Solche Paradoxien, die in besonderem Maße auch den Sportjournalismus kennzeichnen, werden durch widersprüchliche Ziele und Anforderungen deutlich, die jeweils aktuell ausbalanciert werden müssen. Dabei geht es insbesondere um die folgenden Gegensatzpaare (die Liste ist gewiss nicht vollständig): (ökonomische, politische) Abhängigkeiten vs. Autonomie, umfassende Information vs. verkürzende Selektion, Informationsinteressen vs. Unterhaltungsbedürfnisse, Schnelligkeit vs. Sorgfalt, Öffentliche Aufgabe vs. Schutz der Privatsphäre und Verantwortung für die Inhalte vs. Folgen der Berichterstattung. Ein wichtiger Teil dieser Gegensatzpaare zielt also direkt auf ethische Herausforderungen.

Zu den Paradoxien gehört heutzutage auch, dass besonders bemerkenswerter und höchst professioneller Sportjournalismus zum Teil außerhalb journalistischer Medien stattfindet, also als das, was als ‚Public Relations' bezeichnet werden muss – oder sich auch gerne als ‚Unternehmensjournalismus' bezeichnet. Prägnantes Beispiel ist das aufwändig produzierte *Bundesliga-Magazin*, welches der Deutschen Fußball Liga zur Selbstdarstellung des deutschen Profifußballs dient, wobei journalistische Profis – natürlich aus einer prinzipiell positiven Perspektive – für ein optisch und textlich hohes Niveau sorgen. Mit ihrer Hilfe kann sich der hochkommerzielle Bundesliga-Fußball schminken, der in den Augen vieler längst zu einer Zirkusveranstaltung nach nordamerikanischem Vorbild geworden ist – mit einstudierten ‚Choreographien' der Fans und buchstäblich atemberaubenden ‚Bengalos' von Pyromanen, die es unter ihnen gibt, sowie Showeinlagen in der Halbzeit. Fast alle Bundesliga-Clubs pflegen inzwischen enge Geschäftsbeziehungen zu den örtlichen Medien. „Dass wir solch deprimierende Partnerschaften inzwischen für normal halten, obwohl sie eine unabhängige Berichterstattung nahezu unmöglich machen, zeigt, wie sehr Sportjournalismus hierzulande inzwischen darin besteht, die PR-Abteilungen der Klubs und Spieler tatkräftig zu unterstützen", urteilt der Chefredakteur von *11Freunde*.[56] Innerhalb des (deutschen) Sportjournalismus gibt es in letzter Zeit z. T. heftige Diskussionen über das eigene Verhalten, bei denen es im Kern um ethische Probleme geht. Diese Diskussionen kulminierten vor einigen Jahren im Austritt diverser bekannter Berufsvertreter aus dem Verband Deutscher Sportjournalisten und in der Gründung des ‚Sportnetzwerks' als ‚Qualitätsoffensive im Sportjournalismus'.

Die Ethik des Sportjournalismus

Hans Leyendecker – einer der bekanntesten deutschen Journalisten, der sich mit großen Enthüllungsgeschichten einen Namen gemacht hat und eine besondere Affinität zum Fußball besitzt – brachte die Situation vor einigen Jahren mit folgenden Worten auf den Punkt: „Einerseits: In keinem anderen Journalismusbereich sind die Unterschiede zwischen den Sparten – Fernsehen, Radio, Boulevard, lokale, regionale, überregionale Zeitungen, Fachzeitschriften – so groß wie im Sportjournalismus. Andererseits: In keinem anderen Journalismusbereich haben sich so symbiotische Verhältnisse zwischen Akteuren und Beobachtern entwickelt. Man kennt sich, man duzt sich, und in aller Regel schützt man sich auch." In dieser Journalistensparte gebe es sogar ‚Fairplay-Preise': „Wer wessen Parasit ist, bleibt oft unklar. Professionelle Beobachter der Szene machen eine Richtung aus, die ins Seichte, ins Flockige führt."[57] Den beiden öffentlich-rechtlichen Anstalten warf er später im Zusammenhang mit den Doping-Enthüllungen – pauschal und deshalb wohl etwas ungerecht – vor, ihnen fehle ein „sauberer Sportjournalismus".[58] ‚Sauberer Sportjournalismus' – dieses Postulat zielt auf ethische Herausforderungen, die sich im Sportjournalismus ebenfalls in einer besonderen Weise stellen.

Anlass medienethischer Diskussionen sind in der Regel Aufsehen erregende Verfehlungen, über die dann wiederum in den Medien kritisch berichtet wird; sie haben in den vergangenen Jahren insbesondere aufgrund ökonomischer Zwänge – in Deutschland und anderswo – zugenommen. Zu solchen Verfehlungen gehören neben den Fälschungen Verletzungen der Menschenwürde, sensationalistische Berichterstattung über Unglücks- und Todesfälle oder Formen direkter oder indirekter Korruption (Belohnung von gefälliger Berichterstattung durch lukrative Anzeigen etc.). In Deutschland haben Fälle von Bestechung, in die leitende Sportjournalisten des öffentlich-rechtlichen Rundfunks verwickelt waren, großes Aufsehen erregt. Die Verfehlungen waren so gravierend, dass sie dann zu Gerichtsprozessen und Verurteilungen führten.[59] Aber dies war womöglich nur die Spitze des Eisbergs: „Gar nicht so selten erliegen Sportjournalisten den Versuchungen des Gewerbes. Dabei geht es gar nicht um die kleinen Gefälligkeiten, die akkreditierte Berichterstatter bei Sportevents genießen, etwa das mehr oder weniger opulente Büffet bei Bundesligaspielen. Längst greifen in der Milliarden Euro umsetzenden Branche Methoden offener Korruption um sich, die man bisher eher vom Motor- oder Reisejournalismus kannte. Das hat auch mit dem Auftreten neuer Player im Sport zu tun, etwa autoritären Regimes, die sich mit der Ausrichtung großer Events profilieren wollen."[60]

In diesem Zusammenhang müssen nun zwei Fragen beantwortet werden: Welche (ethischen) Regeln gelten für die Berufsgruppe der Sportjournalisten? Und: Unterscheiden sich diese von den Regeln, die für alle Journalisten gelten? Solche Regeln, die in Kodizes für Journalisten zusammengefasst werden, sind international weit verbreitet. Dabei handelt es sich um Grundsatzpapiere mit professionellen Zielwerten, die als Instrumente der Selbst- und Qualitätskontrolle dienen sollen. Sie enthalten (in Demokratien westlichen Typs) i. W. folgende Normen: Achtung vor der Wahrheit, korrekte Beschaffung und Wiedergabe von Informationen, Richtigstellung von Falschmeldungen, Wahrung der Vertraulichkeit, des Berufsgeheimnisses und des Zeugnisverweigerungsrechts, Respekt vor der Privat- und Intimsphäre, Eintreten für Menschenrechte und Frieden, Ablehnung von Diskriminierung und Gewaltverherrlichung, die Aufforderung, bei laufenden Ermittlungen und schwebenden Gerichtsverfahren zurückhaltend zu berichten und die Verweigerung der Annahme von Geschenken und der Gewährung von Vorteilen.[61] All diese Normen gelten auch für Sportjournalisten, so dass fraglich scheint, ob es eine spezielle Ethik für den Sportjournalismus gibt bzw. geben kann. Der Verband Deutscher Sportjournalisten (VDS) ist aber offenbar dieser Auffassung; er hat vor einigen Jahren neue ,Leitlinien für Sportjournalisten' vorgelegt, die seinen alten ,Ehrenkodex' ablösten. Die zentralen Aussagen darin lauten, dass Sportjournalisten „sich jeder nationalen, chauvinistischen, rassistischen, religiösen Verleumdung und Ausgrenzung" widersetzen, und dass sie sich „für einen humanen, von Korruption und Doping freien Sport" einsetzen. Grundlagen der Arbeit seien „sorgfältige Recherche, korrekte Wiedergabe von Zitaten und eine unmissverständliche Sprache. Sportjournalisten/innen verpflichten sich zur wahrheitsgemäßen und sachlichen Berichterstattung."[62]

Das ist gut gemeint. Welch unterschiedliche Perspektive Sportjournalisten jedoch bei ihrer ,wahrheitsgemäßen und sachlichen Berichterstattung' anlegen (aber auch, wie schwer sie es heute haben, wenn es um Bewertungen geht), zeigte 2009 der internationales Aufsehen erregende Fall der 800m-Weltmeisterin Caster Semenya. Zahlreiche westliche Medien schlachteten die Diskussion über das Geschlecht der damals 18jährigen vor allem als Boulevardthema aus, oder präsentierten den Fall als Beispiel für unzulässige Hormongaben an Sportler und damit für Wettbewerbsverzerrung. In Semenyas Heimat Südafrika wurde das Thema hingegen als Politikum behandelt – als Beispiel für Rassismus und als Angriff auf ganz Afrika und seine Ehre. Jacob Zuma, Präsident des Landes, versicherte deshalb: „Wir stehen hinter Fräulein Semenya."[63]

Die Sonderstellung des TV-Sportjournalismus

Die Sportberichterstattung umfasst heute ein großes Spektrum unterschiedlichster Medien und Formate; es reicht von Zeitschriften wie *Sportbild* über den *Kicker* bis zu *11Freunde*, vom anspruchsvollen Sportteil der *Süddeutschen Zeitung* oder der *Frankfurter Allgemeinen Zeitung* über den (meist inzwischen abgespeckten) von Regionalzeitungen bis zu dem von *Bild*, von Radio-Reportagen und der Live-Kommentierung im Fernsehen über den *Doppelpass* (Sport1), in dem regelmäßig arbeitslose Bundesligatrainer ihre Visitenkarte abgeben, bis hin zu der fundierten, kritischen Sportberichterstattung im *Deutschlandfunk* und der vielgelobten investigativen TV-Sendung *Sport Inside* (WDR).[64] Etwas so Anspruchsvolles – und aus heutiger Sicht: Exotisches – wie das kritische TV-Magazin *Sportspiegel* (ZDF) wurde 1996 eingestellt. Der öffentliche Eindruck, den vor allem das Fernsehen vermittelt, verstellt dabei den Blick auf die ,Mehrheitsverhältnisse' von Tätigkeiten an einem normalen Arbeitstag in vielen Sportredaktionen, bei denen Routinehandlungen – wie überall im Journalismus – dominieren.

Der Sportjournalismus im Fernsehen nimmt seit Jahren eine Sonderstellung ein. Er begünstige „die schleichende Entwertung professioneller Standards auf eine Weise, die zur Frage provoziert, warum Leute mit einem korrekt ausgestellten Presseausweis nicht aufbegehren, wenn andere kraftvoll dabei sind, ihr Berufsbild zu schleifen", wunderte sich der frühere Chefredakteur der *Frankfurter Rundschau*, Roderich Reifenrath, und beklagte fehlende Professionalität in der Berichterstattung, weil immer mehr ehemalige Sportgrößen ins Programm drängten: „Deformationen eines Berufs, bei dem es offenkundig gar keine Rolle mehr spielt, was einer gelernt hat, bevor er sich ans Mikro wagt – und wie einer zu dem steht, was man etwas altmodisch mit Standesregeln umschreiben könnte." Reifenraths (offensichtlich erfolglose) Forderung: „Die Zeit ist gekommen, den ausufernden Begriff Journalismus neu zu definieren, klarer zu fassen, restriktiver, abzugrenzen von all den Zwitterformen, die neue Kommunikations-Technologien hervorbringen."[65] Inzwischen ist auf die Pioniere Beckenbauer Netzer und Co. längst ein ganzes Heer ehemaliger Profifußballer und anderer Spitzensportler gefolgt und insbesondere im Pay-TV als ‚Experten' ständig präsent.[66] Sie sind schon Stars – die TV-Sportjournalisten werden es durch ständige Bildschirm-Präsenz und somit auch selbst Objekt der Begierde für Interviews in den Medien. Darin gesteht dann eine Moderatorin z. B. ganz offenherzig, dass sie seit vielen Jahren Mitglied beim FC Bayern und „Fan von Uli Hoeneß" ist, den sie „total toll" findet; Franz Beckenbauer wiederum sei „ein Gottesgeschenk" – zum Niederknien. Der Fairness halber muss man allerdings hinzufügen, dass dieses Interview Ende 2009 stattfand..."[67]

Diese TV-Sportjournalisten, die auch mit ihrer plötzlichen Prominenz klarkommen müssen, haben offensichtlich auch ein Rollenselbstverständnis, das sie von ihren Kolleginnen und Kollegen in anderen Bereichen des Journalismus unterscheidet. Neben das Vermitteln von Informationen und das Verkaufen von Programminhalten, tritt, so zeigt eine einschlägige Studie, die Vermarktung der eigenen Person als Identifikationsmerkmal; eigennützige Motive spielen bei denen, die sich öffentlich ausstellen, offenbar eine große Rolle.[68] Die bekannten TV-Sportjournalisten des Fernsehens stehen unter ständiger Beobachtung ihrer schlechter bezahlten und weniger hofierten Kollegen der Printmedien. Wenn sie dann mit einer Sendung daneben greifen – so wie der vielseitige Reinhold Beckmann mit seiner bizarren Sendung ‚Beckmanns Sportschule' während der Fußball-Europameisterschaft 2016 – bricht (in diesem Fall aus guten Gründen) die Rezensions-Hölle los.[69]

Für den gesamten Sportjournalismus gilt, dass Rollenselbstbilder und berufliche Situation der Akteure mit dem erheblichen Stellenwert der Sportberichterstattung in allen Medien lange Zeit nicht übereinstimmten. Auch dies lässt sich bis zu einem gewissen Grade historisch erklären. Als sich der Sportteil in der Tageszeitung etablierte, waren kompetente Sportjournalisten rar. Man musste auf Leute zurückgreifen, die aus der Sportbewegung kamen. Sie sollten zumindest sportliches Sachwissen besitzen, um das bearbeiten zu können, was die anderen Redakteure mangels Kompetenz oder Interesse nicht übernehmen konnten oder wollten. So wurde dem Sportjournalismus der Widerspruch zwischen dem Selbstverständnis von Sportjournalisten, die Charakterbildungs- und Gesundheitswerte des Sports vermitteln wollten, und der Wirklichkeit der Sportkommunikation, die als Unterhaltungsware produziert und rezipiert wurde, in die Wiege gelegt. So entstand auch schon früh die Dominanz der sportlichen Sachkompetenz gegenüber der journalistischen Fach- und Vermittlungskompetenz. So lässt sich auch die ‚natürliche Nähe' zu den Objekten der Berichterstattung erklären, und hier liegen auch die Wurzeln für die Außenseiterstellung von Sportjournalisten innerhalb der Redaktion. Sie erfuhr durch die sprachlich häufig grenzwertige Präsentation sportlicher Inhalte sozusagen ihre tägliche Legitimation. Diese Außenseiterstellung konnte in den ersten empirischen Studien zum Sportjournalismus insbesondere durch folgende Befunde belegt werden: das vergleichsweise besonders niedrige Vor- und Ausbildungsniveau der Sportjournalisten, den niedrigen Rang der Sportredaktion in der Ressort-Hierarchie laut Selbsteinschätzung der Sportjournalisten, die fehlende öffentliche Identifikation mit der Arbeitsrolle ‚Sportjournalist' trotz großer Zufriedenheit mit dem Beruf, den geringen sozialen Status laut Selbsteinschätzung und vermuteter Einschätzung durch die Rezipienten und die negative Selbstdeutung der beruflichen Situation (Vorurteile der Kollegen).[70]

Auffallend war dabei, dass die befragten Sportjournalisten bei Hörfunk und Fernsehen (darunter einige sehr prominente Berufsvertreter) – trotz vergleichsweise höheren Bildungsniveaus, trotz des Prestiges ihres Mediums, trotz zum Teil erheblicher Popularität, trotz allgemein relativ hervorragender Arbeits- und Einkommensbedingungen – zu einer ähnlichen sozialen und beruflichen Selbsteinschätzung neigten wie ihre Kollegen bei den Printmedien. Dies deutete auf einen grundsätzlicheren Erklärungszusammenhang für die Außenseiterstellung dieser Berufsgruppe. Offensichtlich akzeptierten die befragten Sportjournalisten ihre Unterhaltungsfunktion nicht, sondern legten Wert darauf, dass ihre Tätigkeit als Information und Meinungsbildung verstanden wurde. Da sie offenbar nicht in der Lage waren, die Systemzusammenhänge zu reflektieren, die ihre Arbeit bestimmen, mussten sie kognitive Dissonanzen aushalten.

Die ‚Wirklichkeit des Sportjournalismus'

Seit massive Kommerzialisierungsprozesse gleichermaßen die Medien und den Sport und damit den Sportjournalismus verändert haben, interessiert sich auch die Wissenschaft wieder intensiv für das Thema.⁷¹ In den einschlägigen Publikationen fällt nun auf, dass durchweg ein „Wandel der Sportberichterstattung" und ein „Aufbruch der Außenseiter" postuliert wird;⁷² die Außenseiterrolle haben inzwischen offenbar die Journalisten im Feuilleton übernommen.⁷³ Der aufgrund der empirischen Befunde aufgestellten Behauptung, dass das Berufsprestige der Sportjournalisten deutlich gestiegen sei, liegt dabei aber wahrscheinlich eine Verwechslung zugrunde, denn die wachsende Relevanz des Mediensports ist nicht mit der Relevanz der Akteure gleichzusetzen, die in die Mechanismen der Kommerzialisierung eingebunden sind. In der Vergangenheit genossen die Sportjournalisten ja nicht deshalb nur geringes Ansehen, weil ihre Berichte und Programme nicht rezipiert und sie selbst – innerhalb und außerhalb der Medienbetriebe – nicht beachtet wurden, sondern, weil im Journalismus Unterhaltung grundsätzlich weniger zählte als Information. Dies mag sich im Zuge der Kommerzialisierung und Enterainisierung des gesamten Mediensystems nun in der Tat geändert haben. Doch gleichzeitig wurde der Sportjournalismus durch kommerzielle Veranstalter und ihr Personal, das häufig Sachverstand durch flotte Sprüche kompensiert, kräftig aufgemischt. Dies wirkt auf alle Sportjournalisten zurück, denn für die Zuordnung von Berufsprestige müssen gewöhnlich die ‚Ausreißer' einer Branche herhalten.⁷⁴

Der ökonomische Druck, welcher insbesondere auf dem Sportjournalismus der privat-kommerziellen Rundfunkveranstalter lastet, schafft heute für eine Verbesserung der Sportberichterstattung keine günstigeren Voraussetzungen – jedenfalls, wenn man traditionelle journalistische Maßstäbe anlegt. Auf jeden Fall zeigt die über Jahre in ihrer Substanz gleich gebliebene Kritik, dass es keinen Grund gibt, der heutigen Sportberichterstattung im Vergleich zu früher insgesamt eine bessere Qualität zu attestieren. Indizienbeweise lassen sich anhand einzelner Beispiele fast mühelos führen. Nach wie vor lässt ein Teil der Fernsehmoderatoren und -reporter bei der Befragung von Spitzensportlern nicht einmal Ansätze einer journalistischen Interviewtechnik und einer professionellen Vorbereitung erkennen; mehr denn je gilt, was schon vor Jahren empirisch ermittelt wurde: Dass es „gerade im Sportdialog immer häufiger eher um den Austausch von Meinungen und Einschätzungen geht und dabei die originären Funktionen von Fragen und Antworten sukzessive aufgeweicht werden."⁷⁵

Eine Reihe von Unterschieden zwischen den Sportjournalisten und der großen Mehrheit der Journalisten in den anderen Ressorts fällt besonders ins Auge – jedenfalls in Deutschland: Hohe Berufszufriedenheit korrespondiert mit rückläufiger Meinungsbereitschaft und ansteigender Unterhaltungs- und Service-Orientierung und generell einer spezifischen Mischung aus Informations- und Unterhaltungsfunktion in der Berichterstattung; dies gilt z. B. auch für die Sportjournalisten in der Schweiz.⁷⁶ Angeblich skrupelloserer Umgang mit Fakten sowie die Akzeptanz aggressiverer Recherchemethoden, die von Sportjournalisten selbst beklagt werden, zeigen andererseits, wie sehr sich die harte Medienkonkurrenz direkt auf die Ausübung des Berufs auswirkt. Allen Journalisten steht für Recherchen heute weniger Zeit zur Verfügung als früher; die Sportjournalisten kommen nach eigenen Angaben aber mit dem geringsten Zeitaufwand aus.[77] Vielen Sportjournalisten fehlt die kritische journalistische Distanz zu den Sportlern, mit denen sie beruflich zu tun haben; nach wie vor spielen sich vor den Fernsehkameras regelrechte Verbrüderungsszenen mit emsigem Duzen ab. Nach wie vor gibt es sehr viel Durchschnitt im Sportjournalismus der Printmedien, dessen Situation durch die inter- und intramediäre Medienkonkurrenz immer schwieriger wird. Vorbild bleibt hier offenbar *Bild* – mit dem, was man dort seit Jahrzehnten unter ‚Hintergrundberichterstattung' über den Sport versteht. Und nach wie vor gibt es auch viel politische Ahnungslosigkeit und Naivität unter den Sportjournalisten. Die Deformation des Profifußballs, der sich Reporter des *Spiegel* mit investigativen Mitteln und unter Nutzung von ‚Big Data' widmen, ist für die meisten von ihnen kein Thema, denn sie hängen an der Nadel dieses längst aus dem Ruder gelaufenen Kommerz-Betriebs.[78]

Nach wie vor lassen sich aber auch Beispiele für einen ‚exquisiten Sportjournalismus' finden, dem früher einmal ein ganzes Buch gewidmet wurde.[79] „Wir haben in Deutschland einen vergleichsweise guten Sportjournalismus", behauptet der ehemalige Chefredakteur von Regionalzeitungen, Paul-Josef Raue, der früher auch als Sportjournalist gearbeitet hat. Er nennt konkret den Sportteil von *FAZ* und *SZ* sowie die Zeitschrift *11 Freunde* und für das Fernsehen den *ARD*-Reporter Seppelt, der seit Jahren – auch gegen Widerstände im eigenen Medium – hartnäckig der Doping-Mafia auf der Spur bleibt.[80] Mit der gebotenen Distanz zum Gegenstand haben Redakteure des *Spiegel* – zunächst begleitet von Kritik vieler Sportjournalisten – die Skandale beim Welt-Fußballverband FIFA und beim Deutschen Fußball-Bund aufgedeckt. Das Magazin *Sportjournalist* lobte: „Ein Hoch auf den Journalismus!"[81] Die *Süddeutsche Zeitung* legte in diesem Fall noch einmal mit einem viel beachteten Interview über drei Zeitungsseiten nach, in dem sie den ‚Fußball-Kaiser' Franz Beckenbauer wegen seiner umstrittenen Rolle bei der Vergabe der Fußball-WM 2006 an Deutschland grillte.[82]

Kritik am Sportjournalismus entzündet sich nicht nur am grundsätzlich problematischen Innenverhältnis zwischen Sportjournalisten und Sportlern, sondern auch an der fehlenden fachlichen Kompetenz von Berufsvertretern. Und sie richtet sich keineswegs nur gegen die besonders auffälligen Leistungen von Fernsehkommentatoren und -moderatoren. Sowohl die Berichterstattungsobjekte wie z. B. bekannte Fußballtrainer, als auch kritische Sportjournalisten vor allem der Qualitätszeitungen bezweifeln seit langem, dass die Mehrheit zu einer fundierten, unbestechlichen Berichterstattung überhaupt in der Lage ist.[83] Eine Variante der Kritik kommt traditionell aus dem Sport, wobei weniger Ungeschicklichkeiten einzelner Fernseh-Sportjournalisten als vielmehr Schieflagen zwischen ‚Sportrealität' und ‚Medienrealität' beklagt werden.[84] Bei diesem Vorwurf, dass die Sportberichterstattung die Sportrealität immer weniger abbilde, handelt es sich freilich um ein Missverständnis. Denn das dahinterstehende Postulat eines ‚wirklichkeitsnahen' Sportjournalismus geht an den seit langem bekannten Strukturen und Funktionen von ‚Medienrealität' vorbei. Sie wird nach relativ konstanten Regeln konstruiert, ob bei internationalen oder nationalen Nachrichten, ob im Lokalen – oder eben auch im Sport.[85] Deshalb ist ‚Sportwirklichkeit' im Sinne einer Summe beobachteter sportlicher Aktivitäten genau so wenig kompatibel mit journalistischen Relevanzkriterien bei der Nachrichtenauswahl, wie es der soziale Alltag ist.

Doch ‚Sportjournalismus' bedeutet in vielen Fällen ja nicht einmal konventionelle ‚Medienwirklichkeit' – also eine Konstruktion, die immerhin ein Ereignis außerhalb des Mediensystems zum Anlass hat, das nach den journalistischen Operationsweisen zu einem Medienangebot gemacht worden ist, sondern die *Inszenierung* eines Ereignisses im Mediensystem. Zwar würde und wird auch ohne das Fernsehen und seinen Programmhunger Fußball gespielt, doch was hat die ‚Wirklichkeit des Freizeit-Gekickes' mit dem TV-Fußball noch gemein? Es gibt auch keinen Grund zu der Annahme, dass sich die Wirklichkeitsentwürfe, die gerade das Fernsehen zum Sport anbietet, in irgendeiner Weise und nach irgendwelchen – noch so gut gemeinten – Ansprüchen von außen steuern lassen. Im Gegenteil: Die Chancen für eine – am Grünen Tisch entworfene – ‚alternative Mediensportrealität'[86] haben sich unter den Bedingungen von Multimedialität, Kommerzialisierung aller Mediensektoren und Internationalisierung (als weltweite Verflechtung von werbetreibender Industrie und Medienwirtschaft) eher verschlechtert, wobei immer mehr „die Medienwirklichkeit die Sportgegenwart prägt".[87] Das, was als ‚Sportwirklichkeit' in den Medien und hier insbesondere im Fernsehen erscheint, wird auf diese Weise immer enger geschnitten.

Der Sportjournalismus ist (k)eine Insel

Am Beispiel der Sportberichterstattung lassen sich auch die Ambivalenzen, welche durch die Automatisierung und Algorithmisierung des Journalismus entstehen (s. dazu Kapitel II/1), anschaulich vorführen. Einerseits ist hier dadurch, dass auf computergenerierte Daten und Spielanalysen zurückgegriffen werden kann, geradezu eine ‚Verwissenschaftlichung' der Berichterstattung feststellbar. Andererseits werden kritische Beobachtungen und Beschreibungen zurückgedrängt durch Visualisierungen und Datenhubereien, die kaum einen Erkenntnisgewinn bringen. Solche Ambivalenzen sind z. B. für die Fußball-Analysen von *Spiegel Online* kennzeichnend. Dadurch entstehende Leerstellen werden durch meinungsstarke Fußball-Blogs gefüllt, in denen freilich die Fan-Perspektive im Vordergrund steht. Als Dieter Gruschwitz, einer der Nachfolger von Hanns Joachim Friedrichs als ZDF-Sportchef, in den Ruhestand ging, gab er der Zeitschrift *Sportjournalist* ein Interview, in dem er mit einer gewissen Wehmut über seinen Abschied sprach und eine wohlwollende Beschreibung zum Zustand des Sportjournalismus (im Fernsehen) lieferte. Leider habe er aber auch die Erfahrung machen müssen, „dass der Sport keine Insel mehr ist, auf der alles schön und gut ist. Wir sind mit dem Sport in der Wirklichkeit der Gesellschaft angekommen."[88] Diese Ansicht teilt er nicht mit allen seinen Kollegen; das lässt deren Mentalität und Nähe zum Objekt nicht zu. Der Sportjournalismus hat eine Reihe sehr eigen(willig)er Merkmale, aber er ist in der Tat keine Insel des Journalismus. Diese Sparte macht aber Strukturen, Funktionen und Prozesse im gesamten Journalismus besonders deutlich; daran hat sich prinzipiell nichts geändert.

Die erheblichen Werbeaufwendungen, welche heute nach Effizienzkriterien im Sport platziert werden, bedeuten nicht nur, dass der Sportjournalismus weitestgehend nach ökonomischen Regeln funktionieren muss; riskanter ist, dass die Medienware Sport dadurch immer mehr auch Konjunkturzyklen unterworfen wird. Dies setzt die Sportberichterstattung erheblichen Relevanzrisiken aus, so dass sich die Sportmedien und ihre Akteure ständig in einer Situation der Unsicherheit befinden. Denn der vermarktete Sport muss mit anderer Unterhaltungsware auf dem Medienmarkt konkurrieren. Ist die Ware knapp, steigt die Nachfrage, steigen die Preise. Bei einer anderen Angebotssituation kann jedoch schnell eine gegenläufige Bewegung einsetzen. Die Medien favorisieren dann andere Unterhaltungsware, weil das Publikum es so will. Vor allem die privat-kommerziellen Fernsehgesellschaften müssen deshalb damit leben, dass die werbetreibende Wirtschaft ihre Etats plötzlich vom Sport in andere Medienbereiche schieben kann. Beides – ein Überangebot an Sportprogrammen und plötzliche Marketingentscheidungen der Industrie, die aus ökonomischen Erwägungen auf andere Zugpferde setzt – können am Ende das ganze Kartenhaus des Mediensports zum Einstürzen bringen. Dies haben Beispiele im Medien- und Sportsystem der USA schon gezeigt.

Für Entwicklungen einerseits im Sport und andererseits in der Sportberichterstattung gibt es eine Reihe von wiederkehrenden Erklärungen und Rechtfertigungen. Natürlich spielt Geld dabei die Hauptrolle. Die Sportfunktionäre als Repräsentanten sehen sich unter Leistungs- und Öffentlichkeitsdruck – und verschließen sogar beim Thema ‚Doping' die Augen, wenn die Beweise nicht allzu offensichtlich sind. Wenn sie im kommerziellen Sport unterwegs sind, versuchen sie, soviel Geld wie möglich herauszuschlagen, auch wenn sie dafür Regeln einer Sportart ändern oder eigenwillige Terminansetzungen von TV-Sendern akzeptieren müssen. Andere wiederum beteiligen sich sogar an den Produktionskosten, damit ihre (Rand-) Sportart im Fernsehen übertragen wird.

Der Sportjournalismus sei greller geworden, wird behauptet. Insbesondere bei sportpolitischen Themen wie dem ‚Doping' versage er immer wieder. Der als engagierter Doping-Experte bekannte und gefürchtete Biologe Werner Franke geht bei diesem Thema so weit, den Sportjournalisten „Betrug am Volk" vorzuwerfen: „Dieser Berufsstand hat im Anti-Doping-Kampf wenig beigetragen." Er verstehe die Sportjournalisten nicht, denn sie müssten sich doch eigentlich als „Schützer des Sports" verstehen. „Als im deutschen Radsport in Sachen Doping alle Dämme brachen", berichtete er, habe ein Journalist einmal abends beim Bier zu ihm gesagt, „das habe er alles gewusst, aber nicht geschrieben, weil er selbst einfach Fan ist. So was geht doch nicht!" Gerade bei dem „Verbrechen" Doping sei es „eine ethische Verpflichtung für Journalisten, Aufklärung zu leisten."[89]

Der Skandal um die ‚Tour de France' – als Exklusivverträge des öffentlich-rechtlichen Rundfunks zu nicht akzeptablen Abhängigkeitsverhältnissen führten – hat die ganze Perversion des Systems offen gelegt. Insgesamt mache die – z. T. wegen der Problematik von Sportrechten – immer größer gewordene Nähe zu den Objekten der Berichterstattung den Sportjournalismus geradezu anfällig für Kritiklosigkeit, monieren Kritiker. Zwar könne er durchaus politische Akzente setzen, tue dies aus eigennützigen Motiven aber meistens nicht. Die ‚Sportfamilie', zu der sich die meisten Sportjournalisten zählten, reagiere auch auf normale journalistische Kritik ungehalten – und deshalb werde darauf weitgehend verzichtet, selbst wenn es um Vetternwirtschaft und Korruption gehe.

Auch und gerade im Bereich der Sportberichterstattung gibt es nun ganz neue Herausforderungen, wie leicht festzustellen ist. Sie resultieren aus der forcierten Kommerzialisierung des Sports als Gegenstand der Berichterstattung, die sich auf allen möglichen Feldern bemerkbar macht, wobei auch hier das Internet mit seinem Beschleunigungsdruck insbesondere auf den Online-Journalismus, und speziell die Sozialen Medien, welche bei der ‚Fankultur' im Sport eine besondere Rolle spielen, noch einmal für einen Wandel der beruflichen Bedingungen gesorgt haben und den (Zeit-) Druck noch einmal erheblich erhöhen. Insbesondere die Sportberichterstattung im Leitmedium Fernsehen hat sich durch die kommerziellen Zwänge erheblich verändert. Übertragungsrechte, Zweitverwertungen und langfristige Lizenzen sind hier inzwischen immer wichtiger geworden. Die Berichterstattung setzt dabei fast ausschließlich auf die unterhaltenden Elemente des Sports. Personalisierung bestimmt die Inhalte, so dass Hintergrund-Berichterstattung keine nennenswerte Rolle mehr spielt – obwohl es im Sport viele Indikatoren für kritische und zu kritisierende Entwicklungen gibt. In den letzten Jahren ist zudem gerade beim zentralen Publikumssport Fußball deutlich geworden, dass Korruption (etwa bei der Vergabe von international relevanten Veranstaltungen) hier noch eine wesentlich größere Rolle spielt, als man immer schon vermuten musste.

Beim Umgang mit dem Internet zeigt sich der Sportjournalismus wieder als Frühwarnsystem. Da kommt es vor, dass ein Boulevardblatt – unter einer Autorenzeile, die drei Redakteure namentlich nennt – einen Artikel präsentiert, der komplett von der Homepage eines Bundesligaclubs abgeschrieben worden ist. Und da kann man in den Sozialen Medien „die rätselhafte Neigung von Sportjournalisten und Moderatoren" beobachten, sich dort „ohne jede Not an die Sportler heranzuwanzen." Auf *Twitter* und *Facebook*, so kritisiert ein Insider, „buckeln sich inzwischen viele Fernsehgesichter [...] unterwürfig durch die Sportarten. Der Sportjournalismus muss sich dringend korrigieren, will er weiterhin ernst genommen werden."[90] Ernst genommen werden als Teil eines Journalismus, der ein ‚Artikel 5-Beruf' ist. Ein anderer Sportjournalist, bekannt aus dem Fernsehen, wo er als ‚Field-Reporter' dem Fußball-Profi im Interview zuerst mal zum Sieg gratuliert, kritisiert das allzu Offensichtliche und fordert das Selbstverständliche: „Das Schlimmste im Sportjournalismus überhaupt sind Kumpanei und Unterwürfigkeit. Kritisches Nachdenken ist extrem wichtig – geht aber nur, wenn man sich mit den Profis nicht ‚verbrüdert'. Klar, man muss nah dran sein am Geschehen, aber die Nähe darf nicht zu groß werden."[91]

3 Wie Medien- und Journalismusschelte missbraucht werden

Das Szenario einer Revolution der Kommunikationsverhältnisse ist schon seit vielen Jahren begleitet von Zweifeln an der Leistungsfähigkeit der Medien. Dabei hat die breit gefächerte Medien- und Journalismusschelte immer wieder Disparitäten zwischen der wachsenden Informationskomplexität und einer zu geringen Kompetenz der professionellen Vermittler hervorgehoben. Kontinuierlich stellen Kritiker Fragen zur Qualität journalistischer Funktionsbeiträge und werfen den Medien und ihren Journalisten – häufig in pauschaler Form – vor, dass sie den Anforderungen der ‚Mediengeselllschaft' fachlich und moralisch nicht gewachsen seien; beklagt wird „Unsere tägliche Desinformation".[92]

Solche und andere Kritik am Journalismus und seinen Akteuren ist so alt wie der Journalismus selbst. Da gab es schon vor mehr als 150 Jahren – in Gustav Freytags harmlosem Lustspiel ‚Die Journalisten' (1853) – die Nebenfigur des Schmock, Mitarbeiter der Zeitung *Coriolan*, als Prototyp des Schmierlappen,[93] und den ziemlich zeitnah klingenden Satz: „Erfinde deine eigenen Geschichten, wozu bist

3 Wie Medien- und Journalismusschelte missbraucht werden

du Journalist?" (Erster Akt, zweite Szene) Es folgten in den Jahrzehnten danach (mehr oder weniger) kulturkritische Analysen zu den aufkommenden Massenmedien durch besorgte frühe Zeitungskundler.[94] Der Soziologe Max Weber gehörte einige Zeit später zu den Wenigen, die Pauschalurteile über die Zunft öffentlich als ungerecht bezeichneten. Nach dem Zweiten Weltkrieg wurde von Intellektuellen wie dem Philosophen Karl Jaspers und anderen, die sich Gedanken machten über die junge Demokratie und ihre Zukunft, gefragt, ob die Bevölkerung überhaupt richtig informiert werde, um vernünftige Wahlentscheidungen treffen zu können.[95]

Für solche Medienschelte hat es in all den Jahren bis heute immer wieder allen Grund gegeben, denn die Journalisten boten mit ihrer Berichterstattung viele Angriffsflächen – wegen professioneller Unzulänglichkeiten oder ethischer Verfehlungen. Nicht immer aber erfolgt diese Kritik ohne Hintergedanken, bisweilen wird sie missbräuchlich eingesetzt – nämlich dann, wenn Personen oder Gruppen versuchen, dadurch eigene Interessen durchzusetzen, sei es mit kommunikationspolitischen oder parteipolitischen Intentionen. Für Ersteres gab es Anschauungsmaterial, als der öffentlich-rechtliche Rundfunk ins Visier vor allem konservativer Kritiker geriet, die glaubten, dass die Bundestagswahl 1976 durch einseitige Berichterstattung linksliberaler TV-Journalisten zu Ungunsten der CDU/CSU beeinflusst worden sei. Für die Zukunft wollte man deshalb durch eine entsprechende Kommunikationspolitik vorbauen – und leitete so das duale Rundfunksystem ein, mit Privatsendern, die für gute Laune sorgen sollten.[96]

Nach der Bundestagswahl 2005 machte der abgewählte Kanzler Gerhard Schröder die Journalisten für seine Niederlage verantwortlich und erhob sogar den Vorwurf der ‚Medienmanipulation', und auch nach der Wahl 2013 versuchten verstimmte SPD-Funktionäre, die Schuld an der krassen Niederlage ihres Kandidaten Peer Steinbrück den Medien in die Schuhe zu schieben. Schon Anfang der 1990er Jahre hatte es aus anderer politischer Richtung „die radikalste Medienkritik" gegeben, „die bislang in Deutschland zu Wort kam":[97] den – zuerst im *Spiegel* veröffentlichten – Essay ‚Anschwellender Bocksgesang' aus der Feder des Schriftstellers Botho Strauß, in dem Medienkritik zur fundamentalen Gesellschaftskritik wurde.[98] Neuerdings gibt es nun eine Art von Selbstkritik im Journalismus, die wiederum ‚Antikritiken' aus den eigenen Reihen provoziert, weil sie von den tatsächlichen Problemen des Beruf abzulenken drohe.[99]

Wenn das ‚mea culpa' unglaubwürdig wirkt

Journalisten gelten prinzipiell als ziemlich dünnhäutig, wenn sie selbst – die Kritiker und Kontrolleure – kritisiert und kontrolliert werden; dafür gibt es viele Beispiele. Die ‚Alphatiere' unter ihnen haben gewöhnlich auch die Macht, entweder die Monita in ihren Medien gleich zu unterdrücken oder aber den Kritiker mit prominent platzierten ‚Antikritiken' unter Stress zu setzen; Anlässe dafür gibt es immer wieder. So hat *Spiegel*-Chefredakteur Klaus Brinkbäumer seine Rezension der beiden Romane von Umberto Eco und Jonathan Frantzen über ‚alte' und ‚neue' Medien[100] genutzt, um aus der Hamburger Hafencity unfreundliche Grüße über wenige hundert Meter zu den Kollegen der Wochenzeitung *Die Zeit* zu schicken. Dort könne man, beklagte er sich, neuerdings merkwürdige Appelle lesen: Die Leute von der Konkurrenz (also die *Spiegel*-Leute) sollten doch damit aufhören, Krisen immer gleich zu Apokalypsen hochzuschreiben, wobei sie „immer erst die eine Krise zu Tode ritten, ehe sie die nächste bestiegen." In der Wochenzeitung sei, so Brinkbäumer weiter, ein „fulminanter Text" zu lesen gewesen, „der diverse Medien prügelte und eine seltsam verträumte Erwartungsfröhlichkeit pries, ohne sie ‚constructive journalism' zu nennen. Medien sollten lieb und netter sein [...]; wieso immer diese Kritik und diese Enthüllungen, wenn man doch unter einer Decke aus Puderzucker so wundersam schmusen kann?" Und vor allem: Bei all ihrer Katastrophen-Berichterstattung hätten diese anderen Medien, so werde ihnen hier zu seiner Verwunderung vorgeworfen, stets destruktiv gewirkt, weil sie niemals einen Ausweg aufzeigten.[101]

Brinkbäumer ärgerte sich über jenen üppigen *Zeit*-Essay, in dem aktuell eine Vertrauenskrise des Journalismus beschworen und den Medien eine „maßlose Lust am Skandal" vorgeworfen worden war. In diese Kritik hatte der *Zeit*-Autor, und das überraschte dann doch, sogar das Satire-Format der *heute-show* mit einbezogen; ihr Moderator Oliver Welke sei „zum Durchschnittsbürger mit Sendeerlaubnis geworden". Gewiss dürfe Satire alles, hieß es dann vorsichtshalber. „Aber wenn sie vom Rand der Debatte in deren Mitte rückt, sagt das viel über die Gesellschaft." Generell verstärkten die „Mediensatiriker" in ihren Programmen „die Abneigung gegen jene Medien, denen sie ihre Sendeplätze verdanken." Des Weiteren wurden zwei *Zeit*-Kollegen gegen Vorwürfe in Schutz genommen, die in der ZDF-Sendung *Die Anstalt* aufgrund ihrer Versippung mit Interessenorganisationen erhoben worden waren, um schließlich zu beklagen: „Die permanente Skandalisierung bedeutet die Abkehr von Aufklärung und echter Auseinandersetzung." Dann wurde an gleicher Stelle auch die neue Erscheinung der Empörungswellen in den sozialen Netzwerken thematisiert und daraus folgende Schlussfolgerung gezogen: „Für Journalisten heißt das: Übertreibt es nicht. Eure Rolle hat sich verändert. Früher waren die Journalisten für die Skandalisierung zuständig, sie mussten sich öffentlich empören, weil es sonst niemand tat. Heute findet die Empörung ohnehin statt, und nimmt man die Reaktionen bei vielen Lesern und Zuschauern auf die Germanwings-Berichterstattung ernst, dann will ein erheblicher Teil des Publikums, dass Journalisten mehr als bisher für Stabilität im öffentlichen Diskurs sorgen."[102]

3   Wie Medien- und Journalismusschelte missbraucht werden

Man könnte fragen, ob das tatsächlich die Funktion des Journalismus sein sollte. Und man könnte anhand der einschlägigen Forschung auch darüber diskutieren, ob Glaubwürdigkeitsprobleme der etablierten Medien tatsächlich eine neue Erscheinung sind (dies ist, wie wir schon gesehen haben, nicht der Fall) und ob nicht die z. T. hysterische Berichterstattung über den Flugzeugabsturz in den französischen Alpen 2015 genau denselben Mechanismen folgte wie vor anderthalb Jahrzehnten über den Absturz der Concorde auf dem Pariser Flughafen Charles de Gaulle oder über die Flugshow-Katastrophe von Rammstein zwei Jahre davor.[103] Zentral erscheint hier aber eine andere Auffälligkeit: Dass Publikationen wie *Die Zeit* sich und ihre Leser seit einiger Zeit fragen (und das sogar auf der Titelseite), „Wie guter Journalismus überleben kann" und welche Überlegungen man zu seiner Rettung anstellen sollte. Dazu gab es vom Chefredakteur die Empfehlung an „das gedruckte Medium", sich von bestimmten Verhaltensmustern zu verabschieden: „Es darf sein Relevanzversprechen nicht brechen durch eine permanente Skandalisierung des politischen Lebens oder eine auf Dauer abstoßende Konformität der Meinungen."[104] Die dahinter stehende Redaktionspolitik ließe sich aber auch als Reduzierung von Kritik und Kontrolle und generell als De-Politisierung interpretieren, und dies ist unter den Redakteuren der Wochenzeitung offenbar nicht unumstritten.[105]

Auf Versuche, den Journalismus in der angeblichen ‚Empörungsdemokratie' durch ‚mea-culpa'-Bekundungen weichzuspülen und sich selbst an die Kandare zu nehmen, reagierte der *Spiegel*-Chefredakteur nur mit Kopfschütteln; die „ganze wuchtige Analyse" treffe überhaupt nicht zu. Tatsächlich, so postulierte er, müssten Journalisten wie Leser seit Jahren diverse, komplizierte Krisen zur selben Zeit verarbeiten und aufeinander beziehen. Und er weitete diese Feststellung aus zu kategorischen Aussagen über den Zustand des Journalismus: „[...] mehr kluge Medien als jemals zuvor, gedruckte und längst digitale, arbeiten zugleich investigativ und analytisch und schaffen es doch auch zu erkennen, wenn und von wem ein Problem gelöst wird. Die Journalisten loben dann diese Lösung und die Lösenden, stellen seit Langem schon Lob neben Kritik, weil Erfolge und Fehler zwei Hälften der Wirklichkeit sind und diese Wirklichkeit zu beschreiben ist. Das ist der Beruf des Journalisten."[106]

Medienkritik als Parteipolitik

Solch freundliche Beschreibungen unterscheiden sich in nahezu jeder Beziehung von dem Bild, das der Dortmunder Politikwissenschaftler Thomas Meyer vom deutschen Journalismus im zweiten Jahrzehnt nach dem Millennium entworfen hat.[107] Schon sein Buchtitel ‚Die Unbelangbaren' verstörte – mehr aber noch die unverhohlene Aufforderung, die (politischen) Berichterstatter in ihre Schranken zu weisen, ja, sie zu kontrollieren, also ‚belangbar' zu machen. Denn allzu offensichtlich missbrauchten sie ihre viel zu große Macht und wollten „mitregieren", wie es im Untertitel heißt. Verantwortungslos sei insbesondere gewesen, wie der *Spiegel* in einem Porträt von Dirk Kurbjuweit den SPD-Kanzlerkandidaten Peer Steinbrück im Wahlkampf 2013 behandelt habe und das *ZDF* den (bei Interviews chronisch auf Krawall gebürsteten) seinerzeitigen SPD-Vorsitzenden Sigmar Gabriel in einer Befragung durch die Moderatorin Marietta Slomka. Dabei handelt es sich um sozialdemokratische ‚Retour-Kutschen', die in ihrer Argumentation stark an die heftigen Vorwürfe – damals von Seiten der Christdemokraten – in den 1970er Jahren erinnern, als der angeblich Wahl entscheidende Einfluss der Medien dann letztlich zu kommunikationspolitischen Aktivitäten führte. Im Fall Steinbrück gab es immerhin insofern Grund zur Klage, als sein Bemühen, auch im Umgang mit Journalisten ganz ‚normal' zu wirken, z. T. gegen ihn verwendet wurde, wie der *Spiegel*-Redakteur Nils Minkmar in einem ‚Interview über Interviews' monierte.[108]

Thomas Meyers Medien- und Journalismuskritik, die sich im Wesentlichen nur auf diese zwei Fallbeispiele stützt[109] (ergänzt durch den ‚Fall Wulff'[110]), hat Heribert Prantl animiert, über das Buch einen Text zu schreiben, der in der *Süddeutschen Zeitung* mehr als eine halbe Zeitungsseite füllte – was für die Rezeption wissenschaftlicher Analysen durch Journalisten eher unüblich ist.[111] Der SZ-Innenpolitiker nahm das schmale Werk aber ohnehin nur als ‚Streitschrift' wahr und hob hervor, dass der Autor nicht nur SPD-Mitglied, sondern immerhin stellvertretender Vorsitzender der Grundwertekommission der Partei ist – was bei einem solch ambitionierten Generalangriff auf den Journalismus nicht unbedingt einen Bonus auf dem Feld der ‚Werturteilsfreiheit' bedeutet. Doch werde hier, so Prantl, andererseits ja angestrebt, „die Journalismus- und Journalistenkritik auf eine seriöse Ebene" zu heben. Also etwas anderes anzubieten als die Journalistenverachtung á la Pegida oder die erstaunlich (?) erfolgreiche Abrechnung des früheren, inzwischen verstorbenen *FAZ*-Redakteurs Udo Ulfkotte mit der ganzen Branche; Prantl nennt ihn „Verschwörungsjournalist".[112]

Auch der *SZ*-Redakteur stellt die naheliegende Frage, wie Meyer die angeblich ‚Unbelangbaren' – vorwiegend, aber nicht nur, sind damit bei ihm ‚Alpha-Journalisten' gemeint – künftig belangen will, denn wir leben ja nicht in einer Diktatur. Sie sollten sich wohl (irgendwie) verantworten, wenn sie über die Stränge schlagen, also z. B. Kampagnen inszenieren und aus der Rolle fallen.[113] Der Journalist wirft dem Politologen aber vor allem seinen ‚SPD-Bias' vor. Gewiss sei Pressefreiheit für die Demokratie da – aber nicht, wie Meyer es wohl gerne hätte, als Privileg für die Sozialdemokratie. Dessen blinden Fleck beschreibt er deshalb mit deutlichen Worten: „Meyers Kritik liest sich wie eine mitleidheischende Schimpferei bei der Vorstandsrunde im Willy-Brandt-Haus. Es schadet der Meyerschen Kritik am selbstgefälligen Habitus von Journalisten, dass er diese Kritik sozialdemokratisiert.

Da ist ein SPD-Herz wund und aufgescheuert. Die Fragen zum Selbstverständnis des politischen Journalismus, die Meyer aufwirft, müssen nicht in weinerlichem Ton vorgetragen werden; sie verdienen bessere Antworten als gekränkte Räsoniererei."[114]

Man könnte aus Brinkbäumers und Prantls ‚Antikritiken' (wieder einmal) schlussfolgern, dass (einflussreiche) Journalisten ziemlich kritikresistent sind; prinzipiell ist da gewiss etwas dran. So beharren immer noch viele Berufsvertreter in bornierter Weise darauf, dass sie überhaupt nur von ‚gelernten Journalisten', also veritablen Praktikern, attackiert werden dürften; alle anderen gelten als ‚Theoretiker', die man nicht ernst nehmen müsse. Andererseits ist aber auch nicht zu übersehen, dass die Bereitschaft der Journalisten zur (auch: öffentlichen) Fehlerdebatte und Selbstkritik zugenommen hat und dass man sich viel stärker als früher auf das Publikum und seine Reaktionen einlässt/einlassen muss. Dies ist natürlich das Verdienst der neuen Feedback-Möglichkeiten, welche das Internet schafft. Und natürlich spielt auch die schwindende ökonomische Basis des herkömmlichen Journalismus eine Rolle: Man muss sich Gedanken machen, wie man die Leute bei der Stange hält.[115] Zudem hat es gerade in den vergangenen Jahren Beispiele für reflektierte, empirisch gesättigte Analysen von Journalisten zum Zustand ihres Berufs gegeben; sie fallen jedenfalls differenzierter und fundierter aus als die neuerdings feststellbare ‚Ranschmeiße' an den Zeitgeist der Medienschelte, die aus Blogs und Foren quillt.[116] Dass diese Bücher nicht annähernd so viel Aufmerksamkeit in den Medien gefunden haben wie Meyers wenig profunde Auseinandersetzung mit der Branche, könnte der Autor eigentlich als weiteren Beleg für seine Generalthese verwenden, dass der deutsche Journalismus ein Problem mit der Relevanz von Themen, Leistungen und Personen hat...

Wie viel Einfluss hat der Journalismus heute?

Die z. T. sehr heftigen negativen Reaktionen auf sein Buch hat sich Thomas Meyer zwar vor allem deshalb eingehandelt, weil er an vielen Stellen allzu ‚parteilich' selektiert und argumentiert.[117] Die Kritik muss hier jedoch grundsätzlicher ausfallen, denn Meyer hatte schon den Ehrgeiz, sozusagen wissenschaftlich gestützt daher zu kommen. Doch im Eifer des Gefechts ist ihm da einiges durcheinander geraten. Es kommt hinzu, dass seine (überschaubaren) wissenschaftlichen Bezüge bemerkenswert uninformiert ausfallen.[118] Vor allem aber: Was er uns als Journalismuskritik anbietet, trifft die aktuellen Probleme – auch da haben die Rezensenten recht – nicht wirklich.

Wenn man die parteipolitisch motivierte Polemik des Autors weglässt, so startet das Buch eigentlich erst mit einem Kapitel, das mit „Die Logik der Massenmedien" überschrieben ist. Die bis dahin beschriebenen Beispiele für „Grenzverletzungen" konfrontiert der Autor darin gleich zu Beginn mit der angeblichen „systemtheoretischen Vorstellung", wonach die Journalisten Marionetten seien, die nur binär zwischen ‚neu' und ‚alt' zu wählen hätten, denn das sei schließlich das Programm, nach dem der Journalismus funktioniere. Direkt danach geht es dann um die Gesetze des Medienmarktes, so dass, alles in allem, geradezu zwangsläufig „ein verzerrend simples Bild politischer Vorgänge" geliefert und geradezu unmöglich gemacht würde, dass „Journalisten das Politische angemessen und erfolgreich wiedergeben".[119] Immer wieder ist dabei von ‚Theater' und ‚Inszenierung' die Rede – Meyers traditionellen Metaphern aus seinen Studien zur politischen Kommunikation,[120] was dann zur These von der autonomen Rolle der Journalisten ausgebaut wird. Diese agierten „wie Impresarios, die auf ihrer Schaubühne mit einiger Phantasie wechselnde Stücke inszenieren, und zwar oft Stücke mit einem eher lockern Bezug zur politischen Realität. Auch darüber, wer auf dieser Schaubühne wie auftreten darf, wachen die medialen Gatekeeper mit rigoroser Strenge." Richtig – aber dann auch wirklich überraschend – ist der Satz, „dass die Logik des Politischen vollkommen anders funktioniert als die ihrer medialen Darstellung." Das hätte Meyer natürlich gerne anders, zumal er unter der Überschrift „Eine antagonistische Symbiose" behauptet, die Politik sei „von den Medien gleichsam kolonisiert" worden. Direkt danach heißt es auf einmal, dass die Medien durch die Politik instrumentalisiert würden: „Man holt Journalisten und andere Medienprofis als Berater oder Pressesprecher in die Parteien und politischen Stäbe, um die gesamte Kommunikation von Anfang an so zu steuern, dass man die Aufmerksamkeit der Zeitungen, Fernsehsender etc. und damit auch des Publikums erobert."[121] Was denn nun?

‚Steuerung' – das ist die Zauberformel politikwissenschaftlichen Denkens (hier in Tateinheit mit sehr simplen Vorstellungen von Medienwirkungen), die freilich quer liegt zur systemtheoretischen These von der operativen Geschlossenheit gesellschaftlicher Funktionssysteme. Die angebliche „Überlagerung des Politischen durch das Mediensystem", von der dann die Rede ist, führe dazu, so Meyer weiter, dass „die Medienleute" als „nach wie vor entscheidende Gatekeeper" alleine bestimmten, „wer auf der großen Bühne brillieren darf und wer der Lächerlichkeit preisgegeben wird". Dazu wird vom Autor die These nachgeschoben, Politik und Medien seien heute zu einem nach derselben Logik funktionierenden „politisch-medialen Supersystem" verschmolzen, wobei hier als einziger Beleg eine 30 Jahre alte Quelle herangezogen wird.[122] Zur Begründung für die Behauptung, in diesem ‚Supersystem' seien die Berufsrollen fluid geworden, dienen wieder zwei Beispiele (die SPD-Politiker Helmut Schmidt und Wolfgang Clement) – wobei übersehen wird, dass Karrierewege von der Politik in den Journalismus und umgekehrt keineswegs eine neue Erscheinung sind.[123]

Im Kontext seiner Wutrede gegen den angeblichen Einfluss der ‚mitregierenden' politischen Journalisten stützt sich Meyer auf Max Webers Machtbegriff, verzichtet aber wohlweislich darauf, Webers differenziertes Urteil über die Geschäftsgrundlage des Journalismus und die berufliche Verantwortung der Journalisten zu referieren;[124] dies würde der stromlinienförmigen Argumentation wohl allzu sehr entgegenlaufen. Entgegen Meyers Behauptungen spricht aber alles dafür, dass der Journalismus der klassischen Massenmedien sogar an Einfluss eingebüßt hat: durch den Monopolverlust als ‚Gatekeeper', durch gerade daraus resultierende Probleme mit dem klassischen Geschäftsmodell insbesondere der Printmedien, welche die journalistischen Ressourcen reduzieren, und durch die deutlich größer gewordene Abhängigkeit von den Institutionen, über die berichtet wird, denn die haben mit Legionen von PR-Leuten und Krisenkommunikations-Strategen ‚aufgerüstet'.

Das Bild, welches Meyer vom deutschen Journalismus gezeichnet hat, ist eine Karikatur. Seine Medien- und Journalismuskritik passt insofern in die Zeit, als sie sich mit der Schelte deckt, die im Umfeld von ‚Pegida', aber auch weit darüber hinaus geübt wird; natürlich will Meyer damit im Grunde nichts zu tun haben – auch wenn er Verständnis dafür äußert.[125] Doch auch seine Generalabrechnung mit dem Journalismus ist vordergründig, in wesentlichen Teilen schlecht begründet, widersprüchlich – und in jedem Falle nicht wissenschaftsfähig. Sie deckt sich freilich mit vielen wütenden Kommentaren zur ‚Performance' der Medien, die wir jeden Tag in den Netz-Foren finden.

Medienkritik als Gesellschaftskritik

Wer glaubt, die Polemik gegen die ‚Lügenpresse' sei eine ganz neue Erscheinung, der irrt jedoch. Ein Teil der Vorwürfe – z. B. gegen den öffentlich-rechtlichen Rundfunk – sind alter Wein in neuen Schläuchen. Dies zeigt auch die Äußerung eines Journalisten, der früher u. a. stellvertretender Chefredakteur von *Bild am Sonntag* war und der rechten Szene zugehörig ist; er brachte die Botschaft der aktuellen Medienkritik in der Zeitschrift *Junge Freiheit* so auf den Punkt: Die „Lebenslüge des publizistischen Mainstreams" sei seit vielen Jahren, dass „die ‚großen' Blätter in ihrer Gesamtheit das demokratische Meinungsspektrum umfassend abbilden, die binnenpluralistische Verfasstheit der öffentlich-rechtlichen Sender eine in alle Richtungen ausgewogene Berichterstattung gewährleistet."[126]

In den 1990er Jahren klang solche Kritik sogar viel schärfer – jedenfalls in der Diktion von Botho Strauß, der damals mit seinem Text „Anschwellender Bocksgesang" großes Aufsehen erregte, das noch Monate später für z. T. aggressiv geführte öffentliche Diskussionen sorgte.[127] Dazu trug auch der ungewöhnliche Titel bei, der auf die griechische Tragödie rekurriert. Schon Strauß führte eine Art ‚Krieg gegen die Medien', doch eigentlich zielte er auf die ganze Gesellschaft, von der bei ihm als ‚Massendemokratie' die Rede ist. Da wird vieles verrührt und manches so formuliert, dass es geradezu zwangsläufig Anstoß erregen muss – gerade jetzt, nach den Erfahrungen der letzten Jahre und angesichts der aktuellen Stimmungslage. Ein Beispiel ist die Passage, in welcher der Autor meint, dass wir „etwas zu selbstgefällig vor den nationalistischen Strömungen" warnten. Und weiter: „Daß ein Volk sein Sittengesetz gegen andere behaupten will und dafür bereit ist, Blutopfer zu bringen, das verstehen wir nicht mehr und halten es in unserer liberal-libertären Selbstbezogenheit für falsch und verwerflich."[128] Mit solchen Aussagen zu Zeiten der Balkankriege provozierte Strauß so sehr, dass in den Feuilletons nicht nur eine Schlacht um den Text tobte, sondern auch der Autor persönlich attackiert wurde – als Kopf einer neuen Rechten und als Faschist, auch wenn sein Text gewiss nicht antisemitisch war.[129] Die *FAZ* ahnte aber damals: „Die Kritiker und Warner werden sagen, Strauß öffne Schleusen."[130] Und vielleicht hat er das tatsächlich getan...

Was die Medien angeht, so mokiert sich Botho Strauß hier über „die heile Welt des Schmunzel-Moderators" sowie „die Werbung, mit der das Unwesentliche für sich zu interessieren sucht" – und über die Printjournalisten: „Der gut schreiben könnende Analphabet ist das gängige Paradox in den Zeitungen heute." Den Rundfunksendern wirft er vor: „Sie treten den Gedanken breit, den wir nur eben vorbeihuschen ließen, sie machen zum Schema und füllen die Sendezeit mit Fragen, die sie sich niemals selber stellten, die Kommentatoren, die Debattanten, die Infotainer." Die „Schande der modernen Welt", heißt es weiter, sei „nicht die Fülle ihrer Tragödien [...], sondern allein das unerhörte Moderieren, das unmenschliche Abmäßigen der Tragödien in der Vermittlung." Man solle deshalb nicht mehr von ‚Medien' sprechen, sondern von „einem elektronischen Schaugewerbe, das seinem Publikum die Welt in dem äußersten Illusionismus, der überhaupt möglich ist, vorführte."

Strauß macht dann noch einen weiteren terminologischen Vorschlag: „Wenn man nur aufhörte von Kultur zu sprechen und endlich kategorisch unterschiede, was die Massen bei Laune hält, von dem, was den Versprengten [...] gehört und das beides voneinander durch den einfachen Begriff der Kloake, des TV-Kanals für immer getrennt ist... Wenn man zumindest beachtete, dass hier nicht das gemeinsame Schicksal *einer* Kultur mehr vorliegt – man hätte sich einer unzählige Zeitungsseiten füllenden ‚kulturkritischen' Sorge endlich entledigt." Die Medien, so lautet der pauschale Vorwurf, habe das Volk an die „Diktatur des Vorübergehenden" gewöhnt. Strauß war sich damals sicher, dass die „Intelligenz der Massen [...] ihren Sättigungsgrad erreicht" habe. „Unwahrscheinlich, daß sie noch weiter fortschreitet, sich transzendiert und 10 Millionen RTL-Zuschauern zu Heideggerianern würden. Hellesein ist die Borniertheit unserer Tage." Und: „Was einmal die dumpfe Masse war, ist heute die dumpfe aufgeklärte Masse."[131]

Medienkritik als Kommunikationspolitik

In den 1970er Jahren hatten sich einflussreiche Teile der Medienkritik in ganz anderen, deutlich weniger kultur- und gesellschaftskritischen Sphären bewegt; insofern traten diese Kritiker sanfter auf. Es handelte sich dabei um Attacken insbesondere gegen den öffentlich-rechtlichen Rundfunk-Journalismus. Sie wurden von einer Gruppe von Kommunikationswissenschaftlern geführt, die sich auf eigene empirische Studien stützten und ein Mosaikbild präsentierten, das dann die Grundlage für eine weit reichende Journalismus- und Journalistenkritik bildete. Es handelte sich dabei um Argumentationsfiguren zur Macht der Medien, die damals mit Etiketten wie „Der getarnte Elefant" insbesondere für das (öffentlich-rechtliche) Fernsehen in die Welt gesetzt wurden. Sie beruhten auf der Behauptung, dass die deutschen Journalisten eine eigenartige und eigenwillige Gruppe mit starken persuasiven Ambitionen bildeten. Die Eigenschaften und Einstellungen der Journalisten sowie die allgemeine Medienentwicklung seien Ursache für die Existenz identischer, immer wieder auftretender und überall vorhandener Medieninhalte – ‚Konsonanz', ‚Kumulation' und ‚Ubiquität', die angeblich Selektionsmöglichkeiten und damit selbständiges Kommunikationsverhalten des Publikums verhinderten.[132] In diesem Kontext wurden Annahmen präsentiert, die danach das Bild vom Journalismus in Deutschland mitbestimmt haben und bis heute nachwirken. Dazu gehörte die Annahme der ‚Abnormität deutscher Journalisten' (im internationalen Vergleich) und die Annahme der ‚entfremdeten Elite'. Erst Jahre später konnten auf der Basis von neueren und valideren empirischen Befunden diese und andere Annahmen widerlegt oder zumindest modifiziert werden.[133]

Journalismus-Forschung war in Deutschland viele Jahrzehnte lang im Grunde Eliteforschung gewesen. Das Fach beschäftigte sich mit den Biographien ‚großer Journalisten'; diese ‚publizistischen Persönlichkeiten', so glaubte man, definierten das ‚Wesen des Journalismus'.[134] Nach dem Paradigmenwechsel hin zu einer soziologischen empirischen Journalismus-Forschung hat die Beschäftigung mit der journalistischen Elite zunächst keine Rolle mehr gespielt. Im Wesentlichen Debatten in den USA seit der Watergate-Ära und insbesondere der Nixon-Demission (s. dazu Kapitel V/3) förderten dann auch hierzulande die Auseinandersetzung mit dem Einfluss bestimmter Journalisten innerhalb des Mediensystems. Vor allem bezogen auf den öffentlich-rechtlichen Rundfunk wurde dabei ein Zusammenhang zwischen bestimmten (politischen) Einstellungen bestimmter Positionsinhaber und dem Programm hergestellt. Die – aus den USA unkritisch importierte – These lautete dabei, dass eine einflussreiche Gruppe von Journalisten der Gesellschaft ihre abweichenden Werte und Normen oktroyiere.

Eine derartige Elite-Diskussion war insbesondere durch die Studien von S. Robert Lichter und Stanley Rothman über die nordamerikanischen Führungskräfte in Wirtschaft und Medien in Gang gekommen. Die Sozialwissenschaftler waren nach der Befragung von ‚Elite-Journalisten' zu dem Schluss gekommen, dass in den Medien eine Machtgruppe entstanden sei, die ‚spätbürgerliche Werte' wie Partizipation, Verbesserung der menschlichen Gesellschaft, schönere Städte und ‚Ideen sind wichtiger als Geld' favorisiere. Der Einfluss solcher Elitepersonen könne dazu führen, dass das Selbstvertrauen der Wirtschaftselite untergraben werde. Die Moral der neuen Medienelite drohe außerdem das Vertrauen in das politische und wirtschaftliche System der Vereinigten Staaten zu erschüttern. Am Ende wurde davor gewarnt, dass die nächste Generation der Journalisten noch mehr nach links tendieren könnte als die gegenwärtige.[135]

Auch in (West-) Deutschland spielte die Annahme einer ‚entfremdeten Elite' (des öffentlich-rechtlichen Rundfunks) in der Kommunikationswissenschaft – und dann auch in kommunikationspolitischen Debatten – eine Rolle. Seinerzeit fing man an, sich für grundsätzliche Fragen wie den politischen Standort von Führungskräften des öffentlich-rechtlichen Fernsehens zu interessieren – aber auch für eher exotisch wirkende Fragen wie den Kamerawinkel bei der Berichterstattung über Politiker.[136] Für diesen Versuch eines Nachweises der (vorsätzlichen) Erzielung von Medienwirkungen hatte es freilich auch ein frühes amerikanisches Pendant gegeben, und zwar beim Fernsehduell Kennedy-Nixon am 26. September 1960, als das Network *CBS* den Bewerber Nixon durch angeblich falsche Ausleuchtung seines Gesichts um seine Chancen bei der Präsidentschaftswahl gebracht haben soll.[137]

Diese prononciert vorgetragene Kritik an der ‚Medienelite' und ihren linksliberalen politischen Einstellungen hat sich bis heute gehalten, wobei sich damals „die wissenschaftliche Basis […] sowohl auf der Ebene der Überprüfung der empirischen Befunde als auch auf der Ebene der Prüfung der Kontextbedingungen dieser Diskussion durch Oberflächlichkeit und politische Prädisposition" auszeichnete.[138] Diese Einschätzung wurde durch die 1986 veröffentlichte repräsentative Studie über den amerikanischen Journalismus bestätigt. Denn der Vergleich ihrer Daten mit denen der Pionierstudie Anfang der 1970er Jahre zeigte, dass es bei den Journalisten gar keine Einstellungsänderungen gegeben hatte, welche die Behauptungen stützen konnten;[139] die in diversen Veröffentlichungen propagierten Thesen über die US-Medienelite erwiesen sich insofern als ein wissenschaftlicher Artefakt.

(Deutsche) Journalisten sind anders

Der Versuch, angebliche Auffälligkeiten deutscher Journalisten im internationalen Vergleich nachzuweisen, stützte sich vor allem auf parallele Befragungen von Journalisten in der Bundesrepublik und in Großbritannien.[140] Dabei ging es insbesondere um den politischen Einfluss der Journalisten, der jedoch nicht über die Medieninhalte nachgewiesen, sondern aus Befunden zu den politischen und

3 Wie Medien- und Journalismusschelte missbraucht werden

beruflichen Einstellungen abgeleitet wurde. Der Kommunikationswissenschaftler Wolfgang Donsbach hatte dazu von den deutschen Journalisten behauptet, inzwischen werde „auch von den Gegnern empirischer Publizistikwissenschaft nicht mehr bestritten, dass die parteipolitische Präferenz stark in das linke Spektrum verschoben ist."[141] Was diese Annahme für die ‚Objektivität' der Berichterstattung bedeuten würde, ist bis heute umstritten.

Ein Blick in die empirischen Studien vermittelte auf jeden Fall schon damals ein differenzierteres Bild. Danach war sowohl einerseits für die deutschen und britischen als auch andererseits für die amerikanischen Journalisten eher kennzeichnend, dass sie auf der politischen Rechts-Links-Skala die Extreme meiden und sich im Mainstream einstufen. Auch für die geringe Repräsentanz eindeutig konservativer Überzeugungen unter den deutschen im Vergleich zu den britischen Journalisten gab es differenziertere – z. T. historisch begründete – Erklärungen, die das simple Argument der ‚Linkslastigkeit' nicht stützten.[142] Einschlägige Untersuchungen zeigten dann zwar immer wieder, dass – insbesondere jüngere – Journalisten generell liberalere politische Einstellungen als der Durchschnitt der Bevölkerung haben. Dies stellt jedoch prinzipiell kein größeres Problem dar als andere Unterschiede in der sozialen Zusammensetzung, die es zwischen Journalisten und Bevölkerung gibt. Außerdem müsste gerade hier zunächst nachgewiesen werden, ob und in welcher Weise sich die politischen Abweichungen vom Bevölkerungsdurchschnitt tatsächlich in der Berichterstattung niederschlagen.

Die Annahme der Abnormität beruflicher Einstellungen der deutschen Journalisten ließ sich besonders gründlich anhand eines direkten Vergleichs mit britischen und amerikanischen Journalisten überprüfen, wobei die ermittelten Befunde die Einstellungen zu Recherchemethoden betrafen, also ein potentiell in besonderem Maße handlungsrelevantes Feld. Die Antworten zeigten, dass die bundesdeutschen Journalisten – wenn überhaupt – positiv von den beiden Vergleichsgruppen abwichen. Denn bei Berichterstattungskonflikten würden sie durchweg am behutsamsten vorgehen. Ansonsten waren sie in den meisten Fällen näher bei den amerikanischen als bei den britischen Journalisten, die sich durchweg zu einem sehr aggressiven Journalismus bekennen.[143]

Zentraler Baustein der Annahme einer Abnormität der beruflichen Einstellungen deutscher Journalisten war schließlich die Behauptung, sie wollten im Vergleich zu ihren Kollegen in den beiden anderen Ländern mehr Macht haben: „Im Gegensatz zu den englischen und amerikanischen Journalisten […] votieren die deutschen Befragten als einzige für einen deutlich stärkeren gesellschaftlichen Einfluss." Kombiniert mit der Behauptung einer „Dominanz aktiv-politischer Elemente in den beruflichen Einstellungen und Werten der deutschen Journalisten"[144] schien sich daraus eine besondere Handlungsrelevanz ihrer angeblich von der

Norm abweichenden Kommunikationsabsichten zu ergeben. Diese Behauptungen beruhten auf Angaben derselben Befragten zu ihrem tatsächlichen Einfluss und dem Einfluss, den sie für wünschenswert halten. Die nordamerikanischen und britischen Journalisten schätzten demnach ihren Einfluss jedoch deutlich größer ein als ihre deutschen Kollegen, die nur etwa gleich viel Einfluss wie ihre Kollegen in den Vergleichsländern haben wollten. Für die Annahme der Abnormität der deutschen Journalisten im internationalen Vergleich gab und gibt es bis heute also keine überzeugenden empirischen Belege. Die Autoren der Studie ‚The American Journalist' resümierten: „For whatever reasons [...] American journalists seem to be more in agreement with journalists in the Federal Republic of Germany than with those in England."[145]

Journalismuskritik vor und nach der ‚Wende'

Effekte der Journalismuskritik waren seinerzeit bald zu beobachten gewesen, denn im Jahrzehnt darauf musste man eher befürchten, dass die Medienakteure so sehr domestiziert worden waren, dass Kritik und Kontrolle der Politik kaum noch stattfand. Gleichzeitig wurde das duale Rundfunksystem auf den Weg gebracht, wovon sich insbesondere konservative Politiker und katholische Geistliche mehr ‚Ausgewogenheit' versprachen.[146] Die SPD hatte sich diesen ‚Neuen Medien' zumindest nicht verweigert. Das schuf dann ganz neue Verhältnisse – nicht nur durch die z. T. schlüpfrigen Unterhaltungsangebote der Privatsender. Als dann die ‚Berliner Republik' ausgerufen worden war, wurde die Gruppe der Hauptstadt-Berichterstatter als ‚Meute' beschrieben und allgemein eine zunehmende Oberflächlichkeit und Kurzatmigkeit der politischen Kommunikation beklagt.[147] Immerhin brachten dann aber dortige Korrespondenten bemerkenswert (selbst-) kritische Beobachtungen und Beschreibungen der Lage zustande. So Tissy Bruns, die eine Zeitlang Vorsitzende der Bundespressekonferenz war; sie beschrieb die Berliner Szene als „Republik der Wichtigtuer". Seinen Frust speziell über die politische Kommunikation bei der Bundestagswahl 2005 schrieb sich Gerhard Hoffmann von der Seele, der jahrelang für *RTL* aus der Hauptstadt berichtete; bei ihm ist sogar von ‚Verschwörung' die Rede.[148]

Doch schon bevor es zu den ‚Berliner Verhältnissen' kam, hatte sich der Journalismus in der ‚alten Bundesrepublik' – wohl mehr als jemals zuvor – ins Gerede gebracht. Damals, in den späten 1980er Jahren, wurden die Medien und ihre Akteure immer wieder selbst zum Thema. Diverse Male musste nicht über Handlungen von Protagonisten aus Politik, Wirtschaft, Kultur und Sport, sondern über Handlungen der Berichterstatter selbst berichtet und gerichtet werden. Diese Handlungen passten keineswegs in ein einheitliches Schema, sondern ergaben ein widersprüchliches Bild. Da wurde einerseits ein galoppierender Sittenverfall beklagt – Verstöße gegen das,

3 Wie Medien- und Journalismusschelte missbraucht werden

was oft vorschnell ‚journalistische Ethik' genannt wird, so bei der Affäre um den Politiker Uwe Barschel, beim Gladbecker Geiseldrama, beim Bergwerksunglück von Borken sowie bei einer Reihe kleinerer Anlässe. Diese Selbstauskünfte des Journalismus demonstrierten Unsicherheit über die beruflichen Standards, eine Erosion der Rollenbilder und nicht legitimierte Machtansprüche.[149] Auf der anderen Seite gab es aber auch – vor allem im öffentlich-rechtlichen Rundfunk – die Auftritte der Hasenfüße, die so gar nicht mit diesem Bild der (zu) mächtigen und verantwortungslosen Medien und ihrer Journalisten korrespondierten. Kumpanei war da zu sehen, Kooperation und statt ethischer Nonchalance das andere Extrem: Ängstlichkeit, gepaart mit fachlicher Überforderung.[150]

Auch allgemeine Eindrücke zum Erscheinungsbild des Journalismus in der Bundesrepublik verwirrten. Da gab es einerseits einen Prozess der Professionalisierung durch den Ausbau der überbetrieblichen Journalistenausbildung;[151] doch andererseits wurden diese Anstrengungen unterlaufen durch unzureichende (didaktische) Leistungen in den Ausbildungseinrichtungen[152] und durch die zunehmend schwieriger werdenden Verhältnisse im Mediensystem (s. dazu Kapitel V/2). Wie vor dem Ersten und nach dem Zweiten Weltkrieg strömten nicht oder nur unzureichend Ausgebildete in den Beruf, denn die ‚Neuen Medien' brauchten neue Journalisten, und oft wurden die in Crash-Kursen an ihre Berichterstattungsaufgaben herangeführt. Die gesamte Rekrutierungspraxis – gerade auch bei der Besetzung der oberen Ränge[153] – stand in auffälligem Gegensatz zur Verwissenschaftlichung der Medienbranche, die sich insbesondere im Bereich des Marketing zeigte; wie flüchtig und offenbar auch sprunghaft und unprofessionell (Chef-) Redakteursstellen besetzt wurden, zeigte ein Blick in die einschlägigen Branchendienste.

Insbesondere seit Ende der 1980er Jahre gibt es allen Anlass, über die Leistungen von Medien und Journalisten in der Bundesrepublik nachzudenken. Denn Kommerzialisierungs- und Deprofessionalisierungsprozesse setzten das System Journalismus seither einem erheblichen Druck aus. Die Folgen – und das ist bei den spektakulären Medienereignissen ebenso wie im Alltag der Berichterstattung deutlich geworden – können Anpassung, Überforderung und Geschmacksverirrung sein, so dass sogar Journalisten selbst zu kategorischen Urteilen kommen: „Der Journalismus geht gekonnt vor die Hunde – handwerklich, intellektuell, moralisch. Mit aufreizender Selbstgefälligkeit wird vereinfacht, boulevardisiert und unterschwellig gehetzt." Dem „Gros des Berufsstandes" fehle es, sagt dieser Berufsvertreter weiter, „an Kompetenz und Sprachgefühl, an persönlichem und beruflichem Ethos [...] der Journalist lässt sein Werkzeug verloddern und flüchtet sich in manipulierte und manipulative Bilder."[154] Ist dies aber nicht dieselbe Haltung, aus der sich der ‚Krieg gegen die Medien' speist, den die Wutbürger und (zumindest ein) Politiker neuerdings führen?

Mit dem, was die Medienkrise ausmacht, und mit dem, was dies für die Gesellschaft und ihre Kommunikationsverhältnisse bedeutet, muss sich die (wissenschaftliche) Beobachtung des Journalismus gewiss kritisch auseinandersetzen; doch Pauschalurteile sind dabei wenig hilfreich. Deutsche Studien und die Diskussion entsprechender Befunde aus den USA haben nämlich seinerzeit schon gezeigt, dass die Situation der Aussagenentstehung im Journalismus so komplex ist, dass eine General-Schelte nicht aufklärend wirkt – zumal, wenn dahinter kommunikationspolitische, parteipolitische oder berufspolitische Interessen stecken. Medien- und Journalismuskritik darf durchaus mit Leidenschaft betrieben werden; wenn ihr aber Augenmaß und Sachverstand fehlen, artet sie in Beschimpfungen oder sogar ‚kriegerische Handlungen' aus.

Quellen/Anmerkungen

1 Vgl. Süddeutsche Zeitung v. 1.8.1983.
2 Vgl. z. B. Ernst von Glasersfeld: Abschied von der Objektivität, in: P. Watzlawick/P. Krieg (Hrsg.): Das Auge des Betrachters, München/Zürich 1991, S. 17-30.
3 Vgl. Ralf Nüse et al.: Über die Erfindung/en des Radikalen Konstruktivismus, Weinheim 1991.
4 Vgl. Peter L. Berger/Thomas Luckmann: Die gesellschaftliche Konstruktion der Wirklichkeit, Frankfurt a. M. 1980.
5 Heinz Horrmann: Plötzlich sammelt D. Trump nicht mehr nur noch Dollars, in: Die Welt v. 5.9.1989.
6 HE'S BACK!!! Packaging Christ's Second Coming, in: Harper's Magazine 1989/4, S. 47-55.
7 Zit. n. Dagobert Lindlau: Der Realitätsverlust des Fernsehens und seiner Kritiker, in: H. H. Hinrichs/H. Janke (Hrsg.): Fernseh-Kritik: Die entfernte Wirklichkeit, Mainz 1985, S. 157.
8 Vgl. Norbert Bolz: Hatebook – die Pöbel-Demokratie, in: Cicero 2017/3, S. 17-22 (hier: 19).
9 Vgl. Ronald Steel: Walter Lippmann and the American Century, Boston/Toronto 1980.
10 Walter Lippmann: Public Opinion, New York 1922; dt.: Die öffentliche Meinung, München 1964 (Zitate: S. 59, 17 f., 28 – kurs. im Orig.).
11 Vgl. ebd., S. 61 ff.
12 Vgl. Johann Galtung/Mari Holmboe Ruge: The Structure of Foreign News, in: J. Tunstall (ed.): Media Sociology, Urbana/Chicago/London 1970, S. 259-298; Winfried Schulz: Die Konstruktion von Realität in den Nachrichtenmedien, Freiburg/München 1976; Joachim Friedrich Staab: Nachrichtenwert-Theorie, Freiburg/München 1990.
13 Lippmann: Die öffentliche Meinung, a. a. O., S. 243 f.
14 Vgl. Gaye Tuchman: Objectivity as Strategic Ritual: An Examination of Newsmen's Nations of Objectivity, in: American Journal of Sociology 77, Jan. 1972, S. 660-679.

15 Heinz von Foerster: Sicht und Einsicht, Braunschweig/Wiesbaden 1985; vgl., auch zum Folgenden: Bernhard Pörksen: Die Beobachtung des Beobachters, Konstanz 2006.
16 Zit. n. Der Spiegel Nr. 17 v. 22.4.2017, S. 76.
17 „Es muss schmerzen". Ulrich Wilhelm, 56, Intendant des Bayerischen Rundfunks, über Kritik an der Rundfunkabgabe, Gesetze gegen Fake News und journalistische Distanz zu Donald Trump, in: Der Spiegel Nr. 10 v. 4.3.2017, S. 75-77.
18 Vgl. Volker Riegas/Christian Vetter: Gespräch mit Humberto R. Maturana, in: dies. (Hrsg.): Zur Biologie der Kognition, Frankfurt a. M.: 11-90 (hier: 77 f.).
19 Rüdiger Funiok: Verantwortung im Journalismus, in: B. Dernbach/W. Loosen (Hrsg.): Didiaktik der Journalistik, Wiesbaden 2012, S. 151-163 (hier: 151).
20 Vgl. Commission on Freedom of the Press: A Free and Responsible Press, Chicago 1947 sowie Fred Siebert et al.: Four Theories of The Press, Urbana 1956.
21 Vgl. zu diesen Verantwortungsbegriffen Hans Lenk: Verantwortung in, durch, für Technik, in: W. Bungard/H. Lenk (Hrsg.): Technikbewertung, Frankfurt a. M. 1988, S. 58-78 (hier: 58 ff.); der Autor bezieht sich bei seinen Ausführungen auf den amerikanischen Philosophen John Ladd.
22 Vgl. Max Weber: Politik als Beruf, Berlin, 5. Aufl. 1968 [1919], S. 56 ff.; Siegfried Weischenberg: Max Weber und die Vermessung der Medienwelt, Wiesbaden 2014, S. 22 ff.
23 Vgl. Hans Mathias Kepplinger/Inge Vohl: Professionalisierung des Journalismus?, in: Rundfunk und Fernsehen, 24. Jg., 1976/4, S. 309-343.
24 Vgl. Klaus-Dieter Altmeppen: Die soziale Verantwortung des Journalismus, in: Communicatio Socialis, 41. Jg., 2008/3: 241-253.
25 AEJMC ist die Abkürzung für ,Association for Education in Journalism and Mass Communication'; die Vorträge sind in der Zeitschrift Mass Comm Review (Vol. 14, 1987/3) dokumentiert.
26 Louis D. Boccardi: Press Responsibility: The Journalist's View, in: Mass Comm Review, Vol. 14, 1987/3, S. 11-13, 35 (hier: 35).
27 Tadeusz Mazowiecki: Polens schwieriger Weg in die Normalität. Der demokratische Wandel und der Konflikt zwischen Pluralismus und Konsens, in: Frankfurter Allgemeine Zeitung v. 24 .8. 1991.
28 Ulrich Saxer: Strukturelle Möglichkeiten und Grenzen von Medien- und Journalismusethik, in: M. Haller/H. Holzhey (Hrsg.): Medien-Ethik, Opladen 1992, S. 104-128 (hier: 114).
29 Vgl. Robert Harris: Selling Hitler, New York 1986.
30 Vgl. Michael Born: Wer einmal fälscht.... Die Geschichte eines Fernsehjournalisten, Köln 1997.
31 Vgl. Die Kummer-Fälschungen: Einzelfall oder Symptom?, in: Die Zeit Nr. 26 v. 21.6.2000, S. 36 f.
32 Egon Erwin Kisch: Debüt beim Mühlenfeuer, in: ders.: Marktplatz der Sensationen, Berlin/Weimar 1979, S. 128-138 (Zitat: 137).
33 Erich Kästner: Fabian. Geschichte eines Moralisten, München 1989 [zuerst 1931], S. 30.
34 Vgl. Arthur Schütz: *Der Grubenhund. Experimente mit der Wahrheit*, hrsgg. u. eingeleitet v. W. Hömberg, München 1996.
35 Vgl. Ben Hecht: Revolution im Wasserglas. Geschichten aus Deutschland 1919, Berlin 2006; ders.: 1001 Nachmittage in New York, Frankfurt a. M./Leipzig 1992 [zuerst: New York 1941].

36 Journalism under Fire. A growing perception of arrogance threatens the American press, in: Time v. 12.12.1983.
37 Matthias Kalle/Tanja Stelzer: Wer sticht wen, in: Zeit Magazin Nr. 16 v. 14.4.2011, S. 26-33 (Zitate: 29).
38 Vgl. Jürgen Habermas: Strukturwandel der Öffentlichkeit, Frankfurt a. M. 1990 [Neuwied 1962], S. 48 f.
39 Joshua Meyrowitz: Die Fernsehgesellschaft, Weinheim/Basel 1987 [Original: No Sense of Place, New York 1985].
40 Vgl. Sascha Lobo: Realität ist nur noch eine Meinung, in: Spiegel Online v. 5.4.2017.
41 Marc Brost: Journalismus in Zeiten rasender Beschleunigung, in: Zeit Magazin Nr. 16 v. 14.4.2011.
42 Hanns Joachim Friedrichs: Journalistenleben, München 1994, S. 70 f.
43 Hans Leyendecker: Wer zahlt, schafft an, in: Süddeutsche Zeitung v. 5.8.2005.
44 Vgl. Andreas Hardt: Wenn die ‚Trolle' kommen…, in: Sportjournalist 2015/9: S. 10 f.
45 „Die Roboter-Reporter", in: HSV-Arena v. 25.8.2016.
46 Mit der Umbenennung des Senders in Sport1 (2010) wurde der Slogan aufgegeben; der Nachfolger belässt es auf seiner Homepage bei „wir sind mittendrin".
47 Vgl. Paul-Josef Raue: Die Marktschreier oder: Wieviel Journalismus steckt im Sportreporter?, in: kress v. 23.8.2016.
48 Thomas Horky et al.: Anpfiff, in: dies. (Hrsg.): Sportjournalismus, Konstanz 2009, S. 7-11 (hier: 9).
49 Raue: Die Marktschreier oder: Wieviel Journalismus steckt im Sportreporter?, a. a. O.; vgl. auch Maik Rosner: Rot-weiße Dauersendung, in: Sportjournalist 2017/4, S. 16 f.
50 Nähe versus Kritik. Gespräch mit Erich Laaser, Präsident des Verbandes Deutscher Sportjournalisten, in: M 2015/4, S. 10 f. (hier: 10).
51 Vgl. Fußballclubs brauchen keine Journalisten mehr, in: Zeit Online v. 19.8.2015.
52 Vgl. Gregor Derichs: TV-Zoff bei der EM 2016: Selbstherrliche UEFA, in: Sportjournalist 2016/7, S. 20.
53 Vgl. dazu auch den Kommentar von Thomas Horky: Schönes neues Sportfernsehen?, in: Hamburger Abendblatt v. 13.1.2017.
54 Vgl. Günter Herkel: Verwerfungen im Sportjournalismus, in: M 2015/4, S. 8-10.
55 Vgl. Bernhard Pörksen et al. (Hrsg.): Paradoxien des Journalismus, Wiesbaden 2008.
56 Philip Köster: Beste Kumpels, in: Sportjournalist 2016/6, S. 13.
57 Leyendecker: Wer zahlt, schafft an, a. a. O.
58 Hans Leyendecker: Chaos im Boot, in: Süddeutsche Zeitung v. 26.5.2007.
59 Vgl. z. B. Michael Schaffrath: Vermittler, Vermarkter und Verkäufer, in: Medien & Kommunikationswissenschaft, 58. Jg., 2010/2: 247-267 (hier: 247).
60 Herkel, Verwerfungen im Sportjournalismus, a. a. O., S. 9 f.
61 Solche Grundsätze sind enthalten in den Berufsgrundsätzen der Internationalen Journalisten-Föderation (Bordeaux 1954), dem Europäischen Communiqué der journalistischen Berufsgrundsätze (München 1971), dem Schlusscommuniqué der Internationalen Konferenz der Journalistenverbände (Prag 1983), der UNESCO-Mediendeklaration (Paris 1978) sowie den verschiedenen nationalen Pressekodizes wie etwa dem Pressekodex des Deutschen Presserats (zuerst 1979).
62 Verband Deutscher Sportjournalisten e.V.: Leitlinien des Sportjournalismus (www.sportjournalist.de/Ueber_uns/Leitlinien/).
63 Zit. n. Frankfurter Rundschau v. 28.8.2009.

64 Vgl. Herkel, Verwerfungen im Sportjournalismus, a. a. O., S. 8.
65 Roderich Reifenrath: Kollegen Franz Beckenbauer, Netzer und Co. als Hans Dampf auf allen Kanälen, in: Sportjournalist 2003/9, S. 14 f.
66 Vgl. Frank Schneller: Sie sind überall. Kaum eine Sportsendung im TV kommt mehr ohne ‚Experten' aus, in: Sportjournalist 2016/8, S. 5-8.
67 „Bei Interviews geht es auch um Respekt". Das Kürzel ‚KMH' ist inzwischen zu einer anerkannten Marke geworden, die für Charme und Kompetenz steht, in: Bundesliga-Magazin 2009/12, S. 47-51.
68 Vgl. Schaffrath: Vermittler, Vermarkter und Verkäufer, a. a O., S. 265
69 Vgl. z. B. Jürgen Roth: Wie viele Idioten soll diese Welt noch aushalten?, in: Spiegel Online v. 16.6.2016.; Tim Sohr: ‚Beckmanns Sportschule': Anarchie in der ARD, in: stern.de v. 19.6. 2016.
70 Vgl. Siegfried Weischenberg: Die Außenseiter der Redaktion, 2. Aufl. 1978, insbes. S. 299.
71 Vgl. dazu z. B.: Artur vom Stein: Massenmedien und Spitzensport, Frankfurt a. M. 1988; Christoph Fischer: Professionelle Sport-Kommunikatoren, Berlin 1993; Siegfried Weischenberg: Annäherungen an die ‚Außenseiter', in: Publizistik, 39. Jg., 1994/4, S. 428-452; Felix Görner: Vom Außenseiter zum Aufsteiger, Berlin 1995; Michael Schaffrath: Sport On Air, Berlin 1996; Wiebke Loosen: Die Medienrealität des Sports, Wiesbaden 1998; Thomas Schierl (Hrsg.): Handbuch Medien, Kommunikation und Sport, Schorndorf 2007; Thomas Horky et al. (Hrsg.): Sportjournalismus, Konstanz 2009.
72 So die Titel von zwei Aufsätzen, welche die Sportjournalisten Horst Seifart (Sportjournalist 1988/8, S. II) und Christoph Fischer (journalist 1987/12, S. 38 f.) publiziert haben. Die Ergebnisse einer schriftlichen Befragung von 1.739 Sportjournalisten durch das Institut für Sportpublizistik an der Sporthochschule Köln wurden unter folgenden Überschriften mitgeteilt: „Sport, Spaß und Spannung" (journalist 1994/1) und „Vom Außenseiter zum gutbezahlten Entertainer" (Masch.-schriftl. Man. von Robin Halle, o. O., o. J.).
73 Vgl. Steffen Kolb: Sportjournalisten in Deutschland, in: Thomas Horky et al. (Hrsg.): Sportjournalismus, Konstanz 2009, S. 45-62 (hier: 58).
74 Zu den Anfängen dieser Entwicklung vgl. z. B. Bernd Blöbaum: Doppelpaß mit System, in: journalist 1988/4, S. 14 f. sowie die Analyse von Praktiken der Zunft in einem kommerzialisierten Mediensystem, die Nitschmann verfasst hat (Johannes Nitschmann: Sport-Journalismus im Zwielicht, in: feder 1989/6, S. 12-29).
75 Michael Schaffrath: Das sportjournalistische Interview im deutschen Fernsehen, Münster 2000, S. 158
76 Vgl. Daniel Beck/Steffen Kolb: Sportjournalismus in Deutschland und der Schweiz, in: dies. (Hrsg.) Sport & Medien, Zürich/Chur 2009, S. 13-33 (hier: 30).
77 Vgl. Kolb: Sportjournalisten in Deutschland, a. a. O., S. 53.
78 Vgl. Gerhard Pfeil: Empört euch!, in: Der Spiegel Nr. 21 v. 20.5.2017, S. 92-95.
79 Vgl. Heinz-Dietrich Fischer (Hrsg.): Exquisiter Sport-Journalismus, Berlin 1993.
80 Raue: Die Marktschreier oder: Wieviel Journalismus steckt im Sportreporter?, a. a. O.
81 Sportjournalist 2015/7, S. 5
82 „Ich hätte alles gemacht", in: Süddeutsche Zeitung v. 21./22.11.2015, S. 13-15.
83 Eine Reihe prägnanter Zitate dazu präsentierte seinerzeit schon Nitschmann (a. a. O.) in seiner Analyse.

84 Diese Tradition führten z. B. die „zehn Thesen über die Sportpublizistik" des Sportfunktionärs Karlheinz Gieseler vor (in: Sportjournalist 1986/2, S. 3).
85 Vgl. Galtung/Ruge: The Structure of Foreign News, a. a. O.; Schulz: Die Konstruktion von Realität in den Nachrichtemedien, a. a. O.; Thomas Wilking: Strukturen lokaler Nachrichten. Eine empirische Untersuchung von Text- und Bildberichterstattung, München/New York 1990; Loosen: Die Medienrealität des Sports, a. a. O., Wiesbaden 1998.
86 Vgl. vom Stein: Massenmedien und Spitzensport, a. a. O., S. 418 ff.
87 Wolfgang Hoffmann-Riem: Sport – vom Ritual zum Medienspektakel, in: ders. (Hrsg.): Neue Medienstrukturen – neue Sportberichterstattung?, Baden-Baden/Hamburg 1988, S. 11-20 (hier: 19).
88 „Vielen Printkollegen ist der Respekt abhanden gekommen". Dieter Gruschwitz (63) zu seinem Abschied als ZDF-Sportchef, in: Sportjournalist 2017/2, S. 5-7 (hier: 7).
89 Sportjournalisten betreiben „Betrug am Volk", in: Sportjournalist 2015/5, S. 18 f.
90 Köster: Beste Kumpels, a. a. O.
91 „Das Schlimmste: Kumpanei und Unterwürfigkeit", in: 11Freunde v. 17.8.2016. (www.11freunde.de/interview/boris-buechler-ueber-seinen-job-als-sportjournalist; s. dort auch die Leser-Kommentare).
92 Wolf Schneider et al.: Unsere tägliche Desinformation, Hamburg, 2. Aufl. 1984.
93 Diese Figur erfreut sich immer noch einer gewissen Popularität – sogar in der Blogosphäre. Ein Beispiel dafür ist der um den Hamburger SV kreisende Blog ‚HSV-Arena' (www.hsv-arena.hamburg), der dem anderen monothematischen, vom *Hamburger Abendblatt* produzierten ‚Tagebuch' ‚Matz ab' (hsv-blog.abendblatt.de/) in tiefer Abneigung verbunden ist und von seinem Betreiber ‚Gravesen' (Nickname) ‚SchmocksEinöde' genannt wird. Wer im Schnellkurs fallstudienartig lernen will, was es im Internet an neuen Erscheinungen im Schnittfeld von Journalismus und (früher so genanntem) Publikum gibt (incl. Shitstorm-artiger Erscheinungen und Folgen von anonymen Beiträgen für die Qualität der Kommunikation sowie Versuchen der Finanzierung durch ‚Crowdfunding'), sei auf diese beiden Blogs verwiesen.
94 Vgl. Otto Groth: Die Geschichte der deutschen Zeitungswissenschaft, München 1948.
95 Vgl. z. B. Karl Jaspers: Werden wir richtig informiert?, in: P. Hübner (Hrsg.): Information oder Herrschen die Souffleure, Reinbek bei Hamburg 1964, S. 22-34; Weischenberg: Max Weber und die Vermessung der Medienwelt, a. a. O., S. 79 ff.
96 Vgl. Siegfried Weischenberg: Der enttarnte Elefant. Journalismus in der Bundesrepublik – und die Forschung, die sich ihm widmet, in: Media Perspektiven 1989/4, S. 227-239.
97 Heimo Schwilk/Ulrich Schacht: Einleitung, in: dies. (Hrsg.): Die selbstbewusste Nation, Frankfurt/Berlin, 2. Aufl. 1994, S. 14.
98 Botho Strauß: Anschwellender Bocksgesang, in: H. Schwilk/U. Schacht (Hrsg.): Die selbstbewusste Nation, Frankfurt/Berlin, 2. Aufl. 1994, S. 19-40 [zuerst: Febr. 1993]
99 Teile der folgenden drei Abschnitte wurden zuerst als Essay in einem Online-Portal für Buchrezensionen publiziert (vgl. Siegfried Weischenberg: Sollten Journalisten ‚belangbar' sein?, in: rezensionen:kommunikation:medien v. 13.11.2015.; www.rkm-journal.de/archives/18688).
100 Umberto Eco: Nullnummer, München 2015; Jonathan Franzen: Unschuld, Reinbek bei Hamburg 2015.

Quellen/Anmerkungen

101 Reporterpack. Klaus Brinkbäumer über die Romane von Umberto Eco und Jonathan Franzen, die aus der Welt der alten und neuen Medien erzählen, in: Literatur Spiegel. Beilage zum Spiegel Nr. 40 v. 26.9.2015, S. 3-5.
102 Götz Hamann: Der Journalismus steckt in einer Glaubwürdigkeitskrise, in: Die Zeit, Nr. 26 v. 25.6.2015, S. 8 f.; vgl. auch: Sebastian Christ: Medienkritik: Warum sich Journalisten und Leser immer schlechter verstehen, in: The Huffington Post v. 2.5.2014. (www.huffingtonpost.de).
103 Vgl. Jana Simon: Die Belagerung von Montabaur, in: Die Zeit Nr. 14 v. 1.4.2015, S. 23 sowie zu den älteren Fällen: Siegfried Weischenberg: Nachrichten-Journalismus, Wiesbaden 2001, S. 263 ff.
104 Die Zeit Nr. 48 v. 22.11.2012, S. 1, 25 ff.
105 Vgl. Ulrich Greiner: Das Leben und die Dinge, Salzburg/Wien 2015, S. 87 f.
106 Reporterpack. Klaus Brinkbäumer über die Romane von Umberto Eco und Jonathan Franzen, a.a.O., S. 4.
107 Vgl. Thomas Meyer: Die Unbelangbaren. Wie politische Journalisten mitregieren, Berlin 2015.
108 Vgl. Gesprächskultur. Über Glanz und Elend in Interviews, in: DJV NRW Journal 2016/1, S. 1-15 (hier: 15).
109 Der Autor hat für diese Methode das einfallsreiche Etikett ‚empirisches Kaleidoskop' geprägt (vgl. Meyer: Die Unbelangbaren, a.a.O., S. 105).
110 Auch bei Meyer gibt es dazu nur eine pauschale Medienschelte, die darauf verzichtet, den Vorgang in Hinblick auf das Binnenverhältnis Wulff-Diekmann zu plausibilisieren und die treue Bild-Gefolgschaft diverser Medien bei ihrer Berichterstattung zu problematisieren. Wie der Bild-Chefredakteur mit ‚privaten' Mitteilungen umgeht und wie die Elitevisippung von Medien funktioniert, hätte man im Übrigen anhand eines anderen prägnanten Falls studieren können, der publik geworden ist (vgl. Steffen Grimberg: Als Diekmann noch wie Wulff war, in: tageszeitung v. 15.1.2012.); wir sind darauf in Kapitel III/3 eingegangen.
111 Heribert Prantl: Journalismus als Schlachtfeld, in: Süddeutsche Zeitung Nr. 111 v. 16./17.5.2015, S. 46.
112 Udo Ulfkotte: Gekaufte Journalisten, Rottenburg 2014; zuvor, weniger erfolgreich, ders.: So lügen Journalisten, München 2001.
113 Der Schluss des Buches enthält dazu unter der Überschrift „Eine Trendumkehr tut not" einige Anregungen der eher bescheidenen Art, wozu z.B. gehört, künftig zwei der Theodor-Wolff-Preise für journalistische Selbstkritik zu reservieren (vgl. Meyer: Die Unbelangbaren, a.a.O., S. 183 ff.).
114 Prantl: Journalismus als Schlachtfeld, a.a.O.
115 Vgl. dazu z.B. die persönlich gehaltenen Erkundungen und Analysen eines Spiegel-Redakteurs (Cordt Schnibben: „Knast, wenn du lügst", in: Der Spiegel Nr. 10 v. 28.2.2015, S. 81-86; ders.: „Wo ist der Sarkasmus hin?", in: Der Spiegel Nr. 14 v. 28.3.2015, S. 92-94).
116 Vgl. z.B. Tom Schimmeck: Am besten nichts Neues, Frankfurt/Main 2009. Darin wird ein sehr viel bezeichnenderes Beispiel für ‚Rudelbildung', die den Kern von Thomas Meyers Medienkritik bildet, eingehend abgehandelt: der Fall Andrea Ypsilanti (vgl. ebd., S. 129-161). Gegen diese SPD-Politikerin bildete sich 2008 eine mediale Einheitsfront, als sie in Hessen nach der Krone der Ministerpräsidentin griff. Die nach Darstellung Schimmecks wie gleichgeschaltet wirkenden Medien schreckten damals auch vor dem Mittel der persönlichen Verunglimpfung nicht zurück. Verzichtet Meyer, der das Buch

kennt und lobt (vgl. Meyer: Die Unbelangbaren, a. a. O., S. 31, 139), auf den Fall dieser SPD-Linken, weil er ihm nicht in den parteipolitischen Kram passt? Eine bemerkenswerte Zusammenstellung von *Bild*-Beispielen bietet die Analyse von Gerhard Henschel: Die Springer Bibel, Hamburg o. J. [2008].

117 Vgl. dazu z. B. die Rezensionen, welche – neben der *SZ* – die *taz* (11.6.2015.), *Die Zeit* (24.9.2015.), *WDR5* (25.6.2015.) und *SWR2* (5.8.2015.) gedruckt bzw. gesendet haben. Enthusiastisch fallen jedoch die (bisher 20, Abruf: 20.4.2017.) Leser-Kommentare aus, die Amazon seiner Produktinformation nachgestellt hat (www.amazon.de); sie zumindest illustrieren, wie sehr der Tenor des Buchs mit einer allgemeinen Medienschelte korrespondiert.

118 So hätte z. B. nahe gelegen, in Hinblick auf das Verhältnis zwischen Journalismus und Publikum auf die empirischen Befunde in zwei neueren einschlägigen Studien Bezug zu nehmen. (Vgl. Wolfgang Donsbach et al.: Entzauberung eines Berufs, Konstanz 2009; Michael Meyen/Claudia Riesmeyer: Diktatur des Publikums, Konstanz 2009)

119 Meyer: Die Unbelangbaren, a. a. O., S. 75 ff.

120 Vgl. z. B. Thomas Meyer et al.: Die Inszenierung des Politischen, Wiesbaden 2000.

121 Meyer: Die Unbelangbaren, a. a. O., S. 77, 80 ff., 86.

122 Ebd., S. 87, 89 f.

123 Nur drei Beispiele aus der Vergangenheit: Gustav Stresemann, Willy Brandt und Egon Bahr; Max Weber bewegte sich – mehr oder weniger virtuos – gleichzeitig in den Feldern Wissenschaft, Politik und Medien.

124 Vgl. Meyer: Die Unbelangbaren, a. a. O., S. 105 ff.; Weber: Politik als Beruf, a. a. O., S. 29 ff.

125 Vgl. dazu seine Interviews mit *taz.de* (29.5.2015.;www.taz.de) und *Telepolis* (2.6.2015.; www.heise.de). Zum publizistischen Umgang mit der Pegida-Bewegung vgl. Michael Kraske: Der Extremismus der Mitte, in: journalist Nr. 2, Februar 2015, S. 34-39; der Autor urteilt, die „Meinungselite" sei hier „gegenüber Pegida merkwürdig haltungslos" geblieben (ebd., S. 37).

126 Nicolaus Fest: Zeichen der Entfremdung, in: Junge Freiheit Nr. 23 v. 3.6.2016, S. 24.

127 Vgl. z. B. Heimo Schwilk: Geistlose Brandstifter. Die Kritiker von Botho Strauß proben das ideologische Rollback, in: Frankfurter Allgemeine Zeitung v. 13.1.1995, S. 34.

128 Strauß: Anschwellender Bocksgesang, a. a. O., S. 21.

129 Vgl. Wolfgang Büscher: Was vom anschwellenden Bocksgesang übrig blieb, in: welt.de v. 28.1.2013.

130 Zit. n. Schwilk/Schacht (Hrsg.): Die selbstbewusste Nation, a. a. O., Vorwort zur zweiten Aufl., S. I.

131 Strauß: Anschwellender Bocksgesang, a. a. O. (Zitate: 23, 27, S. 34 f. (kurs. im Orig.), 31).

132 Elisabeth Noelle-Neumann, Der getarnte Elefant, Freiburg/München 1979, S. 115-126. Vgl. zum Vorhergegangenen und Folgenden auch z. B. Elisabeth Noelle-Neumann: Das doppelte Meinungsklima, in: Politische Vierteljahresschrift 18/1977, S. 408-451; dies.: Kumulation, Konsonanz und Öffentlichkeit, in: dies. (Hrsg.): Öffentlichkeit als Bedrohung, Freiburg/ München 1979, S. 127-168 sowie „Kokolores aus der Mainzer Uni". Wie unionsnahe Wissenschaftler im deutschen Fernsehen einen Linkskurs entdeckten, in: Der Spiegel, Nr. 1985/51, S. 71-78.

133 Vgl. Siegfried Weischenberg: Der enttarnte Elefant, a. a. .O.

134 Zur Auseinandersetzung mit dieser Forschungstradition vgl. Manfred Rühl: Journalismus und Gesellschaft, Mainz 1980, insbes. S. 29.

135 Vgl. S. Robert Lichter/Stanley Rothman/Linda S. Lichter: The Media Elite, Bethesda 1986 sowie u. a. S. Robert Lichter/Stanley Rothman: Media and Business Elites, in: Public Opinion, Vol. 4, 1981/5, S. 42-60; Stanley Rothman/S. Robert Lichter: Are Journalists a New Class? in: Business Forum, Spring 1983, S. 12-17.
136 Vgl. Ursula Hoffmann-Lange/Klaus Schönbach: Geschlossene Gesellschaft, in: H. M. Kepplinger (Hrsg.): Angepaßte Außenseiter, Freiburg/München 1979, S. 49-75; Max Kaase: Massenkommunikation und politischer Prozeß, in: W. R. Langenbucher (Hrsg.): Politische Kommunikation, Wien 1986, S. 168; Ursula Hoffmann-Lange: Eliten, Macht und Konflikt in der Bundesrepublik, Opladen 1992.
137 Vgl. Holger Rust: Entfremdete Elite? Journalisten im Kreuzfeuer der Kritik, Wien 1986, insbes. S. 21.
138 Vgl. ebd., insbes. S. 92 sowie David H. Weaver/G. Cleveland Wilhoit: The American Journalist, Bloomington 1986, S. 24 ff.
139 Vgl. John W. C. Johnstone et al.: The News People, Urbana/Chicago/London 1976; Weaver/Wilhoit: The American Journalist, a. a. O.
140 Vgl. Wolfgang Donsbach: Journalists' Conceptions of Their Audience, in: Gazette Vol. 32, 1983/1, S. 19-36; Renate Köcher: Spürhund und Missionar, Phil. Diss., Universität München 1986; dies.: Bloodhounds or Missionaries. Role Definitions of German and British Journalists, in: European Journal of Communication 1986/1, S. 43-64.
141 Donsbach: Journalismusforschung in der Bundesrepublik, in: J. Wilke (Hrsg.): Zwischenbilanz der Journalistenausbildung, München 1987, S. 105-142 (hier: 120).
142 Vgl. Köcher: Spürhund und Missionar, a. a. O., S. 107 ff.; Weaver/ Wilhoit: The American Journalist, a. a. O., S. 25 ff.
143 Die Daten stammen aus der repräsentativen Studie von Weaver/Wilhoit (USA), von James Halloran, Centre for Mass Communication Research, Leicester (Großbritannien), und von Elisabeth Noelle-Neumann, Institut für Demoskopie, Allensbach (Bundesrepublik). Die Frage lautete übereinstimmend: „Journalisten müssen verschiedene Methoden einsetzen, um Informationen zu bekommen. Welche der folgenden Methoden könnte Ihrer Meinung nach bei einer wichtigen Story unter Umständen gerechtfertigt sein?"
144 Donsbach: Journalismusforschung in der Bundesrepublik, a. a. O., S. 141, 118.
145 Weaver/Wilhoit: The American Journalist, a. a. O., S. 142.
146 Vgl. Siegfried Weischenberg: Neues vom Tage. Die Schreinemakerisierung unserer Medienwelt, Hamburg 1997; ders.: Diener des Systems, in: Die Zeit Nr. 14 v. 27.3.1987, S. 13-17.
147 Vgl. Herlinde Koelbl: Die Meute, München 2001; Lutz Hachmeister: Nervöse Zone, München 2007.
148 Vgl. Tissy Bruns: Republik der Wichtigtuer, Freiburg/Basel/Wien 2007; Gerhard Hoffmann: Die Verschwörung der Journaille zu Berlin, Bonn 2007.
149 Vgl. Siegfried Weischenberg: Distanz-Verlust, in: Journalist 1988/10, S. 8-14.
150 Vgl. z. B. Siegfried Weischenberg: Die Glaubwürdigkeitslücke des Fernsehjournalismus, in: Media Perspektiven 1987/11, S. 711-717.
151 Vgl. Wilke, Jürgen (Hrsg.): Zwischenbilanz der Journalistenausbildung, München 1987.
152 Vgl. dazu die zahlreichen Belege in: B. Dernbach/W. Loosen (Hrsg.): Didaktik der Journalistik, Wiesbaden 2012.
153 Selbst in den USA dominieren hier Zufälligkeiten und kompetenzfremde Kriterien (vgl. Lee B. Becker et al.: The Training and Hiring of Journalists, Norwood, NJ 1987).

154 Bijan Peymani: Spätromantische Mediendekadenz: Wie und warum der Journalismus vor die Hunde geht, in: B. Dernbach/W. Loosen (Hrsg.): Didaktik der Journalistik, Wiesbaden 2012, S. 439-445 (hier: 439, 444).

Die Qualität der Berichterstattung V

1 Wie ‚Medienkriege' den Journalismus vorführen

Die verfassungsrechtlich garantierte Kommunikations- und Medienfreiheit bedeutet – in Deutschland wie auch den USA – den Verzicht auf jede Art direkter Kontrolle von Medienprodukten und ihren Produzenten; sie werden durch den Artikel 5 des Grundgesetzes bzw. das First Amendment der amerikanischen Verfassung geschützt. Deshalb gibt es auch keine Reglementierung des beruflichen Zugangs zum Journalismus. Die Qualität der Berichterstattung muss sich also sozusagen von selbst herstellen – über den Markt, Resonanzen aus dem Publikum und allenfalls sanfte Regulierungen. Die damit verbundenen Risiken für die Kommunikationsverhältnisse werden verstärkt diskutiert, seit aufgrund gewandelter technischer und ökonomischer Bedingungen der Druck auf die Medienunternehmen und ihre Mitarbeiter weiter zugenommen hat. Gewachsen sind dadurch auch die Zweifel daran, dass insbesondere der Journalismus unter solchen Bedingungen zufriedenstellend ‚performen' kann. Seine Qualität steht mit zunehmender Tendenz auf dem Prüfstand.[1] Doch anders als bei Industrieprodukten ist es hier nicht so leicht, Leistungen zu messen. Über Qualität lässt sich im Fall der Medien streiten[2] – in der Regel. „Measuring quality in journalism is a little bit like measuring love," schreibt der Journalismus-Forscher Philip Meyer, der gleichwohl nicht aufgehört hat, die ‚Media Performance' auf der Basis von exakten Maßstäben zu bewerten.[3]

Für Klagen über die Qualität der Berichterstattung und die Glaubwürdigkeit der Berichterstatter gab es früher gewöhnlich nur zwei Gründe: Man störte sich an Bewertungen, die mit den eigenen Auffassungen nicht korrespondierten. Oder man war durch den Vergleich verschiedener Medien auf Widersprüche in der Darstellung gestoßen. Daran hat sich prinzipiell zwar nichts geändert, doch inzwischen gibt es durch das Internet deutlich vielfältigere Kontrollen – und Irritationen. Damit haben sich auf jeden Fall die Chancen für die Durchsetzung ‚alternativer Fakten' erhöht. Das Beispiel ‚Zweiter Golfkrieg' (bzw.: Erster Irakkrieg) zeigt jedoch, dass auch unter noch konventionellen Bedingungen eine solche ‚Medienrealität' konstruiert werden konnte; sie bewegte sich weit weg von dem, was der Beobachtung durch Journalisten zuträglich und der Überprüfung durch das Publikum zugänglich war. Dafür hatte Präsident George Bush (der Vater) gesorgt.

Dies ist schon fast drei Jahrzehnte her. Besser können wir uns an den Zweiten Irakkrieg und George W. Bush (den Sohn) erinnern, der mit seinem Beharren auf Fake News – ‚Massenvernichtungsmittel' in den Händen des Diktators Saddam Hussein – zumindest eine Zeitlang die Kommunikationshoheit innehatte und dadurch seine kriegerischen Absichten durchsetzen konnte. Die beiden (Kriegs-) Fälle führten vor, wie die Wirklichkeitskonstruktion durch Massenmedien funktioniert und wie riskant sie vor allem dann ist, wenn auf Seiten der (politisch) Handelnden alle Trümpfe der Beeinflussung gezogen werden; Nähe der ‚Embedded Journalists' zu den Akteuren und Institutionen macht dann alles nur noch schlimmer. Über die Qualität dieser Art von Berichterstattung konnte man nicht streiten. Die damaligen Erfahrungen hatten dann selbst Bush so weise gemacht, dass er Trumps ‚Pressepolitik' von Anfang an vehement attackierte. Nachdem der amtierende Präsident US-Medien den Krieg erklärt hatte, hob sein Vor-Vorgänger deren wichtige Funktion hervor, wenn es darum gehe, „Leute wie mich zur Rechenschaft zu ziehen" – solche Menschen, „die ihre Macht ausnutzen". Die Angriffe auf die Medien seien auch kontraproduktiv für die Anstrengungen der USA, Demokratie und Pressefreiheit in aller Welt zu befördern, meinte er.[4]

‚Die Schlacht der Lügen'

Insbesondere beim Zweiten Golfkrieg hatten die Journalisten Lehrgeld zahlen müssen, denn sie konnten damals nicht – wie zuvor in Osteuropa – bei ihrer Arbeit in ein politisches Vakuum stoßen, sondern mussten – wie im Alltag der Berichterstattung – den Regeln der Systeme Politik und Militär gehorchen. Präsident Bush ging dabei so weit, die Medien nicht nur zensieren zu lassen, sondern auch zu inszenieren, was die Medien als Wirklichkeit anzubieten hatten. Erfahrungen aus diesem Krieg und andere ‚Medienereignisse' gaben Hinweise auf die Gefahren der Kommerzialisierung und Technisierung des Journalismus in der Zukunft. Diese würden besonders dort drohen, wo auf professionell arbeitende Redaktionen verzichtet wird, die eingreifen und einordnen und nicht aus dem Auge verlieren, warum die Menschen immer noch und mehr denn je viel Zeit für den Umgang mit Medien aufwenden: Sie suchen Orientierung – in einer Welt, die zunehmend unübersichtlicher wird.

Dieser Krieg war kein Lehrstück über die Ausnahme; Wirklichkeitskonstruktion funktioniert im modernen Journalismus nach Mechanismen, die hier nur besonders sichtbar geworden sind. Dies ist nicht nur eine Medienkommunikation der

1 Wie ‚Medienkriege' den Journalismus vorführen

schnell wechselnden Bilder, sondern auch der schnell wechselnden Reize: Kaum schwiegen am Golf wieder die Waffen (ein schiefes Bild im Zeitalter des lautlosen Computerkrieges, den uns das Fernsehen vorgeführt hatte), schon bewegte statt des Diktators Saddam Hussein ein Showmaster die bundesdeutsche Nation, weil er im Fernsehen, ganz von Sinnen, angeblich seinen ‚Schniedelwutz' gezeigt hatte. Und *Bild* wandte sich wieder den wirklichen Problemen zu, als es vom selben Fastfood- und Gummibärchen-Werber mit der Schlagzeile berichtete: „Gottschalk beleidigt den Deutschen Schäferhund".[5] Nach der Abreise der Journalisten, den Marketendern des modernen Krieges,[6] wurde in der Golf-Region weiter gestorben – vom Hunger und von der Umwelt-Katastrophe nicht zu reden. Doch das erregte nicht mehr annähernd so viel Interesse wie jene Aktion ‚Desert Storm', bei der wie in einem Fußballmatch das Spielfeld, die Mannschaften und die Protagonisten so scheinbar klar auszumachen gewesen waren. Schnell akzeptierte danach das Publikum, das nach denselben Regeln Aufmerksamkeit zuwendet und entzieht wie seine Berichterstatter, andere Medienthemen, die in ähnlich übersichtlicher Schlachtordnung präsentiert wurden. Auch insofern wirkte die Kriegsberichterstattung vom Golf nicht lange nach.

Als erster Protagonist der modernen Kriegsberichterstattung gilt William Howard Russell, den der Chefredakteur der Londoner *Times* im Herbst des Jahres 1854 von der Krim über den Krieg der Engländer (zusammen mit den Franzosen) gegen Russland berichten ließ. Bis dahin waren für Kriegsberichte – wie heute noch für viele Berichte von lokalen Sportereignissen – die Teilnehmer selbst zuständig gewesen: Offiziere, die ihre Eindrücke im Quartier hinter der Front aufschrieben. Russell nahm seine Aufgabe ernst. Er gab sich mit den offiziellen und meist geschönten Angaben der Generale nicht zufrieden, sondern versuchte, den Krieg von unten zu beschreiben; er berichtete über die Schrecken der Kämpfe, über den Tod und die Zerstörung – und geriet damit prompt in Konflikt mit den nationalen Interessen. Denn die Militärs erwarteten vom Frontreporter die Unterordnung unter ihre strategischen und psychologischen Ziele. Bald, im Jahre 1856, verpassten die Engländer dem ungeliebten Kriegsreporter einen Maulkorb und schufen, was seither zum Krieg und seiner Berichterstattung gehört: die Militärzensur.

Die Journalisten und ihr Publikum schienen davon noch nichts gehört zu haben, als der Zweite Golfkrieg nach einem sorgfältig inszenierten Countdown tatsächlich begann. Gewöhnt an die Vorstellung, dass im Zeitalter des Fernsehens über alles in der Welt schnell und ungehindert berichtet wird, glaubte man sogar an einen neuen Höhepunkt in der Geschichte des globalen Dorfes ‚Mediengesellschaft'. Denn dieser Krieg war als erster richtiger ‚Medienkrieg' angekündigt worden. Gemeint waren damit Live-Charakter, Authentizität, Unmittelbarkeit. Tatsächlich führte dann aber gerade dieser Krieg den Inszenierungscharakter von Berichterstattung vor allem des Fernsehens bis zur Kenntlichkeit entstellt vor. Und dem Publikum führte er – wie wohl kein Ereignis zuvor – seine Medienexistenz vor Augen. Dabei spielte sich freilich ein unbeabsichtigter Lernprozess ab. Zunächst wurden Leser, Hörer und vor allem Fernsehzuschauer in die Arena dieses Krieges gelockt. Man bot ihnen viele Bilder und viele Informationen an. Dann merkte das Publikum, dass viele dieser Informationen nicht stimmten. Und schließlich musste es erkennen, dass es gar nicht mehr in erster Linie darum ging, ob die einzelne Information seriös war, solide recherchiert und nicht zensiert, sondern darum, dass man mit Haut und Haaren in dieses Dreieck gezogen wurde, das die Militärs, die Politiker und die Geschäftemacher der Medienindustrie gebildet hatten. Das Produkt, welches auf diese Weise zustande kam, veranlasste Fritz J. Raddatz in der *Zeit* zu folgender Übertreibung: „Verglichen mit der Nachrichtenpolitik im Golfkrieg war die Nazi-Wochenschau ein Dokumentarfilm."[7]

Präsentiert wurde – wie meistens in der fast 150jährigen Tradition der Kriegsberichterstattung – die Wirklichkeit der Interessenvertreter: der Politiker und vor allem der Militärs. Dies führte insbesondere zu Beginn des Krieges, als vom schnellen Sieg der Alliierten berichtet wurde, zu einem besinnungslosen Nachbeten von PR-Meldungen. Als es dann den Massentod in einem Bunker voller Kinder und Frauen gab, folgte immer noch ein Teil der Medien der Mär von einem Militärstützpunkt, der angegriffen worden sei. Schließlich dann der ölverklebte Kormoran, das Symbol dieses Krieges: Hier wurde deutlich, welche Mittel eingesetzt werden, um die Öffentlichkeit für oder gegen bestimmte Ziele, für oder gegen bestimmte Gruppen zu manipulieren. Die Golfkrieg-Berichterstattung war aber allein deshalb ein Desaster für die Journalisten, weil sie von den Militärs am Nasenring durch die Wüste gezogen wurden. Und weil der amerikanische General Schwarzkopf, dem das als Vietnam-Veteranen noch nicht genügte, hinterher noch öffentlich vorführen konnte, auf welche Weise er die unabhängige Berichterstattung erfolgreich in den Sand gesetzt hatte.

Dies alles und noch viel mehr beschrieb der amerikanische Journalist John R. MacArthur in seinem Report ‚Die Schlacht der Lügen'.[8] Anhand vieler Indizien enthüllte er darin, wie damals die Weltöffentlichkeit in die Irre geführt wurde, und zwar zum einen durch eine Informations-Blockade und zum anderen durch eine raffinierte Instrumentalisierung der US-Medien zur Manipulation der öffentlichen Meinung; diese hätten sich von der Regierung „zwangsverpflichten lassen".[9] Die Inszenierung des Golfkriegs stellte seiner Meinung nach eine bühnenreife Leistung dar – auf Basis der Faktoren Machtmissbrauch, Ignoranz, Schlamperei und hemmungsloser Verfolgung kommerzieller Interessen. ‚Wie die USA den Golfkrieg verkauften', lautete der Untertitel der deutschen Ausgabe des Buchs.

George Orwell oder Aldous Huxley?

Wie wir alle gelernt haben, mischen auf dem Markt von Kommunikation und Information heutzutage alle möglichen Interessenten mit. Es gibt es kaum noch einen ‚Tante-Emma-Laden', der nicht etwas Schriftliches herausgibt – vom Handzettel bis hin zu kompletten Dokumentationen. Und natürlich haben heute alle auch eine eigene Homepage. Hier nimmt die Produktion von Informationsmüll ihren Anfang, und hier liegen auch die Wurzeln für ein ungeheures Informations-Recycling, das alles unter sich begräbt. Im Zweiten Golfkrieg gingen deshalb die wenigen sauber recherchierten und nicht zensierten Informationen unter. Es gab durchaus nachdenklichen, qualifizierten Journalismus im öffentlich-rechtlichen Rundfunk; hier jedoch eher in Minderheitsprogrammen vor allem des Hörfunks. Oder in dem (damaligen) Bildungsbürger-Blatt *Die Zeit* und zum Teil auch im *Spiegel*. Und es war natürlich auch nicht so, dass die Verantwortlichen der großen Fernsehsender, die während des Krieges und danach so heftig kritisiert wurden,[10] völlig besinnungslos dem Affen Zucker gegeben hätten. Zu einer kritischen Reflexion waren sie aber, wie zahlreiche Äußerungen leitender Redakteure nach Ende des Krieges zeigten, nur begrenzt imstande.

In einem pluralistischen Mediensystem fällt natürlich bei jedem Ereignis auch kritischer, kompetenter Journalismus ab – zumal in Sektoren, die wir ziemlich optimistisch als ‚alternative Medien' bezeichnen, wo bestimmte Systemzwänge wie Aktualität, Verkürzung, Entertainment zumindest bis zu einem gewissen Grade und für eine gewisse Zeit außer Kraft gesetzt sind. Hier darf sich die Pressefreiheit selbst feiern. Auch in der Wochenzeitung *Die Zeit*, welche beim Zweiten Golfkrieg die vielleicht kompetenteste Berichterstattung zustande brachte, begegneten wir aber damals dem Selbstbezug der Medien: Wenn Stars der Kulturszene wie Enzensberger, Biermann, Jelinek, Habermas mit zum Teil überraschenden Einfällen aufeinander losgelassen wurden. Das sorgt nicht unbedingt für Aufklärung, aber für öffentliche Aufregung, für Gegen-Stellungnahmen, also für Anschlusskommunikation. Darüber kann man dann in Talkshows philosophieren und lamentieren – und auch das kann gut für die Reichweiten und für das Geschäft sein. Auch die Genannten und andere wirbelten also damals im selbstreferentiellen Zirkel der Medien mit.[11] Wenn Journalisten – wie viele Fernsehmacher – prominent sind, ist die Chance für Nachdenklichkeit besonders schlecht.

Aus Diskussionen mit Medienstars des Golfkriegs konnte man lernen, dass diese für eine am öffentlichen Auftrag der Medien orientierte Reflexion kaum in der Lage sind. Sie sind allenfalls durch die Fernseh-Kritiken von *Bild* bis *FAZ* zu erreichen. So kam auch hier eine Selbstthematisierung nur in Ansätzen zustande. „Statt dessen hie und da beflissenes Schulterklopfen über ‚besondere Leistungen' bei der Berichterstattung über den Golfkrieg: Was sind wir doch für tolle Kerle, wir

Journalisten!"¹² Journalisten, so zeigte sich, bewegen sich in recht engen Grenzen, wenn sie über ihr Handeln nachdenken. Zur Legitimation für den Erfolg ihrer Berichterstattung fallen ihnen dann allenfalls noch die Höhe der Auflage und die Größe der Reichweite ein. So argumentierten die Verantwortlichen auch im Golfkrieg. Sie gaben dabei Selbstauskünfte zur journalistischen Mentalität. Diese Mentalität der Journalisten ist in vielerlei Hinsicht Produkt des Milieus, in dem sie sich bewegen. Dies betrifft zunächst ihr Verantwortungsgefühl. Da machen sie es sich meistens ganz leicht: Sie geben die Verantwortung ab an die Institutionen, in denen sie arbeiten – und das mit einer gewissen Berechtigung, denn journalistische Tätigkeit wird in erheblichem Maße fremdbestimmt. Sie geben die Verantwortung aber auch ab an ,die Realität', welche sie widerzuspiegeln vorgeben, und an absolute Maßstäbe wie die ,Objektivität' und ,Wahrheit'; davon war schon ausführlicher die Rede (s. dazu Kapitel IV/1). So glaubte der *ARD*-Korrespondent in Bagdad allen Ernstes, mit ,Rückgrat', Geschick und professioneller Routine alle Zensurversuche unterlaufen und ,die Realität' des Golfkrieges abgebildet zu haben.¹³

Zum TV-Star wurde damals auch die britisch-iranische Reporterin Christiane Amanpour, die noch Jahre später davon überzeugt war, beim Golfkrieg, „die wahre goldene Zeit des 24-Stunden-Nachrichtenfernsehens" erlebt zu haben. In einem Interview schwärmte sie: „Da war dieses tolle Gefühl von: Oh, mein Gott, all diese Stunden für Nachrichten, wir können die ganze Welt abdecken und der Ort sein, wo Staatschefs reden." Inzwischen, kritisierte sie aber, würden die Nachrichtenprogramme heruntergebrochen „in kleine Einheiten einer kommerziellen Unternehmung". Was ihr bei der Bewertung der Kriegsberichterstattung besonders weh tue, sei, „mit welchem Zynismus Nachrichten und Berichterstattung oft gesehen werden. Wir riskieren unser Leben, wir glauben an eine Aufgabe, die wir zu erfüllen haben. Das ist doch kein Videospiel!"¹⁴

Die modernen Massenmedien sind Einrichtungen der Gesellschaft, die sich nach ihren eigenen Möglichkeiten richten und liefern, was sie liefern können; in diesem Sinne manipulieren sie immer oder nie. Sie manipulieren jedenfalls nicht wie George Orwells ,Großer Bruder'; auch der mächtigste Verleger, der größte Rundfunkbetreiber hat sein Medium nicht völlig unter Kontrolle. Massenmedien können, wie beim Zweiten Golfkrieg zu besichtigen war, aus dem Ruder laufen, wenn sie durch nichts wirksam kontrolliert werden – außer durch die kommerziellen Mechanismen ihrer Selbsterhaltung. Als wirksam erweisen sich allenfalls externe Kontrollen durch die mächtigen Systeme Politik und Militär. Orwells Vision führte insofern zur Verharmlosung durch Übertreibung. Die ,alte Medien' funktionierten wohl eher nach den Prinzipien in Aldous Huxleys ,Schöner neuer Welt'. Da war gar kein Wahrheitsministerium notwendig, weil die Informationsüberflutung alles zuschüttete und viele Menschen ihre medientechnische Zivilisation so sehr liebten,

1 Wie ‚Medienkriege' den Journalismus vorführen

dass sie sich für die Inhalte nicht mehr allzu sehr interessieren. In dieser ‚Schönen neuen Welt' wird alles durch die Sintflut der Bilder und Texte überschwemmt. Auch das ist eine Form von Informationslenkung.

„Journalismus heißt, etwas zu drucken, von dem jemand will, dass es nicht gedruckt wird. Alles andere ist Public Relations." Dieser angeblich von Orwell stammende Satz erfreut sich seit einiger Zeit im Internet großer Beliebtheit – ohne dass es dafür eine genaue Quelle gibt. Sein Klassiker ‚1984' wurde dann im Januar 2017 bei *Amazon* zum meistverkauften Buch in den USA und war sogar eine Zeitlang nicht mehr lieferbar – nachdem Trumps Beraterin Kellyanne Conway den Begriff ‚alternative Fakten' in die Welt gesetzt hatte. Ein Satz aus dem Roman hatte es Amerikanern, die nach der Vereidigung des neuen Präsidenten die Stirn runzelten, besonders angetan: „Die Partei lehrte, der Erkenntnis seiner Augen und Ohren nicht zu trauen."[15] Vielleicht trifft im Zeitalter der Sozialen Medien also doch Orwells Narrativ besser als Huxleys ‚Schöne neue Welt' die Verhältnisse der politischen Kommunikation, in denen ein Gladiator als ‚Großer Bruder' auftritt, der als Ex-TV-Star weiß, wie man Personenkult inszeniert, und der schon in seinem bizarren Wahlkampf eine Art von Kommunikation betrieb, die an den ‚Neusprech' bei Orwell erinnerte. Doch auch der Verkauf von Huxleys Buch hat erheblichen Rückwind erfahren, seit die Menschen irritiert sind durch das, was ihnen demokratisch legitimierte Politiker als ‚Wahrheit' anbieten.

Der Sender der ‚Schönen neuen Welt'

Welche Informationslenkung sich im Zweiten Golfkrieg abspielen würde, war Experten schon vorher klar gewesen. Der amerikanische Fernsehjournalist Ted Koppel, Moderator des US-Networks *ABC*, stellte vor Ausbruch des Krieges im *Spiegel* folgende präzise Prognose: „In den ersten Kriegstagen und vielleicht sogar, je nach Kriegsverlauf, während der gesamten Dauer der einleitenden Luftangriffe werden die Fernsehzuschauer praktisch nichts zu sehen bekommen. Aber unsere Regierung und unsere Militärs sollten ihre Feinde nicht unterschätzen. Wenn ich Saddam Hussein wäre, würde ich amerikanische Fernsehteams nach Bagdad einladen und ihnen sagen: ‚Wenn eure Seite euch nicht zeigt, wie es hier aussieht, dann zeigen wir es euch.'" Und natürlich werde der Diktator versuchen, „den Nachrichten einen bestimmten Drall zu geben, etwa durch Bilder von zivilen Bombenopfern. Ohne Kriegserklärung hat die US-Regierung nicht das Recht, Journalisten die Reise nach Bagdad zu verbieten."[16]

Wie Medien heute arbeiten, ist damals exemplarisch am Beispiel von *CNN* deutlich geworden – jenem Sender, den Journalisten und Medien als vorbildlich darstellten, weil sie die Professionalität und Schnelligkeit seiner Reporter bewunderten. 30 Sekunden brauchte *CNN* nach Angaben seiner Verantwortlichen im Herbst 1990 für die Entscheidung, Saddam Husseins Horrorshow mit kleinen Kindern zu senden, eine besonders abscheuliche Propagandainszenierung mit wehrlosen Geiseln. *CNN* hatte die zirkuläre Struktur des Systems der politischen Kommunikation seit Beginn des Kuweit-Konflikts perfektioniert: Politiker informierten sich in den Programmen des Senders über die Lage und über die Folgen ihrer Entscheidungen. Sie entschieden auf der Grundlage von ‚authentischen' *CNN*-Berichten – zumindest erweckten sie den Eindruck. Und die Machthaber George Bush und Saddam Hussein kommunizierten mit Hilfe des technischen Netzes von *CNN*. Der Sender – damals alles andere als ein Nachrichten*kanal* – betätigte sich zuletzt sogar als Wirklichkeitskonstrukteur für den irakischen Diktator.

CNN war zum Sender der ‚Schönen neuen Welt' geworden. Seine Reporter wurden zu Helden, zu Stars. Peter Arnett, im Zweiten Golfkrieg der größte von allen, hatte in Bagdad meist nichts zu bieten als seine eigene Präsenz – und er war Journalist genug, das auch zu wissen. Dass er nackt dastand wie jener im Märchen von des ‚Kaisers neuen Kleidern', wusste sein Sender geschickt zu verschleiern. Arnett, der sich nach dem Krieg zurückzog, um ein Buch über seine Erlebnisse zu schreiben, war unser Mann in der irakischen Hauptstadt.[17] In einem Interview sagte er hinterher: „Ich bin ein Realist, ich beschreibe den Ablauf eines Krieges, seine Schrecken. Frühere Kollegen von uns, Kriegsberichterstatter wie wir, haben den Krieg in Öl gemalt in all seinen Dimensionen, als Kampf der Heroen, als Horror. Heute bin ich mit der Fernsehkamera dabei und dokumentiere, was ich sehe. Ich will professionell offen sein. Genauso wie ich über die Tragödie der Iraker rede, will ich über die Tragödie der Kuwaiter reden können." Und er fügte hinzu: „Ich bin kein Pazifist, kein Friedensträumer. Mich interessieren natürlich die Taktiken des Krieges, seine Dynamik. Ich bin fasziniert vom perfekten Funktionieren einer Kriegsmaschine. Wenn ich in diesem Krieg in Saudi-Arabien gewesen wäre: Ich hätte gejubelt, wenn ich in einem Bomber hatte mitfliegen dürfen, der Bagdad bombardiert."[18]

Ted Turner, der Gründer und damalige Besitzer des Senders *CNN*, der den Krieg weltweit präsentierte, hatte allein mit Hilfe einer technischen Gleichzeitigkeit, die wir ‚live' nennen, die Grenzen zwischen Journalismus und Fiktion aufgehoben. Sein Nachrichtenfernsehen, das auf der Satellitentechnik beruht, schien so schnell wie die lasergeführten Bomben, die im modernen Krieg den Tod bringen; diese lassen sich freilich im Fernsehen auf Zeitlupentempo verlangsamen. Turner, der selbst zum Medienstar wurde und danach für jeden Klatsch gut war, heiratete schließlich in eine Hollywood-Dynastie: Jane Fonda – keine Journalistin, aber jemand, der schon sehr überzeugend eine Journalistin gespielt hat. *CNN* ließ er nach einem sehr simplen Konstruktionsplan arbeiten; Bob Furnad, sein stellvertretender Chefredakteur und Producer, über die Merkmale eines Nachrichten-Themas: „Es muss wichtig sein. Interessant. Es muss mehr als zwei Leute betreffen, einen Ausschnitt des Lebens darstellen."[19]

So inszenierte der Sender auch den Krieg, den der Republikaner Bush führte. 1996 verkaufte Turner seinen Sender für 7, 4 Milliarden Dollar an den Medienkonzern *Time Warner*. Ein viertel Jahrhundert nach dem Zweiten Golfkrieg führte dann auch der Republikaner Donald Trump Krieg – einen Krieg (zunächst nur) gegen die Medien. Eines seiner Hauptziele war *CNN*, inzwischen zu einem eher linksliberalen Medium mutiert und hinter dem rechtsgewirkten Konkurrenten *Fox News* von Rupert Murdock auf dem Markt der Nachrichtensender auf den zweiten Platz zurückgefallen.[20]

Triumph der Propaganda

„Krieg machte CNN zu dem, was es heute ist" – nach den Gründerjahren in der 1980ern, die alles andere als erfolgreich gewesen waren; die ersten drei Monate nach Beginn des Zweiten Golfkriegs hatten sich als „reines Quotengold" für den Sender erwiesen.[21] Seine enthusiasmierten Reporter, die aus Bagdad zugeschaltet waren, schienen eine ganz neue, unmittelbare Form von Berichterstattung realisieren zu können. Mit solchen Wirklichkeitsentwürfen, so glaubte man, müssten Nachrichtenmedien in der ‚Mediengesellschaft' dauerhaft Erfolg haben. Doch dann wurde klar, dass dieser Erfolg auch zur Bedrohung für den Journalismus werden könnte – einen Journalismus, der einstmals mit aufklärerischem Anspruch angetreten war, ehe er immer mehr ökonomische und politische Aufgaben übernahm. In diesem System funktionieren Journalisten wie jener *Reuters*-Reporter, den *Die Zeit* nach seiner Rückkehr vom Golf mit den Worten zitierte: „Eine solche Geschichte lässt man nicht einfach laufen. Das Spiel heißt: Bleiben. Auch wenn Du der Zensur unterliegst. Solange Du Bilder rauskriegst, ist es das wert."[22] Solche Journalisten, die allein der professionellen und kommerziellen Logik ihrer Branche folgen, helfen aber nicht, Probleme zu lösen; sie sind selber ein Problem. Sie klären nichts, sie erklären nichts, sie produzieren Bilder und Texte ohne Sinn und Verstand. Wenn die Militärs mit Raketen schießen, werfen solche Journalisten mit Nebelkerzen. So konnte der Golfkrieg ein Triumph der Propaganda werden. Aber dieser Journalismus hat – das darf nicht vergessen werden – sein Publikum. *CNN* lebt bis heute von den ‚News Junkies'. Das Fernsehen, welches im Golfkrieg seine Ästhetik einer perfekten Tötungstechnik borgte, meldete gute Reichweiten und positive Zuschauerpost. So war zu befürchten, dass der ‚Wüstensturm' nicht zum letztenmal kompetenten, unabhängigen Journalismus hinweggefegt hatte.

Dieser kompetente, unabhängige Journalismus wäre aber gerade im Fall des Zweiten Golfkriegs – trotz aller Restriktionen – möglich gewesen. Seit Monaten liefen die Kriegsvorbereitungen; seit Jahren lagen Informationen über die Logistik eines solchen Krieges vor. Analyse fand nur in Einzelfällen statt; die aktuelle Berichterstattung wurde vom Aufbau eines künstlichen Spannungsbogens beherrscht. Viele Medien handelten mit PR-Material, mit Gerüchten, mit Stereotypen – und handelten sich dabei alle Probleme eines Aktualitätsfetischismus ein. Diese Probleme waren zumindest den nachdenklicheren unter den Verantwortlichen durchaus bewusst gewesen."[23] Die Mischung aus Atemlosigkeit, Inkompetenz und Ideologie, welche dann nach Kriegsbeginn dennoch festzustellen war, hatten wir schon zuvor immer wieder einmal erlebt. So gab es nach dem Kernkraftunglück von Tschernobyl eine Medienschlacht der Experten, die ganz eigene und eigenwillige Konstruktionen der Wirklichkeit vorführte – bis uns endgültig angst und bange war. Im Fall der rumänischen Stadt Temesvar präsentierten insbesondere die öffentlich-rechtlichen Anstalten wochenlang Rechnungen mit Tausenden von Opfern und bebilderten sie mit Bergen von Leichen. Später erfuhr man, dass dort mit Berichten über ein angebliches Massaker Stimmung gemacht worden war, wobei die Konstrukteure dieser Wirklichkeit viele Nachahmer fanden und sich dann später kaum zu einer Korrektur bereit erklärten.[24]

Über den Krieg – über Angst und Tod – konnte man in diesem ‚Fernsehkrieg' am Golf wenig lernen. Auch dem naivsten ‚Realisten' ist wohl klar geworden, dass wir einer sehr eigenen Konstruktion von Wirklichkeit beiwohnten – mit Computergraphiken, vielstimmigen Spekulationen von Korrespondenten, mit Strategiediskussionen von Experten wie bei einer Schach-Weltmeisterschaft und lange Zeit mit der Darstellung eines Krieges ohne Tote und ohne Blut. Der Film, welcher nach Erich Maria Remarques Buch ‚Im Westen nichts Neues' gedreht wurde, enthält hierzu in drei Stunden mehr Wahrheiten als im Golfkrieg die vielen tausend Sendeminuten aller Fernsehsender in aller Welt. In diesem ‚Fernsehkrieg' konnte man freilich etwas lernen über das Geschäft der Medien. Über den Zynismus von Sendern, die ihren Werbekunden BMW, Persil oder Sensodyne hohe Reichweiten verschafften – in den langen Fernsehnächten, die sonst nur bei Übertragungen vom Tennis und Boxen zu weit höheren Preisen zustande kamen. Über den Zynismus der Presse, der den Tod am Golf in eine Reihe stellt mit der Scheidung in Hollywood und dem Tor am Millerntor. Dieser ‚Realitätseintopf' garantiert Quoten und Auflagen; eine militärische Offensive steigert sie. Und über den Zynismus von Wirtschaftsdiensten, auf deren Bildschirmen sich brennende Ölfelder in Anlagetipps verwandeln. Ihre Informationen waren so stark nachgefragt, dass die Agenturen – neben CNN – zum wahren Kriegsgewinnler wurden.

Die Golfberichterstattung lieferte Selbstauskünfte der Medien als Einrichtungen, die eigene Wirklichkeiten schaffen und dabei sozusagen zwangsläufig Opfer ihrer Strukturen und Zustände werden; gerade ‚Medienkriege' führen vor, wie Journalismus funktioniert.[25] Die Erfahrungen mit diesem modernen ‚Medienkrieg' haben uns damals böse gemacht und die Journalisten ratlos. Wenn an sie danach der Vorwurf der ‚Manipulation' gerichtet wurde, empfanden das viele von ihnen als ungerecht; sie hatten doch nur so berichtet wie immer. Schließlich war Krieg, und da herrschen für die Berichterstattung besondere Bedingungen. Damit könnte man es bewenden lassen, wenn der Golfkrieg wirklich nur über die moderne Kriegsberichterstattung Auskunft gegeben hätte. Hier ist aber mehr deutlich geworden. Deshalb war es vielleicht Zeit, die ‚Mediengesellschaft' zu überdenken und – wenn es denn möglich gewesen wäre – anders zu formieren.

Das Ende des Journalismus?

Der moderne Journalismus – speziell der Fernsehjournalismus – hat ausgeklügelte Routinen entwickelt, um Ereignisse nach den Prinzipien industrieller Fertigung verarbeiten zu können. Seine Akteure stützen sich dabei nicht nur auf bewährte professionelle Prozeduren der Nachrichtenproduktion (offizielle Quellen, Personalisierung, formale Standards), sondern auch auf bestimmte Rituale, die Fakten ersetzen können. Beim Fernsehen sind dies im Rahmen von aktuellen (Sonder-) Sendungen z. B. Schaltungen zwischen Studioredakteur und Korrespondent, Meinungsäußerungen von Reportern vor der Originalkulisse und Gespräche mit Experten, die über einen gewissen Bekanntheitsgrad verfügen. Auf diese Weise wird rationell gearbeitet, werden Zeiten eingehalten, Sendeplätze besetzt, Programme gefüllt.

Die Prozeduren, mehr aber noch die Rituale beruhen auf den Möglichkeiten, die moderne Daten- und Übertragungstechniken bieten. Dieses System funktionierte bei den Umwälzungen in Osteuropa und im Besonderen in Ostdeutschland. Das Fernsehen hat hier als Katalysator der Ereignisse wirken können, ist oft über den eigenen Schatten gesprungen. Doch das Wechselspiel zwischen Ereignissen und der Berichterstattung funktioniert eben nur dann, wenn die Herrschenden mitspielen – oder wenn sie ihre Macht verloren haben. (Prominente TV-) Journalisten, welche diesen Zusammenhang nicht verstanden hatten, wurden im Golfkrieg entzaubert. Während die Bush-Regierung die Medien zu ihren Handlangern degradierte, versuchte sie gleichzeitig den Eindruck zu erwecken, ohne die Medien ginge nichts in diesem Kriege; durch die ständigen Hinweise auf ihre Vermittlungsdienste zwischen den Kriegsparteien wurden die Journalisten vollends vorgeführt. Am Ende wendete sich der Glaube an einen ‚Real-Time Television War' und seine allein seligmachenden Technologien[26] gegen die Medienakteure, wobei der dubiose Erfolg von CNN das zentrale Problem deutlich machte: Wenn sich Journalismus reduzieren lässt auf das Dabeisein, auf das Draufhalten, auf die Dauerinformation anstelle der Interpretation, auf den technischen Transport anstelle der Erklärung von Ereignissen, führt er sich selbst ad absurdum. Ein solcher Journalismus wäre nicht nur impotent, sondern überflüssig. Das sollten alle bedenken, die heutzuge nach Mitteln suchen, wie man sich gegen die Sozialen Medien auf dem Markt behaupten kann – und denen offenbar jedes Mittel recht ist.

Für den Kommunikationswissenschaftler Elihu Katz war der Erfolg von *CNN* seinerzeit ein Symbol für Impotenz der Massenmedien. Er stelle „den Anfang vom Ende des Journalismus dar, so wie wir ihn kennen," schrieb er nach dem Ende des Krieges. Manche hätten ins Feld geführt, dass der *CNN*-Journalismus den Fernsehzuschauer dazu befähige, sein eigener Redakteur zu sein: „Vielleicht ist es so. Ich persönlich jedoch würde die redaktionelle Bearbeitung meiner Nachrichten ganz gerne einem professionellen Redakteur überlassen. Selbst wenn mir die Gelegenheit gegeben würde, George Bush oder Saddam Hussein direkt zu interviewen, würde ich die Aufgabe immer noch lieber einem professionellen Interviewer übertragen. Was ich jedoch keinesfalls will, ist, dass er mich als Rezipienten dabei vergisst." Das war eine Aussage über den schon damals drohenden Monopol- und Identitätsverlust des Journalismus. Katz' kritisches Resümee lautete: „Durch seine globale Ausdehnung hat CNN seine Adressaten verloren und weiß nicht mehr, für wen es sendet."[27]

Noam Chomsky, der auf seine älteren Tage zu einem der radikalsten Medienkritiker wurde, sieht das alles grundsätzlicher. Er bezeichnet die (amerikanischen) Medien generell als „Propaganda-Agenten" der Regierung. Sie wirkten wesentlich dabei mit, dass die enge Verflechtung von wirtschaftlicher und politischer Macht die Regel sei und das politische Handeln bestimme. Chomsky hat versucht, für sein Land sichtbar zu machen, was in Italien durch die Reizfigur des Silvio Berlusconi jahrelang als Problem personifiziert vorgeführt wurde. Sein ‚Propagandamodell' richtet sich im Einzelnen gegen Mechanismen der engen Themensetzung von Medien, Freund/Feind-Schemata in der Berichterstattung und die Konterkarierung des zentralen Wertes für ein funktionierendes Mediensystem in einer demokratischen Gesellschaft: Vielfalt. Zum Golfkrieg, den Vater Bush führte, meinte er, dass es hier nicht nur einfach um Desinformation ginge: „Es geht vielmehr darum, ob wir in einer freien Gesellschaft leben wollen oder in einer Art von selbstgestricktem Totalitarismus, in dem die verwirrte Herde patriotische Losungen ruft, um ihr Leben fürchtet und mit Ehrfurcht auf den Führer starrt, der sie vor der Vernichtung bewahrt, während die gebildeten Schichten den Schulterschluß vollziehen und die üblichen Slogans rezitieren. Dann enden die USA als gewalttätiger Söldnerstaat, der hofft, dass andere ihn dafür bezahlen, wenn er die Welt in Schutt und Asche legt."[28] Das schrieb Chomsky vor anderthalb Jahrzehnten…

Der Schal des P. Staisch und die ‚alternativen Fakten' des D. Trump

Im Zweiten Golfkrieg haben die Medien – jedenfalls zunächst – nichts anderes gemacht als sonst auch: Sie haben sich auf offizielle Stellen gestützt; sie haben deren Wirklichkeitsentwürfe als Realität angeboten. Insofern hatte Thomas Löffelholz, damals Chefredakteur der *Stuttgarter Zeitung*, recht, als er bei einer Podiumsdiskussion im Rahmen der Verleihung des Theodor-Wolff-Preises feststellte: „Soviel schlechter als sonst waren wir nicht."²⁹ Einige Journalisten haben damals mehr sich selbst dargestellt als das Ereignis – wie jener *ARD*-Korrespondent, der den Golfkrieg zu einer genialen Art von Selbstdarstellung nutzte. Zunächst lieferte er schon nach wenigen Stunden aus dem fernen Washington Nachrichten von der angeblichen Vernichtung der irakischen Luftwaffe und der Zerstörung der Abschussrampen für die Scud-Raketen. Dann erschien er bei seinen Auftritten im warmen Scheinwerferlicht des Fernsehstudios stets mit einem Schal um den Hals. Später erfuhr man, dass er auf diese Weise Werbung für sein Amerika-Buch machen wollte, dessen Titelbild ihn im selben Outfit zeigt. Der Schal des Peter Staisch war tagelang das eigentliche Thema bei diesem ‚Golfkrieg in den Medien' – auch dies eine Selbstauskunft des Journalismus.

CNN hat sich inzwischen als Nachrichtenprogramm etabliert, das rund um die Uhr rund um den Globus für Berichtenswertes sorgt, welches auf dem Bildschirm portionsweise aufgeteilt erscheint; die Beobachtungs-Perspektive ist dabei eine strikt US-amerikanische geblieben. Die Aufsager der Reporter vor den Kulissen in aller Welt und Schaltungen zu Gesprächspartnern werden dabei durch endlose Diskussionsrunden im Studio ergänzt, wo TV-Stars wie Wolf Blitzer und inzwischen auch Christiane Amanpour als souveräne Moderatoren glänzen. Nach der Präsidenten-Wahl sendete sich *CNN* im Frühjahr 2017 geradezu in einen Trump-Rausch – vor allem, nachdem das Network zusammen mit anderen Sendern und der *New York Times* von Donald Trump als „Feind des amerikanischen Volkes" bezeichnet worden war; sein Freund ist *Twitter*.

Gewiss seien wir auf dem Weg in ein Zeitalter des ‚Social Networking', hatte Christiane Amanpour im Interview mit dem *Spiegel* eingeräumt. Dies revolutioniere die Wege, auf denen Informationen geliefert würden. Gerade deshalb gebe es jedoch das Bedürfnis „nach einem Berufsstand professionell agierender Journalisten, die verpflichtet sind, ihre Quellen zu verifizieren, Fakten zu prüfen, Querverbindungen zu recherchieren und vor Ort selbst den Geschichten hinterherzugehen." Die neuen Medien sehe sie deshalb auch nicht als ernsthafte Konkurrenz: „Für mich sind all diese Bürgerjournalisten, also all die Blogger und Social-Network-Nutzer, nichts anderes als Augenzeugen, auf die Journalisten sich schon immer verlassen haben." Aber natürlich könnten diese nicht die einzige Quelle sein: „Wir, als professionelle Journalisten mit einem Verhaltenskodex und Berufsethos, können doch nicht aus der Gleichung gestrichen werden. Wer soll dann noch wissen, wo die Wahrheit liegt? Dann geht es doch nur noch darum, wer am lautesten schreien kann!"³⁰ Das sagte sie gut sieben Jahre, bevor Trump an die Macht kam und die Welt mit ‚alternativen Fakten' versorgte.

Aber auch diesem Donald Trump war bewusst, dass sich nichts so gut verkauft wie der Krieg – und dass man zumindest hier auf die ‚Mainstream-Medien' zählen kann. Als er im April 2017 mit dem Raketenangriff auf Syrien ein Ablenkungsmanöver von seinen durchweg desaströsen ersten 100 Tagen im Amt versuchte, warfen offensichtlich viele amerikanische Journalisten ihre Vorbehalte gegen diesen Präsidenten eine Zeitlang über Bord und wurden (wieder einmal) zu gefügigen Patrioten. Ein Beobachter: „Begeistert stürzen sich die US-Medien auf Donald Trumps Syrien-Abenteuer und machen sich so zu Komplizen des Weißen Hauses – auch wenn diese neueste Trump-Realityshow streckenweise so billig inszeniert ist wie eine Seifenoper." Mit Kriegsbeginn wurde dann von den TV-Sendern ein Mechanismus in Gang gesetzt, den wir inzwischen kennen – mit den üblichen Versatzstücken: „Sie bereiten den ‚Einmalschlag' zum virtuellen Videospiel auf, für noch mehr Quoten und Klicks." Zum professionellen Repertoire gehören Grafiken, 3D-Rekonstruktionen, Satellitenbilder und detaillierte, vom Pentagon vorgegebene Ziellisten für die Raketen. „Derlei Kriegsporno lässt schnell vergessen, dass bei der Aktion 15 Menschen starben, denn das sieht man nicht."[31]

Nach dem Zweiten Golfkrieg wurde vor der 15. Kammer des Arbeitsgerichts Hamburg die Kündigungsklage eines Redakteurs der Illustrierten *Stern* verhandelt. Die Zeitschrift hatte sich von diesem Mitarbeiter mit der Begründung getrennt, er habe damals in Bagdad für 5.000 Dollar völlig wertloses Filmmaterial erstanden und damit dem Verlag Gruner + Jahr Schaden zugefügt. Als Kronzeuge des Arbeitgebers trat sein Kollege auf, ein Fotograf, der ihn während der Kriegstage begleitet hatte. Der gekündigte Journalist, langjähriges Redaktionsmitglied, zeigte sich vor Gericht erstaunt darüber, dass angesichts der hohen Kosten der Golfkriegs-Berichterstattung nun um eine solche Summe gestritten werde. Unterstützt wurde er bei seinem Begehren auf Weiterbeschäftigung u. a. von zahlreichen Prominenten der Kulturszene, die am Tag vor dem Gerichtstermin in verschiedenen Tageszeitungen die Anzeige „Appell an den Stern" geschaltet hatten.[32]

Zu Zeiten des braven Soldaten Schwejk traf man sich nach dem Krieg in einer Kneipe in Prag. Nach dem Zweiten Golfkrieg ging es ungemütlicher zu: Man traf sich nicht nur vor Gericht, um Mediengeschäftliches – keine Nebensache bei diesem Ereignis – zu klären. Andere Versuche der Nachbereitung lief in unpersönlichen Hörfunk- und Fernsehstudios, in Redaktionen der Zeitungen und auf eilends organisierten Veranstaltungen in mehr oder weniger großen Hallen ab. Die Kriegszeiten und auch die Nachkriegszeiten haben sich eben geändert seit jenen Tagen im Wirtshaus an der Moldau. Anders sind die Waffen und die Militärstrategien (das wussten wir), aber auch die Sprache und vor allem die Kommunikation, die Medienkommunikation über den Krieg. Auch das war uns bekannt, aber es war uns bis dahin vielleicht nicht so richtig bewusst. Danach wussten wir besser Bescheid – und bis heute lernen wir immer neu dazu.

2 Wie Journalisten ihren Beruf und seine Methoden (nicht) lernen

In einer seiner Erzählungen schildert Mark Twain Erfahrungen als Urlaubsvertretung in der Redaktion einer landwirtschaftlichen Zeitung; heute würde man dies ‚Fachjournalismus' nennen. Samuel Langhorne Clemens, wie Twain eigentlich hieß, nimmt sich der Aufgabe ohne Vorkenntnisse, aber auch ohne Hemmungen an und erregt schon bald große Aufmerksamkeit – z. B. dadurch, dass er in einem Artikel Rüben auf Bäumen wachsen lässt oder in einem anderen behauptet, dass der Gänserich bei Eintritt des warmen Wetters zu laichen beginnt und Kühe in die Mauser kommen. Die Auflage steigt, aber der Ruf des Blattes leidet: Das Fachpublikum hält den neuen Redakteur für verrückt.

Wegen erwiesener Unwissenheit wird der Aushilfe dann geraten, ganz schnell das Weite zu suchen. Bevor er geht, wehrt sich der Gescholtene mit zwei Argumenten: Erstens habe Zeitungsarbeit noch nie etwas mit Sachkompetenz zu tun gehabt, und zweitens hätten nur solche Medien Erfolg, die sich dem Niveau des Publikums anpassten. Voller Zorn sagt er dann noch dieses: „Seit vierzehn Jahren arbeite ich als Redakteur und noch niemals […] habe ich gehört, dass man besondere Kenntnisse haben müsse, um eine Zeitung zu redigieren." Ihm sei aber gelungen, das Blatt „für alle Klassen" interessant zu machen. Und: „Ich sagte, ich könne Ihren Absatz auf zwanzigtausend Exemplare bringen – das wäre geschehen, wenn Sie mir noch vierzehn Tage Zeit gelassen hätten. Obendrein würde ich Ihnen die beste Klasse von Lesern verschafft haben, die sich ein landwirtschaftliches Blatt nur wünschen kann – kein einziger Landmann darunter, nicht ein Mensch, der einen Wassermelonenbaum von einer Pfirsichranke unterscheiden könnte."[33]

Dies ist Satire, die sich nicht darum kümmern muss, ob damit tatsächlich (immer noch) der real existierende Journalismus beschrieben wird. Allerdings ist die Faktenlage hier unübersichtlich. So haben heute in Deutschland zwar mehr als zwei Drittel der Journalistinnen und Journalisten einen akademischen Abschluss; Ausbildungsangebote für den Journalismus gibt es wie Sand am Meer, so dass sogar vollmundig behauptet wird, die Journalistenausbildung sei „zur weltweiten Erfolgsgeschichte geworden."[34] Doch findet diese Ausbildung hierzulande vor allem in den Betrieben als ‚training on the job' oder in Schulen statt, die von Medienunternehmen betrieben werden – und nur in vergleichsweise geringem Maße an Hochschulen.

Der Journalismus ist also zwar ein Akademiker-Beruf, aber – im Unterschied zu den USA – kein ‚akademischer Beruf', auf den (wie bei Professionen) durch das Studium einschlägiger Fächer vorbereitet wird.[35] Eine Qualitätskontrolle findet nicht statt. Das hatte man einst anders geplant.

Für die Ausbildung von Journalisten war Mitte der 1970er Jahre in (West-) Deutschland mit großem Aufwand das Hochschulfach ‚Journalistik' – schon vor gut 100 Jahren als ‚journalism education' in Nordamerika ‚erfunden' – eingerichtet worden, drei Jahrzehnte nach der Etablierung einer ‚Sozialistischen Journalistik' in der damaligen DDR. An der Universität Dortmund und anderswo (München, Stuttgart-Hohenheim, Hamburg, später Eichstätt und Mainz) sollte nach Empfehlungen des Deutschen Presserats ein Modell entstehen, das prägend wirkt für den Beruf und seine Ausbildung. Von ‚Qualitätsjournalismus' als Zielvorstellung war damals noch nicht die Rede; gemeint war aber genau dies.

Der lange Abschied vom ‚Begabungsberuf'

Basis des ‚Qualitätsjournalismus' ist die Qualität der Ausbildung, und deshalb muss zunächst gefragt werden, was eigentlich aus dem ‚Modell Journalistik' geworden ist. Ist die Rechnung aufgegangen, dass Journalisten neben der Vermittlungs- und Fachkompetenz auch Sachkompetenz brauchen, um zu wissen, worum es geht?[36] Wurde der Feld-, Wald- und Wiesenredakteur zumindest ein wenig (z. B.) zum Landwirt, und andererseits der (praktizierende) Gärtner insoweit zum (theoretisierenden) Botaniker, als er das, was er tut, auch reflektieren kann?[37] Vor allem: Ist zumindest in Ansätzen gelungen, das alles zusammenzubringen und zu leisten, was an der Wiege dieser Journalistik stand: die ‚Integration von Theorie und Praxis'?[38] Oder reicht es nicht doch, wenn man sich das nötige Wissen und handwerkliche Können in der Praxis beschafft – irgendwie?[39] Und grundsätzlich: Werden die Journalistinnen und Journalisten von morgen auf ihren Beruf und seine Methoden, die gewiss anspruchsvoller sind als in früheren Zeiten, ausreichend vorbereitet?

Ehe die Modelle der (hochschulgebundenen) Journalistenausbildung auf den Weg gebracht wurden, musste man zunächst Abschied nehmen von Vorstellungen, die den Journalismus lange beherrscht hatten und durch die reaktionäre Zeitungs- und Publizistikwissenschaft über Jahrzehnte propagiert und legitimiert worden waren: Journalismus als Hort ‚publizistischer Persönlichkeiten', die für den Beruf eine spezifische Begabung mitbringen müssen. Also etwas, das man nicht lernen kann. Doch da fangen die aktuellen Probleme schon an, denn die Begabungsideologie ist bis heute nicht völlig überwunden worden. In der Praxis lässt sich dies schnell feststellen – vor allem bei den ‚Alpha-Journalisten', die ihren beruflichen Erfolg natürlich eher durch ihr Talent erklären wollen als durch ihre Erziehung.

Dies gilt auch für Dortmunder, Hamburger oder Leipziger Absolventen, die es in der Branche zu etwas gebracht haben.

Wer sich mit der Geschichte der Journalistik beschäftigt, macht die erstaunliche Entdeckung, dass es schon Anfang des vergangenen Jahrhunderts Leute gab, die – wie etwa Max Weber – Journalismus als Ergebnis eines empirisch beobachtbaren Prozesses der Aussagenentstehung verstanden und sich schon damals von vorwissenschaftlichen Berufs-Romantizismen verabschiedet hatten.[40] Ein solcher Mann war auch Richard Wrede, der sich vor mehr als 100 Jahren anschickte, „die Journalistik zu einer Wissenschaft zu erheben". 1899 gründete er in Berlin eine Einrichtung zur Ausbildung des publizistischen Nachwuchses, die er „Journalisten-Hochschule" taufte.[41] In seinem wenige Jahre später publizierten ‚Handbuch der Journalistik' zog Wrede munter gegen die journalistische Begabungsideologie vom Leder: „Mit einem gewissen Selbstbewusstsein hört man jetzt noch von vielen Herren der Praxis, älteren und jüngeren, vom Chefredakteur des Weltblatts bis zum Scherenredakteur in Schilda, das grosse Wort: ‚Zum Journalisten muß man geboren werden, lernen kann man das nicht.'" Damit wollten diese Leute, war Wrede überzeugt, aber nur ihre eigenen Vorzüge und Fähigkeiten in das hellste Licht setzen. Als glatten „Wortschwindel" bezeichnete er die Vorstellung vom „geborenen Journalisten" und betrieb dann ohne Zögern eine radikale Entmythologisierung. Hinter der „Phrase vom ‚geborenen' Journalisten" stecke nichts als die Binsenwahrheit, dass man eine gewisse Anlage und Neigung zu diesem Berufe haben muss. Aber das sei schließlich bei jedem Beruf so.

Als Beleg dieser These folgten ein paar plastische Beispiele: „Wer kein Blut sehen kann, wird nie ein Arzt, wer stottert nie ein Prediger oder Anwalt, wer blind ist nie Offizier oder Circusreiter werden können." Doch Personen ohne solche geistigen oder körperlichen Mängel werde man nun nicht gleich als ‚geborenen' Arzt, Prediger oder Offizier bezeichnen. Vielmehr müsse „die Neigung und die Liebe zum Berufe [...] noch hinzukommen und ausserdem die – Fachbildung. Da sind nun die ‚geborenen' Journalisten hinsichtlich ihres Berufes anderer Ansicht, sie meinen, sie brauchten sich nur an den Redaktionstisch zu setzen, dann würde es schon gehen."[42] Das ist genau beobachtet und trefflich argumentiert; damals gab es dazu Rückenwind vom Verlegerverband und von den Journalistenvereinen – da konnte doch mit Richard Wredes Hochschule eigentlich nichts schief gehen und mit der Journalistik in Deutschland schon gar nicht.

Dieser Journalistik lieferte Karl Bücher, der dann 1916 in Leipzig das erste Universitätsinstitut für Zeitungskunde gründete, bereits mehrere Jahre vor dem Ersten Weltkrieg eine Legitimation für ihre Existenzberechtigung als Hochschulfach. Bücher wusste nämlich (auch aus eigener Erfahrung als Wirtschaftsredakteur), dass der Journalismus im Wesentlichen eine reproduktive Tätigkeit ist, die einer – sozialwissenschaftlich rekonstruierbaren – Regelhaftigkeit unterliegt. Der Nationalökonom formulierte deshalb im Jahre 1909 die Empfehlung, „dem oft gehörten Satz, dass der Beruf des Journalisten angeboren sein müsse, nicht gerade mehr Bedeutung beizulegen, als er auf jedem anderen Gebiete beruflicher Geistesarbeit beanspruchen kann. Sicher ist, dass die reproduktive Tätigkeit, um die es sich vorzugsweise handelt, ihre erkennbaren Regeln hat und dass diese Regeln durch Übung und Unterweisung erlernt werden können."[43]

Doch es kam dann alles ganz anders: Wredes private ‚Journalisten-Hochschule' war am Ende, als der Erste Weltkrieg begann. Im Jahr zuvor hatte der Reichsverband der deutschen Presse, die Standesorganisation der Journalisten, bei seiner Delegiertenversammlung in Düsseldorf die Chance verpasst, Grundlagen für eine praxisorientierte Journalistenausbildung an der Hochschule zu schaffen. Theorie und Praxis der Publizistik blieben fortan getrennt. Die Untersuchung von Regelhaftigkeiten, die Bücher gefordert hatte, wurde von der Zeitungswissenschaft, die sich des Themas Journalistenausbildung nun bemächtigte, durch die Beschäftigung mit ‚geistiger Gestaltung' von ‚publizistischen Persönlichkeiten' ersetzt. Eine ‚Professionalisierung durch Wissenschaft' fand dann erst Jahre nach dem Ende des Zweiten Weltkriegs statt. Stets blieb der Journalismus in Deutschland aber – in der Logik des Artikel 5 des Grundgesetzes – ein ‚offener Beruf'. Italien ist die einzige Demokratie westlichen Typs, in der das anders ist. Dort sind die Medienakteure in einer Berufsliste (albo professionale) erfasst; vor dem Eintritt in den Beruf müssen sie ein staatliches Examen ablegen. Dieses Merkmal von ‚Professionen' dient jedoch dort offenbar nicht der Qualitätssicherung des Journalismus (s. dazu auch Kapitel I/2).

Professionalisierung durch Wissenschaft?

Das soziologische Konzept der ‚Professionalisierung' – zur Erfassung der ‚Verberuflichung' von Berufen – unterscheidet auf einer gleitenden Skala Tätigkeiten unverbindlicherer und anspruchsloserer Art von den sogenannten ‚Professionen'. Als solche vollprofessionalisierten Berufe hatten sich seit dem Ende des Mittelalters im Zuge der Arbeitsteilung und Säkularisierung – als Trend „from cleric to expert"[44] – vor allem die Juristen zusammen mit den Geistlichen, den Wissenschaftlern und den Medizinern etabliert; sie bildeten ursprünglich die lokale Oberschicht. Kennzeichen für diese traditionellen Professionen war dabei, dass sie sich sozusagen nicht auf den Markt begaben, d. h., z. B. nicht über Preise für ihre Tätigkeit verhandelten, sondern in souveräner Weise von ihrer Kompetenz Gebrauch machen konnten. Diese Kompetenz war, jedenfalls im lokalen Umfeld, nicht bedroht durch scharfe Konkurrenz. Die Berufsverbände dieser Professionen garantierten die Integrität ihrer Mitglieder. Seit der Aufklärung im 18. Jahrhundert wandelte sich die Struktur dieser Professionen – und der Anspruch, den die Gesellschaft an sie richtete. Die Konkurrenz wurde verstärkt; Laienkontrolle nahm aufgrund des gesteigerten Wissens der Klienten zu. Nunmehr wurde die berufliche Kompetenz gegenüber der Integrität favorisiert. Der Beruf spielte sich im größeren organisatorischen Rahmen ab, so dass größere Transparenz hinsichtlich der Leistungen anderer Professionsmitglieder herrschte.

Nach Schätzung des amerikanischen Professionsforschers Harold Wilensky sind etwa 30 bis 40 Berufe ins „gelobte Land der Professionen" gelangt und haben sich dort eingerichtet.[45] Dann gibt es eine zweite Gruppe: Berufe, die mitten im Prozess der Professionalisierung stehen – etwa Sozialarbeiter, Stadtplaner und verschiedene Verwaltungsberufe. Und schließlich sind da noch Berufe, die Anspruch auf professionellen Status erheben, ohne dass irgendjemand diesen Anspruch honoriert: Berufe, in denen die kommerzielle Marktorientierung deutlich überwiegt. Explizit nennt Wilensky für diese Berufe die Beispiele Public-Relations-Manager, Werbeleute – und Beerdigungsunternehmer.[46] Berufe, die zu ‚Professionen' geworden sind, verfügen vor allem über zweierlei: Kompetenz und Autonomie. Berufliche *Kompetenz* beruht auf spezifischen, in einer systematischen Ausbildung erworbenen Kenntnissen, Wertvorstellungen, Normen und Verhaltensstandards eines Berufs;[47] berufliche *Autonomie* bedeutet die weitgehend selbständige Regelung von Problemen der Berufsgruppe im Rahmen dieser Kompetenz, also die relativ geringe Kontrolle durch Laien. Professionen sind darüber hinaus aber auch durch die beruflichen Einstellungen der Berufsvertreter gekennzeichnet: eine spezifische altruistische Orientierung (Ausrichtung des Handelns eher am Gemeinwohl als an eigenen Interessen) und, damit verbunden, eine Befriedigung durch Belohnungen, die eher ideeller Natur sind (wie Freude an der Arbeit, Ansehen, Lob usw.). Die Faktoren ‚Kompetenz', ‚Autonomie', ‚altruistische Orientierung' und ‚idealistische Belohnungen' wegen besonderen Engagements sind aber selbst bei den ‚klassischen Professionen' nur in unterschiedlich starker Ausprägung auszumachen.

Von all dem war und ist der Journalismus ein Stück entfernt – auch wenn es bei der Systematisierung der Ausbildung durchaus Fortschritte gegeben hat. Im neuen Jahrhundert hat nun der ‚Bologna-Prozess' auch die Journalistik fest im Griff; er stellt das Integrations-Postulat vor allem in Hinblick auf die Verknüpfung von (kommunikationswissenschaftlich fundierter) Fachkompetenz und (fachwissenschaftlich fundierter) Sachkompetenz zur Disposition. Geradezu kontinuierlich ist ein Deutschland – anders als etwa in den USA – Betriebsnähe Markenzeichen der Ausbildung geblieben. Die Medienbetriebe haben bis heute die volle Kontrolle über die Rekrutierung des journalistischen Nachwuchses behalten und folgen dabei natürlich ihren eigenen (ökonomischen) Interessen. Nach den ambitionierten Aktivitäten bis zum Ersten Weltkrieg – gleichermaßen getragen von Journalisten, Verlegern, Verbänden und Wissenschaftlern – hat sich ein reines Anlernsystem durchgesetzt (‚Volontariat'), das lange nicht über das Niveau des 19. Jahrhunderts hinauskam und nicht totzukriegen ist. Inzwischen wird es häufig durch betriebliche Schulen oder gar Verlags-‚Akademien' geschminkt. Und immer noch hält sich in manchen Kreisen eben auch der Glaube an die Unlernbarkeit des journalistischen Berufs, werden jahrzehntelange Erfolge der Journalistenausbildung im ansonsten von manchen bewunderten und kopierten nordamerikanischen Mediensystem kaum zur Kenntnis genommen, wird schließlich gar „Emil Dovifat wiederentdeckt";[48] Dovifat, der einstige Berliner Publizistik-Ordinarius, war erfolgreichster Propagandist einer normativen Elitetheorie der Publizistik.[49]

Die Renaissance ziemlich alter Ideen und Ideologien mag den überraschen, der sich noch gut an die Diskussionen der 1960er Jahre über eine neue Bildungspolitik in der Bundesrepublik erinnert. Sie nahm damals auch die Medien ins Visier. Die These, dass ausgerechnet im Journalismus, der zu 90 Prozent aus Routinetätigkeiten besteht, qualifizierte Lehre nicht möglich und – bei wachsenden Ansprüchen an das Wissen der Journalisten – gerade hier Kompetenz verzichtbar sei, wirkte gerade in jener Zeit wie ein Anachronismus. So ließen sich die Institutsgründungen und Curriculumentwürfe der Journalistik, getragen von der Woge der Bildungseuphorie jener Jahre, im Grunde gar nicht aufhalten. Mit dem Thema ‚Plädoyer für eine hochschulgebundene Journalistenausbildung' wurde damals promoviert.[50] Der Ausbildung wurde nicht nur die Aufgabe zugewiesen, die Reflexion der Funktionen des Journalismus im demokratischen System zu fördern, sondern auch, zum ‚richtigen' sozialen Bewusstsein der Journalisten beizutragen. Und schließlich sollte die Ausbildung auf direktem Wege die Reflexion der Bedingungen journalistischer Produktion in Gang bringen und zum Abbau der Diskrepanz zwischen beruflicher Realität und beruflichem Bewusstsein der Journalisten beitragen. Darüber hinaus wurde von der (hochschulgebundenen) Journalistenausbildung sogar erwartet, einen wesentlichen Beitrag zur beruflichen Unabhängigkeit der Journalisten zu leisten; sie sollte dabei mitwirken, innere Pressefreiheit im Sinne beruflicher Autonomie herzustellen.[51]

Von der Bildungseuphorie zur Bildung von ‚Berufsattrappen'

Im Jahre 2000 wurde ermittelt, dass es seinerzeit schon 58 Hochschuleinrichtungen für Medienausbildung in Deutschland gab und weitere 134 Institutionen mit (irgendwelchen) Aktivitäten in diesem Bereich. Man könnte deshalb auch kritisch von einer ‚Atomisierung' des ursprünglichen Modells sprechen oder zumindest von hoher Komplexität. Inzwischen gibt es Medienstudiengänge u. a. in solchen Medienmetropolen wie Mittweida und St. Augustin, Lingen, Landau und Ansbach. Der Deutsche Presserat hatte 1973 in seinem wegweisenden ‚Neuen Memorandum für einen Rahmenplan zur Journalistenausbildung' gerade mal sieben Schwerpunkt-Standorte vorgeschlagen.[52] *FAZ*-Herausgeber Jürgen Kaube hat diese Entwicklung in einem Aufsatz mit dem Titel geht ,Ihr geht alle in die Medien' attackiert. Im Fokus seiner Kritik standen dabei auch die Angewandte Literatur- und Kulturwissenschaft und all jene Einrichtungen, die glauben, mit einem irgendwie gearteten Medienbezug die eigene Zukunft sichern zu können. Die Universitäten bastelten dabei, so schrieb er, offensichtlich an „Berufsattrappen"; solche Bachelor-Studiengänge könnten kein Erfolg werden.[53] Eine andere Kritik lautet, manche Hochschulstudiengänge seien „so praxisfern, auch inkompetent geführt, dass es nicht verwundert, wenn die Medienmacher die Praxistauglichkeit des Studienabschlusses in Frage stellen."[54]

Statt einer Präzisierung des (journalistischen) Berufsbezugs nach US-amerikanischem Muster, das in den Journalistik-Modellen angelegt war, gibt es inzwischen in Deutschland ein Sammelsurium von Fächern, das zu einem Abschluss führt, der ,berufsqualifizierend' genannt wird, aber alles andere als das ist. Gleichzeitig hat quasi eine ,Re-Privatisierung' der Journalistenausbildung stattgefunden – was umso erstaunlicher ist, als die Etablierung einer Journalistik als Modell einmal breit konsentiert war – auch zwischen den Verbänden der Journalisten und der Medienunternehmen. Noch erstaunlicher aber ist, dass diese privaten Ausbildungseinrichtungen, die durchweg ein schmales Profil besitzen, zum Teil sogar staatlich alimentiert werden. Auf der anderen Seite spart die Wissenschaftsbürokratie: An der Universität Hamburg wurde 2013 der Lehrstuhl Journalistik und Kommunikationswissenschaft abgewickelt und an der Universität Leipzig 2017 sogar die Fortführung des gesamten Studiengangs Journalistik (jedenfalls vorerst) gestoppt.[55]

Bei einem Teil der Hochschulstudiengänge wiederum wird auf die Entgrenzungserscheinungen im Journalismus mit einer Entgrenzung der Curricula reagiert, indem gleichzeitig für Tätigkeiten in den Massenmedien und in den Institutionen der Public Relations ausgebildet wird. Beispiel dafür ist der Bachelor-Studiengang ,Journalismus und Public Relations' an der Fachhochschule Gelsenkirchen, bei dem dann, so wird berichtet, Studierende z. B. „in einem Seminar als Kommunikations-Coaches für die Mitarbeiter eines mittelständischen Unternehmens für Tiefkühlkost" fungieren.[56] Anhänger des Modells einer ,kritischen Journalistik' reagieren auf diese Entwicklung mit Besorgnis: „Viele Hochschulen implementieren unter dem Eindruck des schwierigen Arbeitsmarktes für Journalisten PR-Elemente in die Curricula, manche versprechen sogar eine Doppelqualifikation des Nachwuchses. Sind also jene Journalistik-Studierenden im Nachteil, die an Seminaren teilnehmen, die […] nachhaltig für das Wirken der Public Relations sensibilisieren und die PR-Skepsis trainieren?"[57]

In den ,Kern-Institutionen' der Journalistik schien immerhin eines recht gut gelungen zu sein: die Integration von Sach-, Fach- und Vermittlungskompetenz und die Orientierung an gesellschaftlichen Normen und Werten. Doch auch dies steht inzwischen zur Disposition – was sich direkt auf den ‚Bologna-Prozess' zurückführen lässt, der das für die Journalistik basale Zweitfach für ‚Sachwissen' faktisch abschafft. Dies verweist auf die aktuellen Reformprozesse an den deutschen Universitäten. Scharfzüngige Kritiker sprechen inzwischen vom „Wissenschaftsbetrieb als Wissenschaftsvernichtung"[58]. Die Journalistik hat aber nicht nur an der Last der allgemeinen Studienreformen schwer zu schleppen. Von Anfang an war ihr die Hypothek aufgehalst worden, sich (mehr oder weniger) im Umfeld der Publizistik- und Kommunikationswissenschaft etablieren zu müssen. Also eines Fachs, das bis heute – und vielleicht mehr denn je – Identitätsprobleme hat, die immer mal wieder sanft von innen thematisiert oder scharf von außen attackiert werden.[59] Praxiskompetenz (für den Journalismus) wird dem Fach Publizistik-/Kommunikationswissenschaft zwar immer noch abgesprochen, doch ansonsten fallen die Medienurteile inzwischen milder aus. So könne man, heißt es, dem Fach durchaus internationale Wettbewerbsfähigkeit attestieren. Das größte Problem sei heute die ‚Ausfledderung' der einschlägigen Hochschulangebote.[60]

Dankt die ‚kritische Journalistik' ab?

Die Grundsatzfrage ‚Warum Ausbildung für Journalisten?'[61] wird zwar heute nicht mehr ernsthaft gestellt. Anders sieht es jedoch nach wie vor mit der Legitimation der hochschulgebundenen Journalistenausbildung aus. Während es in den 1970er Jahren sogar unter den Verlegern eine breite Unterstützung dafür gab, stehen die Zeichen inzwischen eher auf Rückschritt: Universitäten tun sich nach wie vor schwer mit dem Charakter des Fachs, Medienunternehmen wollen die Kontrolle über die Inhalte in eigenen Einrichtungen, einschlägige Verbände verhalten sich eher indifferent. ‚Hochschulgebunden' bedeutet deshalb inzwischen tendenziell: Journalistik wird an die Fachhochschulen verlagert. Dankt damit eine ‚kritische Journalistik' ab? Die Nordländer Niedersachsen und Bremen sind mit diversen Journalismus-Angeboten an Fachhochschulen Vorreiter der Entwicklung gewesen. Aber die flächendeckende Versorgung mit einschlägigen Studiengängen reicht bis in den Süden; so gibt es etwa an der Fachhochschule Ansbach inzwischen den Studiengang ‚Ressortjournalismus'. Der Professor, den man dafür suchte, sollte – ganz Typ ‚eierlegende Wollmilchsau' – Recherche und Quellenbewertung, Medienethik sowie journalistische Darstellungsformen und crossmediale Adaption draufhaben.[62]

Damit passt er freilich gut zu dem Allrounder, der offenbar als Prototyp für den neuen ‚digitalen Journalismus' gilt. Dafür werden Kandidaten gesucht, die (zumindest) über entsprechendes technisches Grundwissen verfügen, aber auch „unternehmerisch denken und handeln können". So formuliert es ein Journalist, der als Hochschullehrer in diesem Bereich unterrichtet, in seinen „Fünf Thesen für die

Journalistenausbildung der Zukunft". Gleichzeitig blieben aber, so hebt er hervor, die „Grundsätze dessen, was Journalismus heißt" in Kraft und in Wirkung: „Wer nicht nachweislich unabhängig berichtet, nicht sauber recherchiert, dokumentiert und verifiziert, wer nicht weiß, wie man eine Geschichte erzählt und nicht im Bedarfsfall sorgenfrei Auskunft über die eigene Arbeitsweise geben kann – dem wird in Zukunft noch weniger vertraut werden, als das heute schon vielfach der Fall ist." Der verantwortungsbewusste Hochschullehrer formuliert heutzutage aber nicht nur hohe Kompetenzansprüche, sondern warnt auch vor Illusionen, was die beruflichen Perspektiven angeht: „Wer angehenden Journalisten in der Ausbildung vorgaukelt, dass sie alle nach ihrem Abschluss davon leben werden, mehrseitige Reportagen für Hochglanzmagazine zu produzieren, der versündigt sich an ihnen – wird aber vermutlich auch von den eigenen Schützlingen nicht mehr Ernst genommen."[63]

Auf welchen Journalismus sollen die Einrichtungen der Journalistenausbildung aber künftig vorbereiten? Der Pianist Wladimir Horowitz hat einmal gesagt, gutes Klavierspiel beruhe auf den drei Faktoren Vernunft, Herz und technische Mittel: „Ohne Vernunft sind Sie ein Fiasko, ohne Technik ein Amateur und ohne Herz eine Maschine."[64] Als der Dortmunder Studiengang Journalistik ins Leben gerufen wurde, hatten die Verantwortlichen ungefähr dieselben Kriterien für ‚guten Journalismus' im Kopf. Natürlich sollten bei der hochschulgebundenen Journalistenausbildung Profis herauskommen, also Leute, welche die Techniken und Methoden des Journalismus – und zwar für verschiedene Medien – beherrschen. Aber noch wichtiger schien, der neuen Journalisten-Generation neben dem Handwerkszeug Reflexionsvermögen mit auf den Weg zu geben: Sensibilität für Personen und Situationen und die Fähigkeit zum ‚Nachdenken über journalistisches Handeln' (so stand es dann später auch im Curriculum).

Im Laufe von mehr als 40 Jahren ist aus den guten Absichten und den eher bescheidenen Anfängen eine respektierte Einrichtung geworden.[65] Dass das ‚Dortmunder Modell' reüssieren würde, war jedoch allen, welche die damalige Journalistenausbildung kannten, klar. Egal, was man an der Ruhr auch anstellte: Es würde besser sein als das dominierende ‚training on the job'. Wie dies künftig – unter ‚Bologna-Bedingungen' – aussehen wird, kann man jedoch nicht prognostizieren. Glaubt man einem Reporter der *FAZ*, der sich auf dem Campus in Dortmund-Barop ‚undercover' in Seminare der neuen B.A.-Studiengänge geschlichen hatte, läuft die aktuelle Entwicklung auf eine „Fachhochschule für Kanalarbeiter" hinaus. Als Fazit formulierte er die Sorge, „dass die weitgehend fehlende wissenschaftliche Herangehensweise – in diesem Fall hieße das: Diskurs- und Medienkritik auf hohem Niveau – sich auf die spätere journalistische Praxis auswirkt".[66]

In Dortmund wollte man nun durch die Verpflichtung von bekannten Journalisten vor allem auch bisherige didaktische Defizite bei der Integration von Theorie und

Praxis reduzieren.⁶⁷ Solche Personalpolitik sorgt für öffentliche Aufmerksamkeit
– aber womöglich auch für neue Probleme. Einer, der es selbst im Journalismus
zu etwas gebracht hat und später an die Universität wechselte, gibt zu bedenken:
„Die wohlklingende Karriere eines Berufspraktikers stellt keine ausreichende
Legitimation für einen Hochschulstudiengang dar, auch wenn die Studierenden
dem Praktiker an den Lippen hängen."⁶⁸ Inzwischen stellt sich die Frage, ob es in
der Journalistik künftig nur noch zwei Arten von Hochschullehrern geben wird:
die Medienstars – und die „Professoren neuen Typs", den „jungen, dynamischen,
forschungspolitisch korrekten, Drittmittel einwerbenden und organisatorisch talen-
tierten Wissenschaftsmanager".⁶⁹ Dieser Akteur passt besonders gut zur ‚Universität
neuen Typs', die sich einen technisch-naturwissenschaftlichen Anstrich gibt und
ihre geistes- und sozialwissenschaftlichen Angebote systematisch herunterfährt,
weil sie nicht hinreichend marktförmig sind. Auch dieser Aspekt stimmt nicht allzu
optimistisch – jedenfalls in Hinblick auf das Ziel: Besserer Journalismus durch
bessere Journalistenausbildung, um den Beruf zukunftsfest zu machen.

3 Wie die Chancen für andere Arten von Berichterstattung stehen

Als zwei junge Reporter einer angesehenen Zeitung Wind bekommen hatten von
der Festnahme von fünf Männern, die in eine Parteizentrale eingedrungen waren, begannen sie – am 17. Juni 1972 – mit ihren Recherchen. Diese galten einem
Vorfall, der zunächst wie ein konventioneller Einbruch aussah. Im Laufe ihrer
Ermittlungen förderten die Zwei dann einen der größten Politskandale des 20.
Jahrhunderts zutage. Zunächst zwangen sie mit ihren Veröffentlichungen einen Teil
der engsten Mitarbeiter des Präsidenten zum Rücktritt. Nach mehr als zweijähriger
kontinuierlicher Berichterstattung, nach Aufdeckung der Einzelheiten und Hintergründe, musste dann auch der mächtigste Mann des Staates selbst dem Druck des
Parlaments und der Öffentlichkeit nachgeben und – am 9. August 1974 – sein Amt
aufgeben. Das war das Ende der ‚Watergate-Affäre', die den beiden Journalisten
den Pulitzer-Preis einbrachte und ein scheinbar neues Berichterstattungsmuster
populär machte: den *Investigativen Journalismus*. Der Entwurf für diese Form der
Berichterstattung ist im Grunde recht simpel. Es geht um einen Journalismus, bei
dem intensive, kritische Recherchemethoden eingesetzt werden, um Verborgenes
ans Tageslicht zu bringen, um politische oder gesellschaftliche Missstände auf-
zudecken – ‚Investigative Reporting' als Gegenentwurf zum gängigen ‚Objective
Reporting' (Informationsjournalismus).

Die Lawine, welche ‚Watergate' lostrat, wurde zu einem Kristallisationspunkt für den Journalismus. Für die einen war das, was die jungen Reporter an die Öffentlichkeit brachten, wie das reinigende Gewitter in einer Rossini-Oper: Es geht vorbei und nachher – nichts ist zerstört – liegt alles hell und klar; für die anderen brachte die monatelange Berichterstattung über den Zerfall der Regierung Nixon den Beweis für die Gefahren, den dieser ‚destruktive Journalismus' darstelle. Im Frühjahr 2017 erinnerten Kommentatoren aus aktuellem Anlass an ‚Watergate'. Hatte es nicht wie damals wieder einen (hier: digitalen) Einbruch bei der Partei der Demokraten gegeben – wobei diesmal die Russen involviert schienen? War es nicht erneut das FBI, welches investigative Journalisten mit geheimen Informationen versorgte? Und zeigte sich nicht wieder, dass sich die amerikanische Presse nicht einschüchtern lässt – auch nicht von jemandem, der dank *Twitter* so tut, als könnten ihm die Medien völlig schnurz sein? Schließlich aber auch: Maßten sich die Journalisten nicht wie so oft eine unangemessene Machtfülle an, als sie öffentlich diskutierten, ob nicht, wie einst im Fall des Richard Nixon, bald wieder genug Gründe vorlägen, um ein Impeachment des Präsidenten auf den Weg zu bringen?

Für Robert Redford, der einst in dem ‚Watergate'-Film *All the President's Men*‘ den Reporter Bob Woodward verkörpert hatte, lagen die Parallelen zur damaligen Affäre auf der Hand. In einem Beitrag für die *Washington Post* schrieb der Schauspieler: „There are many. The biggest one is the importance of a free and independent media in defending our democracy." Doch die aktuelle Lage sei noch schlimmer: „When President Trump speaks of being in a ‚running war' with the media, calls them ‚among the most dishonest human beings on Earth' and tweets that they're the ‚enemy of the American people', his language takes the Nixon administration's false accusations of ‚shoddy' and ‚shabby' journalism to new and dangerous heights."[70]

Investigativer Journalismus: die deutsche Debatte

‚Watergate' mehrte das Renommee der *Washington Post*; die Reporter Woodward und Carl Bernstein wurden reich und berühmt. Der politische Skandal, den sie aufgedeckt hatten, stand nun als Symbol für eine spezielle Form der Arbeit von Journalisten, die ihre Berufsrolle aktiv wahrnehmen; die Affäre gilt als Beweis für die Macht der Medien und für den Einfluss der Presse als Vierte Gewalt. Nach ‚Watergate' wollten viele Journalisten dann einen ähnlichen ‚Scoop' landen wie die *Post*-Reporter: Mit Blitzen in das politische System fahren, den Mächtigen mit Donner einen Schrecken einjagen oder den Scheinwerfer auf Elend am Rande der Gesellschaft richten – womit man Journalistenpreise gewinnen kann. Nicht zuletzt wegen solch ehrgeiziger Ambitionen der Reporter erschien der ‚Enthüllungsjournalismus' seither auch immer wieder als ‚Erfüllungsgehilfen-Journalismus', weil für geheime Informationen in der Regel Gegengeschäfte fällig sind. Das bedeutet oft eine Instrumentalisierung von Journalisten als ‚Agenten der Macht'[71], die das Bild von Medien als unabhängigen Institutionen und vom Journalisten als ‚einsamem Streiter' als Mythos erscheinen lassen. Lange blieb ungeklärt, wem die ‚Watergate'-Reporter Bernstein und Woodward eigentlich gedient hatten, als sie bei ihren Recherchen von der anonymen Quelle ‚Deep Throat' an die Hand genommen wurden;[72] dazu wurden von Anfang an die unterschiedlichsten Theorien gehandelt.[73] Erst im Jahre 2005 outete sich dann ihr Informant – der ehemalige Vize-Chef des FBI, Mark Felt.[74]

Seit ‚Watergate' besitzt der Investigative Journalismus – so selten er in der Praxis vorkommt – symbolische Kraft; er gilt sozusagen als Muster für „the practice at its best. Here journalism can be seen, often spectacularly, to be carrying out the fourth estate role described in the Anglo-American liberal tradition." Obwohl es sich bei dem Skandal um ein Ereignis im politischen System der USA in den 1970er Jahren handelte, gibt es bis heute eine weltweite Resonanz. „It symbolizes so successfully (particularly in the glamorous film version) the good that reporting can do, independently monitoring power and aligning itself with the interests of the people."[75] Dieser ‚Journalismus à la Watergate' löste schon bald auch in Deutschland Faszination aus. Angesichts vieler Oberflächlichkeiten gerade bei der politischen Berichterstattung wurde gefragt, ob der Journalismus nicht generell tiefer graben müsste. Es entstand eine Debatte über die Funktion von Journalismus und die Rolle von Journalisten, mit polarisierten Standpunkten, die nun seit Jahren den Diskurs über die Medien kennzeichnen. Dies war damals aber eine wissenschaftlich inspirierte Debatte unter Einschluss einiger Medienpraktiker;[76] die Auswirkungen blieben deshalb eher bescheiden. Dennoch wird jetzt wieder darüber nachgedacht, ob wir nicht einen ‚anderen Journalismus' bräuchten – mit intensiver Recherche als Kernelement oder auch mit mehr Erzähl-Elementen – und wie die Chancen dafür stehen. Aktuell erfährt dieses Nachdenken und Diskutieren unter den Bedingungen der Digitalisierung und unter dem Druck der Medienkrise eine Renaissance. Könnte das die Rettung bringen? Die Erfahrungen der Vergangenheit sprechen eher dagegen. Denn auf Dauer konnte sich hierzulande jedenfalls kein ‚Enthüllungsjournalismus' als Berichterstattungsmuster etablieren. Hiervon gab es nur zwei Ausnahmen: den *Spiegel* und den Einzelkämpfer Günter Wallraff. Das Hamburger Nachrichtenmagazin betrieb seit seinen Anfängen mehr oder weniger präzise organisierten ‚Recherchenjournalismus'. Wallraff verstand es, als Person zur Inkarnation des Investigativen Journalismus in der Bundesrepublik überhaupt zu werden. Seine Außenseiterrolle zeigte aber auch, welche Rolle dieses Muster hierzulande spielte.

Als Wallraff mit seinen eigenwilligen und mutigen Undercover-Reportagen bekannt wurde, war gerade grundlegende Kritik an journalistischen Verhaltens-

und Berichterstattungsstandards im bundesdeutschen Journalismus aufgekommen. So glaubten Peter Glotz und Wolfgang R. Langenbucher pseudodemokratische, anti-aufklärerische und elitäre Elemente im journalistischen Selbstverständnis festgestellt zu haben und bezogen diese Befunde direkt auf dysfunktionale Folgen für das politische System.[77] Bei dieser Medienkritik als Journalismuskritik ging es in der Tat um die offensichtliche Unzulänglichkeit vertrauter journalistischer Konzepte. Das Spektrum reichte vom Vorwurf nachlässiger Berichterstattung über die Arbeitswelt sowie dem Nachweis sprachlicher Mängel über partielle oder prinzipielle Fragen nach der Validität ‚Objektiver Berichterstattung' bis zum Vorwurf der Selbstabdankung eines selbständigen Journalismus (‚Hofberichterstattung') insbesondere beim Fernsehen und bei der Lokalpresse. Grundsätzlich wurde dem hergebrachten Journalismus entgegengehalten, seine Erklärungs- und Prognosekraft reiche für die Herausforderungen der Gegenwart und Zukunft nicht mehr aus. Auch ‚Watergate' tauchte in diesem Zusammenhang wieder auf; in unserem krisengeschüttelten Journalismus, so lautete die Diagnose aus deutscher Sicht, wäre derartig zupackender Enthüllungsjournalismus überhaupt nicht möglich.[78] Die Generalabrechnung lautete: Insgesamt habe die „Qualität des Journalismus […] nicht Schritt gehalten mit der Expansion der technischen Medien und ihrem Zuwachs an Bedeutung und Macht".[79]

Reduzierte man die vielstimmige Kritik auf ihre Grundmuster, so fiel aber auf, dass zwei verschiedene Kritikergruppen offensichtlich auf Unterschiedliches hinauswollten. Die einen waren die (Selbst-) Kritiker aus dem Journalismus. Sie bekannten zwar die eigenen Schwächen, sahen sie aber als Effekt schwindender Autonomie und benannten auch gleich die Gründe: Technik, Kommerzialisierung, politischer Einfluss sowie Bürokratisierung und Hierarchisierung (mit der Folge von Selbstzensur). Beispiel für diesen subjektiven Reflex auf Strukturen war die Argumentation des bekannten TV-Reporters Dagobert Lindlau, dem nachgesagt wird, er habe seinerzeit die Diskussion über Investigativen Journalismus sozusagen in die Bundesrepublik importiert. Lindlau brachte, einen Kollegen zitierend, seine Attacke gegen ‚falsche Objektivität' in unserem Journalismus auf die plastische Formel des „kapitalistischen Realismus". Wichtigstes Kennzeichen: „Die routinemäßige Entfernung von einer berichtenswerten Realität durch Selektion, Glättung und Anpassung an die erlaubten Stereotypen." Von typischen Zwängen des ‚sozialistischen Realismus' könne zwar keine Rede sein, „wohl aber von Zwängen der Konditionierung. So wie es dem sozialistischen Realismus um eine optimistische Darstellung der sozialistischen Welt ging, so geht es dem kapitalistischen Realismus um eine Huldigung der Mechanismen der westlichen Wettbewerbsgesellschaft", meinte er.[80] Anders herum wäre es aber wohl richtiger gewesen: Der Journalismus, welcher ‚kapitalistischen Realismus' herstellt, ist selbst Teil dieser Mechanismen.

Die hier den Ausdrucksformen einer Krise unseres Journalismus unterlegten Ursachen waren auffällig ähnlich denen, die Soziologen seinerzeit für eine Krise unserer Expertenkultur, für Glaubwürdigkeitsverlust, für eine ‚Deprofessionalisierung' z. B. auch unseres Wissenschaftssystems benannten: Entindividualisierung durch die digitale Technik, Einpassung in Arbeitsteilung, Bürokratisierungsdruck, Standardisierungstendenzen, Routinisierung.[81] Die Entzauberung der Wissenschaft und die Enttäuschung der Gläubigen führte zur Mobilisierung der Nichtexperten – zur Karriere des Partizipationsgedankens, der auch bei Journalismus-Konzeptionen Schule machte und im Internetzeitalter eine Renaissance erfährt.[82] Man kann dies noch zuspitzen: Während im 20. Jahrhundert Professionalisierung in geradezu allen Lebensbereichen einen hohen Stellenwert besaß und die Vorbereitung auf berufliche Tätigkeit prägte, ist im 21. Jahrhundert eine Gegenbewegung spürbar. Nicht zuletzt das Informationsangebot des Internet verleitet viele Menschen zu der Einschätzung, dass sie auf die ‚Profis' getrost verzichten und sich auf das Ergebnis der eigenen *Google*-Recherchen verlassen können. Es gibt deshalb für die Medizin wie die Juristerei selbsternannte ‚professionelle Amateure' – und inzwischen eben auch für den Journalismus und die Politik, wo einschlägig Ahnungslose sogar in höchste Ämter gewählt werden.

Die anderen Kritiker des Journalismus haben offenbar aus Sorge um die Funktionsfähigkeit des Gesellschaftssystems Stellung bezogen. Ihr Ansatzpunkt war die Veränderung des politischen Systems, die offenkundige Professionalisierung der politischen Kommunikation durch die Interessenvertreter aus Parteien, Regierungsinstitutionen usw. und auf der anderen Seite die mangelnde Kompetenz der Journalisten – Probleme, die dann erst Ende der 1990er Jahre deutlicher sichtbar wurden. Als Folge war aber schon früher die ungleiche Verteilung von Macht und Prestige zwischen politischem System und Öffentlichkeit ausgemacht und deshalb angeraten worden: „Wenn das politische System den Prozess der Herstellung von Öffentlichkeit selbst professionell betreibt, muss es zur neuen Verantwortung der Medien gehören, genau diesen Prozess transparent zu machen – also Kommunikation über Kommunikation zu vermitteln."[83] Journalismus statt als ‚öffentlicher Dienst' wieder als Dienst für die Öffentlichkeit: Schon vor Jahren erging also die Aufforderung, dem Wandel der politischen und gesellschaftlichen Kultur mit neuen journalistischen Standards und Methoden gerecht zu werden. Das Ziel war ein emanzipatorisches, aufklärerisches und das dafür empfohlene Handwerkszeug die (intensive) Recherche.

Muster des ‚Enthüllungsjournalismus'

‚Plädoyers für Recherche und Zivilcourage'[84] mündeten seinerzeit in die Aufforderung, ‚Investigative Reporting' aus den USA in die Bundesrepublik zu importieren.

3 Wie die Chancen für andere Arten von Berichterstattung stehen

Mit diesem ‚Enthüllungsjournalismus' à la ‚Watergate' konkurrierten kann noch andere ‚Journalismen' nach US-amerikanischem Vorbild, die alle – mehr oder weniger akzentuiert – die Recherche in den Fokus eines alternativen Journalismus rückten: ‚Interpretative Journalism' (Interpretativer Journalismus), ‚Precision Journalism' (Präzisionsjournalismus, besser wohl: ‚Sozialwissenschaftlicher Journalismus') und ‚New Journalism'. Das weichste Muster stellte dabei der Neue Journalismus dar. Einen solchen ‚neuen' Journalismus – oder das, was man für neu hielt – hat es in der Geschichte der modernen Massenkommunikation immer mal wieder gegeben. Im späten 19. Jahrhundert z. B. wurde in angelsächsischen Ländern vom ‚New Journalism' gesprochen, als sich Stil und Präsentationsformen diverser Zeitungen änderten. ‚Neu' wurde auch jener professionellere Lokaljournalismus genannt, auf den sich in der Bundesrepublik jahrelange Anstrengungen von Praktikern und Wissenschaftlern konzentrierten.[85]

In den USA wurde dann in den 1970er Jahren mit ‚New Journalism' jedoch etwas anderes bezeichnet: eine sehr persönliche Art journalistischer Darstellung. Was daran neu und was daran typisch ist, blieb auch nach eingehenden Diskussionen und Reflexionen der Spezialisten unklar – bis auf zwei Kennzeichen: Profil des Schreibers und Rückgriff auf literarische Stilmittel: „For one decent working definition of the New journalism is that it's what Tom Wolfe writes."[86] Wolfe, Gay Talese, Jimmy Breslin, auch Norman Mailer wurden zu den Stars dieser Richtung. Was sie und andere schrieben, wurde charakterisiert als „a form of ‚subjective reality – the attempt to report events with the techniques of fiction'".[87] Dieses ‚reporting in depth' mit den Stilmitteln der Fiktion war weder neu noch alternativ – und wohl nur in einem weiteren Sinne noch als Journalismus zu bezeichnen.[88]

Auch dem ‚Enthüllungsjournalismus' – mit Akteuren, die als Detektiv schonungslos Korruption in Staat und Gesellschaft aufdecken – liegt ein traditionelles journalistisches Rollenmuster zugrunde. Der amerikanische Präsident Theodore Roosevelt soll diesen Journalismus in seiner ersten Blütezeit Anfang des 20. Jahrhunderts abschätzig „muckraking" genannt haben – ein Bild, das sich bis in unsere Tage gehalten hat, wenn sich sein letzter Nachfolger über die Medien äußert. Das deutlich freundlichere Synonym für diesen Investigativen Journalismus ist ‚crusading'.[89] Der Vietnam-Krieg und im Zusammenhang damit die juristisch-publizistische Auseinandersetzung um die Veröffentlichung der ‚Pentagon-Papiere' durch *New York Times* und *Washington Post* haben wohl seine Renaissance eingeleitet.

Mit *Investigative Reporting* wurden seither viele Pulitzer-Preise errungen. Die Preisträger – zum Teil selbst Lehrbuch-Autoren[90] – stehen für das, was Investigativer Journalismus ist: Bernstein, Woodward, Robert Greene, Jack Anderson, Seymour Hersh, der das My-Lai-Massaker an die Öffentlichkeit brachte, sowie Ralph Nader, der Kreuzzüge gegen die Autoindustrie führte. Auch dieses Journalismus-Muster, das seine Attraktivität nicht zuletzt den damit erzielten spektakulären Ergebnissen und dem Ruhm seiner Protagonisten verdankt, erscheint zunächst hochgradig subjektiv, kaum definierbar. „Actually the investigative reporter is like any other kind of reporter, *only more so*. More inquisitive, more skeptical, more resourceful and imaginative in knowing where to look for facts, more ingenious in circumventing obstacles, more indefatigable in the pursuit of facts and able to endure drudgery and discouragement."[91] Die romantischere Version lautet, dass hinter dem hart recherchierenden ‚investigativen' Reporter eine bewundernswerte Grundfigur sichtbar wird, die an die eigenwilligen Helden in den Kriminalromanen von Dashiell Hammett oder Raymond Chandler erinnert: der sozial verantwortliche Einzelgänger, der Zwänge zwar wahrnimmt, aber nicht beachtet oder zynisch herunterspielt, der mit Zivilcourage und unkonventionellen Methoden einzelnen Verantwortungslosen, Korrupten die Zähne zeigt und damit ein verteidigenswertes System verteidigt.

Welches Journalistenbild man hier auch entwirft: Auf jeden Fall muss sich der investigative Reporter warm anziehen, wenn er sich mit den Mächtigen dieser Erde anlegt. Sie verfügen heute über alle möglichen Kommunikationsstrategien, um heil aus unangenehmen Situationen herauszukommen, die durch Enthüllungen entstehen können. Auch dafür bot schon die ‚Watergate-Affäre' Anschauungsmaterial. Am Anfang gab es dabei, wie so häufig, Verharmlosungsversuche. Beim größten politischen Skandal in der Geschichte der USA wurde ein Etikett in die Welt gesetzt, dessen Urheberschaft umstritten ist: ‚Watergate caper'. Der Einbruch ins Hauptquartier der Demokraten sollte anfangs als ‚Kapriole', als Bubenstreich, allenfalls als törichte Aktion verniedlicht werden. Danach dauerte es dann mehr als ein halbes Jahr, ehe es gelang, das Thema – zunächst auch gegen Widerstände bei der *Washington Post* – auf die öffentliche Agenda zu bringen; zwischen dem Ursprung der Affäre – dem Einbruch in das Hauptquartier der demokratischen Partei im Watergate-Hotel – und dem Rücktritt des amerikanischen Präsidenten Richard Nixon lagen dann mehr als zwei Jahre.[92] Besondere Umstände sorgten dafür, dass die Thematisierung so lange dauerte. Ausschlaggebend war vor allem der Zeitpunkt der ersten Veröffentlichungen in der *Washington Post*. Sie lagen in der Zeit des Präsidentschafts-Wahlkampfs, so dass die Enthüllung der Praktiken Nixons und seiner Helfer als ‚political issue', als Streitfall in einer politischen Entscheidungssituation, heruntergespielt werden konnten. Es gelang deshalb zunächst nicht, die Mehrheit der Bevölkerung davon zu überzeugen, dass es sich bei ‚Watergate' tatsächlich um einen politischen Skandal handelte. Die Enthüller hatten beim Kampf um die öffentliche Meinung aber auch deshalb eine besonders hohe Schwelle zu überwinden, weil es zur selben Zeit andere politische Kontroversen in den USA gab, die mindestens dieselbe Aufmerksamkeit beim Medienpublikum binden konnten.

Strukturbedingungen des Informationsjournalismus

Die Attraktivität, die der Investigative Journalismus besitzt, ist nicht zuletzt ein Reflex auf die offensichtlichen Grenzen des lange Zeit kaum hinterfragten Informationsjournalismus als Grundmuster der Berichterstattung. Eine Ironie mag darin liegen, dass die Diskussion über die Gegenbewegung, die Subjektivierung der journalistischen Perspektive, in den USA auch unter dem Stichwort ‚Europäisierung der Presse' geführt wurde,[93] während man in der Bundesrepublik fragte, ob dieser nach dem Zweiten Weltkrieg gleichsam mit den Care-Paketen eingetroffene Journalismus-Standard, der zuvor jahrzehntelang in Deutschland keine Rolle gespielt hatte, nicht ein Danaer-Geschenk der Amerikaner war. Denn die Unzulänglichkeiten des Konzepts waren stets nur allzu offensichtlich; sie sind in einer stark vergröbernden ‚Realitätsbetrachtung' begründet. Da gibt es – schon am Anfang des Nachrichtenflusses – z. B. den Agentur-Korrespondenten, der konditioniert ist auf die Frage: Wer hat was getan/gesagt? Das ‚Wie?' oder ‚Warum?' sind in der Regel zunächst einmal keine Nachrichtenaufhänger. Die Antwort wird dann in ein Schema gepresst, und oft muss der Korrespondent nicht einmal das tun: Die Informationsquelle kennt dieses Schema so gut wie er selbst und stellt sich bei der Kommunikation darauf ein.

Dem Schema und dem Wettbewerb konkurrierender Informationen entspricht, dass Vorgänge dramatisiert, Wortbeiträge zugespitzt, zugeordnet, (be)greifbar gemacht, d. h. personalisiert werden. Effekt dieser vorgefertigten Interpretationsschemata ist nicht nur die Formung von Ereignissen durch den bürokratischen Apparat, der sie zu Nachrichten macht, sondern auch, dass Ereignisse unsichtbar gemacht, zu ‚nonevents' werden.[94] All dies können die wütenden Medienkritiker in unserer Zeit vielleicht nicht en detail benennen, aber sie ‚spüren' offenbar, dass der Journalismus ihnen nicht das bietet, was sie sich von ihm versprechen: *die* Wahrheit. Schon vor Jahren haben die Produkte des Informationsjournalismus eine auffällig übereinstimmende Kritik an der ‚Medienrealität' in den pluralistischen Demokratien herausgefordert.[95] Auch die Produzenten selbst artikulierten Unbehagen gegenüber diesem Muster der Berichterstattung.

Informationsjournalismus mag zwar vor allem ein ‚strategisches Ritual' des Redaktionspersonals sein;[96] auf jeden Fall ist er aber ein pragmatisches, offensichtlich adäquates Konzept für die Nachrichtenmedien. Seine Vorteile liegen auf der Hand: Er ist ökonomisch, organisatorisch und professionell effizient. Anders sieht es aus, wenn man hohe Ansprüche an die Validität der Berichterstattung stellt. Philipp Meyer hat diese Schwäche mit folgender Metapher auf den Punkt gebracht: „This stance simplifies decision making. You record public events as a detached, impersonal, unprejudiced observer, much like the proverbal man from the Mars... Old fashioned objective reporting needed no anchor; it merely bobbed along the surface of the news like a Ping-Pong ball floating down a mountain stream."⁹⁷

An der Wiege dieses Berichterstattungsmusters stand – anders als beim ‚Räsonnement' der deutschen Presse Mitte des 19. Jahrhunderts – keine politisch-aufklärerische Idee. Es war Ausdruck einer bestimmten gesellschaftlichen Konstellation: Bedarf an politischen, wirtschaftlichen Informationen, die in den USA nach dem Bürgerkrieg von den aufblühenden Nachrichtenagenturen beschafft und verbreitet werden konnten. Neutralität war dabei Geschäftsprinzip, das ‚audiatur et altera pars' ließ sich hier auf genau zwei Seiten beziehen: Anhänger der Republikaner und der Demokraten, die mit denselben Diensten gleichzeitig bedient werden mussten. Zu jener Zeit betrachteten die Journalisten dieses Muster offenbar als „fully functional, which we interpret as suitable to the social and cultural uses of news at the time."⁹⁸ Zu seinen Vorteilen gehört auch, dass durch diese Prinzipien des Nachrichtenschreibens Journalisten der Entscheidung zwischen streitenden Wahrheits-Behauptungen enthoben sind. Stellt sich die Konvention, alle möglichen Interpretationen eines Ereignisses quellenbezogen wiederzugeben, unter dem Aspekt der Wahrheitssuche als überaus simpel dar,⁹⁹ so erweist sie sich aus redaktioneller Perspektive – insbesondere in unsicheren Situationen – als überaus brauchbar. Der Journalist als Generalist macht aus seiner Not eine Tugend. Diese Merkmale haben zunächst auch die Anpassung des Journalismus an die Bedingungen digitaler Aussagenproduktion seit Ende der 1970er Jahre begünstigt.¹⁰⁰ Doch inzwischen sind nicht zuletzt seine Normen der Textstruktur unter Druck geraten und in Hinblick auf die Zukunft des Journalismus zum Thema geworden: „It might be debated whether the ‚Anglo-American model' is in crises, the form of online news is changing, and new forms of storytelling on the World Wide Web are about to flip the inverted pyramid on its head. But returning to chronological news writing and partisanship is not an option."¹⁰¹

Das ökonomische Grundprinzip der Nachrichtengebung für ein heterogenes Publikum ist deshalb – heute im Weltmaßstab – für das Nachrichtensystem bestimmend geblieben. Wohl erst im 20. Jahrhundert war im angelsächsischen Journalismus eine professionelle Komponente hinzugekommen – wenn man so will, eine Berufsideologie: berufliche Standards anzubieten, die wie bei den Ärzten und Rechtsanwälten ‚Objektivität' in der Berufsausübung und Validität der Ergebnisse sicherzustellen schienen. Dies war, so glaubte man, mit der rigiden Anwendung der Maßstäbe des Informationsjournalismus am ehesten zu erreichen.¹⁰² Das Konzept selbst ist vermutlich nach wie vor bei Journalisten und einem großen Teil des Publikums weitgehend konsentiert, auch wenn die konventionellen journalistischen Interpretationsschemata zuletzt – zunehmend aggressiver – in Frage gestellt worden sind. Anwaltschaftliche Selbstdefinitionen der Journalisten sind bei Befragungen zwar festgestellt worden; sie erscheinen auf einem Kontinuum zwischen ‚neutral' und ‚engagiert' aber eher als zusätzliche Orientierungen die das herkömmliche Selbstverständnis der Journalisten ergänzen.[103] Gerade in der Bundesrepublik ist Medienkritik wohl vor allem dort entstanden, wo nach Ansicht der Kritiker die Norm der Trennung von Nachricht und Meinung verletzt, Informationsjournalismus also unprofessionell betrieben wurde.[104]

Die ‚Geburt eines völlig neuen Journalismus'?

Mit den Entgrenzungen des Journalismus auf dem Arbeitsmarkt korrespondierten Entgrenzungen bei der Medienproduktion, die von Beginn an Fragen in Hinblick auf die Qualität der Kommunikationsleistungen aufwarfen. Dabei bedeuteten offensichtlich jene Perspektiven die größte Herausforderungen und Chancen, welche die Online-Kommunikation eröffnete. Szenarios verkündeten hier schon früh die „Geburt eines Völlig Neuen Journalismus" – so der Titel eines Aufsatzes von Joshua Quittner – mit radikal veränderten Formen der Berichterstattung und der Nachrichtenpräsentation. Dieser neue Journalismus profiliere sich z. B. als „Große Talk Show im Netz", nutze alle technischen Möglichkeiten konsequent und werde zu einem riesigen Geschäft. Der Autor, ein amerikanischer Journalist, schwärmte, dass es dazu bald radikal veränderte Formen der Berichterstattung und der Nachrichtenpräsentation geben werde. Mit Hilfe der neuen Hypertext-Potentiale könne dieser ‚neue Journalismus' andere Geschichten in anderer Form erzählen als der Journalismus der etablierten Medien: „Ein Journalismus, der die besten Techniken der Erzählung nutzt – und den Film! – und das Radio! – und CD-ROM! – und Netzwerk-Kommunikation! – um Geschichten zu erzählen."[105] Aktuell erfahren solche euphorischen Entwürfe unter den Bedingungen des Web 2.0 und unter dem Druck der Medienkrise eine Renaissance.

Forderungen nach einer Umorientierung des Journalismus sind zunächst vor allem aus der Wissenschaft gekommen. „Herstellung und Bereitstellung von Themen zur öffentlichen Kommunikation"[106] genüge nicht mehr; durch journalistische Thematisierung müssten „Bedingungen zur Möglichkeit der Teilhabe an Welt" geschaffen werden. Die Berichterstattung müsse letztlich nach ihrer Verstehbarkeit und Anwendbarkeit bewertet werden; notwendig sei auch die ständige Reflexion ethischer Werte im Journalismus, hieß es schon vor vielen Jahren.[107] Das neue ‚Journalismus-Paradigma', welches in solchen und anderen Zusammenhängen aufschien, setzte auf Rationalität und Appell: zur Veränderung der Berichterstattung auf der Grundlage anderer journalistischer Wahrnehmungs- und Handlungsmuster.

Solche Journalismus-Formen scheinen für einen alternativen Medientyp – oder auch komplementär – durchaus denkbar;[108] ein Paradigmenwechsel im Rahmen etablierter Medienarbeit müsste sich aber wohl über Bedingungen und Strukturen der Medien selbst und nicht über mögliche gesellschaftlich wünschbare Ziele oder Einstellungen der Medienarbeiter ausprägen. Genauer: Revolutionäre Entwicklungen, die einen Wandel des Gesamtkonzepts ‚Journalismus' zur Folge hätten, wären direkt mit Faktoren in Verbindung zu bringen, die ‚Massenkommunikation' als gesellschaftlichen Prozess ausmachen: neue Publika mit veränderten Ansprüchen und neue Märkte, neue Angebote und Distributionsformen des journalistischen Rohmaterials sowie völlig neue professionelle Methoden, Produktionstechniken und Organisationsformen. Das ist der Stoff, aus dem im 19. Jahrhundert der Paradigmenwechsel vom Räsonnement zum Journalismus der Massenpresse war. Zumindest mehrere dieser fünf Faktoren bestimmen jeweils das Grundmuster des Journalismus, wobei sie natürlich selbst wieder Resultat komplexer sozialer, ökonomischer, technologischer und politischer Entwicklungen sind.

Im Moment scheinen aber nur auf der Rezipientenseite Veränderungen erkennbar, die eine grundlegend andere Berichterstattung herausfordern könnten. Zweifellos gehen Teile des Publikums heute anders als früher mit Medienbotschaften um, fordern sie einen Journalismus heraus, der mehr und anderes bietet als die täglichen personalisierten Vordergründe. Marktrelevant im größeren Zuschnitt scheint aber auch das nicht zu sein, zumal antiprofessionelle Bewegungen im Journalismus mit vielfältigen komplementären Medienangeboten, einige etablierte Qualitätsblätter und alternative Programmangebote beim Rundfunk offensichtlich den Bedarf decken. Alles andere bestimmt das Internet. Technologisch-ökonomisch gesteuerte Prozesse scheinen ansonsten Charakteristika des Informationsjournalismus eher noch verstärkt zu haben: Standardisierung, Routinisierung, Bürokratisierung. Ökonomische Logik prägt die Praxis der Medien erkennbar mehr als die Entwürfe für einen anderen Journalismus. Der ‚neue' Journalisten-Typ, den der Prozess der Digitalisierung begünstigt, wird wohl, so glauben Beobachter, noch ein bisschen mehr zum Nachrichtentechniker, als es der ‚alte' war. Dieser professionell arbeitende Journalist ist eingepasst in eine strikt arbeitsteilig organisierte, aber in ‚Newsrooms' versammelte Redaktion, in seiner Tätigkeit geprägt von den Bedingungen technisierter und zentralisierter Medienunternehmen, die sich in einer konzentrierten und in Teilen monopolisierten Medienlandschaft durchgesetzt haben. Das, was dieser Journalismus bietet, mag vom Ideal ‚wahrer Berichterstattung' weit entfernt sein. Aber er leistet gewiss mehr, als seine Fundamentalkritiker behaupten.

‚Storytelling' und Realität

‚Watergate' wurde zu einem Mythos, welcher der geschundenen journalistischen Seele gut tut. Er erlaubt den Journalisten „to feel their craft at least sometimes lives up to the highest expectations of it." Doch dieser Mythos wird den Tatsachen nicht gerecht. Denn die Rolle der beteiligten Journalisten war viel bescheidener,

3 Wie die Chancen für andere Arten von Berichterstattung stehen

als alle Welt glaubt. Das Meiste von dem, was die ‚Woodsteins' herausfanden, war dem FBI, dem ja auch ihre wichtigste Quelle angehörte, längst bekannt und wurde zudem von anderen Stellen, die den Einbruch ins Hauptquartier der Demokraten untersucht hatten, den Medien zugespielt. Der Skandal und seine journalistische Bearbeitung kann sogar zu falschen Einschätzungen des Journalismus und seiner Bedingungen verleiten, so wird befürchtet. Das Risiko bestehe darin „that it becomes a comfortable credo, which journalists can recite to buttress their sense that what they do is more than a commercial product or in the service of elites. [...] it is a credo which does not prepare journalists particularly well for a world where reporting is rewarded much more poorly than punditry, where truth rarely wins out by itself and where journalism does not stand outside politics, looking in, but is often closely tied to power."[109]

Inzwischen wird ohnehin auch beim Investigativen Journalismus ein anderes Spiel gespielt als früher. Einen ersten Hinweis auf veränderte Verhältnisse gab hier schon die Clinton/Lewinsky-Affäre Ende der 1990er Jahre, als, wie schon beschrieben, nicht die vertrauten Nachrichtenmedien die Story von den sexuellen Aktivitäten des Präsidenten an die Öffentlichkeit brachten, sondern die neuen Medien, personifiziert durch den Blogger Matt Drudge (s. Kapitel IV/1) Wieder zwei Jahrzehnte später ist das Enthüllen vollends zum Teamwork geworden – mit einer wachsenden Zahl globaler Netzwerke von investigativen Reportern. Die ‚Panama Papers', deren Daten zeigten, wie eine Kanzlei in dem mittelamerikanischen Land Unternehmern, Politikern und Prominenten geholfen hatte, ihr Geld zu verstecken, sind das spektakulärste Beispiel für eine solche kollektive investigative Leistung. Nach dem Pulitzer-Preis für das ‚International Consortium of Investigative Journalists', das bei der Auswertung der ‚Big Data' von Medien aus 76 Ländern unterstützt worden war, erhielt das beteiligte sechsköpfige Rechercheteam der *Süddeutschen Zeitung* den Henri-Nannen-Preis 2017. Solche Bündnisse werden, so hofft man, der Qualität des Journalismus in Zukunft verstärkt zugute kommen: „In a world where political groups strategise their use of the media and where media act as the central stage of political life, a journalism of radical independence is perhaps less tenable at times than one which enters into strategic partnerships to open up access to other voices."[110] Investigativer Journalismus kann auf diese Weise heute unterschiedliche Gestalt annehmen und sich unterschiedlichster Plattformen bedienen. Damit ist und bleibt er eine (eher gelegentliche) Ergänzung zum vertrauten Muster der ‚Objektiven Berichterstattung' der Nachrichtenmedien.

Sind nun aber durch den Online-Journalismus nicht doch neue Formen der Berichterstattung entstanden? Gibt es nicht hier längst den ‚völlig neuen Journalismus'? Schaut man sich die Inhalte näher an, welche die digitalen Medien anbieten, ist allerdings viel Innovatives bisher nicht zu entdecken, das ein solch vollmundig ausgerufenes Szenario bestätigen würde. Die Beobachtung des praktizierten ‚digitalen Journalismus' rechtfertigt wohl nicht, von einer ‚Revolution' zu sprechen – auch wenn das hier tätige Journalisten gerne tun.[111] In den Online-Medien gibt es zwar neue Prozeduren und Formen. Sie laufen aber – abgesehen von den Möglichkeiten der Publikumsbeteiligung – durchweg nur auf Viererlei hinaus: die Verlinkung zu (anderen) Dokumenten, hektische Darstellungsformen nach dem Muster von ‚99 Fragen an …', die Ergänzung von Texten durch (bewegte) Bilder und immer wieder ‚Liveticker'; dies ist offenbar das innovativste neue Genre des Online-Journalismus.[112] Außerdem gibt es dann noch das, was in der Branche ‚25 Dinge, die Sie immer schon wissen wollten-Journalismus' genannt wird und vor allem eines ist: belanglos.

Zum Schlager im Journalismus insgesamt ist jedoch das ‚Storytelling' geworden; darauf wollten sich in den vergangenen Jahren immer mehr ‚alte' und ‚neue' Medien verlegen – statt weiterhin die Präsentation von Nachrichten als Kerngeschäft zu betrachten. Ihre Verantwortlichen glauben, dass das Publikum mehr an ‚schönen' Geschichten und an Meinungen interessiert ist als an ‚reinen Fakten' und Bildern von der oft gar nicht so erbaulichen Realität. Das trifft nicht auf ungeteilte Zustimmung: „Gutes Storytelling ist gewiss großartig; aufdeckende Recherchen sind zweifellos notwendig; multimediales Erzählen ist (für eine Minderheit) faszinierend. Doch das, was aus der Sicht des Publikums heute mangelt, ist viel naheliegender: Nicht alle, aber viele Regionalzeitungen erfüllen ihre Orientierungsleistung nur noch unzureichend."[113]

Die Attraktivität des ‚Storytelling' beruht ganz wesentlich darauf, dass die technische Dynamik, die den Journalismus seit Jahren beherrscht, inzwischen multimediales und crossmediales Publizieren erlaubt und dadurch sowohl neue einzelne Darstellungsformen als auch medienübergreifende Formen ermöglicht. Dadurch ist nach Ansicht von Michael E. Borgerding die „multimediale Entgrenzung des Erzählens weiter vorangetrieben" worden – begleitet von enthusiastischen Szenarien für die Weblogs und die sozialen Netzwerke und deren angebliche ‚interaktive Erzählkultur'. Womöglich steckt aber in dieser Entwicklung, so wendet Borgerding dagegen ein, ein Mechanismus, der den Journalismus im Kern betrifft und seinen Modus operandi buchstäblich auf den Kopf stellt: „Wer für das Netz schreibt, ist zum Erzählen verdammt. Dabei wird das journalistische Prinzip, wonach das Wichtigste immer am Anfang zu stehen habe, netzumspannend außer Kraft gesetzt. Nur wenn in den Teasertexten wichtige Fragen unbeantwortet bleiben, wird ein Anreiz zum Weiterklicken und Weiterlesen geschaffen. Das verlinkte ‚Mehr' am Schluss dieser Appetizer versetzt den User in die Rolle des Königs aus ‚Tausendundeine Nacht'. […] Die Finger der Internet-User sind noch unruhiger als die der Zapper an der Fernbedienung."[114] Der grausame König aus ‚Tausendundeine Nacht' konnte von den Erzählungen der Prinzessin Scheherazade (zunächst) länger als eine Nacht lang gefesselt werden. Im Internetzeitalter wird keinem ‚Storyteller' auch nur annähernd so viel Zeit eingeräumt.

Gerade beim ‚Storytelling' droht dem Journalismus Konkurrenz aus dem Nichtmedien-Sektor: durch Content Marketing (CM), das euphemistisch als ‚Unternehmensjournalismus' bezeichnet wird. Dabei handelt es sich durchweg um eine Simulation von Journalismus, bei der Werbung und redaktionelle Darstellungsformen raffiniert gemischt werden, um Produkte zu verkaufen. Bei diesem Pseudojournalismus, der von Firmen großzügig finanziert wird, steht die Narration hoch im Kurs, weil es ‚nutzwertige Informationen' in süffige Geschichten verpackt[115] – was vielen (freien) Journalisten zwar inzwischen als Existenzgrundlage dient, in den Augen von Kritikern aber kontraproduktiv für den Journalismus ist: „Wer die Zahlungsbereitschaft für Journalismus steigern möchte, darf nicht die Glaubwürdigkeit von Journalismus durch Mogelpackungen gefährden – und CM ist eine Mogelpackung."[116]

Das angebliche Wundermittel ‚Storytelling' hat seinen Siegeszug von den fiktionalen Programmen aus in der Tat zunächst in den kommerziellen Systemen des Marketing, der Werbung und der Public Relations angetreten, ehe es auch im Journalismus als Erfolgsrezept unter gewandelten Geschäftsbedingungen Karriere machte. Gerade hier löst die Perspektive, Nachrichten durch Erzählungen zu substituieren, große Faszination aus – zumal bei jungen Journalisten, die mit den digitalen Techniken groß geworden sind und wissen, wie man sie nutzen kann. Fraglich ist jedoch, ob es sich beim ‚Storytelling' tatsächlich um eine hilfreiche ‚Überlebens-Strategie' handelt – oder ob nicht gerade diese Anleihe bei den Geschäftemachern, die nach Auffassung Borgerdings sogar auf eine „Enteignung des Erzählens" hinausläuft, eine Ursache für die verschärfte Vertrauenskrise der Massenmedien darstellt, auf die das Etikett ‚Lügenpresse' geklebt worden ist.

Quellen/Anmerkungen

1   Vgl. z. B. Hans-Jürgen Bucher/Klaus-Dieter Altmeppen (Hrsg.): Qualität im Journalismus, Wiesbaden 2003; Siegfried Weischenberg/Wiebke Loosen/Michael Beuthner (Hrsg.): Medien-Qualitäten, Konstanz 2006; Klaus Arnold: Qualitätsjournalismus, Konstanz 2009; Heribert Schatz/Winfried Schulz: Qualität von Fernsehprogrammen, in: Media Perspektiven 1992/11, S. 690-712 sowie Uli Gleich: Qualität im Journalismus am Beispiel der Kriegsberichterstattung, in: Media Perspektiven 2003/3, S. 139-148.
2   Vgl. Ralph Weiß: Läßt sich über Qualität streiten?, in: H. Weßler et al. (Hrsg.): Perspektiven der Medienkritik, Opladen/Wiesbaden 1997, S. 185-199.
3   Philip Meyer: The Vanishing Newspaper, Columbia/London 2004, S. 159.
4   Zit. n. Spiegel-Online v. 28.2 2017. (www.spiegel.de/politik/ausland/george-w-bush-attackiert-donald-trump-fuer-umgang-mit-presse-a-1136581-druck.html).
5   Bild v. 5.4.1991, S. 1.

6 Dieses Marketendertum unterscheidet sich jedoch in entscheidenden Punkten von früheren Vorbildern. Die meisten Kriegsberichterstatter logierten während der Kampfhandlungen in First-Class-Hotels und gaben von dort Offizielles und Offiziöses weiter. Nur wenige, die exklusiven Pools angehörten, erhielten im Golfkrieg die Möglichkeit, ‚vor Ort' Informationen zu sammeln und Bilder zu machen. (Vgl. Frankfurter Allgemeine Zeitung v. 16.2.1991, S. 3) Direkt nach der Verkündung der Waffenruhe brachen die Reporter, die oft tagelang ihr Hotel nicht verlassen hatten, nach Hause auf – oder in ein anderes Krisengebiet: „‚Irgendwo gibt es immer ein paar Verrückte, die sich gegenseitig umbringen', sagt einer voller Zuversicht, der in seiner Safarijacke Kugelschreiber stecken hat, wo sonst Gewehrpatronen hingehören." (FAZ v. 2.3.1991, S. 3)
7 Fritz J. Raddatz: Die Ästhetik des Verschwindens, in: Die Zeit v. 8.3.1991, S. 65.
8 John R. MacArthur: Die Schlacht der Lügen, München, 2. Auflage 1993.
9 Ebd., S. 220.
10 Den Auftakt bildete hier der Beitrag „Hinter tausend Schirmen keine Welt" von Gustav Seibt in der *Frankfurter Allgemeinen Zeitung* v. 20.1.1991. Wenige Tage später zog der *Spiegel* mit „Piep-Show aus Kairo" nach (Spiegel 1991/4, S. 192 ff.). Nach dieser beißenden Kritik am (öffentlich-rechtlichen) Fernsehen hielt sich das Thema ‚Golfberichterstattung' wochenlang auf der Tagesordnung unterschiedlichster Publikationen. Dabei ging es jedoch nicht nur um professionelle Mängel der Nachrichtengebung, sondern auch um die Abrechnung mit ideologisch missliebigen Standpunkten.
11 Vgl. dazu z. B. Elfriede Jelinek: Wie der Herr, so sein Krieg, in: Die Zeit v. 29.3.1991, S. 61.
12 Michael Albus: Offene Fragen, in: Journalist 1991/5, S. 40 f. (hier: 40).
13 Vgl. Journalist 1991/4, S. 26 ff.
14 „Es ist eine Tragödie". CNN-Starreporterin Christiane Amanpour, 51, über die Probleme der Kriegsberichterstattung in Zeiten der Medien (Spiegel-Gespräch), in: Spiegel-Online v. 27.9.2009.
15 Vgl. z. B. Jakob Biazza: George Orwells „1984" ist in den USA das meistgekaufte Buch auf Amazon, in: Süddeutsche Zeitung v. 25.1.2017. (www.sueddeutsche.de/kultur/bestseller-george-orwells-ist-in-den-usa-das-meistgekaufte-buch-auf-amazon-1.3349199) sowie Roland Lindner: Darum wird ‚1984' plötzlich wieder zum Bestseller, in: Frankfurter Allgemeine Zeitung v. 28.1.2017. (www.faz.net/aktuell/wirtschaft/wirtschaftspolitik/george-orwells-roman-1984-wird-wieder-bestseller-14771376.html).
16 Der Spiegel 1991/2, S. 114 f.
17 Im Herbst 1991 wurde Peter Arnett, wie *Bild* meldete, für seine Golfberichterstattung mit dem Internationalen Journalistenpreis von Ischia ausgezeichnet. Arnett laut *Bild* (17.9.1991, S. 4) über seine Arbeit: „Wenn die ganze Welt dir zuhört und auf deine Nachrichten wartet, vergisst du die Schwierigkeiten, verlierst du die Angst."
18 Stern Nr. 12 v. 14.3.1991, S. 39.
19 Zit. n. Die Zeit v. 21.9.1990, S. 19; vgl. auch Ted Turner: Call Me Ted, London 2008, insbes. S. 277..
20 Vgl. David Tewksbury/Jason Rittenberg: News on the Internet. Information and Citizenship in the 21st Century, Oxford/New York, S. 140.
21 Marc Pitzke: Krieg geht immer. US-Medien über Trumps Militärschlag in Syrien, in: Spiegel Online v. 10.4.2017.
22 Die Zeit v. 1.2.1991, S. 16.
23 Vgl. Ruprecht Eser: Ein Krieg der schnellen Bilder, in: Die Zeit v. 7.9.1990.; der Autor war damals beim ZDF Leiter des *heute journals*.

24 Vgl. Dagobert Lindlau: Das Krankheitsbild des modernen Journalismus, in: Rundfunk und Fernsehen 1990/3, S. 430-436.
25 Vgl. Barbie Zelizer: CNN, the Gulf War, and Journalistic Practice, in: Journal of Communication, Vol. 42, 1992/1, S. 66-81.
26 Vgl. Everette E. Dennis et al : The Media at War: The Press and the Persian Gulf Conflict, New York 1991, S. 34 ff.
27 Elihu Katz: Das Ende des Journalismus – Reflexionen zum Kriegsschauplatz Fernsehen, in: Bertelsmann-Briefe, Heft 126, Oktober 1991, S. 4-10 (hier: 7 f.).
28 Vgl. Noam Chomsky: Media Control. Wie die Medien uns manipulieren, München/Zürich 2006 [Original: Media Control, New York 2002], insbes. S. 28 ff., 123 ff. (Zitat: 49).
29 Zit. n. Die Zeitung 1991/9, S. 10.
30 „Es ist eine Tragödie". CNN-Starreporterin Christiane Amanpour, 51, über die Probleme der Kriegsberichterstattung, a. a. O.
31 Pitzke: Krieg geht immer, a a. O.
32 Vgl. Die Welt v. 27.9.1991, S. 32.
33 Mark Twain: Wie ich ein landwirtschaftliches Blatt herausgab, in: ders : Die Million Pfundnote. Humoristische Skizzen, München o. J., S. 120-127 (hier: 126 f.).
34 Stephan Ruß-Mohl: Wissenschaft für die Medienpraxis: Das European Journalism Observatory als Dienstleiter und Ausbildungs-Projekt, in: B. Dernbach/W. Loosen (Hrsg.): Didaktik der Journalistik, Wiesbaden, S. 335-347 (hier: 334).
35 Vgl. Siegfried Weischenberg/Armin Scholl/Maja Malik: Die Souffleure der Mediengesellschaft. Report über die Journalisten in Deutschland, Konstanz 2006, S. 65 ff.
36 Vgl. Siegfried Weischenberg (Hrsg.): Journalismus & Kompetenz, Opladen 1990, S. 21 ff.
37 Vgl. Siegfried Weischenberg: Der Gärtner und der Botaniker, in: C. Fasel (Hrsg.): Qualität und Erfolg im Journalismus, Konstanz 2005, S. 271-288.
38 Vgl. Bernd Blöbaum: Journalisten und Kommunikatoren: Praxisprojekte in Journalistik und Kommunikationswissenschaft, in: B. Dernbach/W. Loosen (Hrsg.): Didaktik der Journalistik, Wiesbaden 2012, S. 273-283 (hier: 274 ff.); Michael Haller: Didaktischer Etikettenschwindel: Die Theorie-Praxis-Verzahnung in der Journalistik, in: B. Dernbach/W. Loosen (Hrsg.): Didaktik der Journalistik, Wiesbaden 2012, S. 45-57.
39 Vgl. Beatrice Dernbach/Pia Schreiber: Wissen über Medien: Herausforderungen für leidenschaftliche Praktiker, in B. Dernbach/W. Loosen (Hrsg.): Didiaktik der Journalistik, Wiesbaden 2012, S. 129-141.
40 Vgl. Arnulf Kutsch: Max Webers Anregung zur empirischen Journalismusforschung, in: Publizistik, 33. Jg., 1988/1: 5-31.
41 Vgl. Siegfried Weischenberg: Das Prinzip Echternach, in: ders. (Hrsg.): Journalismus & Kompetenz, Opladen 1990, S. 11-41. (hier: 11 ff.).
42 Richard Wrede: Handbuch der Journalistik, Berlin 1902, S. 7 f.
43 Karl Bücher: Journalisten-Vorbildung an Universitäten, in: H. D. Fischer/H. Minte (Hrsg.): Karl Bücher, Bochum 1981 [zuerst 1912], S. 79-98 (hier: 94).
44 Albert L. Mok: Alte und neue Professionen, in: Kölner Zeitschrift für Soziologie und Sozialpsychologie, 21. Jg., 1969, S. 770-781 (hier: 771).
45 Harold L. Wilenski: Jeder Beruf eine Profession?, in: T. Luckmann/W. M. Sprondel (Hrsg.): Berufssoziologie, Köln 1972, S. 198-215 (hier: 199).
46 Vgl. ebd., S. 198 f.
47 Vgl. Weischenberg: Journalismus & Kompetenz, a. a. O.
48 Stephan Ruß-Mohl: Emil Dovifat wiederentdeckt, in: Die Zeit Nr. 44 v. 23 10.1987, S. 21.

49 Vgl. Lutz Hachmeister: Theoretische Publizistik, Berlin 1987, S. 79 ff.
50 Vgl. Ralf Siepmann: Journalistische Qualifikation und gesellschaftliche Kommunikation, Bochum 1976; Ulrich Pätzold: Warum Ausbildung für Journalisten?, Bern/Frankfurt 1975.
51 Vgl. Ulrich Pätzold: Ausbildung und Mitbestimmung – ein Schwerpunkt der Kommunikationspolitik, in: ders./H. Schmidt (Hrsg.): Solidarität gegen Abhängigkeit – Auf dem Weg zur Mediengewerkschaft, Darmstadt/Neuwied 1973, S. 208-218.
52 Vgl. Walter Hömberg: Expansion und Differenzierung, in: K.-D. Altmeppen/W. Hömberg (Hrsg.): Journalistenausbildung für eine veränderte Medienwelt, Wiesbaden, S. 17-30 (hier: 20).
53 Vgl. Jürgen Kaube: Ihr geht alle in die Medien, in: Frankfurter Allgemeine Zeitung v. 8.5.2004, S. 35.
54 Michael Haller: Didaktischer Etikettenschwindel, a. a. O., S. 53.
55 Vgl. Leipzig schließt. Kein neuer Journalistik-Jahrgang, in: Frankfurter Allgemeine Zeitung v. 27.4.2017. sowie: Universität Leipzig bildet vorerst keine weiteren Journalisten aus, in: Flurfunk (ww.flurfunk-dresden.de).
56 Thomas Schnedler: Eine notwendige Auseinandersetzung. Das Verhältnis von Journalismus und Public Relations, in: B. Dernbach/W. Loosen (Hrsg.): Didiaktik der Journalistik, Wiesbaden 2012, S. 165-179 (hier: 165).
57 Ebd., S. 176.
58 Albrecht Koschorke: Wissenschaftsbetrieb als Wissenschaftsvernichtung, in: D. Kimmich/A. Thumfart (Hrsg.): Universität ohne Zukunft?, Frankfurt a. M. 2004, S. 142-157.
59 Vgl. Irene Neverla: Kommunikationswissenschaft zwischen Komplexität und Kanonisierung, in: M. Löffelholz/T. Quandt (Hrsg.): Die neue Kommunikationswissenschaft, Wiesbaden 2003, S. 59-68; Alphons Silbermann: Marottenhafte Wichtigteuerei, in: Die Zeit Nr. 51 v. 13.12.1996.
60 Vgl. Jan-Martin Wiarda: Medien-was? Hochschul-Ranking 2005, in: Die Zeit 2005/21, S. 83.
61 Titel der Dissertation von Ulrich Pätzold (Pätzold: Warum Ausbildung für Journalisten?, a. a. O.)
62 Vgl. journalist 2008/8, S. 86.
63 Christian Stöcker: Fünf Thesen für die Journalistenausbildung der Zukunft, in: next-Media.Hamburg, 25.10.2016. (www.nextmedia-hamburg.de/blog/blog-detail/artikel/fuenf-thesen-fuer-die-journalistenausbildung-der-zukunft/).
64 Joachim Kaiser: Große Pianisten in unserer Zeit, München, 4. Aufl. 1978, S. 75.
65 Vgl. Institut für Journalistik TU Dortmund (Hrsg.): Aufmacher. Sonderausgabe 40 Jahre Journalistik 1976-2016; Ulrich Pätzold: Die Anfänge in Dortmund – eine Erfolgsgeschichte mit viel Glück, in: T. Eberwein/D. Müller (Hrsg.): Journalismus und Öffentlichkeit, Wiesbaden 2010, S. 131-326.
66 Oliver Jungen: Fachhochschule für Kanalarbeiter, in: Frankfurter Allgemeine Zeitung v. 18.12.2007, S. 37.
67 Vgl. Jens Bergmann/Bernhard Pörksen: Projektarbeit unter Marktbedingungen, in: Fachjournalist 2007/1, S. 16-24.
68 Haller: Didaktischer Etikettenschwindel, a. a. O., S. 47.
69 Jochen Hörisch: Die ungeliebte Universität. Rettet die Alma mater!, München/Wien 2006, S. 69.

70 Robert Redford: 45 years after Watergate, the truth is again in danger, in: Washington Post v. 31.3.2017. (www.washingtonpost.com/opinions/robert-redford-45-years-after-watergate-the-truth-is-again-in-danger/).
71 Vgl. J. Herb Altschull: Agenten der Macht, Konstanz 1989, insbes. S. 77 ff.
72 Dies wurde im später gedrehten Film ‚All the President's Men' eindrucksvoll vorgeführt (USA 1974, Regie: Alan J. Pakula).
73 Vgl. Edward J. Epstein: Between Fact and Fiction, New York 1975, S. 19 ff.
74 Vgl. Bob Woodward: The Secret Man. The Story of Watergate's Deep Throat, London 2005.
75 Donald Matheson: The Watchdog's New Bark: Changing Forms of Investigative Reporting, in: S. Allan (ed.): The Routledge Companion to News and Journalism, London/New York 2010, S. 82-92 (hier: 82).
76 Vgl. z. B. Wolfgang R. Langenbucher: Journalismus & Journalismus. Plädoyers für Recherche und Zivilcourage, München 1980.
77 Vgl. Peter Glotz/Wolfgang R. Langenbucher: Der mißachtete Leser. Zur Kritik der deutschen Presse, Köln/Berlin 1969.
78 Vgl. Fritz Richert: Ein anderer Zeitungsjournalismus: Katalog der Versäumnisse-Möglichkeiten der Zukunft, in: W. R. Langenbucher (Hrsg.): Journalismus & Journalismus, München 1980, S. 115-130 (hier: 115 ff.); Klaus Schönbach: News in the Western World, in: L. Martin/A. G. Chaudhary (eds.): Comparative Mass Media Systems, New York 1983, S. 33-43 (hier: 38 ff.); Alexander von Hoffmann: Was tun, wenn sich der Leitstern als Irrlicht erweist? in: Frankfurter Rundschau v. 7.4.1983, S. 14; Wolfgang R. Langenbucher: Vom notwendigen Wandel des Journalismus, in: ders. (Hrsg.): Journalismus & Journalismus, München 1980, S. 9-17 (hier: 9 ff.).
79 Otto B. Roegele: Pressefreiheit und ‚Scheckbuch-Journalismus', in: Die Presse (Wien) v. 14.5.1983.
80 Dagobert Lindlau: Die Exekution der Wirklichkeit – Oder: Wider die falsche Objektivität, in: W. R. Langenbucher (Hrsg.): Journalismus & Journalismus, München 1980, S. 41-46 (hier: 42).
81 Vgl. Heinz Hartmann/Marianne Hartmann: Vom Elend der Experten: Zwischen Akademisierung und Deprofessionalisierung, in: Kölner Zeitschrift für Soziologie und Sozialpsychologie 34/1982, S. 193-223 (hier: insbes. 200 ff.).
82 Vgl. Hans Heinz Fabris: Journalismus und bürgernahe Medienarbeit, Salzburg 1979.
83 Langenbucher: Vom notwendigen Wandel des Journalismus, a. a. O., S. 12.
84 Langenbucher: Journalismus & Journalismus, a. a. O.
85 Vgl. Anthony Smith: Technology and Control: the interactive dimensions of journalism, in: J. Curran et al. (eds.): Mass Communication and Society, London, S. 174-194 (hier: 176); Rüdiger Matt: Ein anderer Lokaljournalismus: Rezepte wider die tägliche Informationsverhinderung, in: W. R. Langenbucher (Hrsg.): Journalismus & Journalismus, München 1980, S. 131-146.
86 Vgl. Ronald Weber (ed.): The Reporter as Artist: A Look at the New Journalism Controversy, New York 1974 (Zitat 13).
87 Harold Hayes, Harold: Editor's Notes on the New Journalism, in: R. Weber (ed.): The Reporter as Artist, New York 1974, S. 260-262 (hier: 260).
88 Vgl. Lester Markel: So What's New? in: R. Weber (ed.): The Reporter as Artist, New York 1974, S. 255-259 (hier: 257 f.).
89 Vgl. Curtis MacDougall: Interpretative Reporting, New York, 4. Aufl. 1987, S. 227 ff.

90 Vgl. David Anderson/Peter Benjaminson: Investigative Reporting, Bloomington/London 1976; Clark R. Mollenhoff: Investigative Reporting, New York 1980.
91 MacDougall: Interpretative Reporting, a. a. O., S. 227 (kurs. im Orig.).
92 Vgl. Gladys Engel Lang/Kurt Lang: The Battle for Public Opinion, New York 1983.
93 Morris Janowitz, Morris: Professional Models in Journalism: the Gatekeeper and the Advocate, in: Journalism Quarterly 52/1975, S. 618-626 + 662 (hier: 621).
94 Mark Fishman: News and Nonevents, in: J. S. Ettema/D. C. Whitney (eds.): Individuals in Mass Media Organizations, Beverly Hills/London 1982, S. 219-240.
95 Schönbach: News in the Western World, a. a. O.
96 Vgl. Gaye Tuchman: Objectivity as Strategic Ritual: An Examination of Newsmen's Nations of Objectivity, in: American Journal of Sociology, Vol. 77, Jan. 1972, S. 660-679.
97 Philip Meyer: Precision Journalism: A Reporter's Introduction to Social Science Methods, Bloomington/London 1973, S. 6 f.
98 Kevin G. Barnhurst/John Nerone: The Form of News: A History, New York 2001, S. 3.
99 Vgl. Meyer: Precision Journalism, a. a. O., S. 6 f.
100 Vgl. Siegfried Weischenberg: Zur Dynamik elektronischer Aussagenproduktion, in: Media Perspektiven 1983/3, S. 159-174.
101 Birkner: Journalism 1914, in: Journalism History, Vol. 42, 2016/3 (Fall), S. 153-163 (hier: 161).
102 Vgl. Janowitz: Professional Models in Journalism: the Gatekeeper and the Advocate, a. a. O., S. 618.
103 Vgl. John W. Johnstone et al.: The News People, Urbana/Chicago/London 1976.
104 Vgl. Klaus Schönbach: Trennung von Nachricht und Meinung, Freiburg/München 1977.
105 Joshua Quittner: Die Geburt eines Völlig Neuen Journalismus, in: S. Bollmann/C. Heibach (Hrsg.): Kursbuch Internet, Mannheim 1996, S. 433-436 (hier: 434 f.). Der Autor erinnerte mit seinem Titel ‚The Birth of way new Journalism' an Tom Wolfe, der im Februar 1972 im Magazin *New York* „The Birth of ‚The New Journalism'" verkündet hatte.
106 Manfred Rühl: Journalismus und Gesellschaft, Mainz 1980, S. 319 ff.
107 Maximilian Gottschlich: Journalismus und Orientierungsverlust, Wien/Köln/Graz 1980, S. 205, 72 ff.
108 Vgl. Hans Heinz Fabris: Medienjournalismus und Bürgerkommunikation, in: Rundfunk und Fernsehen 1981/2-3, S. 200-210.
109 Matheson: The Watchdog's New Bark: Changing Forms of Investigative Reporting, a. a. O., S. 84 f.
110 Ebd., S. 90 f.
111 Vgl. z. B. Volker Lilienthal et al.: Digitaler Journalismus. Dynamik – Teilhabe – Technik, Leipzig 2014, S. 99 ff., 133 ff.
112 Vgl. Stefan Hauser: Sport ‚online' – Medien- und textlinguistische Anmerkungen zur webbasierten Mediengattung, in: D. Beck/S. Kolb: Sport & Medien, Zürich/Chur 2009, S. 71-89.
113 Michael Haller: Diagnose: Fehldiagnose, in: Spiegel Online v. 18.8.2013.
114 Michael E. Borgerding: Storytelling. Über die Enteignung des Erzählens, in: K. Kocks (Hrsg.): Das unerhörte Ereignis als Freiheitsberaubung der Urteilskraft, Bristol 2010 [zuerst in: Merkur, 64. Jg, Heft 1, Jan. 2010], S. 30-63 (Zitat: 38 f.).
115 Vgl. Helma Nehrlich: In den Fängen des Content Marketing, in: M 2016/3, S. 22 f.
116 Mogelpackung. Glaubwürdigkeit von Journalismus gefährdet, sagt Stephan Russ-Mohl, in: M 2016/3, S. 24.

Was soll nun aus dem Journalismus werden?
Medien im Zeitalter ‚toxischer Rhetorik' – eine Ausführung

An der Schwelle zum Web 2.0 publizierte die *Süddeutsche Zeitung* über den ‚Neuen Journalismus im Internet' ein satirisches Einstellungsgespräch mit einem jungen Mann, der für das Projekt ‚Border Online' engagiert werden soll. Chefredakteur und Bewerber sitzen in einem zum Büro umgebauten Kuhstall; auf dem Computer-Monitor ein Bildschirmschoner: der Bauch von Jenny Elvers (das war seinerzeit eine Yellowpress-Ikone). *Seine Firma*, sagt der Chefredakteur, sei *ein junges, unkonventionelles Unternehmen, das den Journalismus im Internet nicht weniger als neu erfindet: schnell, aktuell, schneller, aktueller. Wer bist du? Der* Bewerber: „Ich bin Mike, 23, Zivildienst beim Roten Kreuz, wo ich eine interaktive Blutspender-Datenbank programmiert habe, zwei Semester Snowboarding, nebenbei Web-Design für meine Stammkneipe..." Als ‚journalistische Erfahrungen' nennt er, dass er „zusammen mit nem Kumpel [...] die Web-Site für meine Stammkneipe" betreue. Da seien auch Texte drauf, „wir kündigen Events an und schreiben den Newsletter und so." *Bei seinem Medium*, sagt der Chefredakteur, werde er *es aber mit Politik zu tun haben, Sport, Kultur, Wirtschaft, die ganze Palette, nur eben mit junger Zielgruppe, verstehst?* „Kein Problem, interessiert mich doch alles." *Wie hältst du's mit recherchieren?* „Mit was?" *Sorry, das war so ein Fachausdruck. Ich will's mal anders sagen: Stell' dir vor, du hörst oder liest was, das dir geil vorkommt und von dem du glaubst, dass es deinen Site-Visitern auch geil vorkommt, was machst dann?* „Na, reinstellen ins Netz." *Einfach so?* „Nö, natürlich mit Bildern, Videos, Links, Background, was ich halt so finde. Das Netz ist ja voll mit Infos." *Sehr gut. Und wenn sich dann 13 Minuten später zufällig herausstellt, dass das nicht stimmt, was du gehört und reingestellt hast?* „Easy. Dann leier' ich im Chatroom eine Diskussion an und schau' mal, ob es nicht die meisten doch für wahrscheinlich halten. Gibt's am Ende trotzdem eine Mehrheit gegen die Wahrheit, nehme ich's halt wieder raus." *Hervorragend!* sagt da der Chefredakteur. *Internet ist Demokratie, der User hat das letzte Wort, ganz hervorragend. Übrigens, haste Probleme mit Werbebannern, E-Commerce, Textlinks zu Shops und so weiter?* „Was für Probleme?" *Super. Nur mal angenommen, du hörst oder liest an einem Tag rein gar nichts zum Reinstellen, was stellst dann rein?* „Na, wie gesagt: Das Netz ist voll. Ich setze also Links irgendwohin, oder ich hole mir was runter und lade es hoch." *Letzte Frage: Bist du in der Gewerkschaft?* „Ach was, Gewerkschaft. Fun, Mann!"[1]

Medien-Wahrheiten und Medien-Wirklichkeiten

Dies war gleich nach dem Millennium ein gleichermaßen realistisches und visionäres Stück, das seine Aktualität auch nach Jahren nicht eingebüßt hat: Jenny Elvers und ihre Nachfolgerinnen an der Luder-Front blieben weiterhin – zumindest in *Bild* – am Start und haben inzwischen sogar die Relevanzkriterien ‚seriöser Medien' unterwandert. Was ‚Recherchieren' bedeutet, ist längst nicht mehr allen klar, die sich ‚Journalisten' nennen; die Grenzen zwischen Journalismus und Werbung lassen sich gerade im Internet kaum noch ausmachen oder werden immer raffinierter verschoben. Und dass Wahrheit in den (neuen) Medien ein Mehrheitsbegriff ist, haben alle spätestens dann gelernt, als sie von der Trump-Administration mit ‚alternativen Fakten' konfrontiert wurden – Kernelement einer toxischen Rhetorik, die unseren Realitätssinn zermürben sollte. Medien-Wahrheiten und Medien-Wirklichkeiten lösen sich, so glauben viele, im Cyberspace ohnehin auf; die ‚alten Medien' scheinen nur noch etwas für die Alten zu sein.

Als der Text gedruckt wurde, war die ‚Dotcom-Blase' gerade geplatzt. Die Schein-Millionäre der ‚New Economy' leckten ihre Wunden, die ihnen der neue Realitätssinn der Anleger geschlagen hatte. Einer dieser Medien-Spekulanten hieß Thomas Haffa. Wenige Monate zuvor hatten Hamburgs Mediengewaltige bei ihrem traditionellen ‚Mediendinner' noch vor ihm auf den Knien gelegen, als er ihnen die ultimativen Geschäftsideen für die totale Kommerzialisierung in der ‚Mediengesellschaft' verkauft hatte. Doch die Wirklichkeit entzauberte ihn und sein *EM.TV* schnell – und das ist noch stark untertrieben. Zur gleichen Zeit wurden in den USA die ersten Online-Journalisten gefeuert. „Der Weg ist weit, Gringos!" titelte die *Süddeutsche Zeitung* auf ihrer Medienseite. Und weiter: „Online-Journalismus. Die Goldgräberstimmung ist vorbei, die Helden wappnen sich finanziell für die lange Strecke". Es sei ein bisschen wie im Wilden Westen: „Im großen Treck ziehen sie durch die Prärien in unerforschte Gebiete, um dort ihr Glück zu machen. Keiner weiß genau, wo, wann und wie er dort Geld verdienen wird, welche Gefahren drohen. Der Siedler weiß noch nicht einmal, was aus ihm werden wird. Saloon-Besitzer? Bordellchef? Goldgräber?"[2]

Der Blick in die USA führte damals in der Tat nicht gerade zu aufmunternden Eindrücken. Die beschriebene ‚amerikanische Krankheit' war ausgebrochen, nachdem die Medien in die Hände von reinen Geschäftemachern geraten waren und – als Glied einer „endless chain" – zum Spekulationsobjekt in der Wall Street geworden waren, das dazu diente, so viel Profit wie möglich herauszuquetschen. Davor hatte der Medienkritiker Ben H. Bagdikian schon 1983 gewarnt; zwei Jahrzehnte später rekonstruierte der Journalismus-Forscher Philip Meyer detailliert, „How Newspapers Were Captured by Wall Street".[3] Zur selben Zeit war der Journalismus zum Spielball der Bush-Administration geworden und in eine tiefe Identitätskrise gestürzt. In Washington hatte sich das „renommierte Corps der Hauptstadtkorrespondenten mit Lügen abspeisen und zur Hilfstruppe einer Clique neokonservativer Verschwörer machen lassen", kritisierte der Pulitzer-Preisträger Russell Baker.[4] Das sollte nicht noch einmal passieren, und deshalb schauten die politischen Berichterstatter dem Nach-Nachfolger von Anfang an besonders genau auf die Finger.

In Deutschland mussten in den Jahren nach dem Millennium gerade jene Medienverantwortlichen Lehrgeld zahlen, die sozusagen mit verbundenen Augen auf den Internet-Zug gesprungen waren – ohne zu wissen, wohin die Reise geht und wie viel die Fahrkarte kostet. Wie viel die ‚Netz-Karte' kosten kann: Später ist zumindest das bekannt geworden. Da ähnelte das ‚Verkehrsmittel' aber mehr dem Karussell, auf dem man bei der Fahrt im Kreise immer wieder an denselben Phänomenen und Problemen vorbeikommt – aber auch an den prall gefüllten Geldsäcken, die z. B. der Firma *Google* gehören. Sie verführten dazu, erneut mit Dollar- oder Euro-Zeichen in den Augen auf die Medienentwicklung zu blicken und in Kauf zu nehmen, den Journalismus auf dem Altar der Kommerzialisierung zu opfern.

Es hat deshalb lange gedauert, bis erkannt wurde, dass die Probleme, von denen dieser Journalismus nun seit Jahren umzingelt ist, womöglich größer sind als die (kommerziellen) Chancen, die sich ihm unter den Bedingungen des Web 2.0 eröffnen könnten. Längst hat ihn die Boulevardisierung – als sichtbarster Ausdruck der Kommerzialisierung – im Kern erfasst und zum Teil verändert. Immer mehr Medien – auch die öffentlich-rechtlichen – handeln mit pflaumenweichen Nachrichten und verwechseln das Forum der Öffentlichkeit mit einem Zirkus. Längst hat die Laien-Konkurrenz für Nervosität in den Redaktionen gesorgt – die eine Zeitlang noch als ‚Leser-Reporter' unter konventionellen Bedingungen geübt hatte. Die Regulierungs-Artisten, welche früher kilometerlange Staatsverträge formulieren konnten, beobachteten die Entwicklung des Mediensystems mit Unbehagen, standen aber unter der Zirkuskuppel ziemlich ratlos da.

Medienkrise und Introspektion

Seit die Geschäfte schlechter gehen und die öffentliche Kritik zunimmt, also der Druck von außen gestiegen ist, ist die Bereitschaft der Massenmedien sichtbar gewachsen, den Blick nach innen zu richten. Diese Introspektion setzte Ende der ‚Nullerjahre' ein, als sich zwei zentrale Probleme des Journalismus nicht mehr übersehen ließen: der Zusammenbruch des alten, auf Reklame beruhenden Geschäftsmodells, weil immer mehr Anzeigen ins Netz wanderten, und die durch das Netz bedingten neuen Beziehungen zwischen den Massenmedien und ihrem Publikum. Die radikale Schlussfolgerung aus den ökonomischen Problemen der Massenmedien sowie den zunehmend glorifizierten technischen Potentialen des neuen Medienzeitalters lautete ganz schnell, einen ganz neuen Journalismus zu kreieren bzw. den Journalismus neu zu erfinden.[5] Dafür stellte dann auch die Wissenschaft Handlungsempfehlungen bereit. Für ‚Freie' z. B. gab es den Rat: „Finde Deine Rolle!" Damit war jedoch nicht gemeint, über das journalistische Selbstverständnis zu reflektieren, sondern für sich eine Marktlücke zu suchen; die zweite Empfehlung lautete deshalb: „Finde Deinen Markt!" Als Strategie wurde schließlich noch angedient: „Erkläre Dich zum Propheten!" Die verallgemeinerte (zwischen Gedankenstrichen leicht eingeschränkte) Botschaft verhieß dazu: „Die Frage nach dem richtigen Handeln im real existierenden Journalismus läuft – ohne dass man gleich in die Rhetorik kleiner marktradikaler Splitterparteien verfallen muss – auf ein unternehmerisches Selbstverständnis zu [...]."[6] Im Bereich von Lösungen mittlerer Reichweite waren und sind Versuche von Qualitätsmedien angesiedelt, die Lage des Journalismus mit Augenmaß zu vermessen und sich den neuen Herausforderungen zu stellen, ohne von einem Extrem ins andere zu fallen.

Die *Süddeutsche Zeitung* stellte in ihrem Magazin die Grundsatzfrage „Wozu Zeitung?" und ließ dazu den unvermeidlichen Jeff Jarvis zu Wort kommen, der kurz und bündig feststellte: „Nicht die Zeitungen sind wichtig für die Demokratie, der Journalismus ist es." Ansonsten bemühte das Blatt bei seiner Suche nach Antworten solche funktionalen bzw. ethischen Attribute wie ‚Qualität', ‚Vierte Gewalt', ‚Fakten' und ‚Haltung'.[7] Auffallend engagiert nimmt sich die Wochenzeitung *Die Zeit* seit einiger Zeit des Themas an und versucht aufzuzeigen: „Wie guter Journalismus überleben kann".[8] Da wird zunächst auf die eigene Schulter geklopft, denn angeblich hat Deutschland „die wohl besten Zeitungen der Welt", gleichzeitig aber sowohl vor der permanenten Skandalisierung des politischen Lebens durch die Medien als auch vor einer Konformität der Meinungen in den Medien gewarnt. Ganz an die eigene Zunft und ihren Umgang mit sich selbst sind die folgenden Sätze gerichtet: „Es gibt keine Branche in Deutschland, die sich so lustvoll und unheilvoll selbst beschädigt hat, wie es viele Verleger, Geschäftsführer und Journalisten getan haben. Sie begleiteten die Einführung ihrer Onlineangebote so manisch, als hätten sie permanent gekokst."[9] Zwei Redakteure des Blatts waren sich bei ihren Thesen zum Journalismus sicher: „Es ist noch reichlich Zukunft da". Und auch sie schlossen ihr aufbauendes Stück mit den Worten: „Solange es Worte gibt, wird es schreibenden Journalismus geben. Und so lange wird dieser Beruf einer der schönsten der Welt bleiben."[10] Diverse Medienmanager und leitende Journalisten, die an gleicher Stelle befragt wurden („Deutschlands wichtigste Medienmacher geben Auskunft"), steuerten zum Thema aber auch eine Menge Leerformeln bei, die in dem Appell „Haltung statt Kleinmut" zusammengefasst wurden.[11]

Ungefähr zur selben Zeit, als diese Mutmacher publiziert wurden, musste die *Frankfurter Rundschau* einen Insolvenzantrag stellen und wurde dann unter das Dach der Frankfurter Sozietät geführt, wurde die *Financial Times Deutschland* ganz eingestellt, übernahm die *Funke Mediengruppe* von Springer das *Hamburger Abendblatt* und die *Berliner Morgenpost*, die sie seither zusammen mit ihren Ruhr-Blättern von einer Berliner Zentralredaktion bedienen lässt; auch *Süddeutsche Zeitung* und *Frankfurter Allgemeine Zeitung* mussten kräftige Einsparungen vornehmen. Damit hat man die Probleme jedoch nicht gelöst: Allein in den zwölf Monaten zwischen 2015 und 2016 verloren führende Medien wie *Spiegel*, *FAZ*, *Welt* und *Bild* weiter jeweils rund 10 Prozent ihrer Auflage; beim *Spiegel* ging der Einzelverkauf um rund 20 Prozent zurück, beim *Focus* sogar um 25 Prozent. Immer noch können diese Blätter aber hohe Einnahmen durch Anzeigen erzielen – und das müssen sie auch, denn die Medienhäuser finanzieren sich auch im Online-Zeitalter weit überwiegend über Print.[12]

Nachdem in den USA auch bei der *Los Angeles Times* und sogar der *New York Times* eine große Zahl redaktioneller Jobs gestrichen wurden, schlugen Journalisten wie Marc Fisher von der *Washington Post*, deren Mitarbeiterzahl in den vergangenen Jahren schon von 950 auf etwa 680 Personen geschrumpft war, Alarm. Die berufliche Existenz einer ganzen Journalistengeneration sei bedroht, sagte Fisher in einem Interview. Selbst diejenigen, welche ihre Jobs behielten, verlören zunehmend an Einfluss: „Sie mühen sich mehr ab als je zuvor und haben dadurch weniger Zeit für Qualitätsarbeit. Der Zusammenbruch des klassischen Geschäftsmodells journalistischer Arbeit hat letztlich dazu geführt, dass wir in einer Welt leben, in der zwar immer mehr Informationen verfügbar sind, sich die professionellen Berichterstatter aber um ihre Zukunft sorgen müssen."[13]

Beim Diskurs über die Zukunft der Presse wird immer wieder Philip Meyer zitiert, der in seinem Buch ‚The Vanishing Newspaper' den Tod der Tageszeitung für das Jahr 2043 prognostiziert habe; man könnte also schon mal mit den Vorbereitungen für die Beerdigung beginnen. Doch das stimmt so nicht, denn Meyer hat nur Aussagen über die Zeitungsleser gemacht. Die würden in der Tat aussterben, und zwar genau im Frühjahr 2043 – wenn man die bisherigen Nutzerzahlen extrapoliere und der Abwärtstrend sich so weiter fortsetze.[14] Dieser Entwicklung wollte die Newspaper Association of America jedenfalls schon einmal vorbeugen, als sie sich am 7. September 2016 in ‚News Media Alliance' umbenannte; vorausgegangen war in den USA die Einstellung von weiteren 700 der im Jahre 2008 noch vorhandenen rund 2.700 Zeitungen. Das Motto der Branche lautet also inzwischen: „news company formerly known as newspaper".[15]

Doch nicht nur das Jahrhundert der Zeitungen ist vorbei – auch das Goldene Zeitalter, in dem der ganze Journalismus ökonomisch ein Selbstläufer war. Man hat nur zu lange nicht gemerkt, dass seine finanzielle Basis schrumpft und die Verbreitung von kostengünstig produzierten Nachrichten, die durch Werbung finanziert wird, kein tragfähiges Geschäftsmodell mehr ist. Im Prozess der digitalen Revolution sei er in der Gefahr, seine Identität zu verlieren und sich durch Selbstkommerzialisierung sogar abzuschaffen, fürchten die Pessimisten. Man könnte es dabei bewenden lassen und sich an die Formulierung von Nachrufen machen. Zum Glück sind die Verhältnisse aber nicht so finster – und die Folgen nicht so unwichtig, dass man einfach zur Tagesordnung übergehen sollte. Schauen wir deshalb noch einmal genauer hin und suchen nach Antworten auf jene drei berühmten ‚Kant-Fragen' – die unvermeidliche Mischung aus Kassensturz, Lebenshilfe und Mutmacher: Was kann ich wissen? Was soll ich tun? Was darf ich hoffen?[16] Die alles umfassende vierte ‚Kant-Frage' (‚Was ist der Mensch?') wollen wir hier aus guten Gründen weglassen. Sie wird aber wieder neu gestellt, seit sich in den Gesellschaften des Internet-Zeitalters mit den gewandelten Kommunikationsverhältnissen *scheinbar* überraschende Eindrücke zum menschlichen Verhalten aufdrängen.

Was kann ich wissen?

Schon Anfang der 1970er Jahre hatte Richard Maisel im Rückblick auf die Zeit seit dem Zweiten Weltkrieg den Niedergang der Massenmedien postuliert. Entgegen den Erwartungen seien sie größenmäßig gegenüber dem allgemeinen Wirtschaftswachstum geschrumpft. In der aufkommenden Dienstleistungsgesellschaft, so prognostizierte er, erhielten spezialisierte Medien eine größere Bedeutung; diese zerteilten das Publikum in immer kleiner werden Segmente und beförderten so die kulturelle Differenzierung. Der Soziologe erkannte damals bereits – lange, bevor das Internet zum beherrschenden Thema der Medienbeobachtung wurde: „Thus we might expect the coming period to be characterized by the growth of receptors, media for receiving communications; such developments are already apparent in the use of speed reading, computers for data retrieval, tape recorders, and copy equipment."[17] Der Effekt für die Kommunikationsverhältnisse liegt auf der Hand – und hier schafft die Möglichkeit, sich mit Hilfe der Sozialen Medien in ‚Filterblasen' zurückzuziehen und nur noch den eigenen Echos zu lauschen, insofern gar keine völlig neuen Verhältnisse: „If we're all attending to different messages, our capacity to understand one another is diminished."[18]

Am Beispiel Deutschlands lassen sich beide Prognosen Maisels belegen: Die Bedeutung der universellen Massenmedien ist zurückgegangen, die der spezialisierten Medienangebote gewachsen. Erheblich gesunken ist die Zahl der hauptberuflichen Journalistinnen und Journalisten. Dies sind Krisensymptome, die sich mehr oder weniger direkt auf die digitale Revolution zurückführen lassen. Wir haben dazu in diesem Buch eine große Zahl von Informationen präsentiert. All die erwähnten Faktoren schlagen sich in der Qualität des Journalismus nieder, und zwar insbesondere durch Überlastung der (verbliebenen) Akteure. Denen bleibt weniger Zeit für inhaltliche Arbeit, die wir mit dem fiktiven Ideal der ‚Vierten Gewalt' verbinden: Themen zu finden, nachzufassen, Informationen zu prüfen und ggf. denen, die Macht ausüben, auf den Pelz zu rücken. All dies wird unter dem Begriff ‚Recherche' zusammengefasst – der nicht nur in der Satire nicht mehr allen geläufig ist. Blinde Flecken der Berichterstattung sind die Folge. Das alles kann man wissen.

Immer noch ist der Journalismus in Deutschland – jedenfalls im Vergleich zu vielen anderen Ländern – vielfältig; immer noch verfügt er über erhebliche Qualitäten (nebenbei: früher war er insgesamt keineswegs besser und professioneller). Aber in wesentlichen Teilen seiner Medien muss man die öffentliche Aufgabe, die er nach höchster Rechtsprechung wahrnehmen soll, inzwischen mit der Lupe suchen. Im gesamten Journalismus wird zunehmend mehr die Kritiker-Rolle zur Disposition gestellt. Die Krise des Journalismus erweist sich auch als Krise seiner Kritikfunktion; diese wird obsolet, wenn die Distanz fehlt und die Relevanz sowieso. Dies gilt schon traditionell für den strukturell korrupten Motor- und Reisejournalismus sowie einen Teil der Wirtschaftspublizistik. Aktuell wird der Abschied von vertrauten professionellen Regeln auch vor allem in der Sport- und Kulturberichterstattung sichtbar.

Fritz J. Raddatz, viele Jahre Feuilletonchef der *Zeit*, nannte „Polstermöbeljournalismus", was er nach dem Ende seiner aktiven Zeit beobachten konnte: „Die sitzen bequem und warm auf dem Sofa und tun sich gegenseitig nichts an." Beim *Spiegel*, meinte er, zeige man nicht mehr die Zweitzähne: „die haben jetzt Drittzähne."[19] Beißhemmungen haben natürlich vor allem mit Macht zu tun, die andere haben. So hat die Stiftung eines großen Medienkonzerns mit aller Macht die Exzellenzrhetorik in die deutsche Hochschullandschaft hineindrücken können. Und so kann es – jedenfalls nach Auffassung der *taz* – dazu kommen, dass die Künste einer viel beschäftigten Schauspielerin von den Medien deshalb nicht kritisch bewertet werden, weil sie die Ehefrau eines mächtigen Verlegers ist – *Citizen Kane* lässt grüßen.[20]

Unter den Vorwürfen an die Adresse der Journalisten ist die ‚Peer-Group'-Orientierung – das Schmoren im eigenen Saft – ein Evergreen. Diese ‚Selbstreferenz' wurde von der Kommunikationswissenschaft immer wieder thematisiert; den Berufsvertretern ist sie nur zu bewusst. Die Kritischen unter ihnen beklagen in diesem Zusammenhang Wirklichkeitsverlust, Publikumsferne und Wichtigtuerei in elitärem Ambiente. Sichtbarsten Ausdruck findet dies in den Augen der Kritiker, wenn sich die Branche selbst feiert und ehrt (Smokingzwang inklusive). Journalisten – zumal jene der Elitemedien – können auf Dauer nur durch Freitod vermeiden, einen der vielen Medienpreise zu bekommen. Und auch die Printleute führen sich seit langem geballt im Fernsehen vor – ob als Dauergast in Talkshows oder sogar als deren Moderator: There's no business like showbusiness.

Was die Fremdreferenzen angeht, so kommt (in unseren Breitengraden) heutzutage die größte Bedrohung der journalistischen Autonomie nicht mehr vom Staat, sondern vom Geld. Geld, das zumindest einem Teil der Medien ausgeht; Geld, das Leute haben, die in die Medien wollen, weil sie deren Glaubwürdigkeit für ihre Interessen ausbeuten. Sie simulieren dazu den Journalismus und machen es den Journalisten scheinbar leicht: durch professionell aufbereitete Informationen und kleinere und größere Gefälligkeiten. So etwas wird bekanntlich ziemlich euphemistisch als ‚Public Relations' bezeichnet – die Pflege öffentlicher Beziehungen. PR setzen den Journalismus als unabhängige Beobachtungsinstanz partiell außer Kraft; sie sind das Trojanische Pferd in der ‚Mediengesellschaft'. In seinem Inneren sitzen heute freilich immer mehr die Journalisten selbst; sie erobern sozusagen das eigene Terrain im Auftrag fremder Interessen. Das tun sie, müssen sie tun, weil ihre Heimat, der Journalismus, sie nicht mehr hinreichend ernähren kann.[21] Sie sind ‚Two-Hatters': Mal haben sie den Hut des Journalisten auf, mal den des PR-Agenten – und mal beide.

Was nun den ‚Krieg gegen die Medien' angeht, so kann man es sich leicht machen und vermuten, dass dahinter Leute stecken, welche die Evolutionstheorie für faulen Zauber halten, den Klimawandel für eine Erfindung von linken Spinnern, die Forderung nach Gleichberechtigung der Geschlechter für antireligiös und die Demokratie wegen ihrer komplizierten Entscheidungsprozesse für überholt – die deshalb Politikern hinterher rennen, die das betreiben, was viel zu pauschal ‚Populismus' genannt wird, und die sich durch Pressefreiheit gestört fühlen. Das ist, wie alle Vorurteile, nicht vollkommen falsch, gilt aber wohl eher für die USA und dort vor allem für jene Kohorten in den ‚Flyover States', die 2016 wahrscheinlich die Präsidentschaftswahl entschieden haben. Damit haben wir nichts zu tun.[22]

Auch in Deutschland gibt es aber ein großes Reservoir für das ‚Wut-Bürgertum', das der Kommunikationswissenschaftler Wolfgang Schweiger „politisierte Bildungsmitte" nennt; sie umfasse nicht weniger als elf Millionen Menschen, hat er herausgefunden. Dabei handele es sich um eine Gruppe niedrig bis durchschnittlich gebildeter, aber hochpolitisierter Personen, in der sich – wegen Themen wie ‚Euro-Rettung', ‚Griechenland-Hilfe" ‚Flüchtlinge' und ‚Islam' – Frustration aufgebaut habe und die deshalb z. T. anfällig für Rechtspopulismus sei.[23] Das sind in ihrer Zusammensetzung und Ausrichtung offenbar andere Medienkritiker als die ‚Medienskeptiker' früherer Jahre (s. dazu Kapitel III/2). Ihre Nachrichtennutzung wird, so zeigt die aktuelle Studie, stark durch die ‚Filterblase' von *Facebook* geprägt: „Viele Mitglieder dieser Gruppe – und nicht nur sie – haben sich von journalistischen Nachrichtenmedien abgewandt. Sie informieren sich neben dem Privatfernsehen überwiegend online in sozialen und alternativen Medien." Aufgrund ihrer „Politik- und Elitenverdrossenheit" bevorzugten sie den Online-Austausch unter ihresgleichen – wobei „einige in ihren Online-Äußerungen auch übers Ziel hinaus" schießen würden: „Das Resultat ist eine deutlich rauer gewordene öffentliche Bürgerkommunikation."[24]

Bereits vor vielen Jahren gab es deutliche Warnungen vor einer Politikverdrossenheit der Bevölkerung als Folge unzureichender Vermittlungsleistungen der Medien. So bezeichnete der Kommunikationswissenschaftler Kurt Koszyk die Massenmedien und die darin tätigen Journalisten als mitverantwortlich für die auch damals beklagte Krise der politischen Kommunikation in unserer Gesellschaft und stellte folgende Diagnose: „Wenn das politische Bewusstsein der Bundesbürger zu Sorgen Anlass geben sollte, so sind daran neben den anderen Sozialagenturen gewiss auch die Massenmedien beteiligt. [...] Wenn die meisten Bundesbürger immer noch mehr Wert auf ihre Wirtschaft als auf das politische System legen, so liegt das gewiss nicht zuletzt an der Berichterstattung der Massenmedien, in denen das Funktionieren der deutschen Wirtschaft, die Qualität der deutschen Wertarbeit bisweilen als höhere Werte erscheinen denn die Beteiligung der Menschen an politischen Entscheidungen."[25] Das schrieb er im Jahre 1980; seither kann man auch das wissen.

Was soll ich tun?

Einfacher sind gewiss Antworten auf die Frage, was man lieber lassen sollte. Journalisten wie der SZ-Redakteur Heribert Prantl plädieren schon seit vielen Jahren dafür, nicht alles, was sich ‚Journalismus' nennt, tatsächlich dazu zu rechnen. Dabei geht es vor allem darum, die Folgen der Boulevardisierung in den Griff zu bekommen. Prantl verwendet in diesem Zusammenhang gerne den Begriff ‚Larifari', um zu zeigen, wo der Spaß aufhöre; davon müsse sich der Journalismus abgrenzen. Er ist überzeugt: „Die wirklich große Gefahr für den Journalismus geht vom Journalismus, von den Medien selbst aus – von einem Journalismus, der den Journalismus und seine Kernaufgaben verachtet; der Larifari an die Stelle von Leidenschaft und Haltung setzt." Gefährlich seien auch, sagte er in einem Vortrag vor österreichischen Verlegern, die „echten und vermeintlichen Sparzwänge" und die Tendenz, den Journalismus „auf den Altar des Anzeigen- und Werbemarkts" zu legen. Gerade die Presse sei ‚systemrelevant': „Lokalzeitungen, Regionalzeitungen, überregionale Zeitungen: Das System, für das sie alle relevant sind, heißt nicht Marktwirtschaft, nicht Finanzsystem und nicht Kapitalismus, sondern Demokratie."[26]

Mit Bezug auf den journalistischen Urahn Philipp Jakob Siebenpfeiffer, der 1832 an der Hambacher Schlossruine die erste Großdemo für die Pressefreiheit organisiert hatte und dafür ins Gefängnis wanderte, nannte Prantl in seinem Vortrag die Verlagshäuser etwas pompös „Bäckereien der Demokratie"; deren tägliches Brot sei die Pressefreiheit. Man müsse auf die Stärken der Zeitung vertrauen; gegen „Datentrash" helfe nur „kluge Analyse und Hintergrundbildung. Das muss die Zeitung bieten. Mit wertehaltigem Journalismus, nicht mit Billigjournalismus." Das beste Rezept für eine gute Zukunft sei „verlegerische und journalistische Leidenschaft. Journalismus – das sind nicht Maschinen. Journalismus – das sind Köpfe."[27] Wir wollen das alles gerne kaufen, aber es klingt doch wie Pfeifen im Walde. Sollte man nicht doch mehr tun, als sozusagen auf die professionellen Selbstheilungskräfte zu setzen; müsste man sich nicht mehr darum kümmern, wie dieser beschriebene ‚Qualitätsjournalismus' vor den Mechanismen der Marktwirtschaft besser geschützt werden könnte?

Die Zeitungsverleger haben hier nach wie vor einen klaren Standpunkt: Guter Journalismus werde garantiert nicht überleben „durch den Ruf nach Subventionen und Stiftungen", sagt Springer-Chef und BDZV-Vorsitzender Mathias Döpfner. „Das bedeutet Staatspresse. Damit würde sich der Journalismus das eigene Grab schaufeln." Wirklich unabhängig sei nur, „wer zwischen sich und den Leser niemand anderen treten lässt."[28] In dieser Logik würden die Opernhäuser nur noch Wagner-Opern spielen, weil Angela Merkel diese besonders liebt. Und die Museen nur noch Bilder mit röhrenden Hirschen aufhängen, weil die Politiker sowieso keinen Geschmack haben. Ähnliche Gefahren für ihre Unabhängigkeit müssten ständig anderen ‚Staatsbetrieben' wie Theatern, Bibliotheken und Universitäten sowie den Stiftungs-finanzierten Akademien drohen. Erlaubt sei auch der Hinweis, dass die Verleger Subventionen durchaus gerne mitnehmen – etwa in Form von Steuererleichterungen für Presseprodukte.

Was auch immer man unterlässt oder tut – und wie man es finanziert: Der Medienwandel muss von den Handelnden so gestaltet werden, dass er nicht auf Kosten der Identität des Journalismus geht; dies ist sozusagen der Kategorische Imperativ für unsere künftigen Kommunikationsverhältnisse. Das bedeutet zunächst: Wenn sich der Journalismus unter den Bedingungen der digitalen Revolution behaupten will, sollte er auf jeden Fall wieder eindeutiger erkennbar werden. Wenn ‚Journalismus' draufsteht, sollte auch Journalismus drin sein. Es muss die Arbeitsteilung zwischen Journalisten und Gauklern wiederhergestellt werden, welche im Prozess der ‚Schreinemakerisierung' immer wieder aufgehoben wird – und die Arbeitsteilung zwischen Journalisten und Geschäftsleuten.[29] Das, was nicht der Pressefreiheit dient, darf getrost unter anderen Flaggen segeln, auf denen z. B. ‚Unterhaltung' oder ‚Public Relations' steht. Wer sich ‚Unterhaltungsjournalist', ‚PR-Journalist' oder gar ‚Unternehmensjournalist' nennt, ist beim Journalismus auf dem falschen Dampfer. Die Klärung der Verhältnisse dient der Orientierung des Publikums.

Man muss sich nicht um die Unterhaltungsbranche sorgen, auch nicht um die Unterhaltung im öffentlich-rechtlichen Rundfunk. Das Leichte und Seichte findet seine Abspielstätten und sein Publikum von selbst. Unterhaltung ist die formale Variation stereotyper Inhalte. Hier geht es nicht um die Sicherung von *Vielfalt*, sondern allein um die Sicherung des *Zugangs*. Anders ist es beim Journalismus, der auf der Informations- und Meinungsvielfalt beruht. Ihn gilt es durch Anpassung an die technischen Veränderungen zukunftsfest zu machen. In dieser Zukunft kann sich – und das ist die gute Nachricht – niemand mehr sicher sein. Dies gilt auch für solche Privatsender in Deutschland, die mit minimalem Programm- und Personalaufwand stattliche Gewinne einfahren. Den öffentlich-rechtlichen Rundfunk hingegen von der Nutzung der digitalen Technologien auszuschließen, würde ihm langfristig den Garaus machen. Seine journalistischen (!) Angebote sollten überall dort auffindbar sein, wo sich Mediennutzung abspielt. Dabei muss er aber seinen Informationsauftrag besonders ernst nehmen.

Gerade wenn es die beschriebene ‚politisierte Bildungsmitte' gibt, und auch wenn diese Gruppe tatsächlich so groß ist, wie behauptet wird, sollten die Medienschaffenden das Publikum, was sie (noch) haben, hinsichtlich seiner Ansprüche nicht unterschätzen. Gewiss wollen die Menschen von den Massenmedien unterhalten werden, und ein Teil von ihnen liebt die Volksmusik wirklich. Aber sie suchen auch nach Quellen, die ihnen die Welt erklären und denen sie vertrauen können. Bei ihren Entscheidungen werden die rational Erreichbaren nicht auf Informationen bauen wollen, die tentativ ins Netz gestellt und dann sozusagen per Abstimmung zur Wahrheit über die Wirklichkeit erklärt werden – oder auch nicht. Es geht nun darum zu prüfen, wie man den Journalismus als unabhängige Selbstbeobachtungseinrichtung der Gesellschaft bewahren kann. Niemand wird ernsthaft erwarten, dass die engagierten Amateure der Blog-Community oder die Algorithmen von *Google* in der Lage sind, diese Funktion zu übernehmen. Für die Existenzsicherung des Journalismus wird es aber nicht ausreichen, wenn sich seine Akteure auf die Rolle des handzahmen Informationsvermittlers zurückziehen und die Bühne wenigen Selbstdarstellern überlassen, die sich glanzvoll vermarkten und dabei die Identität des Berufs aufs Spiel setzen.

Was darf ich hoffen?

Journalisten haben sich – cum grano salis – als Experten der aktuellen Medienkommunikation bewährt, die im Allgemeinen berechenbare Selektions-Entscheidungen über die Publikation geprüfter Informationen treffen. Die Art des Mediums, über das sie ihre Nachrichten verbreiten, wird dabei freilich künftig eine weniger wichtige Rolle spielen. Die Medienfixierung ist eine Perspektive von gestern; notwendig wäre eine Neuorientierung unter gewandelten Bedingungen;

es geht dabei um die Organisation von Vielfalt und die Sicherung von Qualität der Inhalte. Aber was bedeutet eine solche Neuorientierung genau: Die ‚alten Medien' nur als Marketing-Plattformen zu nutzen für neue Erwerbsformen? Oder gar – was gerade Qualitätszeitungen eine Zeitlang als Allheilmittel erkoren hatten – die Marke nutzen als Leuchtreklame für einen Supermarkt, auf dem man seinen alten Kunden alles Mögliche andrehen kann, weil man ihnen ja vertraut ist, über unbegrenzten Anzeigenraum verfügt und über eine willige Redaktion, die man vor den Karren der Eigenwerbung spannen kann? Ähnlich jener genialen Geschäftsidee, wodurch aus einstigen Kaffee-Röstern die Anbieter von Wohlstandsramsch gemacht wurden? Also ‚Tchibo-Journalismus' in einer Zeit, da alle Welt vom ‚Cyber-Journalismus' schwadroniert?

Seit Jahren versuchen deutsche Medienunternehmen ansonsten vor allem eines: die Instabilität der Bedingungen und die Zickzack-Bewegungen der Entwicklung auf ihr Personal abzuwälzen – durch Kündigungen und Outsourcing. Für kurzfristige Kostensenkung wird so langfristig die professionelle und organisatorische Stabilität geopfert. Hinzu kommt, dass immer mehr Redaktionen die qualifizierte Ausbildung von Journalisten durch billige Rekrutierung ersetzen – z. B. von Praktikanten. Auch der Journalismus ist eine Marke. Wer sie durch Kommerzialisierung in Tateinheit mit Rationalisierung aufs Spiel setzt, handelt – zumindest – fahrlässig. Doch es gibt ja mächtige Stimmen wie die des Journalisten Prantl, der fest davon überzeugt ist, dass guter Journalismus gute, ja sogar „große Zeiten" vor sich habe: „Noch nie hatten Journalisten ein größeres Publikum als nach der digitalen Revolution." Noch nie habe es wohl „so viel Bedürfnis nach einem orientierenden, aufklärenden, einordnenden und verlässlichen Journalismus wie heute" gegeben, sagte er bei seiner Rede vor den Zeitungsverlegern. Das Gerede von der angeblichen Todesnähe der Zeitungen gehöre „zu den Hysterien, die im Journalismus noch besser gedeihen als anderswo. Der Kikeriki-Journalismus, die aufgeregte Kräherei, die seit einiger Zeit unsere politische Publizistik prägt, kräht nun das eigene Ende herbei." So was nennt man: Optimismus. Und von da ist es nicht weit zu der Prognose, dass der Journalismus „eine glänzende Zukunft" habe – unter bestimmten Bedingungen.[30]

Für diese Bedingungen sorgt die ‚digitale Revolution'; sie provoziert nicht nur einen Kassensturz der ‚alten Medien', sondern bringt Vieles und Viele durcheinander. Diese ‚digitale Revolution' startete Mitte der 1970er Jahre mit der Elektronisierung der Medienproduktion – und wurde damals in ihren Auswirkungen trotz aller Warnungen völlig unterschätzt.[31] Dann kam das Internet und danach redete alle Welt vom ‚Web 2.0'– was auch immer zunächst damit genau gemeint sein mochte. Auf den ersten Blick schien dieses damals neue Label nur Gutes zu versprechen: Wir durften demnach auf mehr Partizipation, kollektive Kommunikation, virtuelle Gemeinschaften und eine ‚Kultur der Amateure' hoffen. Wir würden jetzt, so wurde verkündet, die Dynamik einer medialen Demokratisierung erleben. Technisch ging es dabei vor allem um die Bereitstellung einer Internet-eigenen Bildsprache, welche die Realisierung einer Jahrzehnte alten Ankündigung erlaubt: *Multimedia*. Diesen frohen Botschaften stand aber gleich die Angst der ‚alten Medien' vor einem Kollabieren ihrer Geschäfte gegenüber.

Bei näherem Hinsehen ist deutlich geworden, dass zum einen die idealistischen Erwartungen aller Voraussicht nach viel zu hoch gesteckt waren, und zum anderen den Medien und dem Journalismus genug Zeit und Spielraum geblieben wäre, sich den neuen Bedingungen anzupassen – wenn sie das Richtige getan hätten. Zu den Ideologien gehörte auch die angebliche Gratisökonomie des Internet. Man tat, als wenn die Inhalte vom Himmel fallen würden. Doch ein großer Teil des Web-Angebotes stellt nichts anderes dar als ein Recycling vorhandener Quellen auf der Basis von geistigem Diebstahl. Dass hier vor allem mit den Beiträgen von Laien am Ende das dicke Geschäft von wenigen Profis gemacht wird, zeigte z. B. der Verkauf von *YouTube*. Pointiert gesagt (und zum Glück fern der Realität): Spätestens dann, wenn *Google* auch noch *Wikipedia* übernähme, würde dem Letzten klar werden, dass an den schöpferischen Leistungen vieler einzelner Idealisten am Ende – wenn überhaupt – immer nur wenige andere verdienen, die nicht so altruistisch sind. Insofern stellt sich das *Web 2.0* als interaktives U-Boot dar, das nur hin und wieder auftaucht und in Form von gewaltigen Transaktionen zeigt, was in der Zwischenzeit unter Wasser so alles passiert ist.

Markanteste Ausprägung der Entwicklung waren zunächst die sich pilzartig ausbreitenden Weblogs, von denen es angeblich inzwischen mindestens 30 Millionen und vielleicht sogar 100 Millionen gibt – keiner weiß das genau. Allen vorliegenden Untersuchungen zufolge haben sie in ihrer deutlichen Mehrheit freilich eher privaten Charakter und sind publizistisch irrelevant. Da fanden wir in der ‚Gründerzeit' z. B. etwas grenzwertige Angebote wie „Regina Zuckerschnäuzchen", aber auch Blogs mit solch schönen Titeln wie „No day without a catastrophy", „Weltzirkus", „maniac" oder „Bembelkandidat" (aus ‚Mainhatten'). Es gab und gibt freilich auch eine Menge von Weblogs, die nicht so lustig sind, und eben solche, die nah bei den herkömmlichen Medienangeboten siedeln und diese mitunter sinnvoll und kreativ ergänzen – etwa durch wirklich unabhängige Medienkritik; sie realisieren das, was ‚Graswurzel-Journalismus' genannt wird. Damit füllen sie eine Lücke; wir können (und wollen) aber nicht darauf hoffen, dass sie den professionellen Journalismus ersetzen.

Als Mitte der ‚Nullerjahre' die Einschläge der Medienkrise immer näher kamen, wurde in der Online-Studie von *ARD* und *ZDF* eine Nutzertypologie vorgelegt, die detailliert aufzeigte, auf was sich die ‚klassischen Medien' bei ihrem (potentiellen) Publikum künftig einstellen müssten.[32] Unterschieden wurde dabei zunächst zwischen zwei Nutzertypen: denen, die dynamisch mit dem Internet umgehen, und solchen, die hier eher zögerlich agieren. Zu dieser Gruppe gehören zum einen die ‚Selektivnutzer' und zum anderen die ‚Randnutzer'; die andere Gruppe setzte sich aus ‚Jungen Hyperaktiven', ‚Jungen Flaneuren', ‚E-Consumern' und ‚Routinierten Informationsnutzern' zusammen. Nur die ‚Jungen Hyperaktiven', durchweg unter 30 Jahre alt, schienen (damals schon) für die Massenmedien verloren zu sein. Sie nutzen das Netz kreativ-interaktiv und multimedial, und auf sie scheinen die Errungenschaften des *Web 2.0* gemünzt zu sein.

Das Nutzungsverhalten der übrigen fünf Gruppen wurde im Lichte der Befunde hingegen immer noch insbesondere von den ‚elektronischen Medien' dominiert; deren Leistungen und Angebote hatten bis zu diesem Zeitpunkt keineswegs an Bedeutung verloren. Bei den Rand- und Selektivnutzern war durch die Onlinepraxis der Umfang ihrer Zuwendung zu den ‚klassischen Medien' sogar kaum verändert worden. Ihnen hatten die alten ‚Push-Medien' traditionell ihre größte Aufmerksamkeit geschenkt – und das gilt mit Einschränkungen bis heute. Die als ‚junge Flanierer' bezeichnete User-Gruppe ist, so zeigte sich, pragmatischer als die ‚Jungen Hyperaktiven', denen offenbar viele Massenmedien mit ihrem hyperaktiven Gewusel in den Sozialen Medien heute (wohl vergeblich) nachjagen; diese Flanierer suchen – im Netz und anderswo – nicht nach emotionaler Befriedigung, sondern nach Informations-Mehrwert. Um solche Kunden aus der nachwachsenden Generation müssen sich journalistische Medien verstärkt kümmern. Auf sie müssen sie ihre Hoffnungen setzen – und sie durch kompetente Information und qualifizierte Orientierung überzeugen. Diese Hoffnung stirbt zuletzt.

Vorher gibt es noch die Hoffnung, dass sich die Medien und ihre Journalisten am eigenen Schopfe aus dem Sumpf herausziehen könnten. Dazu bedarf es nach Überzeugung des *ZDF*-Chefredakteurs vor allem einer Eigenschaft der Akteure: Selbstbewusstsein. Auch er bereichert die aktuelle Debatte über Medienkrise und Medienkrieg durch unerschütterlichen Optimismus – und durch überraschende Informationen. Durch den Begriff ‚Lügenpresse' sei der Eindruck entstanden, „immer mehr Menschen zweifelten grundsätzlich an Glaubwürdigkeit und Unabhängigkeit der Medien, unserem wichtigsten Kapital." Das sei aber nicht der Fall, wie z. B. die regelmäßigen Befragungen der Forschungsgruppe Wahlen für das ZDF zeigten: „Die Zahl derer, die uns uneingeschränkt vertrauen, liegt bei rund zwei Dritteln. Es gibt also keine die ganze Öffentlichkeit umfassende Glaubwürdigkeits- und Vertrauenskrise." Immerhin räumt er ein, dass es „Entfremdung aus der gefühlten Mitte der Gesellschaft" gebe. Die Gründe dafür müsse man verstehen und analysieren – aber: „Wenn sich etwas als Lüge herausstellt, dann müssen wir diese auch so benennen. Gleichzeitig dürfen wir uns nicht von jedem Tweet ins Bockshorn jagen lassen." Die Journalisten müssten ihr professionelles journalistisches Selbstbewusstsein gegen die Strategie der Verunsicherung ihrer Gegner setzen – und insofern ‚neben aller Bereitschaft zu Kritik, Transparenz und Dialog eine Art Schutzhaut bilden, um unser schwieriges Handwerk Tag für Tag zu bewältigen. Ohne Selbstbewusstein kann es keinen guten Journalismus geben."[33] Hoffen wir, dass das reicht.

Der Kampf um die Köpfe

Herbert Riehl-Heyse, vielfach prämierter Redakteur der *Süddeutschen Zeitung*, hat seinerzeit – auf dem Höhepunkt der Medienkrise nach dem Millennium – eine „Reise durch die Medienwelt" unternommen. Dies war sozusagen sein medienkritischer Schwanengesang; wenige Monate später ist er gestorben. In diesem Vortrag analysierte er – skeptisch, pessimistisch, aber nicht apokalyptisch – die Bedingungen für Qualitätsjournalismus in der Zukunft. Er war sich dabei sicher, dass es – auch im Internet-Zeitalter mit seinen neuen Bedingungen – einen, mit seinen Worten, „gesellschaftlichen Bedarf nach seriöser, umfassender Information" gebe, „nach Medien, die sich im Nebel als Leuchttürme bewähren können." Riehl-Heyse schilderte auch, was für einen Ärger er sich mit bestimmten Medienjournalisten einhandelte, als er in einem SZ-Artikel so etwas wie eine „Grundsolidarität in unserer Branche" gefordert hatte – angesichts der ökonomischen Probleme der ‚alten Medien'. „Eine Solidarität", wieder mit seinen Worten, „die sich selbst und anderen klarmacht, dass es dabei bei der freien Presse um ein *Kulturgut* handelt, das es gemeinsam zu verteidigen lohnt und dessen Niedergang einen Schaden stiften würde, den wir uns gar nicht vorzustellen vermögen."[34] *Guter* Journalismus ist auf jeden Fall ein Kulturgut – was vor allem dort deutlich wird, wo man ihn vermisst. ‚Kultur' ist zwar ein schillernder Begriff, aber eines muss klar sein: Es geht dabei um Werte. In einer Zeit, da mehr denn je darüber gestritten wird, erscheint es um so notwendiger, eine Adresse für die Moderation des öffentlichen Diskurses über Werte zu haben. Dies gehört zu den zentralen Zuständigkeiten des Journalismus.

Dieser Journalismus hat sich in den letzten 150 Jahren zusammen mit dem Entstehen einer bürgerlichen Öffentlichkeit entwickelt. Dass sich die Öffentlichkeit überhaupt artikulieren durfte, war das Ergebnis von harten Kämpfen um Pressefreiheit, die in der deutschen Geschichte stets prekär blieb. Deshalb wäre es eigentlich nahe liegend, dass wir uns des Wertes dieser Pressefreiheit geradezu leidenschaftlich bewusst sind und alles dafür tun, sie zu bewahren. Aus guten Gründen sind alle auf dem Kiwief, wenn übereifrige Innenminister und Staatsanwälte Redaktionen ‚an die Wäsche' gehen wollen. Aber der langsamen Einschränkung der Pressefreiheit, der Reduzierung von Meinungsvielfalt und den Gefahren für die politische Kultur durch eine Entpolitisierung der Berichterstattung haben alle zu lange Schulter zuckend zugesehen.

Ein beträchtlicher Teil der Probleme des Journalismus ist selbst gemacht und nicht direkter Effekt des Internet. Gewiss aber muss er heute auf den globalen Medienmärkten mit allem, was er hat, gegen eine übermächtig wirkende Konkurrenz kämpfen – und gegen Leute, die ihm den Garaus machen wollen, weil sie seine Art, die Welt zu beschreiben, hassen. Dies ist ein Kampf um die Köpfe, den der Journalismus immer wieder bestehen muss – im Interesse der Gesellschaft und ihrer Menschen, für die glaubwürdige Nachrichten notwendig sind, um sich orientieren zu können. Markus Spillmann, zu diesem Zeitpunkt noch Chefredakteur der *Neuen Zürcher Zeitung*, fand vor einigen Jahren für die Funktion des Journalismus die folgenden Formulierungen: „Journalistinnen und Journalisten […] schaffen Ordnung, wo Chaos herrscht, leuchten aus, wo es dunkel ist, trennen Relevantes vom Unsinn – und sie bieten Orientierung in einem Meer des Belanglosen und Vorgefassten, dies aber nie bevormundend oder gar indoktrinierend, sondern erklärend und durch Überzeugung."[35] Unter den Journalisten herrscht immer noch Übereinstimmung darüber, dass sie dazu da sind und dass sie „weder Staatsanwalt noch Richter noch Henker"[36] sein dürfen – auch wenn hier das Internet die Schwelle der Erregung und Empörung gesenkt hat und die Journalisten selbst zur Zielscheibe aggressiver Kommunikation werden.

Wenn sich unter den Verhältnissen, die das Internet schafft, an der Funktion des Journalismus grundsätzlich etwas ändern sollte, so müsste dies zuerst auf ein gewandeltes Publikumsverhalten zurückzuführen sein. Dessen Kommunikationserwartungen sind gewiss vielfältiger und diffuser, als dies früher der Fall war, wobei die Vielfalt der Medienangebote eine zentrale Rolle spielt. Andererseits ist aber nicht zu übersehen, dass in den Kommentarbereichen, Foren und Weblogs geradezu gebetsmühlenartig ‚objektive Berichterstattung' der Massenmedien eingefordert wird, denen man vorwirft, dass sie den Menschen Meinungen oktroyierten oder sie sogar manipulieren wollten; man wehrt sich oft recht aggressiv gegen Einseitigkeit der Medien und die angebliche ‚Bevormundung' durch die Journalisten.

Die Beantwortung der Frage nach den Chancen für einen ‚anderen' Journalismus ist und bleibt schwierig. In dieser unübersichtlichen Lage hat der holländisch-amerikanische Kommunikationsforscher Mark Deuze das Bild eines „liquid journalism" entworfen – eines Journalismus, der sich ‚fließend' insbesondere auch auf die neuen Rezeptionsformen und Interaktionspotentiale zwischen Medien und Bevölkerung einlässt.[37] Doch schon stellt sich die nächste Frage: Wie kann man daraus ein Geschäftsmodell machen, zumal die etablierten Medien jahrelang ihre Kernprodukte mit Hilfe eigener, durchweg kostenloser Onlineangebote kannibalisiert haben? Michael Schudson, ein amerikanischer Kommunikationswissenschaftler, der durch seine Studien zur Pressegeschichte, Nachrichtenproduktion und Funktion der Presse in der Demokratie bekannt geworden ist,[38] vertraut auf die Anpassungsfähigkeit, welche der Journalismus in seiner Geschichte immer wieder unter Beweis gestellt habe. Womöglich sei die gegenwärtige Situation, in der „journalism is nowhere close to a clearly articulated understanding of its plan and purpose in democracy", für uns sogar gerade richtig: „It gives play to journalism. It offers running room for new ideas and projects – woefully undercapitalized as many of them are – to find audiences, to impassion young (and older) journalists, and to teach the grand thinkers of public life that there just might be a few new things under the sun."[39] Dies bedeutet Wandel, Evolution, womöglich sogar einschneidende Maßnahmen. Der deutsche Journalismus-Forscher Alexander Görke glaubt deshalb: „Wer den Journalismus (nur) so mag, wie er ist, dem bleiben mittel- und langfristige Enttäuschungen wohl nicht erspart."[40]

Am Anfang dieses Buches stand das Zitat eines Starreporters der *Washington Post*; seit 2013 gehört sie zum Reich des *Amazon*-Gründers Jeff Bezos, weil der Internet-Pionier offenbar an die Zukunft des Journalismus glaubt. Diese Zeitung, die ihren Ruhm dem ‚Investigative Reporting' verdankt, soll am Ende noch einmal erwähnt werden. Nach einem Drittel der ersten 100 Tage des Donald John Trump als 45. Präsident der Vereinigten Staaten von Amerika machte sie sich die Mühe, alles einem Faktencheck zu unterziehen, was er in dieser Zeit verlautbart hatte. Die Verbreitung von ‚alternativen Fakten', angeblichen Massakern und anderen frei erfundenen Vorfällen summierte sich auf 133 Behauptungen, die einer Überprüfung nicht standhielten – knapp vier pro Tag; das Thema ‚Einwanderung' stand dabei an der Spitze. Dabei kümmerte es Trump offensichtlich überhaupt nicht, wenn ihm nachgewiesen wurde, dass er die Unwahrheit gesagt oder geschrieben hatte: „He [...] often repeats the same debunked claims even though they have been fact-checked."[41]

Die größte Gefahr für die Wahrheit sei „nicht die Lüge, sondern der Bullshit", schreibt Norbert Bolz und verlangt in diesem Zusammenhang von den Massenmedien, „ihre Nachrichten und Berichte von regierungsnahen Meinungen und volkspädagogischen Intentionen" zu befreien; sie müssten „einen Weg heraus aus der Sackgasse der politischen Korrektheit und ihrer Verbalexorzismen finden."[42] Gerade dafür werden wir Journalismus aber weiterhin dringend brauchen: Dass nicht jeder Bullshit in die Welt geblasen werden kann, ohne Rücksicht auf Verluste – und auf die Tatsachen. Damit das erhalten bleibt, was zum Glück immer noch die meisten von uns am meisten schätzen: demokratische Verhältnisse.

Quellen/Anmerkungen

1. Michael Knopf: Border Online. Neuer Journalismus im Internet: Ein fiktives Vorstellungsgespräch, in: Süddeutsche Zeitung v. 17.1.2001, S. 21.
2. Claus Lochbihler: Der Weg ist weit, Gringos!, in: Süddeutsche Zeitung v. 4.1.2001.
3. Ben H. Bagdikian: The Media Monopoly, Boston 1983, S. 3 ff.; Philip Meyer: The Vanishing Newspaper, Columbia/London 2004, S. 174 ff.
4. Zit. n. Heribert Prantl: Die Zukunft des Qualitätsjournalismus, in: Der Standard v. 20.6.2013. (www.derstandard.at/1371170122405/Die-Zukunft-des-Qualitätsjournalismus).
5. Vgl. z. B. „Mut bindet". Der Publizist Constantin Seibt erklärt, warum der Begriff ‚Qualitätsjournalismus' Quatsch ist und Seriosität allein nicht reicht, in: tageszeitung v. 20.4.2013. (www.taz.de/!5069026/).
6. Bernhard Pörksen: Immanuel Kant und die drei Schlüsselfragen des freien Journalismus, in: Publizistik, 55. Jg., 2010/4, S. 337-344 (hier: 340 ff.).
7. Wozu Zeitung?, Süddeutsche Zeitung Magazin Nr. 19 v. 8.5.2009, S. 10, 12 ff.
8. Die Zeit Nr. 48 v. 22.11.2012.; S. 25-28.
9. Giovanni di Lorenzo: Print in der Krise? Das Blatt wendet sich, in: Die Zeit Nr. 48 v. 22.12.2012, S. 1.
10. Götz Hamann/Bernd Ulrich: Es ist noch Zukunft da, in: Die Zeit Nr. 48 v. 22.12.2012, S. 28.
11. Haltung statt Kleinmut, in: Die Zeit Nr. 48 v. 22.12.2012, S. 26 ff.
12. Vgl. Informationsgemeinschaft zur Feststellung der Verbreitung von Werbeträger (IVW): Zahlen 1. Quartal 2016.
13. Zeitung in der Todesspirale. „Immer mehr Arbeit, immer weniger Einfluss": Marc Fischer von der Washington Post spricht über sterbende Massenmedien und die Gefahr für die Demokratie, in: Süddeutsche Zeitung v. 12.2.2009.
14. Vgl. Meyer: The Vanishing Newspaper, a. a. O., S. 15 f.
15. Jim Rutenberg: Yes, the News Can Survive the Newspaper, in: The New York Times v. 4.9.2016.
16. Vgl. Immanuel Kant: Kritik der reinen Vernunft, Transzendentales Methodenlehre: Des Kanons der reinen Vernunft, Zweiter Abschnitt (1787). Diese Kant-Fragen hatte der Verf. seinerzeit an das Ende seines Eröffnungsvortrags beim 11. MainzerMedienDisput 2006 gestellt; die Ausführungen dazu wurden für dieses Buch überarbeitet und aktualisiert. Auf diese Fragen beim Thema ‚Zukunft des Journalismus' zu rekurrieren, ist offenbar so naheliegend, dass sie einige Jahre später auch das Zentrum eines einschlägigen Essays bildeten (vgl. Pörksen: Immanuel Kant und die drei Schlüsselfragen des freien Journalismus, a. a. O.).
17. Vgl. Richard Maisel: The Decline of Mass Media, in: Public Opinion Quarterly, Vol. 37, 1973/2 (Summer), S. 159-170 (Zitat: 170).
18. Meyer: The Vanishing Newspaper, a. a. O., S. 5.
19. „Der Spiegel" mit den dritten Zähnen, in: Süddeutsche Zeitung v. 2.9.2006.
20. Vgl. Silke Burmester: „F" wie Furtwängler, in: tageszeitung v. 28.9.2006.
21. Dies war auch das Schicksal des Autors der Einstiegs-Satire, Michael Knopf. Er wechselte 2001 vom Medienressort der *Süddeutschen Zeitung* als Redakteur für die Münchner Seiten zur neuen *Frankfurter Allgemeinen Sonntagszeitung*. Als die *FAS* ihre Münchner

Quellen/Anmerkungen 285

Redaktion wieder dicht machte, fand sich Knopf als so genannter ‚freier Journalist' auf der Straße wieder. Er arbeitete dann weiter als ‚Spielekritiker' und machte sich schließlich mit dem griechischen Online-Spezialitätengeschäft *Tikanis* selbstständig. Im Sommer 2006 starb Knopf an einem Herzinfarkt; er wurde nur 44 Jahre alt.

22 Vgl. z. B. die hier dokumentierte Zusammenstellung von Stimmen: Wütender weißer Mann. Gibt es den frustrierten Bürger, der Trump zum Sieg verholfen hat, auch in Deutschland? Sicher. Man muss nur auf die Straße gehen und hinhören, in: Der Spiegel Nr. 46 v. 12.11.2016, S. 76-81.
23 Vgl. Wolfgang Schweiger: Der (des)informierte Bürger im Netz. Wie soziale Medien die Meinungsbildung verändern, Wiesbaden 2017, S. 155 ff.
24 Ebd., S. 182.
25 Kurt Koszyk: Politische Kultur und Medienkultur. in: liberal 1980/12, S. 922-930 (hier: 930).
26 Heribert Prantl: Die Zukunft des Qualitätsjournalismus, a. a. O.
27 Ebd.
28 Haltung statt Kleinmut, in: Die Zeit Nr. 48 v. 22.11.2012, S. 26.
29 Vgl. Siegfried Weischenberg: Neues vom Tage. Die Schreinemakerisierung unserer Medienwelt, Hamburg 1997.
30 Prantl: Die Zukunft des Qualitätsjournalismus, a. a. O.
31 Vgl. Siegfried Weischenberg: Journalismus in der Computergesellschaft, München/New York/London/Paris 1982.
32 Vgl. Ekkehardt Oehmichen/Christian Schröter: Die OnlineNutzerTypologie (ONT), in: Media Perspektiven 2004, S. 386-393.
33 Peter Frey: „Guter Journalismus braucht Selbstbewusstsein, in: Horizont, 24.3.2017. (www.horizont.net/medien/kommentare/Glaubwuerdigkeit-der-Medien-Guter-Journalismus-braucht-Selbstbewusstsein-156823).
34 Herbert Riehl-Heyse: Reise durch die Medienwelt, in: Verschwiegen, Verschwunden, Verdrängt – Was (nicht) öffentlich wird. Dokumentation zum 7. MainzerMedienDisput vom 30.10.2002, Sept. 2003 [Hervorhebung nicht im Original]. Riehl-Heyse war, als Reporter und Buchautor, der einzige nachhaltige Selbstkritiker des Journalismus der Bundesrepublik – in der Qualität seiner vielen Zeitungs- und Buchpublikationen zum Journalismus nur vergleichbar mit solchen US-Legenden wie H. L. Mencken und A. J. Liebling (vgl. z. B. Herbert Riehl-Heyse: Bestellte Wahrheiten, München 1989; ders.: Arbeiten in vermintem Gelände, Wien 2003).
35 Markus Spillmann: Rückgrat und Charakter, in: Neue Zürcher Zeitung v. 31.12.2014, S. 1.
36 „Wir sind weder Staatsanwalt noch Richter noch Henker" (Interview mit Johannes von Dohnanyi), in: Nordspitze 2016/3: 10 f. (hier: 10); vgl. z. B. auch Christiane Schulzki-Haddouti: Zeit der Experimente. Live-Videostreaming, Chatbots, Sensoren – Pfeiler eines modernen Journalismus?, in: M 2016/2, S. 12 f.; David Uberti: What the Sony hacks reveal about the news industry, in: Columbia Journalism Review, 18.12.2014.; Horst Pöttker: Fort mit den Kommunikationsbarrieren, in: Neue Zürcher Zeitung v. 3.1.2012.
37 Mark Deuze, Mark: The Changing Context of the News Work: Liquid Journalism and Monitorial Citizenship, in: International Journal of Communication, Vol. 2, S. 848-865.

38 Vgl. z. B. Michael Schudson: Discovering the News, New York 1978; ders.: The Power of News, Cambridge, MA/London 1995; ders.: Why Democracies Need an Unlovable Press, Cambridge/Malden, MA 2008.
39 Michael Schudson: Reluctant Stewards: Journalism in a Democratic Society, in: Daedalus, the Journal of the American Academy of Arts & Sciences, 2013/2 (Spring), S. 159-176 (hier: 173).
40 Alexander Görke: Untergang oder Neuschöpfung des Journalismus?, in: B. Dernbach/T. Quandt (Hrsg.): Spezialisierung im Journalismus, Wiesbaden 2009, S. 73-93 (hier: 73).
41 www.washingtonpost.com/graphics/politics/trump-claims/ (Abruf: 21.2.2017.); vgl. dazu auch Spiegel-Online v. 22.2.2017.
42 Norbert Bolz: Hatebook – die Pöbel-Demokratie, in: Cicero 2017/3, S. 17-22 (hier: 22).

Ihr Bonus als Käufer dieses Buches

Als Käufer dieses Buches können Sie kostenlos das eBook zum Buch nutzen. Sie können es dauerhaft in Ihrem persönlichen, digitalen Bücherregal auf **springer.com** speichern oder auf Ihren PC/Tablet/eReader downloaden.

Gehen Sie bitte wie folgt vor:
1. Gehen Sie zu **springer.com/shop** und suchen Sie das vorliegende Buch (am schnellsten über die Eingabe der eISBN).
2. Legen Sie es in den Warenkorb und klicken Sie dann auf: **zum Einkaufswagen/zur Kasse.**
3. Geben Sie den untenstehenden Coupon ein. In der Bestellübersicht wird damit das eBook mit 0 Euro ausgewiesen, ist also kostenlos für Sie.
4. Gehen Sie weiter **zur Kasse** und schließen den Vorgang ab.
5. Sie können das eBook nun downloaden und auf einem Gerät Ihrer Wahl lesen. Das eBook bleibt dauerhaft in Ihrem digitalen Bücherregal gespeichert.

eISBN
Ihr persönlicher Coupon

Sollte der Coupon fehlen oder nicht funktionieren, senden Sie uns bitte eine E-Mail mit dem Betreff: **eBook inside** an **customerservice@springer.com**.

GPSR Compliance

The European Union's (EU) General Product Safety Regulation (GPSR) is a set of rules that requires consumer products to be safe and our obligations to ensure this.

If you have any concerns about our products, you can contact us on

ProductSafety@springernature.com

In case Publisher is established outside the EU, the EU authorized representative is:

Springer Nature Customer Service Center GmbH
Europaplatz 3
69115 Heidelberg, Germany